本成果受四川大学中国俗文化研究所资助

国家社科基金重大项目"古本散曲集成"（15ZDB047）子课题阶段性研究成果

明代嘉靖时期戏曲选本研究
以《词林摘艳》《雍熙乐府》为中心

韦 强 著

四川大学出版社

项目策划：罗永平
责任编辑：罗永平
责任校对：毛张琳
封面设计：墨创文化
责任印制：王 炜

图书在版编目（CIP）数据

明代嘉靖时期戏曲选本研究：以《词林摘艳》《雍熙乐府》为中心 / 韦强著. — 成都：四川大学出版社，2021.1

（中国俗文化研究大系 / 张弘主编. 俗文学与俗文献研究丛书）

ISBN 978-7-5614-8890-4

Ⅰ. ①明… Ⅱ. ①韦… Ⅲ. ①古代戏曲－文学研究－中国－明代 Ⅳ. ① I207.37

中国版本图书馆 CIP 数据核字（2021）第 039997 号

书 名	明代嘉靖时期戏曲选本研究——以《词林摘艳》《雍熙乐府》为中心 Mingdai Jiajing Shiqi Xiqu Xuanben Yanjiu——yi《Cilin Zhaiyan》《Yongxi Yuefu》wei Zhongxin	
著 者	韦 强	
出 版	四川大学出版社	
地 址	成都市一环路南一段 24 号（610065）	
发 行	四川大学出版社	
书 号	ISBN 978-7-5614-8890-4	
印前制作	四川胜翔数码印务设计有限公司	
印 刷	成都金龙印务有限责任公司	
成品尺寸	170mm×240mm	
插 页	2	
印 张	22	
字 数	372 千字	
版 次	2021 年 4 月第 1 版	
印 次	2021 年 4 月第 1 次印刷	
定 价	98.00 元	

版权所有 ◆ 侵权必究

◆ 读者邮购本书，请与本社发行科联系。
电话：(028)85408408/(028)85401670/
(028)86408023 邮政编码：610065
◆ 本社图书如有印装质量问题，请寄回出版社调换。
◆ 网址：http://press.scu.edu.cn

四川大学出版社
微信公众号

总 序
项 楚

四川大学中国俗文化研究所作为教育部人文社会科学重点研究基地，已经走过了二十年的历程。不忘初心，重新出发，是我们编辑这套丛书的目的。

俗文化是中国传统文化的重要部分，与雅文化共同形成中国文化的两翼。俗文化集中反映出中华民族独特的思维模式、风俗习惯、宗教信仰、语言风格、审美趣味等，在构建民族精神、塑造国民心理方面，曾经起过并正在起着重要的作用。因此，俗文化研究不仅在认知传统的中华民族文化方面具有重大的学术价值，而且在促进社会主义精神文明建设方面具有传统雅文化研究不可替代的意义。不过，俗文化和雅文化一样，都是极其广泛的概念，犹如大海一样，汪洋恣肆，浩渺无际，包罗万象，我们的研究只不过是在海边饮一瓢水，略知其味而已。在本所成立之初，我们确立了三个研究方向：俗语言研究、俗文学研究、俗信仰研究，后来又增加了民族和民俗的研究。同时，我们也开展了相关领域的研究，如敦煌文化研究、佛教文化研究等。在历史上，雅文化主要是士大夫阶级的意识形态，俗文化则更多地代表了下层民众的意识形态。它们是两个对立的范畴，有各自的研究领域和研究路数，不过在实践中，它们之间又是互相影响、互相渗透、互相转化的。当我们的研究越来越深入的时候，我们就会发现它们在对立中的同一性。它们虽然看起来是那样的不同，但都是我们民族心理素质的深刻表现，都是我们民族性格的外化，都是我们民族的魂。

二十年来，本所的研究成果陆续问世，已经在学界产生了广泛的影响。本套丛书收入的只是本所最近五年来的部分研究成果，正如前面所说，是在俗文化研究大海中的一瓢水的奉献。

目　录

绪　论 ………………………………………………………………… 1

第一章　嘉靖曲坛发展态势与戏曲选本的兴起动因 …………… 16
　第一节　时代背景：戏曲由沉寂到勃兴的转折 ………………… 17
　第二节　嘉靖戏曲选本勃兴缘由 ………………………………… 26

第二章　嘉靖戏曲选本的刊版信息和选篇特征 ………………… 49
　第一节　选本版本与曲辞来源 …………………………………… 49
　第二节　"曲本位"观念主导下的编排体例 …………………… 66
　第三节　选篇构成与作者分布 …………………………………… 77

第三章　嘉靖戏曲选本的曲文特质与时曲辨疑 ………………… 116
　第一节　独富特色的特殊题材 …………………………………… 116
　第二节　曲海遗珠：选本无名氏作品讨论 ……………………… 139
　第三节　嘉靖戏曲选本时曲辨疑 ………………………………… 158

第四章　嘉靖戏曲选本的清唱属性和折子戏辨疑 ……………… 188
　第一节　剧曲、散套融通的收曲格局 …………………………… 188
　第二节　以《金瓶梅》辅证三大选本的清唱属性 ……………… 206
　第三节　嘉靖戏曲选本折子戏辨疑 ……………………………… 229

第五章　嘉靖戏曲选本与元明曲文版本的流变 ………………… 240
　第一节　三大选本内部的异文 …………………………………… 240
　第二节　《雍熙乐府》改定之异文 ……………………………… 254

第三节　三大选本与明代元杂剧曲文流变……………………… 268
第六章　嘉靖戏曲选本的影响与晚明选本的转向……………… 304
　　第一节　文献传承与择曲榜样…………………………………… 304
　　第二节　抬高戏曲地位…………………………………………… 310
　　第三节　戏曲选本在晚明的转向………………………………… 317

结　语……………………………………………………………… 336

参考文献…………………………………………………………… 338

后　记……………………………………………………………… 346

绪 论

嘉靖是明世宗朱厚熜的年号，共45年（1522—1566）。这一时期是明代戏曲发生重要转折的时期。嘉靖时期，北曲衰颓，南曲勃兴，戏曲创作和戏曲批评均由低迷转向兴盛，并在万历之后达到高峰。而嘉靖时期问世的《词林摘艳》《雍熙乐府》《风月锦囊》等戏曲选本，正是反映嘉靖时期戏曲发展状态的宝贵文献。研究嘉靖时期的戏曲选本，不仅有助于我们进一步了解选本本身，也可以让我们更为全面地认识明代戏曲发展的状况。

一、选题缘起和研究意义

在中国戏曲发展史上，戏曲选本在文献、剧本的保存和传播上起着至关重要的作用。元代和明前期，这种作用尤为明显。在元代和明初，戏曲的地位尚且不高，很多创作者为下层文人、书会才人、梨园艺人，这些人社会地位较低，经济能力不强，所以鲜有能力刊行单部剧作或个人别集。因此在作品的保存上，就有赖于不同作家、不同作品合成的选本。例如，元代刊刻的单部剧作，除《西厢记》残本以外已经全部亡佚，今人管窥元人杂剧的原始风貌，就是有赖于多部剧作编合而成的元刻选本《元刊杂剧三十种》[①]。和剧曲作品相同，选本在散曲作品的保存上也是立有大功。

---

① 关于《元刊杂剧三十种》的性质，学界尚有一定的疑义，因全书版式不一，且剧本前的"大都新编""古杭新刊"等字样暗示其并非刊刻于同一地域，所以有学者认为《元刊杂剧三十种》可能是由单剧汇印而成的，并非真正意义上的选本。然而，其成书形态毕竟还是不同作品的合选，属于选本的形态，所以朱崇志《中国古代戏曲选本研究》（上海古籍出版社2004年版）、赵山林《中国戏剧学通论》（安徽教育出版社1995年版）、杜海军《论戏曲选集在戏曲史研究中的独立价值》（《艺术百家》2009年第4期）等皆将其视为选本，本文亦认为《元刊杂剧三十种》属于选本范畴。

虽然也偶有张养浩这种有别集传世的散曲作家，但人数很少。很多出身下层的散曲作家是没有个人别集的，他们的作品最终也是依靠选本保存的。而且即便有别集者，作品也未必齐全，选本恰可以补别集之不足。在元代，出现了很多散曲选本，留存至今的就有《阳春白雪》《太平乐府》《乐府新声》《乐府群玉》，它们对散曲的流传和保存起到了不可替代的作用。

所以，选本对于戏曲、散曲文本的保存、传播具有重要价值，同时因它们收录作品广泛，自身也具有极大的研究价值。而明代现存刊刻最早的戏曲选本，分别是正德十二年（1517）的《盛世新声》、嘉靖四年（1525）的《词林摘艳》、嘉靖十年（1531）的《雍熙乐府》以及嘉靖三十二年（1553）的《风月锦囊》。这四大选本不仅是明代最早的一批戏曲选本，而且本身收曲宏富，时代特征鲜明，其价值不言而喻。其中又以《词林摘艳》《雍熙乐府》最为重要。郑振铎先生说："（《雍熙乐府》）这部空前的浩瀚的'曲集'，其中所收罗着的重要的材料不知凡几。"① 隋树森先生说："《雍熙乐府》里面，收集了不少元、明人的散曲和剧曲曲文，应该是辑佚的一大宝库。"② 《词林摘艳》《雍熙乐府》保存了大量孤本作品和稀有文献，如果没有它们，很多曲文已经亡佚。作为近代戏曲文献辑佚的名作，赵景深先生的《元人杂剧钩沉》、钱南扬先生的《宋元戏文辑佚》都从《词林摘艳》《雍熙乐府》中获得大量文献资料，并以此解开了诸多古代戏曲史相关的问题。

尽管文献意义重大，但是学界对《词林摘艳》《雍熙乐府》的研究并不充分，和它们本身的价值亦不相称。民国以来，对于这两部选本的专题研究，仅有郑振铎、赵景深先生的几篇文章，以及隋树森先生的《雍熙乐府曲文作者考》。除此以外，虽然也有零星论文、专著涉及两部选本，但研究仍然是薄弱的，是应该继续挖掘和深入的，所以对《词林摘艳》和《雍熙乐府》进行研究是很有意义的。

二、选题的概念界定

目前，学界对于戏曲选本的定义并没有统一的标准。戏曲选本概念混

---

① 郑振铎：《中国俗文学史（下册）》，作家出版社，1954年版，第140页。
② 隋树森：《雍熙乐府曲文作者考》，书目文献出版社，1985年版，第5页。

乱，主要源自选本形态丰富而复杂。有的选本是收录整部作品，例如《元曲选》；有的选本则仅收录作品的若干出，例如《缀白裘》；有的选本是全本和散本皆有；有的选本是散曲、剧曲皆有，如此等等，不一而足。那么，本书要涉及的"戏曲选本"的概念是基于哪些考虑呢？

郑振铎先生最早为戏曲选本下过定义："所谓'戏曲的选本'，便是指《纳书楹》《缀白裘》一类选录一部戏曲的完全一出或一出以上之书本而言。像《雍熙乐府》，像《九宫大成谱》，像《太和正音谱》，那都是以一个曲调为单位而不是以一出为单位而选录的。那不是戏曲的选本，乃是'曲律'与'词律'一类的书，专供作词的人之用一样。"① 又说："戏曲的选本，可分为二类。第一类如《纳书楹》，本不是供一般人阅读的，乃是专供唱曲者之用的。……第二类像《缀白裘》，它是不注音谱的，其目的也似乎与他们两样。它不仅供给专门的伶工或爱美之'票友'所用的，它且是给一般人以戏曲的精华，而使之尝一鼎脔的。"② 从中可以看出，郑振铎认为戏曲选本必须是选择剧曲一出或一折以上的选本，这是从选本形态而论；他还认为选本要么服务于唱曲者，要么服务于一般人，这是从选本功用而论。由于这种戏曲选本界定的角度不一样，概念也不严谨，因此后世学者也鲜有遵从。

当代学者对于戏曲选本的定义也有着诸多分歧。赵山林在《中国戏剧学通论》第九章第四节"戏剧选本解题"中，把戏曲选本分为三类：以《元刊杂剧三十种》为代表的戏曲剧本选集；以《玉谷新簧》为代表的戏曲剧本单出选集；以《盛世新声》《词林摘艳》为代表的戏曲、散曲（俗曲）选集。但是这个分法也不严谨，比如《玉谷新簧》的中栏也收录了散曲、小令，而《盛世新声》《词林摘艳》中也有单折、单出的剧曲，所以后两者也可以合并，二者都有收录非全本的剧曲，只不过有的还兼及散曲，有的没有而已。

朱崇志在《中国古典戏曲选本研究刍议》中认为戏曲选本至少应该包含三类：第一，《元曲选》等"非作家个人作品的结集而是由他人编选的合集"；第二，具有清唱娱乐、指导演出等功能的散出选本；第三，主要

---

① 郑振铎：《郑振铎文集·第七卷》，人民文学出版社，1988年版，第240页。
② 郑振铎：《郑振铎文集·第七卷》，人民文学出版社，1988年版，第240页。

针对下层民众观摩演出之用的选本。简而言之，就是一类专收剧曲，一类兼收散曲、剧曲，一类专供民众之用。然而这个分法也并不统一，前两类就收曲内容而言，最后一类则就选本用途而言。

吴敢在《说戏曲散出选本》中把戏曲选本分为剧本选集、散出选本、零曲选本。他认为，收录每部戏曲作品中若干出的选本以"散出选本"较为合适。① 根据他的界定，《盛世新声》《词林摘艳》《雍熙乐府》《风月锦囊》皆属于散出选本。他统计出的散出选本共 94 种，但是他在统计时，本着"宁多不少，宁分不合，宁是不非"的原则，凡是涉及剧本散出的选本皆被计入，所以他所统计的"散出选本"有一个理论外延，即只要含有戏曲散出的选本皆可称为"散出选本"。而其"零曲选本"只不过是散出选本的进一步细化，其实也可以归入"散出选本"。如此一来，他的选本划分其实就是"剧本选集"和"散出选本"两类。

孙霞在《二十世纪戏曲选本研究概述》中则认为，从现存的明代戏曲选本的内容和编选形式来看，戏曲选本可分为两大类："一类是专门选录一部戏中的一出或数出的戏曲选本，如明胡文焕辑的《群音类选》，明郁冈樵隐辑古、积金山人采新的《缀白裘合选》等；一类是以剧曲为主，兼收供清唱用的散套、小令以及时调小曲的戏曲选本，如明吉州景居士编的《玉谷新簧》，明方来馆主人辑的《万锦清音》等。"② 这个分法其实就是一类专收散出的剧曲，一类兼及散曲、小令和民歌时调。

综合各家观点以及结合古代戏曲选本的实存样态，笔者认为中国古代收录戏曲、散曲的选本主要有三种：第一种是专门收录戏剧作品的，如《元刊杂剧三十种》《元曲选》《六十种曲》《缀白裘》；第二种是专门收录散曲作品的，如《太平乐府》《阳春白雪》；第三种是兼收戏剧作品和散曲作品的，包括《词林摘艳》《雍熙乐府》以及《八能奏锦》《词林一枝》等万历以后的大批选本。"戏曲选本"的概念，可以有广义、狭义之分。首先可以肯定的一点，《太平乐府》《阳春白雪》纯收散曲，并无戏曲，因此它们是散曲选本而并非戏曲选本。然后，按照"戏曲选本"广义的内涵，凡是涉及戏曲作品的选本，皆可称之为"戏曲选本"，包括《元曲选》《六

---

① 吴敢：《说戏曲散出选本》，《艺术百家》，2005 年第 5 期，第 11 页。
② 孙霞：《二十世纪戏曲选本研究概述》，《戏曲艺术》，2006 年第 2 期，第 28 页。

十种曲》这种纯收剧曲的选本，也包括《雍熙乐府》等剧曲、散曲兼收的选本。然而按照狭义的内涵，《元曲选》《六十种曲》更准确的定义当为"剧本选集"或"戏剧选本"，而兼收剧曲、散曲的选本才是真正意义上的"戏曲选本"，因为它们既包括"戏"（戏曲、剧曲），又包括"曲"（散曲）。叙事性的杂剧、传奇和抒情性的散曲兼收，体现了戏曲选本以"曲"为纲的特点，使得戏曲选本呈现出有别于诗选、文选的本质特征。本书所认定的"戏曲选本"，即取其狭义内涵，指兼收剧曲、散曲的选本。根据这个狭义内涵，中国历史最早出现的戏曲选本就是《盛世新声》《词林摘艳》《雍熙乐府》。

在《盛世新声》之前，只有3部可能是剧选、曲选合编的选本，其中一部名为《乐府群珠》，见徐庆卿《北词谱·引用书目》。但此书已佚，真实面貌不详。此外，杨士奇《文渊阁书目》还著有《戏曲大全》《风月锦囊》（与现存《风月锦囊》并非一书），二者面貌也不详。《戏曲大全》可能是一部收录杂剧、南戏之"曲"的选集，也可能是剧曲选段的戏剧选本。而杨士奇著录的《风月锦囊》可能为现存《风月锦囊》的前身，但也已亡佚，真实情况不明。

因此，按照本书对"戏曲选本"的定义，考察现存的历史文献，《盛世新声》《词林摘艳》《雍熙乐府》即为最早出现的戏曲选本。其中《词林摘艳》《雍熙乐府》皆出自嘉靖年间，是本书研究的重点。《盛世新声》虽非嘉靖时期成书，但其刊刻时间其实仅比《词林摘艳》早八年，《词林摘艳》《雍熙乐府》都是在它的基础上编扩而成的。《盛世新声》所收的323套套曲之中，有315套被《词林摘艳》和《雍熙乐府》收录，其中240套为三者共同收录。所以在本书的研究中，《盛世新声》与《盛世新声》《词林摘艳》处于同等地位，也属于嘉靖选本。此外，嘉靖时期另一部戏曲选本《风月锦囊》虽与《词林摘艳》《雍熙乐府》处于同一时期，但是在选本形态上已经有较大差异，反映了戏曲选本从嘉靖向万历过渡的风貌，故而本书的研究也会略有涉及。另外需强调一点，笔者定义的"戏曲选本"乃是戏曲、散曲兼收，故所讨论的内容兼涉戏曲与散曲。

三、选题相关问题的研究现状及其趋势

对古代戏曲选本的研究始于20世纪。虽然研究历程已有百年之久，

但由于中间出现过研究的中断，以及学界对戏曲选本不够重视，嘉靖乃至整个古代的戏曲选本的研究尚不充分，尚有继续深入的空间。

(一) 关于古代戏曲选本的研究现状

民国时期，对于戏曲选本的研究其实就已开始。郑振铎先生是最早关注戏曲选本的学者，他的《中国戏曲的选本》是中国最早系统论述戏曲选本的文章。① 20世纪20年代到30年代，一些颇有眼光的学者发现了很多在民间流通的戏曲选本，开始挖掘、阐释它们的价值。由于很多戏曲选本流失海外，他们又进行了一系列域外文献的搜集和整理。整体而言，民国时期的古代戏曲选本研究处于文献发掘整理的阶段。20世纪40年代以后，选本版本存世极为稀少，掌握文献的人极少，参与研究的人也极少，导致戏曲选本的研究陷入了长达40年的空白。20世纪80年代以后，一方面得益于善本戏曲丛刊对于戏曲选本的刊行，另一方面得益于互联网的普及和域外文献的网络开放，更多的学人可以获得研究文献，学界对戏曲选本研究也愈加重视。20世纪80年代至今，戏曲选本研究迎来一个小的高潮，研究专著近10部，论文几十篇。较有影响者有吴敢《〈赵氏孤儿〉剧目研究与中国古代戏曲选本》②和《说戏曲散出选本》③、杜海军《论戏曲选集在戏曲史研究中的独立价值》④、《论戏曲选集的戏曲批评与价值》⑤、孙霞《二十世纪戏曲选本研究概述》等。朱崇志的《中国古代戏曲选本研究》⑥是迄今为止唯一一部对古代戏曲选本进行系统、全面研究的成果。该书对每部戏曲选本的作者、版本、曲文内容进行考辨，资料整理甚详，对后学帮助极大。

总体上，20世纪80年代以来，戏曲选本研究的态势是上升的，也取得了一定的成果。但同时，呈现出一定的局限性：研究多集中于不同的选本个体，满足于对个体选本的介绍、考释，而较少整体、宏观的研究。

---

① 收录于郑振铎：《中国文学研究》，商务印书馆，1927年版。
② 吴敢：《〈赵氏孤儿〉剧目研究与中国古代戏曲选本》，《徐州教育学院学报》，1999年第1期。
③ 吴敢：《说戏曲散出选本》，《艺术百家》，2005年第5期。
④ 杜海军：《论戏曲选集在戏曲史研究中的独立价值》，《艺术百家》，2009年第4期。
⑤ 杜海军：《论戏曲选集的戏曲批评与价值》，《广西师范大学学报（哲学社会科学版）》，2009年第5期。
⑥ 朱崇志：《中国古代戏曲选本研究》，上海古籍出版社，2004年版。

（二）关于嘉靖戏曲选本的研究现状

与古代戏曲选本研究同步，对于嘉靖戏曲选本的研究大致可以分为两个阶段。第一个阶段是20世纪40年代，第二个阶段是20世纪80年代至今。20世纪40年代，郑振铎、赵景深两位学者先后发表5篇文章，对《盛世新声》《词林摘艳》《雍熙乐府》三部选本的刊版信息、曲文作者、曲辞来源等基础性的文献进行了考辨。这个阶段的研究是对文献的梳理和阐释，使得版本识辨、曲文信息等基本问题得到解决。

和戏曲选本研究一样，嘉靖选本研究的开先河者也是郑振铎先生。但是这里首先需要提及一下王国维。王国维虽然没有对戏曲选本进行研究，但是王国维的《戏曲散论》中有一篇《雍熙乐府跋》，虽然该文只是一篇得书小记，并非真正的学术文章，但其对《雍熙乐府》的版本进行了梳理。此文中，王国维首次明确提出《雍熙乐府》有嘉靖辛卯、庚子、丙寅三个版本，准确叙述了《雍熙乐府》刊行的历史动态，并通过日本毛利侯草月楼书目，最早确认郭勋可能是《雍熙乐府》的编者。不过此文有一处疏漏，王国维谓嘉靖辛卯版本乃是"《提要》所谓题海西广氏编者"①，实际上并不是。题"海西广氏编者"乃是万历年间重刻本，而非辛卯初刻本。

对《盛世新声》《词林摘艳》《雍熙乐府》真正的研究，始于郑振铎。郑振铎先生于民国时期先后撰文《〈盛世新声〉与〈词林摘艳〉》《〈词林摘艳〉里的剧本及散曲作家考》②，首次对两部选本进行了文献梳理。

《〈盛世新声〉与〈词林摘艳〉》中，郑振铎最重要的工作是考辨了两部选本的版本。在民国时期，《盛世新声》留存的版本极为混乱，刊刻多有异处，郑振铎先生根据比对，明晰了各个版本之间的关系。对于《词林摘艳》，他同样进行了版本比对，梳理了版本关系。通过他的工作，可以确定《词林摘艳》嘉靖十八年（1539）"重刊增益"本、署名"张禄辑"《盛世新声》本等为后世杂乱掺补的伪本。

郑振铎的第二个工作，是通过《盛世新声》《词林摘艳》的对比，统计了《词林摘艳》较之《盛世新声》所删的曲辞，并初步考察了《词林摘

---

① 王国维：《王国维戏曲论文集》，中国戏剧出版社，1984年版，第249页。
② 收录于郑振铎：《困学集》，商务印书馆，1941年版。

艳》对《盛世新声》曲文的修改。与此同时，郑振铎还对《词林摘艳》中剧曲的出处略做考察，钩稽出40余种戏文、杂剧出处，并统计了部分散曲的作者。

总之，郑振铎先生厘清了《盛世新声》《词林摘艳》的版本、曲辞的基本情况，为后人的研究打下了坚实的基础。然而，由于材料不充分，郑振铎先生的研究难免有不足之处。比如他无法断定《盛世新声》的作者，只是根据福州龚氏大通楼所藏本推断为"戴贤"。但现在我们已经知道，"戴贤"其实是"臧贤"之误。

郑振铎的《〈词林摘艳〉里的剧本及散曲作家考》，则是在《〈盛世新声〉与〈词林摘艳〉》的基础上对曲文出处、作者的进一步考证。此文中，他考订了部分南曲套数、小令的作者11人，同时又考订了北曲作家83人。此外，他对每部剧作也做了详细考订，包括剧作的作者、源流、故事梗概以及流存状况，并注明了《词林摘艳》收录该剧作的戏出和段落。此文后附有《〈词林摘艳〉引剧目录及作者姓氏索引》和《〈盛世新声〉及〈词林摘艳〉所载套数首句对照表》，将《词林摘艳》曲辞的出处、作者以及和《盛世新声》同收的作品索引明细，对于后学进一步研究提供了极大的便利。

此外，郑振铎尚有《〈西厢记〉的本来面目是怎样的？——〈雍熙乐府〉本〈西厢记〉题记》[①]。郑振铎写这篇文章时，弘治本《西厢记》尚未发现，因此《雍熙乐府》就成为当时见到的最早的《西厢记》版本。这篇文章中，《雍熙乐府》本《西厢记》只是作者的佐证材料，其实并未有多少笔墨涉及。但是在文献有限的情况下，郑振铎对《西厢记》原貌的推断大致正确，着实不易。在文章最后，郑振铎指出《雍熙乐府》本《西厢记》在一定程度上反映了古本风貌。

郑振铎之外，赵景深是另外一位对三大选本着力颇多的学者。他的《小说戏曲新考》中有3篇文章是讨论《雍熙乐府》和《词林摘艳》的。[②]

《〈雍熙乐府〉探原》是1934年《雍熙乐府》被影印出版之后，赵景深所作的一篇文章。因为《雍熙乐府》未标曲文作者姓名，所以赵景深对

---

① 收录于郑振铎：《痀偻集》，上海生活书店，1934年版。
② 赵景深：《小说戏曲新考》，世界书局，1943年版。

《雍熙乐府》的曲文作者进行了考证,成为最早对《雍熙乐府》曲文作者进行考证的学者。他根据不同的曲辞来源,从"元明杂剧之已刊者"中考证出 31 套曲辞的作者,从"元明杂剧之遗佚者"中考订出 19 套曲辞的作者,从"王实甫的《西厢记》"中考证出 21 套曲辞,此外还从《诚斋乐府》《太平乐府》《阳春白雪》《天宝遗事诸宫调》中考订出大量曲辞作者。他首次为《雍熙乐府》浩如烟海的曲辞找出了几种主要文献来源,并对前十五卷的曲辞考订出超过三分之一的作者,为隋树森后来的考订打下了牢固的基础,功绩非常大。但是,毕竟当时所使用的文献有限,考订的曲辞数量不是很多,且亦有个别讹误。

《〈词林摘艳〉与〈雍熙乐府〉》中,赵景深将《词林摘艳》和《雍熙乐府》进行对比,探讨了几个问题。因为他使用的《词林摘艳》是"增益"本,而此本是万历年间《盛世新声》《词林摘艳》混杂合成的伪本,所以有些表述难免不够准确。比如,他说《词林摘艳》中"北曲套数三百七十五首,未被《雍熙乐府》搜采的,仅四十四首而已",这个数字就不准确,不过他还是提出了"两部选本皆有把南曲误入北曲的错误"等颇有见地的观点。

《〈雍熙乐府〉与南戏》一文分为两部分。第二部分是讨论南戏相关问题,实则与《雍熙乐府》无关。第一部分则是讨论《雍熙乐府》所收的南曲。赵景深统计,《雍熙乐府》十六卷实收南曲 77 套。此文中,他还补全了《南戏拾遗》未能收全的《乐昌公主破镜重圆》戏文。

总之,民国时期的学者对于三大选本的研究,人数虽少,但个个功力深厚。王国维虽然只写有得书小文一篇,却把《雍熙乐府》复杂的版本流播勾勒清晰了;郑振铎、赵景深以其深厚的文献功底,考辨明晰了一系列文献问题,为后学研究打下了良好的基础。

1949 年以后,三大选本的研究经历了长时间的空白。20 世纪 50 年代至 80 年代,只有孙楷第《沧州集》中的一篇文章[①]谈及《雍熙乐府》本

---

① 指《辑〈雍熙乐府〉本〈西厢记〉曲文序》,收录于孙楷第:《沧州集》,中华书局,1965 年版。此文实作于 1933 年,是北京立达书局出版的《辑〈雍熙乐府〉本〈西厢记〉曲文》(黎锦熙、孙楷第点校)的序文,后修改后收录于《沧州集》。此文将《雍熙乐府》本《西厢记》和王骥德本《西厢记》进行对比,指出王骥德当时号称自己的版本是古本,其实并非如此,反倒万历时期流行的俗本和《雍熙乐府》本相近。据此,他批评王骥德对《西厢记》多有臆改之处。

《西厢记》，但是此文实际上也写于民国时期，当时只是一篇序言，1965年收于这部文集之中。除此之外，再无研究涉及。

直到 20 世纪 80 年代，随着古代戏曲选本研究热潮的兴起，对于三大选本的研究也开始增多。隋树森的《〈雍熙乐府〉曲文作者考》是 1949 年后三大选本研究最大的研究成果，这部著作对《雍熙乐府》所收曲辞的作者进行详细考订，是曲文作者考证之书中的集大成者。[①] 赵景深的《〈雍熙乐府〉探原》已经考订出不少曲辞的作者，但是隋树森认为赵景深撰文之时，所使用的书籍尚且有限，存在很多缺漏之处。因此，他花费 40 年之功，考订出可知作者的套数 538 套、小令 907 首，使得全书一半以上曲文的作者被考订出来。这对于《雍熙乐府》的研究，功绩突出。黄仕忠的《〈雍熙乐府〉曲文作者补考》[②] 是对隋树森所考作者、出处的补充，在隋树森的基础上，他又考证出卷十五、卷十六中"这几日神魂飘荡"等 30 多套曲辞的出处和作者。

这两个考辨作者的成果虽然距离郑振铎、赵景深的研究已有 40 年之久，但是总体上是一个体系，以文献梳理、考辨为主。这个工作看似基础，然而所需精力极多，其功劳也极大。正如隋树森先生所言："几十年来，我利用节假日和夏之晨，冬之夜，以及其他一些零碎时间，查对了许多散曲集、剧曲集、曲谱、曲话以及有关杂书，盍山罕秘，西苑善本，与曲有关者，翻阅殆尽。时间和精力，确实用了不少。"[③] 这些琐碎、繁杂的基础工作的完成，耗时耗力，但意义非凡，为后人研究提供了极大的便利，打下了坚实的基础，不得不使人对老一辈学人的敬业和贡献心生敬意。

有了前辈学人的基础，20 世纪 90 年代以后，对三大选本的研究逐渐深入，开始讨论一些更为具体的问题。蒋星煜《〈雍熙乐府〉本〈西厢〉的辑录与校订——评孙楷第〈西厢记曲文·序〉》[④] 一文，指出了郑文和孙文一些错误之处，提出研究、校正《雍熙乐府》本《西厢记》的最佳版本

[①] 隋树森：《〈雍熙乐府〉曲文作者考》，书目文献出版社，1985 年版。
[②] 收录于黄仕忠：《中国戏曲史研究》，中山大学出版社，1997 年版。
[③] 隋树森：《〈雍熙乐府〉曲文作者考》，书目文献出版社，1985 年版，序言第 15 页。
[④] 蒋星煜：《〈雍熙乐府〉本〈西厢〉的辑录与校订——评孙楷第〈西厢记曲文·序〉》，《山西师范大学学报（社科版）》，1991 年第 1 期。

是文徵明书写的《仇文合璧西厢会真记》，因为这也是一个只有曲文没有宾白的版本，在《西厢记》版本系统里和《雍熙乐府》本最为接近。吴敢《〈赵氏孤儿〉剧目研究与中国古代戏曲选本》一文，提出三大选本可能仅仅用于清唱，朱崇志《中国古代戏曲选本研究》也持有这个观点。他们认为，戏曲选本的大量出现与清唱和演出流行有关，而《盛世新声》《词林摘艳》均是用于清唱和演出之书。

此外，李舜华《礼乐与明前中期演剧》①是涉及嘉靖选本的新近成果，也是对嘉靖选本研究相对集中的著作。此书主要考察明代前中期宫廷演剧、礼乐之间的关系，因《盛世新声》《雍熙乐府》为宫廷选本，故重点关涉。此书在下篇专门设立"从三家曲选看明前中期的弦索弹唱""从《风月（全家）锦囊》看明前中期戏文的变迁"两章，以嘉靖时期的选本为中心，考察明代前中期戏文变迁的过程与散唱的关系。虽然戏文在嘉靖选本中并不占据主要位置，但李舜华还是以选本中的戏文为参照，考察出明代戏文的辑佚、弹唱的相关情况。沿着《盛世新声》《雍熙乐府》的脉络，李舜华又探讨了稍微晚出的《风月锦囊》在明代前中期曲唱中所具有的作用，并以《风月锦囊》为例，探讨了弦索弹唱与南戏发展的相关问题。

陈旭耀《〈雍熙乐府〉本〈西厢记〉曲文源流考》②一文，通过对比《雍熙乐府》本《西厢记》和弘治本《西厢记》，认为《雍熙乐府》所选的《西厢记》曲辞实与弘治本同出一源，更接近古本。但也指出，《雍熙乐府》本《西厢记》在传播过程中还是发生了不少变化。作者同时强调了《雍熙乐府》本《西厢记》的意义，认为它是明代《西厢记》另一个曲文源头，是现存最早采用每套套曲标注宫调的模式，对后来《西厢记》的传播产生了一定影响。李真瑜《从〈雍熙乐府〉和〈风月锦囊〉看明嘉靖宫廷戏剧与民间戏剧的差异》③一文，认为《雍熙乐府》与《风月锦囊》相对照，反映出宫廷戏剧贵族化、滞后性的特点。

此外，戏曲史论著作也是构成三大选本研究的重要部分。赵山林先生

---

① 李舜华：《礼乐与明前中期演剧》，上海古籍出版社，2006年版。
② 陈旭耀：《〈雍熙乐府〉本〈西厢记〉曲文源流考》，《文化遗产》，2013年第4期。
③ 李真瑜：《从〈雍熙乐府〉和〈风月锦囊〉，看明嘉靖宫廷戏剧与民间戏剧的差异》，《故宫学刊》，2014年第2期。

在《中国戏剧学通论》①第九章第四节"戏剧选本解题"中专门介绍古代戏曲选本,对《盛世新声》《词林摘艳》《雍熙乐府》《风月锦囊》的版本、录曲都有较为详细的介绍。赵山林先生在《中国戏曲传播接受史》②第九章"明代的戏曲选本"中对嘉靖时期选本的发展特点做了独到的点评,认为嘉靖时期选本以文人编辑为主,选本逐渐齐备,开始以一定的理念为指导。

各项研究成果之外,戏曲、曲辞类工具书对于三大选本的著录也可以算广义的研究。工具书的著录往往只是借鉴已有的研究成果,进行简要概括,但因其作为基础性和普及性书目的特殊性质,往往影响力较大。《中国曲学大辞典》《戏剧通典》《中国戏曲曲艺词典》等几部重要的戏曲工具书皆有对三大选本的著录,这些著录对三大选本的基本信息介绍全面,有助于读者对三大选本进行基础性了解。但是在介绍过程中,部分结论还值得商榷,比如《中国曲学大辞典》谓张禄删《盛世新声》是把"较接近民间口语的作品"删了,断论不确。

总之,对于三大选本的研究,和古代戏曲选本研究的步调基本一致,始于民国,20世纪80年代以后再次回潮。郑振铎、赵景深、隋树森三位先生是对三大选本研究贡献较大的学者,他们掌握材料丰富,通过一系列考察、辩证、校勘,解决了一系列基础的文献问题。90年代以后,则呈现出"多点开花,重点零散"的研究特点,对于三大选本的研究涉及较多,但多为具体问题研究,缺乏宏观和深入研究,鲜有更大的突破。

本书虽以《盛世新声》《词林摘艳》《雍熙乐府》三大选本为主,但亦不会忽略嘉靖时期另外一部选本《风月锦囊》。《风月锦囊》较为晚出,而其研究成果非常丰富。《风月锦囊》原本在中国已经失传,但在西班牙马德里圣·劳伦佐图书馆藏有嘉靖癸丑(1553)重刊本。20世纪50年代,罗锦堂、刘若愚对其做了一些零星研究。20世纪80年代,台湾学生书局善本戏曲丛刊出版《风月锦囊》,使得此书在国内得以普及,对《风月锦囊》的研究也迎来一个高潮。彭飞、朱建明《海外孤本〈风月锦囊〉的新

---

① 赵山林:《中国戏剧学通论》,安徽教育出版社,1995年版。
② 赵山林:《中国戏曲传播接受史》,上海人民出版社,2008年版。

发现》①和《〈风月锦囊〉疏辨》②，以及黄仕忠《〈风月锦囊〉刊印考》③对《风月锦囊》的版本、刊刻时间、刊刻者、曲辞内容等基本内容进行了考证、梳理和介绍。在这个过程中，起初有不少错误，但是各篇文章在不断地修改和辩难中解决了很多问题。李舜华《关于〈风月锦囊〉性质的几点考述》④则将《风月锦囊》与《雍熙乐府》的部分曲文对比，认为《风月锦囊》反映的乃是地方演剧的特色。

2000年，孙崇涛、黄仕忠《〈风月锦囊〉笺校》和孙崇涛《〈风月锦囊〉考释》是截至目前最全面的研究成果。《〈风月锦囊〉笺校》基于《风月锦囊》版本字迹不清的问题，考订、校对曲文，以便读者阅读。《〈风月锦囊〉考释》是对《风月锦囊》版本、作者、曲文等问题的一次总的梳理。此外，赵凤《戏曲选本〈风月锦囊〉研究评述》⑤是对《风月锦囊》研究脉络的述评。

（三）关于臧贤、郭勋的研究现状

和嘉靖戏曲选本相关，《盛世新声》的编撰者臧贤、《雍熙乐府》的编撰者郭勋也曾经是一个热门的研究。因为种种原因，他们作为选本编者一度湮没无闻，但自20世纪80年代以来，臧贤、郭勋的基本问题已经相继被研究清楚。

最早对臧贤进行研究的是王钢和王永宽。他们于1991年在《文学遗产》第4期发表了文章《〈盛世新声〉与臧贤；附说〈雍熙乐府〉与郭勋》。在这篇文章之前，《盛世新声》的编者不详，仅有个别学者曾提到编者可能是臧贤，但都未能详论。而王钢、王永宽的这篇文章通过考察臧贤的生平事迹和《盛世新声》的版本，确定臧贤就是编者，这是一大突破。不过，这篇文章也有疏误。郑平昆在1992年第3期的《文学遗产》上发表《"〈盛世新声〉与臧贤"一文中的两点疏误》一文，对相关问题进行了指正。

除了这两篇文章，对于臧贤的研究暂时陷入空白。直到2003年，郭

---

① 彭飞、朱建明：《海外孤本〈风月锦囊〉的新发现》，《人民日报》，1988年6月5日。
② 彭飞、朱建明：《〈风月锦囊〉疏辨》，《戏剧艺术》，1989年第1期。
③ 黄仕忠：《〈风月锦囊〉刊印考》，《学术研究》，1998年第3期。
④ 李舜华：《关于〈风月锦囊〉性质的几点考述》，《中国典籍与文化》，2004年第4期。
⑤ 赵凤：《戏曲选本〈风月锦囊〉研究评述》，《河池学院学报》，2011年第3期。

福祥发表《臧贤与明武宗时期伶官干政局面的形成》① 一文，通过臧贤生平"祭祀泰山""诏留如贵臣""赐财赐服""轩轾大夫"等方面的事迹，讨论了臧贤作为一个伶官受宠的因由和具体表现。

相较于对臧勋的研究，对于郭勋的研究较多，因为郭勋不仅编集了《雍熙乐府》，还编写了《英烈传》、刊刻了《水浒传》。对于郭勋的研究主要集中于他和《水浒传》的关系。有一种观点认为，郭勋可能是《水浒传》的作者，而施耐庵可能是郭勋的门人，或者就是郭勋本人。戴不凡《疑施耐庵即郭勋》② 和张国光《〈水浒〉祖本探考——兼论施耐庵为郭勋门客之托名》③ 是这种观点的代表。针对这个观点，袁世硕进行了强有力的反驳。他在《郭勋与〈水浒传〉》④一文中通过对郭勋生平的考证，认为郭勋在立场和思想上不会是《水浒传》的作者。

与此同时，在 20 世纪 80 年代初期，易名先后发表《郭勋卒年再订正》⑤《郭勋的生年有记载》⑥ 等文对郭勋生平进行考证，加之金苏《郭勋生卒年考》⑦ 等文章，郭勋其人的基本问题已经了然。

总体上，无论是古代戏曲选本的整体研究，还是《词林摘艳》《雍熙乐府》的研究，都呈现出一种相同的趋势。从时间上看，民国时期是第一个阶段，这一阶段主要是进行文献梳理考辨工作，参与人数少，研究成果少，但研究的影响和贡献非常大。20 世纪 80 年代以后，开始出现一个小的高潮，进入第二个阶段。这一阶段参与研究的人数增多，涉及选本的成果增多，但多集中于个体的、细微的问题，缺乏整体性和宏观性研究。从成就看，从民国时期的学者开始，一代又一代学人在文献整理、辨析上下足功夫，现存的文献都已被充分利用，选本版本、作者、曲文等基本问题也都已得到解决，但研究工作基本止于文献梳理，未能继续深入挖掘。因此，对古代戏曲选本尤其是《雍熙乐府》《词林摘艳》的研究，有两个发

---

① 郭福祥：《臧贤与明武宗时期伶官干政局面的形成》，《东南文化》，2003 年第 5 期。
② 收录于戴不凡：《小说见闻录》，浙江人民出版社，1980 年版。
③ 张国光：《〈水浒〉祖本探考——兼论施耐庵为郭勋门客之托名》，《江汉论坛》，1982 年第 1 期。
④ 袁世硕：《郭勋与〈水浒传〉》，《水浒争鸣》，1985 年第 4 期。
⑤ 易名：《郭勋卒年再订正》，《读书》，1981 年第 7 期。
⑥ 易名：《郭勋的生年有记载》，《中国社会科学》，1983 年第 2 期。
⑦ 金苏：《郭勋生卒年考》，《学术月刊》，1982 年第 1 期。

展趋势：一是在前辈学人的文献整理基础上，继续对文献进行细化、梳理，前人未能注意的地方可以补充，前人疏漏的地方可以改正。二是在已有文献的基础上，进行整体性和宏观性的研究，深入戏曲本身的艺术性、文学性，并结合戏曲发展历史，探究和解决戏曲文学、艺术、历史的相关问题。本书即在前辈学人的文献整理的基础上，从更为宏观的角度考察嘉靖时期戏曲选本所具有的历史地位和意义，以及基于嘉靖戏曲选本，考察戏曲选本与戏曲史的关系，探讨明代戏曲发展的脉络。

第一章　嘉靖曲坛发展态势与戏曲选本的兴起动因

中国拥有历史悠久的文学选本传统，而戏曲选本的出现却相对较晚。这自然和戏曲成熟较晚有关，但是也必须知道，戏曲在元代已经达到一个巅峰，然而真正意义的戏曲选本直到明代中期才出现。虽然在元代，已经出现了《太平乐府》《阳春白雪》这样的散曲选本和《元刊杂剧三十种》这样的戏剧选本，但是其或单收散曲，或单收剧作，都并非真正意义上的"戏曲选本"。本书绪论部分已经言明，真正的戏曲选本乃是剧曲、散曲并收的选本，因为一方面，它不是如同"诗选""文选"一样仅仅对于单篇作品的搜集和整合；另一方面，剧曲、散曲共收，体现了戏曲选本以"曲"为纲的特点，这正反映了戏曲和诗歌、古文在艺术上的本质差别，也体现了戏曲选本的本质特征。因此，元代实际上并没有真正意义上的戏曲选本，而明代最早的戏曲选本为刻于正德十二年（1517）的《盛世新声》，而此时距离元杂剧兴盛的时期已有近三百年，距离明太祖朱元璋建国也有一百余年了。事实上，元代虽然尚无标准意义上的戏曲选本，但是已经有了很多散曲选本、戏剧选本，这些其实都可以算作戏曲选本的萌芽或前身。而自明太祖朱元璋建国至嘉靖年间的百余年里，不仅戏曲选本未能出现，连散曲选本、戏剧选本也寥寥无几。可以说，这一百多年是戏曲选本中断的一个时代。为何戏曲选本的出现相对滞后并出现了中断，直到正德、嘉靖时期才出现呢？这显然与明代的历史发展、社会背景和戏曲文化生态有关。

第一节　时代背景：戏曲由沉寂到勃兴的转折

朱崇志在《中国古代戏曲选本研究》中说："悠久的选本传统是戏曲选本产生的文化基因，戏曲文学的发展繁荣、戏曲表演的广泛和频繁则是其文化生成的内在前提。"[①] 所以，戏曲选本出现的前提，必须是戏曲处于繁荣的状态。因为只有在这种繁荣的状态下，选本才能在作品上有丰富的选择余地，在主体上有众多的选本编者，在客体上有广泛的选本读者。否则，选本既无选者，又无受众，就失去了存在的意义。而明初至嘉靖这戏曲选本中断的百余年，恰好处于一个戏曲发展沉寂的时期。所以，在明代正德、嘉靖之前并不具备戏曲选本出现的土壤。

一、理学正统和戏曲禁限

元代戏曲繁兴尽人皆知，然而戏曲在进入明代之后迅速陷入低潮。明初至正德年间的戏曲创作呈现一片凋敝之景。与此同时，民间的戏曲演出也较之元代沉寂不少。造成戏曲发展陷入低潮的原因主要有两方面：一是理学正统的确立，二是官方对戏曲的禁限。前者是从意识形态层面对戏曲创作进行了束缚，后者则是从政策法令方面对戏曲演剧进行了限制。

明太祖朱元璋建国之后，出于稳固政权的需要，非常重视文人和文化。《明史·儒林传》载："明太祖起布衣，定天下，当干戈抢攘之时，所至征召耆儒，讲论道德，修明治术，兴起教化，焕乎成一代之宏规。虽天亶英姿，而诸儒之功不为无助也。制科取士，一以经义为先。网罗硕学，嗣世承平，文教特盛。大臣以文学登用者，林立朝右。"[②] 朱元璋虽然并不是书生，但对儒臣非常倚重，宋濂、刘基都是明初的股肱之臣。为了网罗文人为朝廷效力，明初统治者重新规范科举考试和入仕制度，使得文人重新获得了以科举考试晋身统治阶层的机会。重新整顿科举，的确改善了文人的地位，但统治者也借此加强了对文人的思想控制。这种思想的控制主要依靠宣扬、确立程朱理学为正统，其直接表现为大力整顿藏书、修撰

[①] 朱崇志：《中国古代戏曲选本研究》，上海古籍出版社，2004年版，第1页。
[②] （清）张廷玉等：《明史》，清乾隆武英殿刻本，卷二百八十二，第1页。

经书经典、强行推广理学典籍。万斯同《明史·艺文志序》载：

> 明太祖既克建康，龙凤丙午，即命有司访求古今书籍。……明年，以北方自经丧乱，经籍残缺，命颁四书五经于各学校。又明年，谕礼部曰："古今圣贤以教后世，所存者书而已。朕每观书，自觉有益。"……今国子监藏板残缺，其命诸儒考补，工部督修之。至二十四年，再命颁国子监子史等书于北方学校。……成祖即位四年，命礼部遣使购求遗书。及建都北平，命修撰陈循取文渊阁所贮书籍，自一部以至百部之多者，各取其一，置于燕都。……命儒臣辑五经、四子、性理大全，颁之郡邑学官，以训生徒。①

可见，太祖、成祖为了推广理学正统，大肆访求书籍，编修经典。此举明为尊重文化，实则为了巩固统治。如明成祖时修撰《四书大全》《五经大全》《性理大全》，将其作为文人参与国家政权的必读文献。除了具有文献整理的功用，编修经典也具有一定的文化意义，但其修撰仓促，学术价值不高，遭到了后人抨击："明永乐十二年，敕胡广等修五经大全，颁行天下……乃所修之书，大为人姗笑。顾炎武谓：《春秋大全》全袭元人汪克宽《胡传纂疏》，《诗经大全》全袭元人刘瑾《诗传通释》。其三经，后人皆不见旧书，亦未必不因前人也。取已成之书，钞誊一过，上欺朝廷，下诳士子，唐、宋之时，有是事乎！"② 所以，明成祖时修撰的《五经大全》等书，其实只是因袭、拼凑前人的成果，其主要作用还是统治者加强思想统一和对文人进行控制。正如王健《中国明代思想史》所言："明代的封建专制主义更为加强，因此，从官方的统治来说，也更需要寻找一种能够维护自身统治地位的理论思想。"③ 这种"维护自身统治地位"的理论思想，无疑就是理学。所以，明初统治者正是通过科举考试、经书修撰等行为，把程朱理学灌输于文人士子，进而又以理学控制文人的思想和行为。

程朱理学的核心观念是"存天理、灭人欲"。理学要求人们压抑人类自身的兽性，激发内在的理性意识和自我控制，具有一定的积极作用。但

---

① （清）万斯同：《明史》，清钞本，卷一百三十二。
② 周予同注释：《经学历史》，中华书局，1981年版，第289页。
③ 王健：《中国明代思想史》，人民出版社，1994年版，第8页。

是，理学所带来的负面影响也不能被忽视。它容易构成一把封建枷锁，对人的思想进行禁锢，对人的道德进行绑架。其最大的问题在于，它本来只是一种自愿、个人化的道德要求和修养追求，但是一旦为官方所利用，就成为一种强制性质的道德压迫。理学所要求的道德修养，如果只是一种人为自愿的选择，那么它或许可以激发人们内在的道德潜能，但是一旦变成一种道德强权，就会变为对人的束缚和迫害了。

所以，明初统治者推行程朱理学，对于统一思想、整顿纲纪是有好处的，但也为文人士子提供了一个无形的道德牢笼。明代前期，统治者格外重视儒家的伦理风化和道德教条，有碍风化的"淫词艳曲"被一律摒弃了。洪武四年（1371），明太祖告诫群臣："元时古乐俱废，惟淫词艳曲更唱迭和。又使胡虏之声与正音相杂，甚者以古先帝王祀典神祇，饰为舞队，谐戏殿庭，殊非所以道中和崇治体也。……自今一切流俗喧哓淫亵之乐，悉屏去之。"[①]《明史·乐志》亦载，明初极力推广雅乐，以振风教："景泰元年，助教刘翔上书指其失。请敕儒臣推演道德教化之意，君臣相与之乐，作为诗章协以律吕，如古《灵台》《辟雍》《清庙》《湛露》之音，以振励风教，备一代盛典。"[②]儒家主张礼乐治世，提倡中和之乐，所以明初统治者大力提倡有助风化的雅乐，明确排斥表现人性情感、世俗娱乐的"俗乐"。而在这种推举治国礼乐、贬斥"淫词艳曲"的背景下，属于"俗乐"的戏曲与雅乐处于截然对立的态势，因此文人自然要与戏曲保持距离。

同时，理学的理念无形地规定着文人士子必须做一个济世报国的理想型士大夫。这种理想型士大夫，不仅要求熟习儒学经典，更要求拥有兼济天下的胸怀和洁身自好的品性，不能沉迷于酒宴娱乐，不能耽乐于花街柳巷。理想型士大夫的每一项要求，都是和戏曲艺术对立的。戏曲乃是俚俗小道、"淫词艳曲"，和儒学经典对立；观赏、吟唱戏曲常常是在饮酒娱乐之时，甚至伴随着挟妓寻欢，这又和"济世报国""洁身自好"的理想品行对立。因此，这样一个理学思想铺设下的道德牢笼，潜移默化地让文人士子以为接触戏曲乃是一种有悖道德的"羞耻"，自然对戏曲主动产生了

[①]（明）姚广孝等：《明实录·太祖实录》，江苏国学图书馆传抄本。
[②]（清）张廷玉等：《明史》，清乾隆武英殿本，卷六十一，第9页。

疏离。尤其是明代前期，乃是理想型士大夫人格在文人之中的高涨时期。在元代，科举制度废弛，汉族文人失去进入统治集团的途径，大部分只能流落底层社会，理想型士大夫的情怀也在元代文人那里土崩瓦解。但是进入明代以后，统治者重振科举，汉族文人的地位得到显著提高，重新成为治理国家的重要角色。汉族文人报国求荣的传统理想也获得了相对优越的途径，非常珍惜参加科举、入仕治国这条道路，这激发了他们重回理想型士大夫的愿望和激情。因而，这种对于理学的推行使得明初文人重新塑造了崇尚儒经、兼济治国的传统士大夫人格，但同时也使他们陷入一种道德束缚中。理学在明代已经远远超越了学术范围，更成为一种道德性、思想性、人格性的公共约定。它对于文人的约束，不只是一个简单的文化选择，更是牵扯到对一个人道德品质的评判。这种意识形态上的无形约束，无疑对自古把名节看得非常重要的文人产生了极为强大的限制力，自然就使得文人不会把心思放在戏曲这种"小道"之上了。

所以，明初崇尚传统士大夫的人格，形成了尊奉儒家经典和理学教义的风尚，使得文人士大夫连诗歌都视为"小技，不足为也"①，更不用说戏曲了。何良俊《四友斋丛说》言"祖宗开国，尊崇儒术，士大夫耻留心辞曲"②，是完全符合历史的。何良俊又言，因为士大夫耻留心戏曲，所以"杂剧与旧戏文本皆不传，世人不得尽见。虽教坊有能搬演者，然古调既不谐于俗耳，南人又不知北音，听者即不喜，则习者亦渐少"③。作为文化水平较高的群体，士大夫忽略戏曲，不仅使得戏曲的创作陷入低迷和沉寂，难以出现具有较高水平的戏曲作品，而且使得戏曲的继承出现了很大的问题，大量剧本失传，戏曲音乐也无法得到传承。而戏曲音乐的失传又造成音乐、表演的混乱，使得作品失去了本身可能具有的魅力，降低了戏曲本该有的表现力，如此一来，又使得戏曲陷入更大的困境。

与此同时，理学正统思想在民间同样带来非常明显的影响。明代统治者将民间演剧限定在"义夫节妇、孝子顺孙、劝人为善"等极富理学道德色彩的题材内，无疑对戏曲演剧也设置了一道理学的枷锁。如此一来，既

---

① （清）张廷玉等：《明史》，清乾隆武英殿本，卷一百四十八，第2页。
② 俞为民、孙蓉蓉：《历代曲话汇编·明代编第一集》，黄山书社，2009年版，第464页。
③ 俞为民、孙蓉蓉：《历代曲话汇编·明代编第一集》，黄山书社，2009年版，第464页。

压制了民间之于戏曲的热情,又限制了民间对于戏曲的创作。

总之,理学成为明初正统思想,所造成的文人"不耻"戏曲的心态和风气,使得民间戏曲演剧只能受限于伦理道德的剧目,无形之中为上层社会、民间百姓参与戏曲都设置了门槛。如此一来,戏曲创作失去了源泉,戏曲演出也受到摧残,剧本、音乐的传承也出现中断,这自然成为明代前期戏曲凋敝的一个重要原因。

如果说理学意识形态的确立是一只无形的手在限制文人对戏曲的参与以及戏曲的发展,那么官方出台的各种禁限法令就是一只有形的手,直接对戏曲进行干预和禁限。丁淑梅《中国古代禁毁戏剧史论》说:"明代是中国封建社会最后一个大一统的汉族政权,也是集权专制使整个社会出现极端停滞的时代。这种停滞,集中表现在统治者以文化守成的面目遏制新思想的产生和新的社会阶层的出现,官方文化和民间文化形成此消彼长的相持、对峙、渗透态势。官方一系列文化专制政策、禁令法规的制定和实施,影响最大的当然是包括戏剧艺术在内的俗文学。"① 所以,"专制政策、禁令法规"对戏曲发展产生的抑制影响是不容忽视的。

当时,统治者对官员和文人在生活作风、娱乐消遣上有明确的规定。理学虽然具有一定的约束力,但并不代表所有人都能够自觉受其约束。因此,统治者必须采取强制法令,对士大夫进行法律上的约束。明初之时,统治者主要限制的并非参与、观演戏曲,而是挟妓。对于官员挟妓持坚决禁止和打击的态度:"凡官吏宿娼者,杖六十,媒合人减一等。若官员子孙宿娼者,罪亦如之。"② 余继登《典故纪闻》载:"刑部奏定各处生员若犯受赃奸盗、冒籍科举、挟妓饮酒、居丧娶妻妾等罪者,南北直隶发充两京国子监膳夫,各布政司发充邻近儒学斋夫膳夫,满日原籍为民。"③ 可见,统治者将挟妓饮酒和受赃奸盗视为同样级别的犯罪,而且将禁限对象扩展至基层官员和文人。当然,禁止挟妓,杜绝淫乱奢靡之风,本是好事,但众所周知,倡优妓女是古代戏曲发展的重要承载群体,是戏曲表演、歌唱的主要群体。元代戏曲的繁荣,与优伎、文人拥有极为密切的交

---

① 丁淑梅:《中国古代禁毁戏剧史论》,中国社会科学出版社,2008年版,第183页。
② 怀效锋点校:《大明律》,法律出版社,1999年版,第200页。
③ (明)余继登:《典故纪闻》,中华书局,1981年版,第213页。

往和互动息息相关,而明初的禁令无疑切断了文人士大夫和妓女的联系,无形之中把戏曲从文人士大夫的生活中剔除出去,自然就让很多士文人大夫失去了参与、接近戏曲的热情和机会。

统治者对民间戏曲的禁令虽然见于史料者不多,但各个时期从不间断。从洪武六年(1373)"申禁教坊司及天下乐人,毋得以古圣帝明王、忠臣义士为优戏"①,到永乐九年(1411)"但有亵渎帝王圣贤之词曲、驾头杂剧,非律所该载者,敢有收藏传诵、印卖,一时拿送法司究治"②,再到成化年间的"勿事戏剧,违者乡老纠之"③,从曲本买卖到戏曲演出,都有明确禁令。虽然其效果往往不理想,但仍然对戏曲的发展产生了一定的抑制。

总之,明代前期,一方面理学思想的统治使得文人自觉地对戏曲产生轻视、疏离的态度,民间戏曲也受到种种题材的限制;另一方面,统治者对文人在娱乐消遣上的规定对文人安上了一把隔离戏曲的锁,而民间戏曲也被官方诸多禁令抑制。所以,无论是上层文化圈还是下层文化圈,戏曲的发展都受到了相当程度的限制。无论是文人还是百姓,对戏曲的参与和关注都较元代具有明显的退潮。

笔者认为,编选选本需要两个基本要素:第一,编选者必须是具有一定文化素养或专业知识的人。因为既然是选本,编选者就必须拥有一定的阅读量,才能在所阅读的作品之中进行选择和提取。而且,如何选,选哪些,这都需要编选者具备一定的文化素养、专业水平。第二,选本的编选需要一定的人力物力,尤其需要拥有一定的藏书量。选本是在众多作品之中择选出部分作品,如果藏书量不丰富,那么选择的空间就非常小,选本也就很难产生。同时,有的选本工程量大,非一人之力可以完成,而选本刊刻又需要一定的经费,因此选本编选是需要丰富的藏书量和人力物力的。文人是编选选本的最大潜在群体,因为他们既有文化又乐于藏书,且掌握着一定的物力人力。然而明代前期,文人对戏曲持有冷漠的态度,自然不可能参与戏曲选本编集,使得戏曲选本缺少编选人员。

---

① (明)朱睦㮮:《圣典》,明万历刻本,卷八,第2页。
② 俞为民、孙蓉蓉:《历代曲话汇编·明代编第二集》,黄山书社,2009年版,第403页。
③ (明)王命璿修、黄淳纂:《(万历)新会县志》,清顺治间修补本,卷二,第52页。

此外，戏曲选本的受众亦不广泛。由于整个社会的戏曲发展处于凋敝的状态，民间戏曲的状态自然也较为萧条。民间戏曲多表现为乡村民俗活动的演出，其本身以热闹、喧闹为主，更看重演出氛围，对于戏曲本身的内容并无太高要求，对于戏曲文本则更无需求。因此，民间戏曲仅存的活力，更多的是在各种民间活动中当作助兴、制造气氛的工具，对于戏曲文本需求不大。所以，戏曲的萧条和凋敝，让明代前期既无选本的编者又无选本的受众，戏曲选本当然不可能出现了。

二、北曲衰微和尊崇诗文为正统

戏曲发展受到种种禁锢，是明代前期无法产生戏曲选本的原因之一，此外，戏曲发展本身的规律以及当时的社会文化风向也决定了戏曲选本并不具备产生的动因。明代前期北曲衰敝、南曲稚嫩，使得戏曲自身的更新、创造处于相对停滞的状态，而与此同时，崇尚诗文的文化风气又进一步使戏曲在文化领域被边缘化，这成为戏曲选本无法产生的另外一个原因。

理学的束缚和官方的禁限对戏曲发展造成了一定的负面影响，但这是外部的因素。明代前期戏曲发展的困境，事实上与戏曲本身的发展规律也有一定关系。我们知道，元代戏曲的主流是北曲和杂剧，而且它们的优势一直延续到明初。但是，其实从元代中期开始，北曲、杂剧已经开始走下坡路，呈现出衰微的趋势。元代后期，戏曲创作的重心南移，虽然仍然出现了宫天挺、乔吉、张可久等优秀的戏曲作家，但是整体创作已经逊色于元代前期。尤其是元代后期的杂剧和散曲，开始朝着骈俪、典雅的方向发展。这种雕章琢句、雅丽华美的创作趋势使得元代杂剧、散曲失去了中前期那种张扬、活泼、大气的泥土气息和世俗本色，导致元代后期的戏曲创作呈现出一种衰退之势。任何一种艺术，都有它的生命周期和发展规律，杂剧发展到元代末期，其相对固化的形式已经限制了优秀作品继续出现的可能。同时，随着案头化的趋势愈发明显，北曲之音乐特性也渐渐消失。虞集《叶送英自度曲谱序》云："近世士大夫号称能乐府者，皆依约旧谱，仿其平仄，缀辑成章，徒谐里耳则可。乃若文章之高者，又皆率意为之，不可叶诸律，不顾也。"① 可见到元代中后期，北曲的创作已经出现了瓶颈，不是循旧模仿之作，就是"率意为之"之作，远离音乐性和世俗性。这种衰落的趋势一直延续到明代中期，大致在嘉靖后期，北曲已经彻底衰落，濒临绝迹之势，不仅北曲的创作已经大幅度减少，而且很多本来的曲目、音乐也基本失传了。沈德符《顾曲杂言·北词传授》云：

> 自吴人重南曲，皆祖昆山魏良辅，而北调几废，今惟金陵尚存此调。……而吴中以北曲擅场者，仅见张野塘一人，故寿州产也，亦与金陵小有异同处。顷甲辰年，马四娘以生平不识金阊为恨，因挈其家女郎十五六人来吴中，唱《北西厢》全本。其中有巧孙者，故马氏粗婢……四娘还曲中，即病亡。诸妓星散。巧孙亦去为市妪，不理歌谱矣。今南教坊有傅寿者，字灵修，工北曲，其亲生父家传，誓不教一人。……若寿复嫁以去，北曲真同《广陵散》矣。②

沈德符为万历时期人，从他的记述可知，北曲发展到嘉靖、万历时期，已经十分寥落。能够演唱北曲之人，只剩马四娘、傅寿等寥寥数人。而在昆山腔风靡之后，北曲已经迅速被取代，甚至接近灭绝，几同《广陵散》了。

何良俊《四友斋丛说》亦载：

> 余家小鬟记五十余曲，而散套不过四五段，其余皆金、元人杂剧词也，南京教坊人所不能知。老顿言："顿仁在正德爷爷时随驾至北京，在教坊学得，怀之五十年。供筵所唱，皆是时曲，此等辞并无人问及。不意垂死，遇一知音。"是虽曲艺，然可不谓之一遭遇哉。③

这则材料亦反映了北曲衰微的态势，但更侧重于官方。教坊乃是官方的音乐机构，明代前期主要供奉北曲，到了嘉靖时期，南京教坊艺人开始以南曲为主，鲜有擅长北曲之人了。所以，顿仁这种推崇北曲的乐师能够见到一个记诵北曲的人，已经惊为"知音"。因此，到了嘉靖时期，无论在官方还是民间，北曲都已经陷入极大的困境。

---

① 隗芾、吴毓华：《古典戏曲美学资料集》，文化艺术出版社，1992年版，第65页。
② 俞为民、孙蓉蓉：《历代曲话汇编·明代编第三集》，黄山书社，2009年版，第69~70页。
③ 俞为民、孙蓉蓉：《历代曲话汇编·明代编第一集》，黄山书社，2009年版，第467页。

北曲和杂剧的逐渐衰微，有着其历史必然性。元代中后期，经济、文化重心就开始南移。明代之后，经济、文化发展的重心已经完全偏向于南方，尤以东南地区富庶繁华。很多明代富有影响力的文化名人要么是南方人，要么是长期在南方从政、生活，虽然在相当一段时间内，北曲在南方拥有很大的影响力，但是毕竟已经失去了它赖以生存的土壤。而且从音乐的表现来看，在南方诸腔尤其是昆山腔崛起之后，北曲也确实黯然失色。昆山腔在经过改良之后，其音乐表现的确具有更高的水平，其婉丽、清雅的音乐色调更迎合明代中期世俗、享乐的生活风气，也更赢得文人阶层的喜爱。同时，杂剧因其体例限制，不能展现更丰富的故事，也不能由多个角色共同演唱，故其创作受到很大局限，这些都促使北曲和杂剧最终走向衰落。

所以，从元代中期到明代中期，北曲每况愈下，在嘉靖时期已然奄奄一息。而南曲和戏文虽然一直在民间蓄力发展，但是在嘉靖之前也没有发展得十分成熟，无法迅速接力北曲，尤其是尚未渗透到上层社会。所以，嘉靖以前的戏曲正好处于一个北曲已经衰颓、南曲尚未完全崛起的交替时期，其戏曲内部发展的规律也使得明代前期的戏曲发展呈现凋敝之势。这就为戏曲选本的出现造成了一种矛盾的局面：北曲积淀雄厚，曲文留存众多，拥有很多经典作品，却越来越不受欢迎，选本市场越来越小；而当时愈发受到欢迎的南曲，由于历史积淀不足，水平普遍稚嫩，经典作品寥寥无几，所以选本的文献资源不多，同时又鲜为知识阶层留意。在北衰南兴这种交替的格局下，戏曲选本也失去了出现的条件。

戏曲本身的更新、创造出现交替断代，再加之思想的束缚、官方的禁令，共同造成戏曲在明代前期是一种低迷、沉寂、边缘的状态。这种衰退、凋敝的态势使得本身就有意远离戏曲的文人对戏曲更加疏离，如此一来，元代的"一代之文学"在明代前期完全被诗歌等雅文学压制，无力抗衡，所以吴京《林石逸兴引》云："正、嘉以前，学士大夫歆慕诗余。"[①]在嘉靖以前的文坛上，戏曲全然无法与诗词等传统文学形式抗衡，尤其是明代前期高举诗歌复古之大旗，诗歌才是明代前期最为主流的文学形式。

当然，明代前期的诗歌也乏善可陈，以杨士奇、杨荣、杨溥为代表的

---

① （明）薛论道：《〈林石逸兴〉校注》，云南大学出版社，2011年版，第408页。

"台阁体"不过都是歌功颂德的贵族诗歌,虽然在成化、弘治年间,李东阳为首的"茶陵诗派"曾有意改变"台阁体"的诗风,但是归根结底,"茶陵诗派"自身也是一种贵族属性明显的士大夫型诗歌。因为这些士大夫都是身居高位的官僚,他们所推举的以诗歌为代表的雅文学在文化领域还是产生了极大的影响。所以,在正德以前,明代的文学和文化的总体特征是"趋雅抑俗",上层文化压倒民间文化,呈现鲜明的贵族化、典雅化、官僚化的特征。尽管雅文学本身也具有种种问题,但因其符合传统士大夫的人格身份和理想,也与官方意识形态相符,所以文人士大夫在文学上推举雅文学,远离以词曲为代表的俗文学。明代前期的文人士大夫,基本都把文化精力投向古典诗歌的创作、诗歌理论的争鸣中。明初之时,出现的主要是诗歌选本。据孙琴安《明代唐诗选本考》,正德以前的唐诗选本有徐舫《唐诗通考》、宋棠《唐人绝句精华》、王行《唐律诗选》、周叙《唐诗类编》等20余种。任何选本都必须拥有能够孕育它的土壤,选本也是文学样式流行风向的坐标。明代前期,雅文学当道,戏曲陷入困境,故而戏曲选本的中断和难产也是必然的,诗歌选本的繁荣是顺理成章的。

第二节　嘉靖戏曲选本勃兴缘由

经历了明代前期的空白,戏曲选本在正德、嘉靖时期终于出现。作为一个文本编选的合集,选本出现是有其动因和目的。所谓选本,是编选者按照一定的指导意向或兴趣喜好,在广泛的作品之中搜罗、择选一部分作品编辑成集。而择取、编选选本,其动因主要有三种:一种是教育意义,一种是统治功能,还有一种是市场需求和娱乐功能。为教育意义而编选的选本,在中国历史源远流长且十分普遍。古时供文人学习诗歌的诗选或者备考科举的文章、经义选本,都属于教育意义的选本。统治功能的选本,主要指由官方主持修编的选本,这些选本或是张扬统治者重视文化的姿态,或是保护文化典籍的需要,或是统一文化思想的手段,总之都是服务于统治需要。此外,宋元之后,市民文学兴起,在民间形成了一个娱乐需要的市场,因此小说、笑话、词曲都有选本出现。这些选本既不具有教育意义,也不具有统治意义,而是完全满足人们娱乐的需要。嘉靖时期戏曲选本的出现主要源于这种市场和娱乐功能。《词林摘艳》《风月锦囊》都由下层文人所编,是明确服务于市民娱乐的。《盛世新声》《雍熙乐府》由皇室所编①,也是为了满足皇室娱乐的需要,同时其流播也面向民间市场。在正德、嘉靖时期出现以供娱乐和市场的戏曲选本,也与明代中期戏曲艺术复兴、社会风向转变等社会、文化因素有关。

一、国家与社会形势的转向

正德、嘉靖时期,明代的戏曲选本终于出现,且一出现,就是《盛世新声》《词林摘艳》《雍熙乐府》这三种收曲丰富、编刻精良、影响深远的选本。嘉靖后期,又出现《风月锦囊》这部收录大量南戏的选本。为什么明前期百余年选本空白,而正德、嘉靖时期突然连出四部分量极重的选本呢?其根本原因是戏曲在彼时实现复苏,迎来转折。任何事物的出现和兴起,都不是凭空而来的,一定拥有孕育它的土壤和条件。戏曲选本出现于此时,是因为它是戏曲发展处于多方面剧变的特殊时期。所以,我们梳理明代历史发展的脉络和趋势会发现一个现象:戏曲选本产生于一个戏曲发展处于转折的时期,而戏曲的转折又处于整个明代的历史拐点。

嘉靖时期是明代戏曲发展的一个转折时期,已是学界公论。廖奔、刘彦君《中国戏曲发展史》称嘉靖是明代戏曲发展的"转机,呈现出新的气象",并认为:"到嘉靖年间,文人参与的积极性忽然开始高涨,写出了一批有特色的传世名作……使之投入大量精力,导致自身的迅速走向另一座成就巅峰。"②谭帆、陆炜《中国古典戏剧理论史》称:"嘉靖、隆庆时期是奠定中国戏剧理论在中国古代文艺思想史上历史地位的重要时期。同时,这一阶段又是戏剧理论迎来高峰期的一个前奏,嘉、隆以后,中国古代戏剧理论便走向了它的巅峰。"③叶长海《中国戏剧学史稿》亦云:"到了十六世纪,亦即嘉靖、隆庆时期,中国戏剧又遇到了发展的转机,古代戏剧学也因而结束了长期岑寂的局面,进入了一个新的转折时期。"④嘉

---

① 本书所指的皇室,并非仅限于皇帝宗亲的狭义皇室,而是指包括皇帝亲信、幸臣乃至朝廷权贵在内的广义皇室,是对中央贵族阶层、利益集团、内府机构的统称。从这个意义来说,臧贤、郭勋作为与皇帝关系亲密的宠臣,皆属广义皇室范畴,《盛世新声》《雍熙乐府》便也具有皇室背景。
② 廖奔、刘彦君:《中国戏曲发展史·第三卷》,山西教育出版社,2000年版,第238页。
③ 谭帆、陆炜:《中国古典戏剧理论史》,中国社会科学出版社,1993年版,第6页。
④ 叶长海:《中国戏剧学史稿》,中国戏剧出版社,2005年版,第88页。

靖时期，戏曲在艺术形式、演剧生态、戏剧理论等方方面面都呈现出一种转折的状态。当然，这个"嘉靖时期"并不是单单限定在政治上的年号期限，而是和其前后的正德、隆庆两个相对短暂的政治年限一起构成了一个广义的"嘉靖时期"。总体上，这个时期戏曲发生转折的面貌可以被定义为"由衰转盛"，即戏曲发展由明代前期的相对低迷和沉寂，迅速走向了一个辉煌的高峰。嘉靖时期的戏曲转折不仅仅是简单的由衰微走向繁盛，这个过程也是南曲取代北曲、案头文人戏曲抬头的过程。这一时期，处于元人剧作笼罩下一百多年的明代戏曲终于开始迸发和呈现自己的特色，铸就具有明代色彩的戏曲辉煌。所以，在这个戏曲发生剧烈转折的时期，戏曲选本的出现和兴盛并非偶然，而是与其背后的社会、文化、戏曲等多方面的发展状态密切相关的，有着推动其出现、繁荣的内在逻辑。

（一）国家和政治形势的转向

戏曲在嘉靖时期发生转折，并非偶然，其和嘉靖时期整个社会的转折息息相关。首先，从整个明代历史来看，嘉靖处于明代中期，是明代历史年号第二长的时期。它是明代发展的一个拐点，是明代开始中衰的时期。孟森《明史讲义》言：

> 嘉靖一朝，始终以祀事为害政之枢纽，崇奉所生，已极憎爱之私，启人报复奔竞之渐矣。帝于大祀群祀，无所不用其创制之意，而尤于事天变为奉道，因而信用方士，怠政养奸，以青词任用宰相，委政顺旨之邪佞，笃志玄修，更济以独断自是，滥用刑辟，遂有权相柄国，残害忠良。议礼稍竣，而严嵩进用，始犹有相轧之夏言，言不得其死，而嵩独专国政十四年，正人受祸不知凡几，其影响皆由帝僻好神祇符瑞之事来也。①

明世宗崇奉仙道，耽误国政，使得嘉靖一朝奸佞当权，朝纲混乱，成为有明一代由盛转衰的转折点。在嘉靖之前，大明王朝的总体趋势是发展、进步、强盛的。明太祖和明成祖吸收元代的经验教训，革除弊政，积极改革，使得明朝的国力迅速恢复。虽然在发展过程之中也出现了种种问题，比如明英宗宠任太监王振酿成"土木之变"，但是明朝整体的国运是

---

① 孟森：《明史讲义》，中华书局，2009年版，第191页。

向上和向前的。尤其嘉靖皇帝的叔父明孝宗是一位开明有为的君主，在他的管理之下，明代实现了一个短暂的"弘治中兴"。可以说，在正德、嘉靖以前，明代是一个根基稳固、强盛富足的国家。但是，明孝宗因病早逝，"弘治中兴"所谓的盛世也昙花一现，及至正德、嘉靖时期，先后继位的两位皇帝，明武宗只顾耽乐游逸，明世宗沉迷求道升仙，所以史评"伶官之盛，莫过正德；道流之盛，莫过嘉靖"①。明朝国势，自此开始动摇。

明孝宗去世后，其子明武宗即位时才15岁。武宗即位后，先后宠幸刘瑾和江彬。刘瑾和江彬专权后，贪赃枉法，迫害正直官员，导致正德时期危机四伏，不仅河北、江西、湖北、四川等地爆发规模不小的农民起义，北方边境面临鞑靼侵扰，宁王朱宸濠也起兵叛乱，幸亏王阳明挺身而出，才平息了兵乱，未致国家陷入大的动荡。武宗在位期间，荒逸无度，为明朝埋下了由盛转衰的种子。

明武宗逝后，因无嗣，其堂弟朱厚熜即位，是为嘉靖皇帝世宗。世宗即位后想改变正德时期的弊政，以便有一番作为，所以他励精图治，积极改革，对宦官进行了限制和打压，改善了正德时期形成的宦官专权的局面。他还在农业、土地、水利、边防等方面都进行了卓有成效的改革，使得明代的发展出现了恢复稳定的希望。然而好景不长，世宗开始沉迷道教，嘉靖二十一年（1542）爆发"壬寅宫变"，世宗差点被宫女谋杀，幸而死里逃生。此后更是移居西苑，一心拜仙求道，不理朝政。世宗沉浸道教，荒殆朝政，导致夏言、严嵩等权臣相继专权，横行朝野二十多年，明朝再次陷入了危机。因此，嘉靖时期也出现了一系列动乱。北方有鞑靼的入侵，东南则是倭寇的骚扰，而广东、江西等地的农民起义此起彼伏，城镇的市民和工人也常有起义。嘉靖皇帝即位之初本想扭转正德时期的政治颓势，然而在他统治下的45年里，明代的发展却逐渐陷入更深的危机。

总之，正德、嘉靖时期由于皇帝对朝政的荒怠，宦官、权臣获得专权机遇，他们利用权力为所欲为，尽谋私利，使得明朝出现了重重危机。虽然倚仗明代前期的根基以及一批正直官员的抗争，嘉靖时期的明代并未呈现明显的衰败之势，而且经过万历时期张居正的改革，明代的发展甚至有

---

① （明）沈德符：《万历野获编》，中华书局，1959年版，第700页。

所好转，但不可否认的是，经过正德、嘉靖时期的朝政混乱，明代的根基已经动摇，整体的国势开始走下坡路了。

(二) 社会思潮和风气的转向

经过嘉靖时期的转折，明代开始由强盛之势转向衰败，而文学、戏曲却迎来了一个巅峰，其辉煌程度远远超过明代前期。处于转折拐点的嘉靖一朝，正是起着前后承接的作用。明代前期，经济水平和综合国力呈向上发展的趋势，但文化发展并未有太多值得称道之处。正德、嘉靖时期，明代国势开始步入衰微，然而对于文学、戏曲却是一种向上的推动。毕竟，随着皇帝和中央统治集团出现种种问题，其专制集权的控制能力必然松动，正统理学的统治开始瓦解，从而使得思想、文学都获得了迸发活力的空间。加之随着经济的发展，人们的物质生活得到了丰富和改善，无论是统治阶级还是普通大众，对于精神娱乐的需求都大为提高，这也推动了思想的解放和文学、戏曲的复兴。

由正德、嘉靖开始，思想文化领域最为显著的变化是理学的官统地位开始崩溃，崇尚自由、个性、情欲、享乐乃至奢靡淫欲的风气开始蔓延。一方面，由于明太祖朱元璋建国之后，经过一百多年的生息修养，国家总体形势稳定繁荣，无论是统治阶级还是普通百姓，都需要声色娱乐来满足平日的精神文化需求。东南地区极为富庶，城镇化发展迅速。城市的发展日新月异，几年就面貌一新，也吸引了大量农村人口进城，从而使得市民阶层不断壮大。而这又促进了城市娱乐产业的发展，因为市民阶层是俗文化消费的一个主体市场，同时很多市民投入俗文化的创作和演艺中。市民阶层具有与文人阶层不同的审美，他们对于伦理道德之类的约束看得相对较轻，受制于官方的约束也相对较少，因此拥有更大的自由空间，可以随意享受世俗娱乐。

另一方面，由于正德皇帝的昏庸，中央权力旁落宦官、幸臣手中，统治者失去了对文人士大夫的紧密控制，文人阶层亦可以挣脱国法德约，投入世俗生活。孟森《明史讲义》云："武宗之昏狂无道，方古齐东昏、隋炀帝之流，并无逊色，然竟外御强房，内平大乱，卒晏然死于豹房。……正德间，初以刘瑾挟帝用事，几乎尽逐正人，遍引邪佞当要地，幸而阉权未能统一，以阉图阉，遂殄巨憝。至江彬、钱宁辈之导帝淫荒、转于朝事不甚过问。"① 正德皇帝骄奢淫逸、不理朝政，他对宦官的宠任直接导致中央集权被宦官掌控，士大夫被排斥在最高权力的门槛之外。宦官专权使得文人在统治集团中被边缘化，不再如同明代前期那样重权高位，对国家的治理拥有很大的话语权。但是反过来看，这种文人势力的削弱也使他们不再受制于中央的集权控制，拥有了相对自由的空间，渐渐从理学的束缚之中走了出来。所以正德、嘉靖时期，学术、思想、哲学同样发生了剧烈的转折，"是明代社会转变的一大枢纽"②。王阳明创立心学，开始把注重客体的精神力量转向专注于内心的感悟和修养，为明代中后期"主情说""个性说"等一系列思想的迸发开启源流。嘉靖年间，王艮创立泰州学派，在王阳明的思想上又进一步发展，大谈"圣人之道，无异于百姓日用""以天地万物依于身，不以身依于天地万物"。而嘉靖时期，泰州学派的另一位代表人物何心隐，进一步提出"性而味，性而色，性而声，性而安逸""欲货色，欲也"。心学的出现，极大地冲击着明代前期的理学正统。理学讲究控制人欲，而心学尤其是左派心学则主张释放乃至放纵人欲。大体上，心学的崛起历程与明代商品、市民经济的发展呈现同步曲线。市民经济的发展已经深刻地改变了城市的社会结构，滋养了具有典型世俗色彩的市民性格，使得社会风气开始日渐背离理学的指向，朝着安逸、自由、享乐的方向发展。但是如果仅仅如此，这种风气显然只能停留在市民阶层以及下层文人中，然而此时心学崛起，从理论上支援了这种社会风气，使这种风气具有了一定的理论正当性，如此一来，上层文人和正统官僚也可以相对光明地投身到这股风气中。所以，明代步入正德、嘉靖时期之后，整个社会的风气是崇尚纵欲、娱乐的，是尊重人性和欲望的，这股风潮因为经济原因肇始于市民阶层，又在心学的掩护下扩展到上层社会，使得整个社会的思想氛围和社会风气发生了极大的转变。

  社会风气的转变，使得明初对于文人的一系列禁令成为空文。尤其是对于士大夫生活作风上的禁令已经形同虚设，文人、官员聚众宴饮、挟妓游乐成为普遍现象，而且奢靡纵乐之风严重。伴随着这种奢靡纵乐之风，戏曲演剧成为官僚文人、富贵权豪们最为喜爱的消遣方式。正统时，已经

---

① 孟森：《明史讲义》，中华书局，2009年版，第170页。
② 罗宗强、陈洪等：《中国文学发展史》，南开大学出版社，2003年版，第163页。

"富豪之徒,争尚侈靡……凡官民富豪之家,一应燕会,不遵礼法,辄令乐人搬做杂剧、戏文"①。正德、嘉靖时,奢靡之风进一步蔓延,所以官方不得不诏令禁止。"官民之家,屋宇器用自有品式,近来俗尚侈靡,一切僭逾,……严行禁革。……筵席吹击笙鼓、搬演戏剧者,参究治罪。"②然而虽然屡次"禁吏民奢靡",但是效果甚微。嘉靖《武康县志》载:"富家燕饮多事丰腆,尤喜优伶杂伎,极力营办,不知杀止。"③嘉靖《广东通志初稿》载:"潮俗多以乡音搬演戏文……富家大族,恬不知耻,且又蓄养戏子,致生他丑。"④万历《秀水县志》载:"士大夫罗珍羞列鼎食,俳优杂剧竞进,溺于奢也。"⑤嘉靖之后,富贵豪门之家的奢靡、宴饮、观戏之风,可见一斑。

不仅文人、官员、豪门已经开始大张旗鼓地挟妓欢娱、观演戏曲,戏曲在民间的流行程度更是如火如荼。嘉靖《铜陵县志》载,上元节时民间的游赏场面十分壮观:"(正月)十四、十五、十六,各跨街张灯扮杂戏以恣游赏,箫鼓之声彻于闾巷。"⑥在一些重大的民俗节日上,戏曲已经成为广大民间群众最重要的节庆方式。除了农村,城镇的戏曲演剧也颇为频繁,是普通百姓重要的娱乐消闲方式之一。

市民阶层在明代数量甚众,已经是明代最为重要的一个阶层。明代中期,因土地兼并和农村赋税严重,很多农民开始离开农村。而城市发展迅速,经济条件和物质条件相对优越,自然就把离开农村的农民吸引过去。很多农民进城之后,从事一些手工业、商业贸易的工作,逐渐就成为稳定的市民阶层。因此,明代的市民阶层人数众多,成分也相对复杂:有落魄不遇的下层文人,有富商豪贵,有普通工人,有倡优妓女,有小买卖者,等等。市民阶层成为城市经济建设的主体力量,也成为城市消费的重要群体。虽然市民阶层拥有不同的身份、职业,但是其对于消遣娱乐的需要是大致相同的。除了少部分文人仍然热衷于诗歌、古文,大部分市民的喜好

---

① (明)栾尚约:《(嘉靖)宣府镇志》,明嘉靖四十年刊本,卷二十,第81页。
② (明)栾尚约:《(嘉靖)宣府镇志》,明嘉靖四十年刊本,卷二十,第86页。
③ (明)程嗣功修、骆文盛纂:《(嘉靖)武康县志》,明嘉靖刻本,卷三,第10页。
④ (明)戴璟:《(嘉靖)广东通志初稿》,明嘉靖刻本,卷十八,第21页。
⑤ (明)李培修、黄洪宪纂:《(万历)秀水县志》,明万历二十四年修、民国十四年铅字重刊本,卷九,第6页。
⑥ (明)李士元修、沈梅纂:《(嘉靖)铜陵县志》,明嘉靖刻本,卷一,第16页。

是小说、戏曲、说唱等世俗艺术。观众娱乐需求增多，必然需要大量的艺人，因此嘉靖时期开始涌现很多优秀的艺人。潘之恒《鸾啸小品》中提及一位："金娘子，字凤翔，越中海盐班所合女旦也。余五岁时从里中汪太守筵上见之……试一登场，百态轻盈，艳夺人目。"① 此书主要记录万历时期的艺人，而这位金娘子是嘉靖时期人，可知在万历之前，嘉靖已经有很多非常专业的艺人了。此外，很多士大夫有戏曲家班，但并不是只在自家演出，有时也会到城市的酒楼、会馆演出，士大夫得意于自己家班的风采，而市民大众也乐于捧场助兴，如此一来，文人和市民之间通过戏曲形成了良性互动，市民阶层催生出优秀的艺人和演剧的繁华，而专业的家班和优秀的艺人不断提升演剧水平，又让市民阶层对于戏曲更加喜爱。因此，明中后期，出于整个社会的娱乐需要，戏曲渐渐回归到文化的主流视野中。

总之，政治、经济形势的变化，深刻地影响了社会思潮和风气，道德禁束色彩浓厚的理学逐渐被边缘化，崇尚安逸、享乐的思潮占据社会的主导。万斯同《明史·儒林传》云："明兴二祖，相继首崇六经。六经者，圣人载道之区也。既又特取洛闽诸家羽翼之说，颁之学官，以式多士。二百年间，占毕钻研，确为遵禀。虽承习之余，或稍滞于章句，寡所变通，而士习民风，彬彬秩秩，质诸往圣，宁有悖谬哉！嘉、隆而后，新说烦兴，诐淫邪遁之辞日趋波靡，是则世道之浸微，斯文之胥丧。"② 他从正统立场指责嘉靖时期的风气转变是"斯文之胥丧"，但实际上，这种思潮的转变对于文学、艺术尤其是戏曲来说，则是一次崛起的良机。

二、根本动因：戏曲选本编选与接受主体的形成

随着政治形势、社会风气的转向，戏曲发展的环境也发生了剧变。统治者对于文人控制的松动，纵欲享乐之风的蔓延，使得文人在正德、嘉靖时期一扫前期对戏曲的冷漠、轻视、疏远，满怀热情地参与其中。与此同时，民间戏曲也重新蓬勃发展起来，不仅戏曲演剧日益兴盛，戏曲文本也非常受到市民阶层的欢迎。

---

① 俞为民、孙蓉蓉：《历代曲话汇编·明代编第二集》，黄山书社，2009年版，第218页。
② （清）万斯同：《明史》，清钞本，卷三百八十三。

(一) 文人参与戏曲促成选本编选主体

正德、嘉靖时期,文人和戏曲的关系日趋紧密。不同阶层的文人和戏曲发生的关系略有不同。官位较高的士大夫,往往是把戏曲当作一种休闲娱乐的需要,他们更多的是欣赏戏曲的观众。即便偶有创作者,也是把戏曲当作宣讲伦理道德的工具,对戏曲行业发展的贡献相对较小。一些官位不高或者仕途失意的中层文人不仅是戏曲的欣赏者,还积极参与戏曲的创作、编演,对于戏曲的发展具有直接的贡献。一些科考不第、混居书会的下层文人不仅是戏曲创作的主要力量,而且因其既有一定的文化水平,又深入了解市民阶层的喜好和生活,因此成为推动戏曲在民间发展的重要力量。同时,他们会为了市民需要,编选、整理很多戏曲文献、曲本,对戏曲的贡献非常大。

文人参与戏曲创作,除了受社会思潮转向,也和很多文人的个人遭际有关。伍袁萃《林居漫录》云:"近来士风恶薄,吴中尤甚。稍有不得志于有司及乡究……或造为歌谣,或编为传奇……以恣其中伤之术。"[①] 由于明代中期官宦和佞臣当政,朝政动荡,很多文人仕途失意,于是他们退隐山居,以戏曲自娱。如明代散曲大家康海本是与李梦阳齐名的人物,然而因被误作刘瑾同党而罢官。罢官之后,康海"纵游秦中诸名胜,已而家居,放情声色,征歌选妓,日不暇给。尝于生日邀名妓百人为百年会,酒阑,各书小令一阕,命送诸王邸"[②]。康海的好友王九思与他一样,也是政治失意后投身于词曲创作。嘉靖时期的曲学大家李开先,也曾因为触怒夏言而被罢官,其《中麓小令引》的自序颇能代表这一部分文人留心词曲的内心状态:"每于箫鼓中按拍,弦索上发声,中多悲忿之音、激烈之辞,似乎游心浮气,尚有存者……寓言寄意,听者幸求诸言意之表,奚必俱实事哉!嗣后专志经术,诗文尚尔不为,况词曲又诗文之余耶?"[③] 由此可以看出,或许由于当时戏曲的地位还没有完全得以扭转,传统观念在李开先的脑海里依然根深蒂固,他仍要强调经术较之诗文、词曲的优先地位。但他同时暗示,正是由于仕途的心灰意冷,所以他专心戏曲,也未为不

---

① (明)伍袁萃:《林居漫录》,明万历刻本,卷三前集,第3页。
② (清)万斯同:《明史》,清钞本,卷三百八十八。
③ 俞为民、孙蓉蓉:《历代曲话汇编·明代编第一集》,黄山书社,2009年版,第413~414页。

妥。除了这些曾经跻身主流政坛的文人，唐寅这种并未进入主流政坛、一直浪荡山水之间的文人亦是以词曲自娱的。事实上，因为音乐本身具有感动人心的力量，以音乐自娱乃是中国古人的传统。只不过，每个朝代音乐所赋予的形式有所不同。在唐代以前是诗歌，宋代以后则是词，到了明代，词曲成为文人抒发情绪的新载体。明朝中期的朝野动荡，虽使文人的仕途之路和权势地位遭遇不小的挫折，但也给了文人留心戏曲的心境和空间。很多文人参与戏曲创作，或观剧，或清唱，都是失望于仕途的自我消遣和解脱。

除了这些或是曾经做过高官，或是文化声望斐然的文人，还有很多默默从事戏曲工作的下层文人，亦不能被忽视。这些人，基本没有进入过仕途，文化名望也不高，因此史籍中很少有他们的记载。他们大多是书会才人，或在城镇从事文化相关工作，虽然名气不大、地位不高，但是对戏曲具有重要贡献。戏曲是一项阶层跨度极大的艺术，上至达官贵人，下至平民百姓，都可能参与其中，处于相对中间位置的下层文人，正好起到承上启下的作用。

无论是作为创作的主体还是欣赏的受众，文人广泛地参与戏曲之中，彻底改变了明代戏曲发展的局面。首先，文人的文化水平较高，能很快为明代戏曲创作注入活力，一扫明代前期戏曲创作的沉沉暮气。方志远在《明代城市与市民文学》中说："在明代市民文学的各类创作者中，最值得关注的阶层是举人、诸生、山人，他们有一个共同的特点，即对仕途无望，因此有一批人投身于市民文学的创作、整理、研究。"① 据其统计，明代中期有名的曲家之中，进士出身的有王九思、康海、杨慎、陈与郊、邱濬、李开先、王世贞，举人出身的有冯惟敏，诸生出身有徐渭、梁辰鱼、梅鼎祚。可见，明代中期戏曲创作队伍的文化水平已经大为提升，更不用说王九思、康海、杨慎等是文化界的著名人物。

文人不仅文化水平高，还常常聚众切磋，相互交流。嘉靖时期的文人已经开始流行蓄养家班。据《明朝禁戏政策与明代戏剧研究》载："自明武宗正德年间开始，缙绅家乐渐渐增多：据今人研究统计，仅正德至嘉靖

---

① 方志远：《明代城市与市民文学》，中华书局，2004年版，第250页。

年间（1506—1566），家乐见载于文献者就有五十余家。"① 因为有家班，文人常常在宴饮时可以观戏听曲，也免不了常常邀请朋友共同观赏。虽为玩乐之需，但客观上也促进了不同戏班的交流和学习。赵景深等人在《明代演剧状况的考察》一文中指出："当时士大夫们已经形成了一个个中国式的沙龙，在彼此间频繁的接触中不断就戏剧进行揣摩和探索。这种风气在嘉靖年间已成惯例，如李开先与王九思、康海。"② 这样，文人形成一个戏曲文化圈，在互相切磋与交流之中，其自身和戏班优伶的水平都得到提高，自然也促进了戏曲的发展。

文人阶层的加入，不仅提升了戏曲发展水平，还进一步扩大了戏曲的影响。尤侗《明史拟稿》曾载梁辰鱼的作品如何受到欢迎："所制唐令、宋余、元剧及传奇诸本，多飞人内家、戚邸、贵游，不远千里，争为购请。玉帛琛玩，多集其庭。而扛鼎击剑之徒，以至骚人墨士，羽衣草衲，无不望以为归。"③ 可见，文人的优秀作品可以在社会上掀起一股喜爱戏曲的热潮。

文人的参与使得戏曲选本拥有了广泛的编选群体。上文已经谈到，文人是戏曲编选最大的潜在群体。他们具备编选戏曲选本的知识素养，也拥有数量可观的藏书，如王世贞、李开先、何良俊等都是明代著名的藏书家，如此就使得文人阶层拥有了丰富的选本文献。李开先曾编《改定元贤传奇》，就是文人知识素养、个人藏书在选本编选优势上的直接体现。与此同时，明代城镇书会的发展和完善使得很多藏书并不丰富的下层文人也可选择与书会合作，从而在编选选本时获得书会在图书、人力、经费上的支持。与明代前期不同，文人不仅具有编选选本的主观意愿，而且具备充足的客观条件支持，因而嘉靖以后，戏曲选本的编选者大量涌现。《词林摘艳》的编者张禄就是一个典型的下层文人，自万历以后，戏曲选本基本都出自文人之手。

（二）民间戏曲热潮生成选本接受主体

明代前期的民间演剧受到了官方的限制，不过一直屡禁不止，仍有大

---

① 王斌：《明朝禁戏政策与明代戏剧研究》，南京大学博士学位论文，2013年，第124页。
② 赵景深、李平、江巨荣：《明代演剧状况的考察》，《戏剧艺术》，1979年第Z1期。
③ （清）尤侗：《明史拟稿》，清康熙刻本，卷六，第10~11页。

量民众以戏曲为乐:"乡俗子弟多不守常业,惟事戏剧度日。"① 官方的禁令并不能完全限制民间演剧,毕竟戏曲在民间的祭祀、庙会、迎神赛社、丧葬殡礼等活动中是必不可少的项目,也是广大底层百姓生活、娱乐必不可少的组成部分。而到了正德、嘉靖时期,社会风气转向,民间戏曲发展更是迎来热潮。尤其是各种节庆时,戏曲演剧都能引起巨大的轰动效应。正德年间《宣府镇志》载:"每至春秋有祈有报……戏文杂剧,倾城聚观。"② 正德《琼台志》载:"迎春日……竞办杂剧……城市内外,老稚集于通衢,各携负幼,男女竞看。"③ 嘉靖《广平府志》载:"春祈秋报之时……张鼓乐,扮杂剧,于各村所有神庙前。"④ 嘉靖《宁波府志》载:"九月,在城各坊各舁祠庙神像游行街市,导以兵仗彩亭,金鼓杂剧,各相竞赛,观者塞路。"⑤ 嘉靖《尉氏县志》载:"立春……迎春于东郊……作乐戏剧,倾城士女从观焉。"⑥ 由此可见,无论是南方还是北方,每逢节庆、集会,戏曲演剧都是民间尤其是农村"倾城聚观"的壮景,能够调动起全民的狂欢。

而民间演剧根据不同的方言、历史传统,衍生出很多不同地域的声腔。至迟在成化、正德时期,民间已经形成十多种声腔。群腔并起代表的其实就是民间戏曲的兴起,因为南曲在不同地域都是先从民间发展起来,如此才会和当地本身的方言、传统等结合,衍生出富有当地特色的声腔。成化年间开始陆续出现十多种声腔,也证明从成化至嘉靖,民间戏曲的发展速度极为迅猛。所以,嘉靖后期,《风月锦囊》能够收录多达四十多种的南曲戏文,自然得益于当时南戏的蓬勃发展。

随着民间演剧的兴盛,戏曲文本也渐渐深入市民群众中。正如叶盛《水东日记》所载成化年间的情况:"今书坊相传射利之徒伪为小说杂书,南人喜谈如汉小王光武、蔡伯喈邕、杨六使文广,北人喜谈如继母大贤等

---

① (明)王命璿修、黄淳纂:《(万历)新会县志》,清顺治间修补本,卷二,第52页。
② (明)王崇献:《(正德)宣府镇志》,明正德刻、嘉靖增修本,卷五,第45页。
③ (明)唐胄:《(正德)琼台志》,明正德刻本,卷七,第13页。
④ (明)翁相修、陈棐纂:《(嘉靖)广平府志》,明嘉靖刻本,卷十六,第6页。
⑤ (明)周希哲修、张时彻纂:《(嘉靖)宁波府志》,明嘉靖三十九年刊本,卷七,第37页。
⑥ (明)曾嘉诰修、汪心纂:《(嘉靖)尉氏县志》,明嘉靖刻本,卷一,第30页。

事甚多。"① 与农村对于戏曲的接受完全依靠演剧不同,戏曲在城镇的传播实际上更加依赖文本。像《琵琶记》《清河县继母大贤》这些在民间流传的戏剧故事,都是书坊谋利的目标。之所以如此,首先是因为在明代,戏曲演出多在酒楼、会馆等地演出,成为餐饮行业的联盟,而不像宋元时期拥有较强的专业性和独立性。因此,其演出地点、演出时间和演出剧目会常有变动,市民未必能够看全一部完整的戏曲作品。其次,由于剧目庞杂,市民如果只看一部作品的部分段落,对于情节未必能够看懂,因此需要文本的辅助。最后,市民往往并不满足于观剧,对他们而言,观剧之后,很多唱词依然值得继续玩味,喜欢的曲段也可以清唱自娱,而这些都需要案头文本的帮助。

总之,明前期民间戏曲虽然遭到各种压制,但是总体上为戏曲的发展保留住了根,并最终在嘉靖之后孕育出了新的萌芽。随着正德、嘉靖时期社会风气的转变,戏曲在民间重新焕发生机。戏曲在民间的红火,出现了促使戏曲选本产生的最为重要的动因——市场,尤其是城镇市井的市民阶层对于戏曲选本的需求是十分迫切的,因为市民阶层对戏曲的欣赏和接受更加依靠文本,而戏曲文本众多,不可能全部收集完。而且随着传奇的兴起,一部作品动辄几十出,读者也不可能全部看完,因此对于市民来说,选本这种集作品精华、便于集中阅读的文本形态就显得便捷而实惠了。

市民拥有对戏曲选本的需求,而大部分戏曲选本也的确是服务于市民的。这一点,我们从《词林摘艳》的序言即可看出。《词林摘艳》张禄序云:"四方之人,于风前月下,侑以丝竹,唱咏之余,或有所考,一览无余,岂不便哉。"② 刘楫序云:"使此集一出,江湖游侠,长安豪贵,欲求乐府之渊薮,一览可见,岂不为大快哉!"③ 其明显的受众指向是"四方之人""江湖游侠""长安豪贵",可见,虽然选本为文人所编,但其受众并没有局限于文人,而是把选本推向尽可能广泛的群体,这其中有游侠、豪贵等不同阶层、不同身份的人,而这些人汇聚成为的整体就是市民大众。此外,《盛世新声》虽为皇室编选,但也并非只把皇室贵族当作受众,

---

① (明)叶盛:《水东日记》,中华书局,1981年版,第213页。
② (明)张禄:《词林摘艳》,文学古籍刊行社,1955年版,第13~14页。
③ (明)张禄:《词林摘艳》,文学古籍刊行社,1955年版,第9页。

其序言云:"锓梓以广其传,广使人歌。"① 从"以广其传"得知,《盛世新声》也是在市民大众之中流通的。而及至嘉靖晚期的《风月锦囊》,其鲜明的世俗化的版刻,更说明它是面向市民的。所以,市民大众是戏曲选本的重要受众,是市场接受的主体,是促使戏曲选本出现的最为重要的动因。

总之,明代嘉靖时期,社会风气和思潮发生了根本改变,无论是官僚、文人阶层还是市民、农民阶层,对于戏曲的热情都远超明代前期。如此,戏曲选本就拥有了广沃的土壤和市场,并形成了选本的编选主体和接受主体。《词林摘艳》和《风月锦囊》这两部由下层文人编辑、面向市民阶层和文人阶层的选本,就是这个土壤和市场滋润出的花朵。

三、直接动因:皇室权贵的推动

嘉靖时期,文人、民间阶层的戏曲热潮生成了戏曲选本的编选、接受主体,是戏曲选本产生的根本动因。但是,对戏曲选本产生的直接推动则是贵族和皇室。《明史·佞幸》对于武宗、世宗宠幸宦官佞臣批判一番:"武宗日事般游,不恤国事,一时宵人并起。钱宁以锦衣幸,臧贤以伶人幸,江彬、许泰以边将幸,马昂以女弟幸,祸流中外,宗社几墟。世宗入继大统,宜矫前轨,乃任陆炳于从龙,宠郭勋于议礼,而一时方士如陶仲文、邵元节、蓝道行之辈,纷然并进,玉杯牛帛,诈妄滋兴。"② 材料中的反面对象臧贤和郭勋,分别是《盛世新声》和《雍熙乐府》的主持编集者。他们二人都是深得皇帝宠幸的佞臣,是皇室权贵阶层的一员,虽因身为佞臣而遭到《明史》批判,但对戏曲选本的出现是有功之人。《盛世新声》《雍熙乐府》由他们主持编集,也绝非偶然,是与明代皇室贵族之于戏曲的密切关系相关的。

(一)皇室的戏曲传统

明代皇室一直有喜爱戏曲的传统,明代前期皇室虽然对文人、民间的戏曲加以限禁,但是其自身有相对宽松的空间。明太祖建立明朝后,力图树立雅乐的正统,但同时并不完全排斥戏曲,曾经推赏过《琵琶记》。明

---

① (明)臧贤:《盛世新声》,文学古籍刊行社,1955年版,第8页。
② (清)张廷玉等:《明史》,清乾隆武英殿刻本,卷三百七,第1页。

成祖同样爱好戏曲，他身边的侍奉文人，包括汤舜民、贾仲明、杨景贤等均为明初词曲作家。所以，明初皇帝虽然有心推行雅乐，但其自己多留心于词曲，对雅乐的推行也并不成功。嵇璜《续文献通考》载："太祖时，乐章之鄙陋者，命儒臣易其词，尝谕礼臣曰：古乐之诗章和而正，后世之诗章淫以夸，故一切谀辞艳曲皆弃不取。尝命儒臣撰回銮乐歌，皆寓讽谏之意。然当时作者惟务明达易晓，非能如汉晋间诗歌铿锵雅健，可录而诵也。殿中诏乐，其词出于教坊俳优，多乖雅道。十二月乐歌按乐律以奏，及进膳、迎膳等曲，皆用乐府、小令、杂剧为娱戏。流俗喧诙，淫哇不雅。"① 可见，虽然太祖主张摒弃淫词艳曲，以雅乐为宗，但其推行之初，雅乐就受到俗乐的强力挑战。及至成化、弘治时期，雅乐的经营已经出现了种种问题，其乐器几乎形同虚设。万斯同《明史·乐志》载："（成化）二十一年秋七月，礼官言今教坊司乐工所奏中和韶乐多不谐韵，而善鼓瑟及调筙篌、击钟磬者亦少，恐因循失传，久之乐坏。宜令教坊选其中子弟于本司肄习。"又："弘治元年二月，帝亲耕籍田，礼毕赐宴，教坊司以杂剧承应，或出狎语，左都御史马文升厉色曰：'新天子当知稼穑艰难，岂宜以此渎乱宸聪。'遂斥去。"② 虽然当时的官员极力主张抢救雅乐，教坊的杂剧承应也为大臣所斥，但杂剧、俗曲在宫廷其实已经日渐普遍。万斯同《明史·宦官传》又载："阿丑，宪宗时小中官也，善诙谐。帝尝宫中内宴，钟鼓司以院本承应，为过锦戏。丑每杂诸伶中作俳语，间入时事，帝辄喜。"③ 可见明宪宗朝，杂剧、锦戏亦充斥宫廷，为皇帝所喜。所以，在正德之前，虽然皇室的官方音乐是雅乐，但是雅乐的定制、管理、发展都问题重重。反倒是杂剧、锦戏、俳语等戏剧、俗乐在宫廷发展壮大。

因为贪图玩乐，明武宗是明代最为热爱戏曲的一位皇帝。很多宦官、幸臣都是通过戏曲、杂戏接触武宗，进而受到宠幸。谷应泰《明史纪事本末》记刘瑾发迹历程："弘治初，摈茂陵司香，其后得侍东宫，以俳弄为太子所悦。太子即位时，瑾掌钟鼓司。钟鼓司，内侍之微者也。瑾朝夕与其党八人者为狗马、鹰犬、歌舞、角觝以娱帝，帝狎焉。"④ 刘瑾与其党

---

① （清）嵇璜：《续文献通考》，清文渊阁四库全书本，卷一百三，第24页。
② （清）万斯同：《明史》，清钞本，卷六十五。
③ （清）万斯同：《明史》，清钞本，卷四百五。
④ （清）谷应泰：《明史纪事本末》，清文渊阁四库全书本，卷四十二，第1页。

八人,即正德时期备受宠幸的"八虎",他们"造作巧伪、淫荡上心、击球走马、放鹰逐犬、俳优杂剧,错陈于前",深受武宗宠爱。俳优杂剧不仅是他们获得宠幸的重要方式,而且是他们打压政敌、笼络权力的方式之一:"先是,瑾等尝言内阁专执朝权,纳贿行私,及言文官欺压内臣、武职之事,至形于戏剧,上久信之。"① 戏剧竟可以成为攻击文官的武器,足见武宗对戏曲的痴迷。明武宗还有另一个颇受宠信的佞臣钱宁,他常常为武宗安排戏曲表演,臧贤正是由他引荐给武宗的。"引乐工臧贤、回回人于永及诸番僧以秘戏进,请于禁内建豹房新寺。恣声伎为乐,复诱帝微行。"② 而幸臣江彬同样善于利用武宗痴迷戏曲的爱好,获得宠幸。他曾多次诱导武宗离京,去往西北诸城,每到一处,皆大征女乐。因此,正德一朝,戏曲能够在各个阶层复苏,与正德皇帝本人的带头作用也有关联。

正因武宗痴迷戏曲,正德一朝大征乐妓,戏曲在宫廷达到一个发展高潮,而俳优的势力也随之大张。《明史·乐志》载:

> 正德三年,武宗谕内钟鼓司康能等曰:"庆成大宴,华夷臣工所观瞻,宜举大乐。迩者音乐废缺,无以重朝廷。"礼部乃请选三院乐工年壮者,严督肄之,仍移各省司,取艺精者赴京供应。顾所隶益猥杂,筋斗百戏之类,日盛于禁庭。……乐工既得幸时,时言居外者不宜独逸,乃复移各省司所送技精者于教坊,于是乘传续食者又数百人,俳优之势大张。臧贤以伶人进,与诸佞幸角宠窃权矣。③

武宗虽然打着"庆大宴""重朝廷"的旗号,但其扩招乐工优伶实则是为满足自己的声色娱乐。而因武宗过度宠幸伶人,伶官地位剧升,臧贤就是因受到武宗宠幸,权势一度达到"与诸佞幸角宠窃权"的程度。

此外,武宗离京南巡之时,也不忘搜罗剧本和征引曲家,周晖《金陵琐事剩录》云:"武宗南幸,好听新剧及散词,有进词本者,即蒙厚赏,如徐霖与杨循吉、陈符所进,未止数千本焉。"④ 此外,武宗自己还能创作,沈德符《顾曲杂言》云:"武宗南巡,自造【靖边乐】,有笙、有笛、

---

① (明)陈建:《皇明通纪法律全录》,明崇祯九年刻本,卷二十七,第6页。
② (清)张廷玉等:《明史》,清乾隆武英殿刻本,卷三百七,第17页。
③ (清)张廷玉等:《明史》,清乾隆武英殿刻本,卷六十一,第10页。
④ 转引自王永宽:《中国戏曲通鉴》,中州古籍出版社,2008年版,第195页。

有鼓,有歇、落、吹、打诸杂乐,传之南教坊,今吴儿遂引而伸之。"①武宗对戏曲之痴迷,堪称明代诸帝之最。所以,宫廷戏曲在他的统治下得到了较大的发展。

嘉靖皇帝即位后,曾经短暂的励精图治就包括屏弃武宗时期的淫靡之风。《明史·乐志》载:"嘉靖元年,御史汪珊请屏绝玩好,令教坊司毋得以新声巧技进,世宗嘉纳之。是时,更定诸典礼,因亦有志于乐。建观德殿以祀献帝,召协律郎肄乐供祀事。后建世庙成,改殿曰崇,先乃亲制乐章,命大学士费宏等更定曲名,以别于太庙。"②可见,世宗是有意打压俗乐、恢复雅乐正统的。不过世宗恢复雅乐,也掺杂个人目的。众所周知,世宗的父亲兴献王朱祐杬并非皇帝,但世宗上位后采取一系列措施追奉其父为皇帝,其中就包括为父亲建世庙、配雅乐,以此宣昭他父亲的地位。所以世宗重振雅乐,实有私心,而且在重振雅乐的过程中本身就诸多违礼。比如他增设教坊司职官参与祭祀之事,"嘉靖二十七年,增设伶官左右司乐,以及俳长色长,铸给显陵供祀教坊司印"③。此举实违皇礼,因世宗私心太重,重振雅乐效果甚微。世宗虽不像武宗那样痴迷戏曲,但对戏曲也是颇感兴趣的。王应奎《柳南随笔》载:"明世庙无逸殿成,春日赐廷臣宴,伶人歌'花底黄鹂'之词,上问此词何名,伶人曰'花柳分春曲',上喜曰:'甚似今日风景。'"④由此可见世宗对于词曲的态度,而"花底黄鹂"亦见于《盛世新声》《雍熙乐府》。

所以,明代皇室和统治者对戏曲一直有着一种微妙的态度。一方面,出于国家统治需要,他们要摆出一副不予提倡的姿态,并对文人、民间进行限定;另一方面,皇室自身又对戏曲有很强的需求,并任由戏曲在宫廷发展。而且,在皇室之中,戏曲甚至可以作为启蒙教材,教育皇子。刘若愚《酌中志》曾载钟鼓司的一个工作,是帮助御用监画士画戏曲作品的图像,其云:"又御用监、武英殿画士所画锦盆堆则名'花杂果'或'货郎担',则百物毕陈。或将'三月韶光''富春山子陵居'等词曲,选整套者分编题目,画成围屏,按节令安设,总皆祖宗原因,圣子、神孙生于宫壶

---

① 俞为民、孙蓉蓉:《历代曲话汇编·明代编第三集》,黄山书社,2009年版,第74页。
② (清)张廷玉等:《明史》,清乾隆武英殿刻本,卷六十一,第10~11页。
③ (明)沈德符:《万历野获编》,中华书局,1959年版,第361页。
④ (清)王应奎:《柳南随笔》,中华书局,1985年版,第109页。

之中，长于阿保之手，所以制此种种，作用无非广识、见博、聪明，顺天时、恤民隐之意也。"① 可见，戏曲故事可以在宫廷之中公然作为皇室后代的教育题材，由此可知皇室对戏曲其实是相当包容和重视的。而"三月韶光""富春山"两首曲文恰巧在《盛世新声》《雍熙乐府》中皆有收录，由此可知，《盛世新声》《雍熙乐府》的出现与皇室戏曲传统的渊源密不可分。戏曲选本由皇室发起，绝非偶然，因为皇室不仅沿有喜爱戏曲的传统，而且拥有非常优越的选本编刻条件。

（二）皇室编集戏曲选本的优势

皇室具备编集戏曲选本的第一个优势条件，是皇室具有国家级的音乐机构。因明太祖、明成祖都十分重视礼乐，所以明初即设立了三个掌管音乐的机构，分别是太常寺、教坊司、钟鼓司。其中，太常寺是专门负责雅乐的，教坊司雅俗兼有，钟鼓司则基本负责俗乐。和戏曲关系密切的，就是教坊司和钟鼓司。

教坊司设置于吴元年（1367）11月，也就是说，在朱元璋自立吴王之时就已经设立教坊，足见其对音乐管理的看重。教坊司隶属礼部，其组织为："奉銮一人，正九品；左右韶舞各一人；左右司乐各一人，并从九品，掌乐舞承应，以乐户充之。"② 其主要负责"掌宴会大乐"，承应宫廷宴会的乐舞，雅俗兼顾。傅维鳞《明书》载："雅乐备八音、五声、十二律、九奏、万舞之节，俗乐则有百戏、队舞、讴歌之承应。祭祀用雅乐，太常领之，协律郎、司乐考协之……而朝会燕享兼俗乐，祗应则教坊司司之，有和声郎、奉銮、司乐诸色以乐工为之。"③ 教坊司在皇族受封、朝廷祭祀等场合奏雅乐，在宴飨群臣、消闲娱乐时则以俗乐为主。其中，也包含戏剧妆演等职能。

钟鼓司，设置于洪武二十八年（1395），"掌印太监一员，佥书、司房、学艺官无定员，掌管出朝钟鼓，及内乐、传奇、过锦、打稻诸杂戏"④。钟鼓司除了掌管出朝钟鼓，还掌管宫廷戏剧和乐舞。其以太监为官，最高正四品。相比于教坊司，其主要负责俗乐，戏曲为其中一项。

---

① （明）刘若愚：《酌中志》，清海山仙馆丛书本，卷十六，第33页。
② （清）张廷玉等：《明史》，清武英殿刻本，卷七十四，第23页。
③ （清）傅维鳞：《明书》，清畿辅丛书本，卷五十九，第3页。
④ （清）张廷玉等：《明史》，清武英殿刻本，卷七十四，第24页。

教坊司和钟鼓司都是国家的音乐机构，拥有众多专业的音乐、戏曲人才。很多皇室搬演的戏曲作品都是由教坊司、钟鼓司的伶人创作的，所以在编选戏曲选本的人员上，皇室拥有很大的优势。

除了拥有完善的教坊体制，皇室的藏书亦十分丰富。明代统治者非常重视藏书，虽然其含有维护统治的因素，但客观上也对书籍的搜集、贮藏、保护起到了积极的作用。从明太祖建国开始，明代皇帝就特别重视搜揽书籍，使得皇室拥有最为丰富的图书储备和资源。《明史·艺文志》载：

> 明太祖定元都，大将军收图籍致之南京，复诏求四方遗书，设秘书监丞，寻改翰林典籍以掌之。永乐四年，帝御便殿阅书史，问文渊阁藏书，解缙对以尚多阙略。帝曰："士庶家稍有余资，尚欲积书，况朝廷乎！"遂命礼部尚书郑赐遣使访购，惟其所欲与之，勿较值。……宣宗尝临视文渊阁……是时，秘阁贮书约二万余部，近百万卷。①

明太祖、明成祖这种不计成本网罗图书的态度，为明代诸帝开了重视书籍的良好先例，也使得自明朝建国之始皇室藏书就十分全备，而及至宣宗朝，藏书已达百万卷之富。

皇室主要储藏的书籍是"祖宗御制文集"和"古今经史子集"，也有为数不少的诗赋词曲。李开先《张小山小令后序》云："洪武初年，亲王之国，必以词曲一千七百本赐之。"② 能够赐予藩王千百余本词曲书籍，足见皇室词曲书籍储存之多。《张小山小令后序》又云："人言宪庙好听杂剧及散词，搜罗海内词本殆尽。"③ 可见，皇室搜集图书并非一劳永逸，而是历任皇帝都会根据自己的目的、兴趣、喜好进行不断的搜集和扩充。

通过不断的积累，正德时期皇室藏书更加丰富，《明史·艺文志》载："正德十年，大学士梁储等请检内阁并东阁藏书。残阙者，令原管主事李继先等次第修补。先是，秘阁书籍皆宋元所遗，无不精美，装用倒折，四周外向，虫鼠不能损……至明御制诗文，内府镂板，而儒臣奉敕修纂之书，及象魏布告之训，卷帙既夥，文藻复优，当时颁行天下。外此，则名

---

① （清）张廷玉等：《明史》，清武英殿刻本，卷九十六，第1页。
② 俞为民、孙蓉蓉：《历代曲话汇编·明代编第一集》，黄山书社，2009年版，第403页。
③ 俞为民、孙蓉蓉：《历代曲话汇编·明代编第一集》，黄山书社，2009年版，第403页。

公卿之论撰,骚人墨客一家之言,其工者深醇大雅,卓卓可传。即有怪奇驳杂出乎其间,亦足以考风气之正变。"① 可见,皇室藏书不仅丰富,而且种类繁多,拥有很多珍贵的宋元善本。

此外,皇室不仅拥有丰富的藏书,而且拥有极其健全的刊刻体系,中央由司礼监经厂(内府)、国子监负责书籍刊刻,地方由布政使司设立刊印机构,而藩王同样拥有独立刊印书籍的机构。以司礼监经厂为代表的官方刊刻,主要刊印儒学经典、法律典诰等服务于皇权统治的书籍,同时也大量刊刻了诗词艺术、小说戏曲方面的书籍。司礼监经厂、都察院、国子监都曾刻印过《三国演义》,郭勋则刊印过《水浒传》。所以,明代皇室不仅掌握着精良的刊刻技术,而且不排斥通俗文学的刊刻,这就为《盛世新声》《雍熙乐府》这些戏曲选本的刊刻铺平了道路。郭勋不仅刊刻《水浒传》,也刊刻了《雍熙乐府》。而据周弘祖《古今书刻》载,明代都察院曾刊刻了《盛世新声》,这都说明戏曲选本始产于皇室,与皇室优越的刻书条件密不可分。

作为皇室的外延,藩王是明代刊刻的另一重要群体。据黄镇伟《中国编辑出版史》,明代诸藩府刻书可考者,就多达三百多种②。藩王财力雄厚,拥有较高的文化水平,刊刻的书籍也往往非常精良。其中,尤以蜀藩、宁藩、周藩、楚藩、赵藩刻书最为闻名。藩王根据自己不同的兴趣爱好,其侧重刊刻的书籍也不同。因朱权和朱有燉喜爱戏曲,所以宁藩、周藩多印有戏曲方面的书籍,尤其是朱权、朱有燉自己的著作,最初都是由自己藩下的刊印机构刻印的。宁藩曾刊刻了《太和正音谱》《务头集韵》《琼林雅韵》,周藩曾刊刻了《诚斋乐府》《诚斋杂剧》。而《雍熙乐府》即有楚藩刻本,《词林摘艳》则有徽藩刻本,因而藩王的刊印机构也是戏曲文本传播和选本刻印的一大助力。

由此可见,皇室、藩府因其具有的统治地位,而拥有常人无法拥有的藏书量。藏书丰富,剧本也必然丰富,尤其是藏有富奢的戏曲文本,是戏曲选本编集得天独厚的优势。再加之其具有专业的刊刻机构,这就使得皇室在编选戏曲选本的物力上具有其他阶层无法具备的优势。

---

① (清)张廷玉等:《明史》,清武英殿刻本,卷九十六,第1页。
② 黄镇伟:《中国编辑出版史》,苏州大学出版社,2014年版,第229页。

（三）权贵参与戏曲选本的编集

戏曲选本出自皇室具有必然的客观条件，而从主观动机来说，皇室具有热爱戏曲的传统，因此也就有刊印戏曲选本的主观动力。只不过这种动力并非来自皇帝本人，而是来自为了迎合、讨好皇帝的宠臣。上文曾提及，刘瑾、钱宁为了讨好武宗，经常为他安排戏曲、杂戏的娱乐项目。既然可以通过安排戏曲表演讨好圣上，那么同样可以通过编集戏曲文本来迎奉皇帝。《盛世新声》《雍熙乐府》的编辑者臧贤和郭勋都曾是皇帝身边红极一时的幸臣，他们编集戏曲选本，其实都蕴含着讨皇帝欢心的动机。

郭勋，生于成化十一年（1475），卒于嘉靖二十一年（1542）。其五世祖郭英乃是明代开国功勋，因军功显赫，于洪武十七年（1384）被封为武定侯。正德三年（1508），郭勋袭爵。后赴任两广总督，又历任三千营、团营等军机要职。正德十五年（1520），兴献王朱厚熜登基皇帝之位，是为明世宗。世宗继位进京之时，郭勋作为警卫皇城的将员之一，初得世宗信任。世宗登基不久，朝廷爆发"大礼议"之争，世宗有意尊生父朱祐杬为"皇考"，郭勋乃是世宗坚定的支持者。嘉靖十六年（1537），郭勋请其五世祖郭英配享太庙。嘉靖十八年（1539），郭勋受封翊国公，其荣宠达到顶点。嘉靖二十年（1541），"给事中高时尽发勋奸利事，且言交通张延龄"①，郭勋的罪行惹怒世宗，被逮捕下狱，次年卒于狱中。

郭勋是嘉靖一朝最受明世宗器重的宠臣之一，先是在迎驾世宗之时稳定皇城局势有功，又在"大礼议"中坚定地支持世宗。此外，郭勋还受世宗委派，参与了营造慈宁宫、扈从顺天府、知掌山陵事等朝廷重大事务。

臧贤，字愚之，又字良之。正德三年（1508），明武宗大招乐人，臧贤以伶人的身份进入宫廷。不久，臧贤就通过交结权贵钱宁，获得武宗的宠幸。正德六年（1511），任职教坊司左司乐的臧贤称病辞归，武宗不仅没有同意，反而将他升为教坊司奉銮。正德十三年（1518），臧贤再次辞归，仍未获武宗批准。然而后来，臧贤收受宁王朱宸濠的贿赂，成为朱宸濠谋反的京城内应，"宸濠遣使厚遗之……禁中动静莫不密报于濠"②。正德十四年（1519），朱宸濠起兵失败，臧贤亦牵连被捕。

---

① （清）张廷玉等：《明史》，清乾隆武英殿刻本，卷一百三十，第 11 页。
② （明）王世贞：《弇山堂别集》，中华书局，1985 年版，第 1843 页。

臧贤的出身虽远不如郭勋，然而得宠之时，亦势力显赫。谈迁《国榷》载：

> 贤得幸于豹房，赏赉巨万，赐以飞鱼服。甲第奢僭，缙绅以贿进。尝奉命祠泰山，守令服谒，监司郊劳，不知为伶官也。①

可见，臧贤虽然身是伶官，然而权势异鼎之时与王侯无异，不仅能够代表皇帝行使祭祀礼仪之事，三司大臣也要对他毕恭毕敬。

作为皇帝恩宠的幸臣，臧贤和郭勋主持编集《盛世新声》《雍熙乐府》，其意图都是趋迎圣意，获取更大的宠幸。臧贤作为伶人发迹，就是得益于武宗对戏曲的痴迷，所以编集《盛世新声》很可能是其荣宠攀升过程中的助推之力。而郭勋本身就善于以文学作品迎合圣意，王世贞《弇山堂别集》曾载郭勋参与应制之词的制作："国家应制对扬之作，惟属之词林近臣，虽九列不与。而嘉靖中顾独赐直庐，以居诸贵，往往勋戚武弁亦得参之。如醮词、门联，以至表、启、歌、颂之类，手无停笔，赏无虚日。今可纪者，勋臣太师、太子太师翊国公郭勋……"② 应制之词是臣僚讨好皇帝的重要手段，这本来为文臣的工作，然而郭勋作为武臣也积极参与应制之词的制作，无疑就是为了讨世宗喜欢。此外，他为申请五世祖郭英入太庙，仿照《三国演义》与《水浒传》的模式，组织幕僚文人编写了《英烈传》，以表现郭英开国之功。值得一提的是，郭勋不仅组织幕僚文人编写《英烈传》，而且组织优伶在世宗面前搬演该剧，并最终打动了世宗。又据沈德符《顾曲杂言·太和记》："翊国公郭勋亦刻有《太和传》，郭以科道聚劾，下镇抚司究问，寻奉世宗圣旨：'勋曾赞大礼，并刻《太和传》等劳，合释刑具，即问奏处分。'"③ 刻书竟然能够成为下狱时免罪的理由，可见郭勋刻书甚多，而且所刻之书一定多为迎合世宗之书，因此才会深受世宗嘉赏。其主持编订的《雍熙乐府》鼓吹"雍熙盛世"，显然也是为讨嘉靖帝的欢心。

由此可以说，戏曲选本最初是由皇室、权贵直接发起的。臧贤是正德时期教坊司的奉銮，而奉銮是教坊司的最高长官，所以臧贤其实就是皇家

---

① （清）谈迁：《国榷》，中华书局，1958年版，第3151页。
② （明）王世贞：《弇山堂别集》，中华书局，1985年版，第165~166页。
③ 俞为民、孙蓉蓉：《历代曲话汇编·明代编第三集》，黄山书社，2009年版，第64页。

音乐的主要负责人。臧贤坐拥皇室优越的藏书、刊刻资源，统领专业的教坊人才，而其本人又是明代最爱戏曲的皇帝的宠臣，那么无论从主观动机还是客观条件来看，《盛世新声》这部明代第一部戏曲选本，由臧贤这位国家音乐机构的最高长官亲自主持编订，可以说是理所当然的。而郭勋作为权倾一时的朝野勋臣，喜欢以文学奉迎圣驾。从其编写《英烈传》、刊印《水浒传》可知，郭勋虽为武臣，但幕僚集团之中必然也有一套完备的文人班子，以助其编写、刻印图书。《雍熙乐府》皇皇二十卷，在嘉靖时期也只有郭勋这样的皇室权贵有能力编写刊刻。皇室既有厚重的喜爱戏曲的传统，又有刊刻选本的动机意愿，还具有优越的客观条件，故而戏曲选本肇始于皇室是完全有其历史必然性的。

第二章 嘉靖戏曲选本的刊版信息和选篇特征

随着社会形势和戏曲发展生态的转折，戏曲选本在明代正德、嘉靖时期出现。《盛世新声》《词林摘艳》《雍熙乐府》《风月锦囊》这四部选本，两部出自皇室，两部出自民间，恰恰体现了上层势力、民间市场对于戏曲选本催生的不同动因。而这些戏曲选本问世后立刻风行开来，尤其是《盛世新声》《词林摘艳》《雍熙乐府》在贵族阶层、文人阶层和市民阶层都产生巨大影响。其流播范围极广，因此翻刻极多，版本繁多而复杂。在流传过程中，《盛世新声》《雍熙乐府》本出自皇室和权臣，编者姓名却一度湮没无闻。

从嘉靖选本的版本形态和编排体例来看，《盛世新声》《词林摘艳》《雍熙乐府》为一个系统，均以宫调为纲进行曲文排列，体现了"曲"本位的编排理念。而它们所收曲文以北曲为主；所收作家亦以元代作家居多。《风月锦囊》则属于另外一个系统，其编排格局并不局限于曲牌，选本内容以南戏为主。嘉靖戏曲选本的这种编排形态和收曲格局既与选本本身的指导理念相关，又与戏曲发展的时代背景相关。

第一节 选本版本与曲辞来源

王骥德《曲律》曾言："散曲绝难佳者，北词载《太平乐府》《雍熙乐府》《词林摘艳》。"① 从万历开始，《雍熙乐府》《词林摘艳》就已经成为传播曲文的重要书籍，连王骥德这样的戏曲理论家都非常重视它们。之

---

① 俞为民、孙蓉蓉：《历代曲话汇编·明代编第二集》，黄山书社，2009年版，第134页。

后，冯梦龙《太霞新奏》、凌濛初《南音三籁》、李玉《北词广正谱》等也有大量对《雍熙乐府》的引用，由此可见《盛世新声》《词林摘艳》《雍熙乐府》的风行程度。正因如此，它们多次被盗印和翻刻，致使版本复杂、混乱，尤其是《雍熙乐府》《盛世新声》在翻刻中甚至出现编者名字湮没的情况，最终靠后世学者考证，才确定了它们的编者为郭勋和臧贤。

一、四大选本的版本信息

在梳理嘉靖选本的版本之前，我们首先梳理明清目录书对它们的著录情况。因为目录书在著录书目之时也往往标注书目的相关信息，这有助于我们考察嘉靖选本在明清的流传、接受过程和版本变化。因《盛世新声》《词林摘艳》《雍熙乐府》三部选本流行度极高，故著录它们的目录书也极多，具体明细如下。

著录《盛世新声》的目录书及具体信息：

1. （明）晁瑮《晁氏宝文堂书目》：《盛世新声》。
2. （明）高儒《百川书志》：《盛世新声》，"九宫曲"九卷、"南曲"一卷、"万花集"一卷，大明武宗正德年人编，三集总大曲四百余章，小令五百余阕。
3. （清）范邦甸《天一阁书目·集部》：《盛世新声》，十二册，刊本，明人辑。卷首有引云：予尝留意词曲，暇日逐一检阅，删繁去冗，存其脍炙人口者四百余章，小令五百余阕，题曰"盛世新声"。命工锓梓，以广其传。时正德十二年，岁在强圉赤奋若，上元日书。
4. （清）万斯同《明史·艺文志》：《盛世新声》，"九宫曲"九卷，又"南曲"一卷，又"万花集"一卷，正德中人所编，不知名氏。
5. （清）黄虞稷《千顷堂书目》：《盛世新声》，"九宫曲"九卷，又"南曲"一卷，又"万花集"一卷，正德中人所编，不知名氏。
6. （清）钱曾《也是园书目》：《盛世新声》，十二卷。

著录《词林摘艳》的目录书及具体信息：

1. （明）晁瑮《晁氏宝文堂书目》：《词林摘艳》。
2. （明）高儒《百川书志》：《词林摘艳》，"南北小令"一卷、"南九宫"一卷、"北八宫"八卷，嘉靖乙酉吴江张禄校集，以《盛世新声》博取欠精，速成多误，复正鲁鱼，损益新焉。小令百九，南调百七十有七，北调、南九宫五十三，北八宫兼别调二百七十八，词林之精备者。

3.（清）范邦甸《天一阁书目·子部》：《词林摘艳》，十卷，刊本，明张禄辑撰、刘楫序。

4.（清）丁立中《八千卷楼书目·集部》：《词林摘艳》，明张禄编，明刊本。

5.（清）万斯同《明史·艺文志》：张禄、《词林摘艳》，"北八宫"八卷，又"南九宫"一卷，又"南北小令"一卷。吴江人。

6.（清）黄虞稷《千顷堂书目》：张禄、《词林摘艳》，"北八宫"八卷，又"南九宫"一卷，又"南北小令"一卷。吴江人。

7.（清）钱曾《钱遵王述古堂藏书目录》：《词林摘艳》，十卷四本。

著录《雍熙乐府》的目录书及具体信息：

1.（明）晁瑮《晁氏宝文堂书目》：《雍熙乐府》。

2.（明）刘若愚《酌中志》：《雍熙乐府》，二十本，一千七百九十三页。

3.（明）吕毖《明宫史·内板书数》：《雍熙乐府》，二十本，一千七百五十三页。

4.（明）祁承㸁《澹生堂藏书目》：《雍熙乐府》，十三卷。

5.（明）王圻《续文献通考·乐律》：《雍熙乐府》，楚府刻。

6.（清）范邦甸《天一阁书目·集部》：《雍熙乐府》，二十卷，刊本，不著撰人名氏。

7.（清）丁丙《善本书室藏书志》：《雍熙乐府》，二十卷，明嘉靖刊本。按四库存目，《雍熙乐府》十三卷，旧本题"海西广氏编"，不著姓名。其凡例谓声音各应官律，原分一十七调。今所传者，一十有二，盖阙其五，即十二调中之商角与般涉二调，亦有目无词，盖阙佚其五也。此书卷一曰"仙吕调"，卷二、卷三曰"正宫调"，卷四、卷五曰"仙吕宫调"，卷六、七曰"中吕宫调"，卷八、卷九、卷十曰"南吕宫调"，卷十一、卷十二曰"双调"，卷十三曰"越调"，卷十四曰"商调"，卷十五曰"大石调""小石调"，卷十六曰"南曲"，卷十七至卷二十曰"杂调",首有嘉靖丙寅中秋安肃春山序一篇,云:予生长中州,蚤入内禁中,和大乐时得见闻,又尝接鸿儒承论说,似若仿佛其影响者。比见旧刻,汇辑国朝并金元以来诸名公巨卿,佳词、妙曲、套数、小令凡若干章,宫分调别,灿然具备,作非一手,调出一腔,信皆乐府之指南。爱锓诸梓,用广其传,仍其旧名曰"雍熙乐府"。盖采唐虞时雍咸熙之语,以昭盛世之治和也。其书采摭繁富,自金元以迄明正德,凡名人以及乐工院本、小令、长套,约略在是,亦可称曲海矣。

8. (清)丁立中《八千卷楼书目·集部》:《雍熙乐府》,二十卷,明安肃春山编,明刊本。

9. (清)傅维鳞《明书·经籍志》:《雍熙乐府》,一千七百五十三页。

10. (清)万斯同《明史·艺文志》:《楚王雍熙乐府》,二十卷。

11. (清)黄虞稷《千顷堂书目》:《楚王雍熙乐府》,二十卷。

12. (清)嵇璜《续文献通考·词曲》:《雍熙乐府》,十三卷,臣等谨按旧本,题"海西广氏编",不著姓名。其凡例谓声音各应宫律,原分一十七调,今阙其五,唯存十二调,其商角、般涉二调,有目无词,亦脱佚也。

13. (清)嵇璜、刘墉等《续通志》:《雍熙乐府》,十三卷,旧本题"海西广氏编",不详时代人名。

14. (清)季振宜《季沧苇藏书目》:《雍熙乐府》,二十卷。

15. (清)钱曾《钱遵王述古堂藏书目录》:《雍熙乐府》,二十卷二十本。

16. (清)孙承泽《春明梦余录》:《雍熙乐府》,二十本,一千七百五十三页。

17. (清)曹寅《栋亭书目》:《雍熙乐府》,二十卷,明苍岩郭勋。

18. (清)徐乾学《传是楼书目》:《雍熙乐府》,二十本。

19. (清)永瑢等《四库全书总目》:《雍熙乐府》,十三卷,编修励守谦家藏本。旧本题"海西广氏编",不著姓名。其凡例谓声音各应宫律,原分一十七调,今所传者一十有二,盖阙共五。今考十二调，一曰"黄钟"，二曰"正宫"，三曰"大石"，四曰"小石"，五曰"仙吕"，六曰"中吕"，七曰"南宫"，八曰"双调"，九曰"越调"，十曰"商调"，十一曰"商角"，十二曰"般涉"，其商角及般涉二调则有其目而无其词，盖阙佚也。明李元玉《北调广正谱》订正诸调，颇为综核，虽所摭较此书，多道宫、高平、揭指、宫调、角调五类，而揭指及宫、角二调则亦有其目而无其词，其全具者才十四调。核其体例，实皆原本。是书其间每调词曲有名同而实异者，有句字不拘、可以增损者，亦皆因是书而推广之耳。

著录《风月锦囊》的目录书则没有。虽然《文渊阁书目》《菉竹堂书目》《晁氏宝文堂书目》皆著录《风月锦囊》一书，但《文渊阁书目》成书于正统年间，《菉竹堂书目》成书于今存本《风月锦囊》之前，《晁氏宝文堂书目》亦可能成书在《风月锦囊》之前，因而这些目录书所载《风月锦囊》可能是另一种书籍，抑或是今存《风月锦囊》的前身。

从著录《盛世新声》《词林摘艳》《雍熙乐府》的目录书来看，基本涉及《晁氏宝文堂书目》《百川书志》《天一阁书目》《千顷堂书目》《澹生堂藏书目》等明清两代最为著名的目录书，能够被这些目录书著录，说明《盛世新声》《词林摘艳》《雍熙乐府》在明代流通广泛。诸家目录书之中，《雍熙乐府》被著录的最多，说明其影响最大。《雍熙乐府》是在《词林摘艳》《盛世新声》的基础之上扩充修订而成的，其二十卷的卷次也为戏曲选本之最，自然引起各家藏书者的重视。《风月锦囊》没有著录，说明其影响有限，同时与其民间选本的出身有关。

根据诸本目录书所载，我们可以发现，对于《词林摘艳》的著录非常一致，都表明《词林摘艳》为十卷，《百川书志》《千顷堂书目》进一步详著十卷之中，南曲一卷，小令一卷，北曲八卷。目录书的著录也与现存的嘉靖四年（1525）原刻本面貌相合。这说明《词林摘艳》嘉靖四年刻本是最为权威的刻本。《词林摘艳》曾有四个版本。除了嘉靖四年（1525）原刻本，尚有嘉靖十八年（1539）"重刊增益"本《重刊增益词林摘艳》，嘉靖三十年（1551）徽藩刻本，万历二十五年（1597）内府重刊本。

嘉靖四年原刻本，后被文学古籍刊行社影印，为通行本，也是诸家目录书著录的版本。此本曾经为吴梅所收藏，他将自己所收藏的戏曲集托付涵芬楼刊印《奢摩他室曲丛》，《词林摘艳》也在其中。

嘉靖十八年"重刊增益"本《重刊增益词林摘艳》，实为后人翻刻和伪造，系《盛世新声》和《词林摘艳》混杂增订而成的伪本。

嘉靖三十年徽藩刻本，据郑振铎言，吴梅曾有藏，但是未见。《中国曲学大辞典》认为其应为嘉靖三十年刻本；但嘉靖四年本上常有手写标注此本与徽藩本之异，可能此手记为后世之人所加。

万历二十五年内府重刊本，郑振铎曾于北平故宫博物院图书馆得到此本，此本与原刻本没有变化，只是《词林摘艳》在内府的重刻而已。

由此可知，《词林摘艳》在流播过程中版本相对稳定。除了嘉靖十八年（1539）被人伪造外，版本并未发生太多改变，只不过后来又被徽藩和内府翻刻。《词林摘艳》虽然是下层文人编集的民间刊物，但后来被徽藩、内府刊刻，说明它引起了皇室的注意。这源自它自身产生了较大影响，也源自它是对《盛世新声》的改删和修订，与《盛世新声》实为一系。

相比于《词林摘艳》，《盛世新声》和《雍熙乐府》的版本更为复杂，在传播之中也出现了更多的波折。著录《盛世新声》的目录书中，《百川书志》《千顷堂书目》著录"九宫曲九卷、南曲一卷、万花集一卷"，而《天一阁书目》和《也是园书目》则著录"十二卷"。二者的差异在于《百川书志》《千顷堂书目》著录的《盛世新声》只有十卷，然后另附了《万花集》一卷，而《天一阁书目》和《也是园书目》则直接著明十二卷。那么，《盛世新声》的版本到底是怎样的情况呢？对此，郑振铎先生曾做过考察。据他介绍，他最初获得的《盛世新声》，得自周越然，共十二卷，有南北小令，无《万花集》。此本即为后来文学古籍刊行社影印的正德十二年（1517）本。后郑振铎从上海商务印书馆见到福州龚氏大通楼所藏的残本《盛世新声》，后附有《万花集》。郑振铎还曾于北平故宫博物院图书馆得到万历二十四年（1596）内府重刊的《盛世词调》（此书为《盛世新声》翻刻本）。

所以，郑振铎总共找到了三个版本，除了内府重刊本可以明确为翻刻本，正德十二年本和大通楼本谁是原刻本，则没有确定。郑振铎认为，因正德十二年的版本标目不统一，有的卷次印有"甲集""未集"，有的则未标，所以他怀疑非原刻本，而是后人增订的。他认为大通楼本是原刻本，因为此书附有《百川书志》《千顷堂书目》所提到的《万花集》，更重要的是此本还标注了刊刻者的姓名："樵仙藏贤愚之校正刊行。"郑振铎比对，正德十二年本的前七卷及卷九与大通楼本一模一样，卷八越调略有差异。

正德十二年本含 32 套曲辞，大通楼本含 34 套曲辞。正德十二年本的目录标有作者、出处，而此标注又与《词林摘艳》相同，因此郑振铎怀疑此卷为后人攒入。最为重要的是，正德十二年本共 12 卷，而最后两卷实为大通楼本的《万花集》，说明《万花集》本独立成书，后被翻刻者直接加入《盛世新声》中了。因此，郑振铎认为，正德十二年本不仅没有附有《万花集》，而且不载刻者姓名，同时又有拼凑的迹象，所以基本确定大通楼本是原刻本。笔者认为，郑振铎先生的推断和分析是非常准确的。大通楼本应为原刻本，只是可惜已经不存完本了，而正德十二年本成为现存完整的最早刻本。所以，《盛世新声》版本为：

> 福州龚氏大通楼本，此应为原刻本，刊刻年代不详，应该不早于正德年间。分《万花集》前后两集，标注"樵仙臧贤愚之校正刊行"。

正德十二年本，此为通行本，后被文学古籍刊行社影印。《万花集》被分为两卷缀于书后。

万历二十四年内府翻刻本《盛世词调》，此本为万历翻刻本，无《万花集》，将南北小令分开收录。

比之《盛世新声》，《雍熙乐府》的版本更为复杂。从目录书所载情况来看，《澹生堂藏书目》《续通志》《四库全书总目》载《雍熙乐府》有十三卷，而《天一阁书目》《善本书室藏书志》《八千卷楼书目》《千顷堂书目》等载《雍熙乐府》有二十卷。十三卷者，皆误。王国维称《雍熙乐府》在明代经历过三次刊刻，第一次是嘉靖十年（1531），为祖本，海西广氏编。第二次是嘉靖十九年（1540），有楚愍王朱显榕序，此为楚藩刻本。第三次是嘉靖四十五年（1566），有安肃春山序。王国维叙述基本准确，只是嘉靖十年的祖本并非"海西广氏编"，标有"海西广氏编"的版本是万历年间的刻本。总结《雍熙乐府》版本，现存的主要有五种：

嘉靖十年本，二十卷，此本有春泉居士王言序，为祖本。

嘉靖十九年本，二十卷，楚藩刻本，有朱显榕序，藏于北京大学图书馆和日本宫内厅书陵部、东洋文库。此亦为王国维藏本，《日藏汉籍善本书目》对此书有著录。

嘉靖四十五年本，二十卷，此本有春山居士序，为流通最广的通行本，后有四部丛刊续编影印北平图书馆藏本。

万历年间刻本，十三卷，题"海西广氏编"。此本藏于上海图书馆、台北故宫博物院图书文献馆。此为节选本，王国维误把嘉靖十年本当作题有"海西广氏编"的版本了。

和以上三部选本相比，《风月锦囊》的版本相对简单，仅有嘉靖三十二年（1553）詹氏进贤堂重刊本，编者为徐文昭，书坊主人为江右龙峰詹子和，今存于西班牙马德里埃斯科里亚尔的圣·劳伦佐皇家图书馆。

所以综合来看，《词林摘艳》《风月锦囊》的版本相对简单，《盛世新声》《雍熙乐府》的版本则相对复杂。而版本的过于复杂，为它们的传播带来一定的问题。其原刻本标有编选者的姓名，但这两部原刻本没有成为通行本。而其最为通行的版本却缺少编选者的姓名，以至于很长一段时间，人们都无法确定其编者是谁。当然，我们今天已经明确知道《盛世新声》和《雍熙乐府》的编者为臧贤和郭勋，这有赖于后世学者的考证。

二、《盛世新声》《雍熙乐府》编者湮没的原因

我们已经知道，现存最早的完整《盛世新声》刊本为正德十二年本，卷前有"盛世新声引"，但未署撰人。嘉靖四年（1525），张禄据以《盛世新声》编订而成《词林摘艳》，书前有刘楫之序，称《盛世新声》编者是梨园中人。而张禄的自序则只言"正德间，裒而辑之为卷"，并没有提及编者姓名。嘉靖年间另有伪本《盛世新声》，乃是将《盛世新声》与《词林摘艳》杂录混收，此本题编者为"张禄"，显是伪托。而万历二十四年内府翻刻本，同样未见编者姓名。可见自嘉靖之后，《盛世新声》的编者姓名就已经湮没无存了。直到近代学者发现福州龚氏大通楼本《盛世新声》，书前刻有"樵仙戴贤愚之校正刊行"的字样，经考证确定，"戴贤"实为"臧贤"的涂改①，方才确证臧贤即为《盛世新声》的编者，而这个刻有臧贤之名的版本即为原刻本。其刊印年代不详，然而透露出一个重要的信息：《盛世新声》原刊本刻有臧贤的姓名，但到了正德十二年再次刊印时，臧贤的姓名却已被抹去。

---

① 龚氏收藏此书时，便怀疑"戴"字乃是"臧"字的涂改，之后黄缘芳、汪蔚林等人皆确认"戴贤"即"臧贤"。详见王钢、王永宽《〈盛世新声〉与臧贤：附说〈雍熙乐府〉与郭勋》（《文学遗产》1991年第4期）。

《雍熙乐府》的流传存在相同的情况。前文已述，《雍熙乐府》的版本主要有：嘉靖十年本、嘉靖十九年本、嘉靖四十五年本、万历"海西广氏编"本等。其中最为流行的是嘉靖四十五年本，然未题撰者。但是对比嘉靖十年本可以发现，嘉靖十年本较嘉靖四十五年本多出一篇序言。序言的作者是春泉居士王言，其明言编者为"太傅武定侯苍岩郭公"，武定侯即郭勋。可知，嘉靖四十五年本有意删掉了这篇序言，而后出的刻本也都略去了郭勋的姓名。

《盛世新声》《雍熙乐府》两部戏曲选本的价值非常高，影响亦非常大，加之臧贤、郭勋乃是权贵，他们的姓名理应和选本一起流传后世、共享殊荣，可为何后来的版本却都抹去了他们的名字？其主要原因与二者荣宠之时没有洁身自好，最终违法乱纪、身败名裂的结局密切相关。

臧贤、郭勋分别是武宗、世宗的宠臣，然而他们玩弄权术，贪赃枉法，迫害正直官员，干涉司法伦常。如史载郭勋曾庇护妖人，陷害良臣。何乔远《名山藏》云："郭勋者，贪婪纵不群也。……山西人张寅，即妖人李福达也。以方往来勋家，其仇薛良首告之巡按御史马录，录捕寅急，寅急求勋书为解。"① 后郭勋勾结张璁等人，成功包庇李福达，反而使马录入狱。

郭勋的罪行并不止此。他为官时，"掊克巨万，中外切齿"②。刑科都给事中高时弹劾郭勋之词，完整记录了郭勋暴横之举：

> 以勋之罔利亡厌言之，南京、淮徐、临清、德州皆饶腴贸易之区，勋乃遍置旅舍，分布私人水陆舟车，充斥道路，侵愚民利，岁入巨万，民膏已尽。虽近侍内臣，亦为吞并。华郧庄田庐直金三十万两，勋夺故太监萧敬之有也。城沟大第，古器玩好，难以数计。又城外田庐二所，直金二十万两，勋夺故太监魏彬之有也。八里庄田园直金一十余万，城南庄仓奂膏腴直金二十万，故太监韦霦、宁瑾之有而勋夺之者。又太监温玺物故，其赍装器玩以十万计，田园以万计，勋夺过半，抑郁莫伸。至于剥削运卒，折夺漕船，贻患国储，无所底止。私植党兴，纳结亡命，如乡绅钱俊民、翁守洪，尤无藉中之渠

---

① （明）何乔远：《名山藏·宦者杂记》，江苏广陵古籍刻印社，1993年版，第4415页。
② （明）焦竑：《国朝献征录》，明万历四十四年刻本，卷七。

魁，而皆托为腹心，倚之缓急。又有官校陈璘等三十余辈，莫非鸡鸣狗盗之徒，布为爪牙，侦刺恫喝，拘事婪财，军民切齿。其甚者，春秋更卒，领班到京，都指挥赀金二百，指挥赀金五十，千户、旗族各一十，掊克办纳，若为定分，而又私役京卒，袞取月廪，含冤勤动，控诉无门。且举动乖方，机械叵测，以张延龄包藏祸心，罪在不赦，而勋与交通，为之经纪，其家此而存心，岂无所为也哉。而又违禁储粟，至以数万计，积而不散，复欲何为。至于器用违式，僭拟不度，私交朵颜诸部，市易茶马，尤骇观听，恬无忌惮矣。①

可见，包庇妖人李福达这种个案，并非郭勋的主要罪状。他真正的罪行在于利用手中大权，在经济、军事领域贪得无厌地聚敛国家财物，侵吞他人财产，搜刮民脂民膏，压迫普通兵卒。正直官员将他和严嵩等人并斥为嘉靖一朝的"四凶"，并不过分。

臧贤虽然不如郭勋贪暴横虐，但也"表里弄权为奸利，诸司章疏多沮格不上"②，曾经还"请易牙牌制如朝士，又请改铸方印"③。他本一伶官，却妄想将牙牌、方印改为朝廷大臣的规制，可见其贪婪之心，而且他不满足于教坊之职，还参与朝廷政事，打击其他臣官。例如，他曾助钱宁讥刺名臣杨一清，逼使杨一清一度请退。而他最为致命的罪行，当属宁王朱宸濠谋反时作为内应，公然参与背叛朝廷的兵变。事发之后，臧贤也被伏之于法。对于他的结局有两种说法：一说死于狱中；一说被发配至广西驯象卫，钱宁惧怕其连累自己，在发配途中派人将他暗杀。

郭勋、臧贤虽是红极一时的宠臣，然而他们贪横为恶，违纪乱法，不仅声名败裂，而且都因罪获刑而未能善终。同时，他们由权臣最终沦为罪臣，使得他们死后，后世刊本有意避讳他们的姓名，无法和《盛世新声》《雍熙乐府》一起流传于后世。而名字的隐去并不仅仅是他们的个人损失，对两部选本的流传也造成极大的负面影响。以他们的势位，如果没有最终成为罪臣，无疑会使两部戏曲选本得到更广泛的流播。然而他们沦为罪臣之后，姓名被隐去，导致印有二人名姓的初刻本在流传中被边缘化，其他

---

① （明）范守已：《皇明肃皇外史》，清宣统津寄庐钞本，卷二十一，第9~10页。
② （明）陈建：《皇明通纪法传全录》，明崇祯九年刻本，卷二十八，第12页。
③ （清）张廷玉等：《明史》，清乾隆武英殿刻本，卷一百八十四，第13页。

刊本的传播也受到一定的影响。上文已统计，明清两代的目录书里，著录《雍熙乐府》者多达 19 部，然而只有康熙年间的《栋亭书目》著录"郭勋"。而著录《盛世新声》的目录书全部没有"臧贤"的名字，《百川书志》《千顷堂书目》都只言"正德中人"编。可见，不仅现实的选本流传中刻有"臧贤""郭勋"的版本被边缘化，而且明清目录书中也几乎不见二人姓名，致使后人对刻有二者姓名的版本了无确知。

　　事实上，刻有臧贤、郭勋二人姓名的两部选本，本身质量极高。不仅编排齐备完整，而且刻书非常精良。反倒是后出的刻本，内容与其并没有太大差异，编刻上也未能有所超越。比如《盛世新声》后来的版本在编排上都存在一定问题，往往给人杂凑之感：正德十二年本有个别卷次标印"甲集""未集"，然而有的卷次则未标；其大部分卷次的目录未标题目，"越调"卷却标了题目；而《万花集》干脆附于书尾，未做任何说明。而万历年间题"海西广氏编"的《雍熙乐府》，更是只有十三卷的节选本，却被《四库全目》著录，以至于王国维都误认为此本是初刻本，令人唏嘘。因此，刻有臧贤、郭勋姓名的选本传播不利，并非因其质量不高，也并非后世刊本对其有所超越。二人作为选本编者却姓名湮没的原因，在于他们沦为罪臣之后的身败名裂。

三、嘉靖选本的曲辞来源

　　从嘉靖戏曲选本的版本可知，《盛世新声》《词林摘艳》《雍熙乐府》这三部选本在明代非常盛行，否则不会被如此之多的翻刻。它们之所以流行，首要原因是收曲容量巨大，内容丰富，适应各个阶层的品位。三部选本中，《盛世新声》收录套数曲文 335 套，小令 405 首；《词林摘艳》收录套数曲文 327 套，小令 320 首；而《雍熙乐府》收录套数曲文更是多达 1119 套，小令 812 首。它们不仅收曲数量多，而且种类丰富，杂剧、南戏、小令、散套皆有，囊括了所有和戏曲相关的体裁。那么，如此宏富的曲文，源自哪里呢？

　　我们分不同体裁讨论，首先考察元杂剧。三部选本收录的元杂剧数量众多，《盛世新声》收录元杂剧 45 套，出自 36 部杂剧作品；《词林摘艳》收录同为 45 套，出自 33 部杂剧作品；《雍熙乐府》收录 81 套，出自 47 部杂剧作品。这些杂剧作品，有的是知名剧目，在明代其他选本中亦被广泛收录，如《梧桐雨》；有的则较为罕见，并未被其他选本收录，如《叹骷髅》。这说明，元杂剧剧目浩如烟海，除了一定数量具有广泛经典效应的作品，不同选家、读者对于其他水平大致相当的作品的看法往往各有不同。因此，除了部分经典剧目，不同选本对于其他杂剧作品的择选往往出入较大，但无论择选标准如何，其前提都是元代杂剧剧本的广泛存在和流传。

戏曲作为一种融表演、音乐、文学为一体的艺术，其传播方式既包括艺术传播，也包括文本传播。所谓艺术传播，就是表演技巧、衣装服饰、音乐唱腔等艺术层面的传播，在古代，这方面的传播基本依靠演员亲身的示范和传授，因此其往往只能局限于较小的范围之内。而更为重要的传播，当然还是剧本的文本传播。文本传播又包括抄写本传播和刊刻本传播，在元代这两种传播方式是并存的，起主导传播作用的是刊刻本传播。元代印刷、刊刻水平非常高，尤其是出现了大量民间书坊，广泛出版各种流行于市井的通俗文学读物。所以，从元代戏曲兴盛的状况可以推断，元代杂剧文本的刊印、出版也是非常繁荣的，元代丰富的剧本刊印是三部选本形成的基本前提。

元代流传至今的唯一杂剧刻本是《元刊杂剧三十种》。其编者不详，明代曾为李开先所藏，入清后历经何煌、元和顾氏之手，最终转由黄丕烈收藏，黄氏为之题名"元刻古今杂剧"。光绪时，此书又入顾麟士之手。民国期间，此书又被日本人购至日本，后又入罗振玉之手。1914年，日本京都帝国大学对此书进行复刻，1924年，上海中国书店将日本复刻本石印出版。此书由王国维改名为"元刊杂剧三十种"推广于世，并作《元刊杂剧三十种序录》，其云："其纸墨与版式大小，大略相同，知仍是元季一处汇刊。"① 根据王国维所言，结合其版式面貌，可知大约成书于元末，由书商编集而成。《元刊杂剧三十种》虽然版刻未必精良，却是留存至今唯一的元剧原始风貌，且因其仅题乙编，故王国维推断还有甲编、丙编、丁编，可见其收剧广泛。

《元刊杂剧三十种》目前可知的最早藏者为李开先，说明明代是拥有丰富的元代戏曲刻本存世的。明代中后期，盛产藏书家。李开先就是明代

---

① 王国维：《王国维戏曲论文集》，中国戏剧出版社，1984年版，第242页。

著名藏书家之一，其藏曲宏富，人称"词山曲海"，大约有上千种。此外，和戏曲有关的文人中，何良俊藏书四万，王世贞藏书三万，毛晋藏书八万。他们的藏书里，不可能只有明代刻本，必然也有丰富的元代刻本。毕竟，藏书家的盛名不仅仅体现在藏书之多、之广，也体现在藏书之古。李开先曾不满嘉靖时期的杂剧选本水平低下，决定编集《改定元贤传奇》，其云："予尝病焉，欲世之人得见元词，并知元词之所以得名也，乃尽发所藏千余本，付之门人诚庵张自慎选取。"① 一方面，他"尽发所藏千余本"，证明其藏曲确实宏多，"词山曲海"并非虚名；另一方面，他敢于宣称"欲世之人得见元词"，也间接证明他所藏的这些版本应该多为元代刻本。

而元代杂剧刻本除了结集的选本，有的也以单本流传。例如李开先编集《改定元贤传奇》，从"所藏千余本"中"止得五十种，力又不能全刻，就中又精选十六种"。② 剧目选择可以从五十种减少到十六种，说明这些剧目本来是独立流传的。另外，本书绪论的注释中曾提到，《元刊杂剧三十种》虽然是剧本集合形态的选本，但因其刊刻版式、标注混杂，所以也有学者怀疑此本最初以单部剧作存在，后来经人编合汇印才成一书。从其刊刻的剧本来看，既有杭州刊刻的《古杭新刊的本关大王单刀会》等剧，又有大都刊刻的《大都新刊关目的本东窗事犯》《大都新编关张双赴西蜀梦》等剧，两地相隔遥远，如何汇聚到一个选本之中呢？确实有很大可能是这些杂剧文本曾经一度单独存在，后来才被书商结集在一起。元代杂剧以单部刻本形态传播，在历史上是存在的。因此可以推断，在嘉靖时期存在着大量元刊本的杂剧剧本，当时，无论是《盛世新声》《词林摘艳》《雍熙乐府》这样的戏曲选本，还是《改定元贤传奇》这样的杂剧选本，都是从中进行择选的。

此外，在明代中前期，这些元刻本虽然存数不少，但基本保存于皇室和部分文人之手。陈与郊《古杂剧》序言曾云："而独元之曲类多散逸，而世不尽见。"③ 在明代中期，这种"散逸"的情况主要是指民间元刻本

---

① 俞为民、孙蓉蓉：《历代曲话汇编·明代编第一集》，黄山书社，2009年版，第406页。
② 俞为民、孙蓉蓉：《历代曲话汇编·明代编第一集》，黄山书社，2009年版，第406页。
③ （明）陈与郊：《古杂剧》，《古本戏曲丛刊四集》，商务印书馆，1958年版。

已经较为少见。因明代皇室特别重视藏书，因此汇集了元明两代丰富的刻本。因此，《盛世新声》《雍熙乐府》的编集很大可能是依托于皇室储藏的元代刻本。从三部选本所收杂剧来看，《元刊杂剧三十种》的剧目有七种被三部选本收录，其中《汉高皇濯足气英布》《死生交范张鸡黍》《萧何月下追韩信》《严子陵垂钓七里滩》《汉公卿衣锦还乡》被三部选本全部收录，《张孔目智勘魔合罗》《尉迟恭三夺槊》被《盛世新声》《雍熙乐府》收录，而《尉迟恭三夺槊》《严子陵垂钓七里滩》现今仅见于《元刊杂剧三十种》和三部选本。这说明，这两部作品在明代民间可能已无刻本流传，但在内府之中尚存。基于此，笔者认为三部选本所收元杂剧主要来自内府、皇室所藏的元剧刻本。沈德符《顾曲杂言·禁中演戏》曾载："内廷诸戏俱隶钟鼓司，皆习相传院本，沿金元之旧。"① 明代前期，宫廷演剧往往沿袭元代剧目，那么这些元代剧目的文本必然很大部分是元刻本，如此又从侧面证明了我们的观点。另外需要提及一点，由于三大选本与《元刊杂剧三十种》的部分作品多有异文，这些异文究竟是元代就已出现，还是明人所改，已不得而知。如果是明人所改，那么三大选本对元剧的收录也可能参照了明代前期的改本。但是其主要的参照底本，无疑是元代刻本。

《盛世新声》《雍熙乐府》的皇室背景，使其具有得天独厚的资源优势，这体现在对明代杂剧的收录上。明代前期杂剧创作凋敝，其中最有成就的是周宪王朱有燉，而三部选本所收录的明杂剧也主要为朱有燉的杂剧，且三部选本对朱有燉杂剧的收录也都直接来源于内府。据张召鹏《朱有燉杂剧考》："朱有燉的杂剧作品，由藩府在宣德至正统年间陆续刻出，但从国家图书馆现藏的原刻本来看，其杂剧应当是完成之后就进行刊刻。"② 因为朱有燉本是藩王，其自身便拥有刊印机构，因此他的杂剧可以在创作完毕之后立刻就投入刊刻。在宣德、正统时期，朱有燉的杂剧已经开始在内府流行。

由于朱有燉的杂剧在明代前期属于高水平之作，因此很快传播到民间。李开先曾批评明代中期一些流行于民间的杂剧选本："夫汉、唐诗文，

---

① 俞为民、孙蓉蓉：《历代曲话汇编·明代编第三集》，黄山书社，2009年版，第78页。
② 张召鹏：《朱有燉杂剧考》，河南大学博士学位论文，2014年，第60页。

布满天下，宋之理学诸书，亦已沛然传世，而元词鲜有见之者。见者多寻常之作、胭粉之余。……选者如《二段锦》《四段锦》《十段锦》《百段锦》《千家锦》，美恶兼蓄，杂乱无章。其选小令及套词者，亦多类此。"① 他点名批评的作品，如今仅知《四段锦》和《十段锦》。《四段锦》有《百川书志》著录，其收杂剧四部，为《㑇梅香骗翰林风月》《玉箫女两世姻缘》《死生交范张鸡黍》《醉思乡王粲登楼》。《十段锦》收《关云长义勇辞金》《李亚仙花酒曲江池》《瑶池会八仙庆寿》《赵贞姬身后团圆梦》《黑旋风仗义疏财》《清河县继母大贤》《豹子和尚自还俗》《兰红叶从良烟花梦》《善知识苦海回头》《汉相如献赋题桥》，其中八部为朱有燉的作品。可知，在明代中前期，杂剧往往结集出版，然后根据所收书目冠以"段锦"名号，实为民间书商招揽生意的手段。如果说《四段锦》主要集录的是元代经典，那么《十段锦》则多为朱有燉的作品，所以当时朱有燉的作品的流行度未必比元代经典剧目差。嘉靖时期的《百川书志》已著录了朱有燉的所有剧目，也说明朱剧当时的影响力之大。但是从《十段锦》可以看出，民间能够掌握的朱有燉杂剧尚在少数，主要来自内府。例如，赵琦美是明代中期的藏书家，其《脉望馆钞校古今杂剧》是留存至今容量最大的杂剧选本。这部选本有一部分作品是抄自内府的，其中就包括《辰钩月》《牡丹仙》等多部朱有燉的作品。由此可知，朱有燉的杂剧剧本先在内府流通，之后被民间抄录、翻刻。赵琦美的内府抄本，大部分抄于万历年间，而早在嘉靖十年（1531），《雍熙乐府》之中就已经收录了全部（31部）朱剧。所以可以确定，《盛世新声》《雍熙乐府》对于明杂剧尤其是朱有燉杂剧的收录，也是源于内府的。

和杂剧相同，三部选本对于南戏的收录也源自宫廷和内府的藏本。虽然南戏进入宫廷时间在万历之后，但是其剧本早在明初就被皇室大量收贮。《永乐大典》收录了33种戏文，可知内府必然藏有丰富的南戏剧本。

相比于剧曲，散曲的来源更容易辨认。因为三部选本中收录的散曲很多都可以在《太平乐府》和《阳春白雪》中找到。元代散曲创作兴旺，优秀作家层出不穷，因此诞生了大量散曲选本。据统计，明确可知的元代散

---

① 俞为民、孙蓉蓉：《历代曲话汇编·明代编第一集》，黄山书社，2009年版，第405~406页。

曲选本，有吴弘道《曲海丛珠》、钱霖《江湖清思集》、胡存善《群玉丛珠》、杨朝英《阳春白雪》《太平乐府》、无名氏《渔隐》《百一曲选》《仙音妙选》《天机碎锦》《天机余锦》《片玉珠玑》《乐府新声》《乐府群玉》等。目前存世的四部选本中，杨朝英《乐府新编阳春白雪》，元代有刊本，另有九卷抄本，作者60余人，小令490多首，套曲40余套；杨朝英《朝野新声太平乐府》，前五卷小令，后四卷散套，作者80多人，小令1062首，套曲140套，有元刊本，亦有不少抄本；无名氏《梨园按试乐府新声》，上卷套数32套，中、下卷小令500多首；无名氏《类聚名贤乐府群玉》，专收小令，作家20多人，小令700多首。可见，元代散曲选本所收的作者和曲辞不可谓不丰富，这也成为供给嘉靖戏曲选本的一大曲库。三大选本的散曲中，"【端正好】鸳鸯被半床闲""【点绛唇】万种闲愁""【粉蝶儿】归去来兮""【一枝花】池塘中睡锦鸳""【一枝花】懒簪獬豸冠""【新水令】落红风里不闻声""【斗鹌鹑】鹤背乘风"等一百余套的散套都被《太平乐府》收录，另有20多首小令被《太平乐府》收录。而"【一枝花】春风眼底思""【斗鹌鹑】绿柳凋残""【斗鹌鹑】媚媚姿姿""【斗鹌鹑】酒力禁持"等40余套散套和40多首小令被《阳春白雪》收录。"【新水令】彩云声断紫鸾箫""【新水令】玉骢丝控金鞍鞯""【新水令】四时湖水镜无瑕"等10多套散套和30多首小令被《乐府新声》收录。所以，以《太平乐府》《阳春白雪》《乐府新声》为代表的元代散曲选本是三部选本散曲收录的重要来源。

除了散曲选本，散曲别集也是三部选本重要的参考。当然，因为散曲在元代尚属小道，很多散曲作家亦是下层文人，所以能够拥有别集的作家还是少数。明代有别集者，有张小山《小山乐府》、吴仁卿《金缕新声》、曾瑞《诗酒余音》、顾德润《九山乐府》等。张养浩有别集《云庄休居自适小乐府》，明成化十九年（1483）据元抄本刊行；乔吉有《乔梦符小令》，李开先辑，另有《文湖州集词》，明无名氏辑；张可久有别集《小山乐府》，原有天一阁藏永乐初抄本，有贯云石序、刘时中跋。《张小山北曲联乐府》，此集为明人将当时刊行的散曲集《今乐府》《苏堤渔唱》《吴盐》《新乐府》四集合编。另有《张小山小令》，李开先辑。所以在元代，散曲的流传主要为选集的形式。但是《云庄乐府》《小山乐府》以及《张小山北曲联乐府》所据的散曲集应该在元代就已经成集，而在《雍熙乐府》之中收录最多的就是张养浩、张可久的作品，其中有上百首的小令见于《云庄乐府》《张小山北曲联乐府》。据此可知，这些作品可能是三大选本直接取自张养浩等人的别集。此外，入明之后，汤式因属于皇室幸臣，其他的散曲有别集《笔花集》存世，三部选本收录了大量汤式的作品，其中30多套散套见于汤式的别集《笔花集》，可知《笔花集》是三部选本选取汤式作品的来源。综合来看，文人的散曲别集虽不多，但亦是三部选本散曲的重要来源。

以上，是《盛世新声》《词林摘艳》《雍熙乐府》曲文的主要来源，其总体特征是文献征集，即从前代留存的文献之中汇集作品。与它们不同的是，嘉靖晚期的《风月锦囊》的曲辞来源代表了嘉靖时期戏曲选本曲文搜集的另一个渠道——民间征集。《风月锦囊》共分为三部分，分别是"正杂两科全集""全家锦囊""全家锦囊续编"。"正杂两科全集"与"全家锦囊续编"上栏专收散套和小令，其中套数18套，小令315首，另有11首"只曲"，其曲并非套数，因为只有一个曲牌，但体制比一般小令长。而"全家锦囊""全家锦囊续编"下栏则专收折子戏形态的剧曲，其中戏文、传奇34部，杂剧3部。《风月锦囊》所收作品除了少部分作品见于三大选本和前代文献，大部分作品皆属首见，尤其是大量的时曲极具世俗风貌和时代特征，明显是创作于明代中前期的市井社会。而其收录的很多戏义作品，有的虽为宋元旧篇但并不见于前代文献，而《跃鲤记》《西瓜记》等则为明代新作，说明这些作品都是长时间流行、散佚于民间的。在明代，书坊委派专门搜集作品的人员从民间搜集、记录戏曲作品，是一种惯用手段。刊刻《风月锦囊》的书坊为詹氏进贤堂，所以《风月锦囊》的大部分作品可能是书坊派人从民间搜集而来的。

通过以上讨论，我们可以大致梳理出嘉靖选本的曲文来源以及元明时期剧曲、散曲的流传特点。第一，元代时期的作品，无论剧曲还是散曲，都主要依托于选本，也有单本、别集流通。虽然散曲亦有一定数量的别集，剧曲也存在单独刊刻的现象，但是流通最广、储存作品最多、流传后世最多的还是选本，这一点在散曲上体现得尤为明显。同时，元代的散曲别集虽然不多，但张养浩、张可久等顶尖作家都有别集，他们的作品众多，选集往往不能全收，因此别集有更为全面的作品存录，也成为三部选本散曲择曲的重要来源。第二，元代的刻本是三部选本重要的参考资料，主要保存于皇室和文人之手。虽然我们今天能够看到的元代戏曲刻本已经寥寥无几，但是从文献记载可知，元代流传至明的戏曲刻本为数不少，大部分被文人和皇室收藏，其中又尤以皇室储藏最多。在明代中期，这些选本成为《盛世新声》《雍熙乐府》的重要择曲依据。第三，明代时期，由于从事戏曲创作的多为皇室贵族集团，他们拥有较为便利的刊刻、结集条件，别集和单剧刻本的比例较大，因此三部选本对于明代作品的收录主要依赖于别集和单剧刻本。第四，对于《风月锦囊》这样民间书坊出版的选本而言，其作品收录主要直接从民间社会搜集、记录，把未著于文献的作品汇聚、抄录起来。

总之，元代剧曲、散曲的选本刻本、别集刻本、单剧刻本在明初大部分被皇室收藏，而明初主要作家的作品也往往最先在皇室流通，因此这些刻本都是《盛世新声》《词林摘艳》《雍熙乐府》择编曲文的主要来源。与此同时，民间书坊虽然没有皇室那样丰富的文献资源，但能够从民间征集到大量鲜活的市井新作，表明民间是戏曲选本曲辞的重要来源渠道。

第二节 "曲本位"观念主导下的编排体例

嘉靖时期的戏曲选本，《盛世新声》《词林摘艳》《雍熙乐府》具有相同的编排体例，采用的是传统竖栏排版，与宋元以来的诗文刻本无异。其曲文的收录和排列体现出极为鲜明的戏曲选本的特征，均以宫调为单位进行曲文编排。每一卷设定一个宫调，卷中专收隶属于这个宫调的曲牌。这反映了三部戏曲选本都以"曲"为本位，体现了戏曲选本完全有别于诗文选本的特质。

一、宫调编排的渊源

我们上文曾讨论，元代的散曲选本是三大选本散曲曲文的来源曲库。对比存世的四部元代散曲选本，可知《盛世新声》《词林摘艳》《雍熙乐府》这种以宫调、曲牌编排曲文的体例也是从元代散曲选本而来的。

现存的四部元代散曲选本为《阳春白雪》《太平乐府》《乐府新声》《乐府群玉》。其中，《阳春白雪》《太平乐府》《乐府新声》都以宫调或曲牌为纲。而《乐府群玉》以作家为单位进行曲文排列，是因为其只收小令而未收散套。可见,元代散曲选本的普遍编排模式,就是以宫调和曲牌进行作品排列的。

元代的散曲选本,并不是仅将散曲当作纯粹的文本,而是将其当作可以歌唱的"歌词"。在元人的观念里,古人有一种流传已久的歌唱文学的传统,而元代散曲就是这种传统的继承。比如,他们有意以散曲附会宋词,因为他们认为距离元代最近的歌唱文学是词。《阳春白雪》有贯云石序言,其云:"盖士尝云:'东坡之后,便到稼轩。'兹评甚矣!然而比来徐子芳滑雅,杨西庵平熟,已有知者。近代疏斋媚妩,如仙女寻春,自然笑傲;冯海粟豪辣灏烂,不断古今,心事天与。"① 他以元代的散曲家比对宋代的词人,认为散曲和宋词乃是一个系统。而《阳春白雪》卷一收录的就是苏轼、柳永等人的词。又比如,《太平乐府》邓子晋之序认为曲、词都延自诗歌的系统:"是又词之一变,而去诗愈远矣。虽然,古人作诗,歌之以奏乐,而八音谐、神人和。今诗无复论是。乐府调声按律,务合音节,盖犹有歌诗之遗意焉。"② 可见,他认为散曲距离诗歌面貌虽然渐远,但散曲作为歌唱文学的"遗意"主要是由诗、词而来的。自古诗词都能唱,而元代时"诗"已经失去音乐性,所以能唱的散曲才是继承了"歌诗之遗意"。

元人以曲附会诗词,是有道理的。北曲的渊源并无确论,但是其承自唐宋古曲、旧词是较有影响的一种学说。王国维《元杂剧之渊源》考证元曲曲牌出处,云:"出于大曲者十一,出于唐宋词者七十有五,出于诸宫调中各曲者二十有八。……可证其为宋代旧曲者十。"又云:"然则此三百三十五章,出于古曲者一百有十,殆当全数之三分之一。虽其词字句之数,或与古词不同,当由时代迁移之故;其渊源所自,要不可诬也"③。可见,北曲的曲牌很多都来自唐宋旧词。当然,北曲的源头绝非一个,其亦大量汲取少数民族音乐、民歌时曲,尤其是古曲旧词。北曲不仅吸收了大量的词牌,而且有的词牌在变为曲牌后曲调亦无变化;而词在宋代一直是能够歌唱的"曲",所以元人这种以曲附会诗词的意识是有一定合理性

---

① 李修生主编:《全元文·第三十六册》,凤凰出版社,2004年版,第191页。
② (元)杨朝英:《太平乐府》,中华书局,1958年版,第3页。
③ 王国维:《宋元戏曲史》,商务印书馆,1915年版,第83页。

的。不过，由周德清编辑《中原音韵》可知，元人虽有意以曲附会诗词，但其实还是把北曲作为一种独立的、新型的演唱型文体来认知，所以周德清才要单独为北曲编辑一部韵书。因此，元人认为北曲继承了宋词的音乐性，但同时北曲也是独立于诗词的新型可唱型文学，这都体现了元人以"曲"为本位的意识。

这种"曲本位"意识的深入和独立也在元代散曲选本的版式面貌上有所体现。《太平乐府》卷前附有《中州乐府音韵类编》，此韵编与《中原音韵》的十九韵相同，而《阳春白雪》的卷一即为燕南芝庵的《唱论》，专门指导唱曲，这都是元人之于散曲音乐意识的体现。此外，现存的几部宋人所编的宋词选本一般都以作家或者题材为单位进行作品排列，而不以词牌为单位。然而元代散曲选本则进行了革命性的改革，开始以宫调、曲牌排列作品，这也是元人"曲本位"意识深入的反映。

《太平乐府》中，一至五卷为小令，六至九卷为套数。卷一收【鹦鹉曲】【殿前欢】等五个曲牌，分别隶属正宫、双调；卷二收【水仙子】等11个曲牌，隶属双调；卷三收【得胜令】【凭栏人】等十个曲牌，分别隶属双调、越调；卷四收【阳春曲】等曲牌，隶属中吕宫；卷五收【阅金经】【梧叶儿】等曲牌，分别隶属南吕宫、商调；卷六收【赏花时】【端正好】，隶属仙吕宫、正宫；卷七收【新水令】【青杏子】等，分别隶属双调、大石调；卷八收【一枝花】【愿成双】等，分别隶属南吕宫、黄钟宫；卷九收【耍孩儿】【哨遍】，隶属般涉调。《乐府新声》中，卷中、下为小令，其以曲牌排列，但未标宫调。卷一收散套，其不仅按曲牌排版，还标明了宫调，主要有双调、南吕、正宫、仙吕、越调、般涉调、中吕、黄钟宫等八个宫调。《阳春白雪》的前集卷二至卷四为小令，卷二收【蟾宫曲】【湘妃怨】【庆东原】等曲牌，这些曲牌隶属双调；卷三收【潘妃曲】等曲牌，亦隶属双调；卷四收【天净沙】【满庭芳】【醉中天】等曲牌，其中【天净沙】等隶属越调，【满庭芳】等隶属中吕，【醉中天】等隶属仙吕；后集卷一为小令，收【后庭花】【黑漆弩】等曲牌，【后庭花】等隶属仙吕，【黑漆弩】等隶属正宫，另有【知秋令】【初生月儿】【四块玉】分别隶属商调、大石调、南吕等。卷二至卷五收套数，收【赏花时】等曲牌，均隶属仙吕宫；卷三收【一枝花】【端正好】等曲牌，分别隶属南吕和正宫；卷四收【斗鹌鹑】【醉花阴】【粉蝶儿】等曲牌，分别隶属越调、黄钟宫、中吕宫等；卷五收【风入松】【侍香金童】等曲牌，分别隶属双调、黄钟宫。

可见，虽然不同选本具体的排版尚有一定区别，但是以宫调、曲牌统领曲文则是一致的：皆为按宫调分类曲牌，依曲牌排列曲作，且这种宫调排版是相对严谨的。虽然有些地方难免杂乱，比如《太平乐府》往往存在一卷杂收多个曲牌、不同卷次曲牌重复的情况，但总体上这些选本都是按照不同宫调进行总体规划的。尤其是《阳春白雪》，依次按双调、越调、中吕等排列，格局清晰明了，以曲统筹的意识非常明显。这种排版方式直接颠覆了古代以作品题目或作者编排作品的传统方式，使得选本不像是一部文学选本，更接近于音乐选本。而这种体例也直接影响到嘉靖戏曲选本。

二、三大选本的宫调编排体例

《盛世新声》《词林摘艳》《雍熙乐府》的排版模式，正源于元代散曲选本。首先，这三部选本和元代散曲选本一样，都是小令套数分开。《盛世新声》卷一至卷十收套数，卷十一和卷十二收小令。《词林摘艳》卷一收小令，卷二至卷十收套数。《雍熙乐府》卷一至卷十六收套数，卷十七至卷二十收小令。这其中，也偶有专收套数的卷次杂有小令，例如《雍熙乐府》的卷十五、《盛世新声》的卷十一等，但总体上小令和套数的收录泾渭分明。

当然，最为重要的是这三部选本均采用以宫调、曲牌排列曲文的编排方式，这一点明显是受到了元代散曲选本的影响，也可以看出三部选本是以音乐性与歌唱性为核心的。而且，较之元代散曲选本编排格局的稍显凌乱，三大选本对于宫调拥有更为明确的标注和分类，对于体例编排更为规范。

《盛世新声》卷一专收正宫的曲牌，卷内有【端正好】【一剪梅】【汲沙尾】【九转货郎儿】【赛鸿秋】【金殿喜重重】六个曲牌，其中以【端正好】为主。卷二专收黄钟宫的曲牌，全部为【醉花阴】。卷三专收大石调的曲牌，有【青杏子】【念奴娇】【六国朝】【蓦山溪】四个曲牌。卷四专收仙吕宫，有【八声甘州】【村里迓鼓】【点绛唇】【赏花时】【节节高】五个曲牌，其中以【点绛唇】为主。卷五收中吕宫，有【粉蝶儿】【石榴花】

【哨遍】【沁园春】四个曲牌，以【粉蝶儿】为主。卷六收南吕宫，有【一枝花】【青衲袄】【四块玉】三个曲牌，以【一枝花】为主。卷七收双调，有【新水令】【步步娇】【西双合歌调】【风入松】【夜行船】【五供养】【锦上花】七个曲牌，以【新水令】为主。卷八收越调，有【斗鹌鹑】【绣停针】【合笙】三个曲牌，以【斗鹌鹑】为主。卷九收商调，有【集贤宾】【二郎神】两个曲牌，以【集贤宾】为主，另有商角调【定风波】。卷十收南曲。

《词林摘艳》卷一收小令，卷二收南曲。卷三收中吕宫，有【粉蝶儿】【石榴花】【哨遍】【沁园春】，以【粉蝶儿】为主。卷四收仙吕宫，有【点绛唇】【八声甘州】【村里迓鼓】【赏花时】四个曲牌，以【点绛唇】为主。卷五收双调，有【风入松】【新水令】【步步娇】【锦上花】【西双合歌调】【夜行船】【五供养】七个曲牌，以【新水令】为主。卷六收正宫，有【端正好】【一剪梅】【汲沙尾】【九转货郎儿】【赛鸿秋】五个曲牌，以【端正好】为主。卷七收商调，有【河西后庭花】【集贤宾】【绛都春】三个曲牌，以【集贤宾】为主，另有商角调【定风波】。卷八收南吕宫，有【一枝花】【青衲袄】【四块玉】三个曲牌，以【一枝花】为主。卷九收黄钟宫，有【愿成双】【醉花阴】【蓦山溪】三个曲牌，以【醉花阴】为主。卷十收越调，有【斗鹌鹑】【绣停针】【金蕉叶】三个曲牌，以【斗鹌鹑】为主。

《雍熙乐府》卷一收黄钟宫，有【醉花阴】【画眉序】【抛球乐】【愿成双】四个曲牌，以【醉花阴】为主。卷二、卷三收正宫，有【端正好】【赛鸿秋】【金殿喜重重】【番马舞西风】【脱布衫】【汲沙尾】【一剪梅】【月照庭】【南摊过雁过声】【小桃红】【雁过声】十个曲牌，以【端正好】为主。卷四、卷五收仙吕宫，有点【绛唇】【八声甘州】【节节高】【村里迓鼓】【河西后庭花】【赏花时】【望吾乡】【翠裙腰】【袄神急】九个曲牌，以【点绛唇】【八声甘州】为主。卷六、卷七收中吕宫，有【粉蝶儿】【石榴花】【耍孩儿】【醉高歌】【哨遍】【醉春风】【墙头花】七个曲牌，以【粉蝶儿】为主。卷八至卷十收南吕宫，有【一枝花】【四块玉】【一机锦】【梁州第七】【青衲袄】【一封书】【梧桐树】【九转货郎儿】八个曲牌，以【一枝花】为主。卷十一、十二收双调，收【新水令】【五供养】【锦上花】【夜行船】【风入松】【朝元乐】【朝天歌】【早乡词】【珍珠马】【行香子】

【乔牌儿】【秋江送】十二个曲牌,以【新水令】为主。卷十三收越调,专收【斗鹌鹑】。卷十四收商调,专收【集贤宾】。卷十五收大石调和小石调,有【青杏儿】【念奴娇】【六国朝】三个曲牌。

在元代散曲选本中,宫调与卷次之间的关系尚且不够分明,如《太平乐府》卷六、卷七、卷八都收录两个宫调,而三大选本中,除了收录小令和南曲的卷次因作品较少,不同宫调的作品必须汇聚在一卷之内,北曲散套的作品的宫调和卷次的关系很分明,都是一个卷次对应一个宫调。只有《雍熙乐府》因为部分宫调的曲文收录较多,用两个或三个卷次收录一个宫调。又因其在卷十五多收"小石调",出现了一个卷次收录两个宫调的情况。但其总体上,一个卷次内只有一个宫调,格局十分了然,见表2-1。

表2-1 《盛世新声》《词林摘艳》《雍熙乐府》的宫调分布情况

	正宫	黄钟宫	大石调	仙吕宫	中吕宫	南吕宫	双调	越调	商调
《盛世新声》	卷一	卷二	卷三	卷四	卷五	卷六	卷七	卷八	卷九
《词林摘艳》	卷六	卷九		卷四	卷三	卷八	卷五	卷十	卷七
《雍熙乐府》	卷二、卷三	卷一	卷十五	卷四、卷五	卷六、卷七	卷八、卷九、卷十	卷十一、卷十二	卷十三	卷十四

这种规范化的宫调排列是三大选本对元代散曲选本的改进。而从三部选本所收的宫调来看,除《雍熙乐府》多收一个"小石调",其余皆录商角调【定风波】之外,其他曲牌都是分隶五宫四调。五宫四调是元代北曲最为常用的宫调。关于宫调的发展,王骥德《曲律·论宫调第四》云:"律之自黄钟以下,凡十二也;声之自宫、商、角、徵、羽而外,有变宫、变徵凡七也。古有旋相为宫之法,以律为经,复以声为纬,乘之每律得十二调,合十二律得八十四调。"① 在古人的音乐观念里,有五音和十二律。五音即宫、商、角、徵、羽,另外加上变宫、变徵,共七音。十二律分为阳律和阴吕,阳律为黄钟、太簇、姑洗、蕤宾、夷则、无射,阴吕为大吕、夹钟、仲吕、林钟、南吕、应钟。七音与十二律相乘,理论上共得八十四调。其中,宫与十二律相乘,称之为"宫",商、角、徵、羽与十二

---

① 俞为民、孙蓉蓉:《历代曲话汇编·明代编第二集》,黄山书社,2009年版,第57页。

律相乘，称之为"调"。但实际上，根本用不到八十四调，而且随着历史的变革所使用的宫调越来越少。唐代时，使用的宫调为二十八调。及至南宋，常用的宫调只剩七宫十二调。据《词源》载，七宫为黄钟宫、仙吕宫、正宫、高宫、南吕宫、中吕宫、道宫，十二调为大石调、小石调、般涉调、歇指调、越调、仙吕调、中吕调、正平调、高平调、双调、黄钟羽、商调。而到了元代，宫调减少到六宫十一调，据《中原音韵》载，分别为仙吕宫、南吕宫、中吕宫、黄钟宫、正宫、道宫、大石调、小石调、高平调、般涉调、歇指调、商角调、双调、商调、角调、宫调、越调。但在实际使用中，元代杂剧和散曲基本只用五宫四调：仙吕宫、中吕宫、南吕宫、黄钟宫、正宫，大石调、双调、商调、越调。三大选本所选的宫调就是这五宫四调，说明三部选本的宫调选择与元代戏曲、散曲音乐发展的实际状态是吻合的。

《盛世新声》《词林摘艳》《雍熙乐府》之所以以宫调为单位，并非单纯为了沿袭元代散曲选本，其根本原因在于宫调之于戏曲音乐的重要意义。《盛世新声》序言载其编辑目的："庶使人歌而善反和之际，无声律之病焉。"① 我们今天已经无从得知它到底是如何指导歌唱以便"无声律之病"的，毕竟它也仅仅是曲文的收录，并无点板之类。但是我们可以推断，在明代，宫调就是一个指导歌唱声律的重要指标。虽然今人对宫调所赋予的含义已经不能够明确理解，只知道一个宫调大致代表一种特定的曲调和风格，但是对于元明之人来说，宫调对音乐的指导意义绝不限于此。我们知道，南戏在最初阶段是没有宫调的。徐渭曾言："永嘉杂剧兴，则又即村坊小曲而为之，本无宫调，亦罕节奏，徒取其畸农、市女顺口可歌而已，谚所谓'随心令'者，即其技欤？间有一二叶音律，终不可以例其余，乌有所谓九宫？"② 又言："夫南曲本市里之谈，即如今吴下【山歌】、北方【山坡羊】，何处求取宫调？"③ 徐渭激烈抨击南戏"徒取其畸农、市女顺口可歌而已"，就是因为它没有规范的宫调。可见，对于戏曲音乐而言，有无宫调的差别是很大的。没有宫调就只能借助于口口相传，而不具

---

① （明）臧贤：《盛世新声》，文学古籍刊行社，1955年版，第8页。
② 俞为民、孙蓉蓉：《历代曲话汇编·明代编第一集》，黄山书社，2009年版，第483页。
③ 俞为民、孙蓉蓉：《历代曲话汇编·明代编第一集》，黄山书社，2009年版，第484页。

备文本传播的要素。对于宫调的具体作用，未有定论。有的学者认为是负责乐器的管色，吴梅曾言："所以限定乐器管色之高低也。"① 俞为民言："宫调的作用，主要在于限定乐器管色，即通常所说的调门的高低，由于各宫调所用的调门高低不同，故表现出来的声情也各异其趣，听起来则有悲怨和欢快、宛转与激越、悠扬妩媚与典雅庄重等区别。"② 有的学者则认为宫调"既在歌词上起着限定韵格的作用，又在音乐上具有保持调高、调式、音域大体一致的功能，致使一套曲用同一宫调时能做到前后曲牌风格色彩谐和、音乐结构完整同一"③。黄天骥、康保成主编的《中国古代戏剧形态研究》赞成这一观点："这种看法是接近事实的，因为元杂剧的宫调从现在的昆曲北曲中可看到，它不是用来限制调（宫）的高低，在同一宫调中有着一定的伸缩性。……在定调上有一定的伸缩余地。和隋唐燕乐相比，后者的调高是固定的，无伸缩可言，所以元杂剧宫调的功能不是用来限制调（宫）的高低，在调式上，元杂剧的调式运用比燕乐宫调也相对自由许多。"④ 事实上，后一种说法是对第一种说法的涵盖和延伸。宫调当然是可以决定管色高低的，这是没有疑问的。但是，如果它仅仅只能决定管色的话，最初南戏较之北曲没有宫调，不可能在音乐上产生那么大的反差。所以，宫调必然是在"调高、调式、音域"乃至"韵格"上都有一定的约束和指导。王骥德《曲律·论宫调第四》中，曾详道宫调之于戏曲的全面作用：

> 问各曲之分属各宫调也，亦有说乎？曰：此其法本之古歌诗者，而今不得悖也。盖古谱曲之法，一均七声（旋宫以七声为均。均，言韵也。古无韵字，犹言一韵声也）。其五正声（除去变宫、变徵而言也）皆可谓调，如叶之乐章，则止以起调一声为首、尾。其七声（兼变宫、变徵而言）则考其篇中上下之和，而以七律参错用之，初无定位，非曰某句必用某律，某字必用某声，但所用止于本均，而他宫不与焉耳。……然古乐先有诗而后有律，而今乐则先有律而后有词，故

---

① 吴梅：《顾曲麈谈·中国戏曲概论》，上海古籍出版社，2000年版，第7页。
② 俞为民：《中国戏曲艺术通论》，南京大学出版社，2009年版，第40~41页。
③ 转引自黄天骥、康保成：《中国古代戏剧形态研究》，河南人民出版社，2009年版，第593页。
④ 黄天骥、康保成：《中国古代戏剧形态研究》，河南人民出版社，2009年版，第593页。

各曲句之长短，字之多寡，声之平仄，又各准其所谓"仙吕则清新绵邈，越调则陶写冷笑"者以分叶之。各官各调，部署甚严，如卒徒之各有主帅，不得陵越，正所谓"声止一均，他宫不与"者也。①

可知，宫调对于戏曲的作用是全面的，对"曲句之长短，字之多寡，声之平仄"都有重要影响，所以不应只局限于对管色等具体音乐的管控。而且宫调决定了戏曲与传统诗乐的本质不同，那就是以宫调为框架的戏曲是"依律填词"，必须先有"宫调"之律，然后才会有戏曲、散曲之词。因此，在元明两代，失去可唱性的诗词以文为先，而戏曲、散曲以律为先。三大选本以宫调而不以作品题目布局，正是宫调作用的体现。

此外，同为嘉靖时期，蒋孝编辑了一部曲谱《旧编南九宫谱》，其之所以编辑这部曲谱，是因为"人各以耳目所见妄有述作，遂使宫徵乖误，不能比诸管弦，而谐声依永之义远矣"②，目的是对时人唱曲进行指导。而此谱的编排同样以宫调排列。总体分为仙吕、正宫、中吕、南吕、越调等九个宫调，每个宫调下面以曲牌进行曲文的收录。只不过因为是南曲，其又细分为引子和过曲。《旧编南九宫谱》的这一体例，后来《增定南九宫曲谱》《九宫正始》《九宫大成南北词宫谱》都在沿用。可知无论是南曲还是北曲，以宫调排列曲文都是选本实现音乐规范性的常用手段。从这个角度看，《盛世新声》《词林摘艳》《雍熙乐府》虽然没有晚明和清代的曲谱那样明确和完善，但其确实具备早期曲谱的特点和功用。根据三大选本每个宫调隶属下的曲牌，也可看出它们对于曲牌的编排是专业且严谨的，可视作广义的曲谱。三部选本每个宫调所收的曲牌明细如下（见表2-2）。

表2-2 《盛世新声》《词林摘艳》《雍熙乐府》宫调所收曲牌

	《盛世新声》	《词林摘艳》	《雍熙乐府》
正宫	【端正好】【一剪梅】【九转货郎儿】【汲沙尾】【金殿喜重重】【赛鸿秋】	【端正好】【一剪梅】【汲沙尾】【九转货郎儿】【赛鸿秋】【金殿喜重重】	【端正好】【金殿喜重重】【番马舞西风】【脱布衫】【一剪梅】【汲沙尾】【月照庭】【南滩过雁过声】【小桃红】【雁过声】【赛鸿秋】

① 俞为民、孙蓉蓉：《历代曲话汇编·明代编第二集》，黄山书社，2009年版，第62页。
② 吴毓华：《中国古代戏曲序跋集》，中国戏剧出版社，1990年版，第57页。

续表2-2

	《盛世新声》	《词林摘艳》	《雍熙乐府》
黄钟宫	【醉花阴】【愿成双】	【愿成双】【醉花阴】	【醉花阴】【画眉序】【愿成双】
大石调	【青杏子】【念奴娇】【六国朝】【蓦山溪】	【蓦山溪】	【好观音】【念奴娇】【六国朝】
仙吕宫	【八声甘州】【村里迓鼓】【点绛唇】【赏花时】【节节高】	【点绛唇】【八声甘州】【赏花时】【村里迓鼓】【节节高】	【点绛唇】【八声甘州】【节节高】【村里迓鼓】【河西后庭花】【后庭花】【赏花时】【一剪梅】【望吾乡】【一封书】【翠裙腰】【袄神急】【油葫芦】【六么序】
中吕宫	【粉蝶儿】【古调石榴花】【哨遍】【沁园春】	【粉蝶儿】【古调石榴花】【哨遍】【沁园春】	【粉蝶儿】【古调石榴花】【石榴花】【醉高歌】【耍孩儿】【哨遍】【醉春风】【墙头花】
南吕宫	【一枝花】【青衲袄】【四块玉】	【一枝花】【青衲袄】【四块玉】	【一枝花】【四块玉】【一机锦】【青衲袄】【梁州第七】【一封书】【梧桐树】【九转货郎儿】
双调	【新水令】【步步娇】【西双合歌调】【风入松】【夜行船】【五供养】【锦上花】	【新水令】【风入松】【夜行船】【步步娇】【西双合歌调】【锦上花】【五供养】	【新水令】【锦上花】【五供养】【夜行船】【风入松】【朝元乐】【早乡词】【珍珠马】【乔牌儿】【秋江送】【行香子】
越调	【斗鹌鹑】【绣停针】【合笙】【金蕉叶】	【斗鹌鹑】【绣停针】【合笙】【金蕉叶】	【斗鹌鹑】
商调	【集贤宾】【二郎神】	【河西后庭花】【集贤宾】【绛都春】【二郎神】	【集贤宾】

周德清在《中原音韵》中总结了隶属于各个宫调的曲牌。对于曲牌所隶属的宫调,如果将三大选本与《中原音韵》对比,二者绝大部分是吻合的。其中包括正宫之中的【端正好】【货郎儿】【赛鸿秋】【脱布衫】【月照庭】,黄钟宫之中的【醉花阴】【愿成双】,大石调之中的【青杏子】【念奴娇】【六国朝】【蓦山溪】【好观音】,仙吕宫之中的【八声甘州】【村里迓鼓】【点绛唇】【赏花时】【后庭花】【翠裙腰】【袄神急】【油葫芦】【六么序】,中吕宫之中的【粉蝶儿】【石榴花】【醉高歌】【醉春风】,南吕宫之中的【一枝花】【四块玉】【梁州第七】【梧桐树】,双调之中的【新水令】

【步步娇】【风入松】【夜行船】【五供养】【锦上花】【早乡词】【乔牌儿】【秋江送】,越调之中的【斗鹌鹑】【金蕉叶】,商调之中的【集贤宾】。这些曲牌在三大选本中隶属的宫调皆与《中原音韵》所列相同。另外,中吕宫之中的【哨遍】,《中原音韵》列于般涉调之中,但陶宗仪《辍耕录》依然列于中吕宫之中,说明这个曲牌可以在不同的宫调中使用。如此可知,三大选本对于曲牌和宫调的编排是十分专业且严谨的。

当然,其中也略有错误,但可以通过选本之间的互证进行纠错。《雍熙乐府》卷三"正宫",收有【雁过声】的曲牌,此曲牌实为南曲曲牌,《盛世新声》《词林摘艳》都收在南曲卷内。【蓦山溪】在《盛世新声》中收为"大石调"内,因为《词林摘艳》没有"大石调"的专卷,因此将其附在"黄钟宫"卷内。【青杏子】在《盛世新声》中收为"大石调",但在《雍熙乐府》中收为"小石调",《雍熙乐府》为误。《词林摘艳》和《雍熙乐府》都收有【河西后庭花】,但是《词林摘艳》收为"商调",《雍熙乐府》收为"仙吕宫",据《北词广正谱》,《雍熙乐府》为是。【九转货郎儿】,《词林摘艳》《盛世新声》收为"正宫",而《雍熙乐府》收为"南吕",《雍熙乐府》误收。《词林摘艳》收于"商调"的【绛都春】,收于《雍熙乐府》卷十六"南曲"中,《雍熙乐府》为是。《盛世新声》《词林摘艳》中收于"越调"的【合笙】,被《雍熙乐府》收为"南曲",亦以《雍熙乐府》为是。可见,三大选本因收曲数量众多,难免在曲牌归属上有错讹之处,但可贵的是,选本之间的错误并非互相因袭,而是相互纠错,也反映了它们的严谨性。

三大选本曲篇布局的专业性、音乐性,在与《风月锦囊》的对比中也得以体现。《风月锦囊》作为流行于市井的选本,对于音乐性的重视相对不足,因此其曲文排列并不按宫调统筹,而且有的作品按曲牌排列,有的作品则按作品题目排列。如"正杂两科全集"的前五篇作品,第一篇和第四篇以曲牌为名,分别为【二犯傍妆台】和【端正好】,而其他作品则以作品题目为名,分别为"新增王昭君出塞""新增苏氏自叹""新增赵五娘弹唱"。这种曲牌、题目混乱排序的现象在《风月锦囊》中非常普遍,说明作为民间选本,其音乐性与专业性完全不能与三大选本相比。与此同时,《风月锦囊》作为民间选本,以题目排篇便于突出吸引市民大众的亮点,例如在题目中刻意标示"新增",就是民间选本招揽生意的常用手段,所以《风月锦囊》的市场性和娱乐性也决定了它不可能如同三大选本一样按照严谨的宫调曲牌模式布局。

总之,《盛世新声》《词林摘艳》《雍熙乐府》以宫调、曲牌编排曲文的布局,既体现了专业、严谨的音乐性,又是"曲本位"意识的体现。虽然自元代中期开始,北曲已经开始出现案头化的趋势,但其本质毕竟依然是"曲",所以戏曲选本最初特别关照"曲"的特质。尤其是《盛世新声》,其编辑目的就是讨好喜欢戏曲的武宗。武宗不仅爱好戏曲,而且可以创作音律乐曲,服务于他的宫廷伶人也必然需要一部指导唱曲的文本。臧贤及手下皆为伶人,对音乐必然精通,所以这些都决定选本的编集以音乐性为先。选本名为"盛世新声",所谓"新声",无疑就是为了突出曲文的音乐性和可唱性。而相比三大选本,《风月锦囊》更侧重于娱乐性,因此其曲文布局并不按照宫调曲牌,其音乐的专业性和严谨性也相对较弱。

第三节　选篇构成与作者分布

从《盛世新声》《词林摘艳》《雍熙乐府》的整体布局来看,其以宫调曲牌为纲;而就其所收曲文来看,则呈现出一个显著的特色:元代作品和元代作者都远远多于明代,北曲杂剧亦远远多于南曲南戏。这体现出明代中期,明代戏曲处于元代戏曲笼罩之下的历史状态。

一、"重北轻南"的曲文选篇

正德、嘉靖时期,北曲已经衰微,濒临绝迹,南曲则日益流行起来。在《盛世新声》《词林摘艳》《雍熙乐府》三部戏曲选本中,曲文的选篇还是以北曲为主。《盛世新声》《词林摘艳》都是十卷,《雍熙乐府》有二十卷,但是它们都只有一卷专收南曲。至于北曲,《盛世新声》《词林摘艳》专收北曲套数的卷次为八卷,而《雍熙乐府》有十四卷是完整收录北曲套数,另在十五卷中收录了部分北曲套数。这三部选本所收的小令也以北曲居多。所以,从三部选本的卷次分布就可看出"重北轻南"的倾向,而具体分析它们收录的作品,则更为凸显出三部选本重视北曲、轻视南曲的选篇特色。

我们先以剧曲来分析。《盛世新声》共收 57 套杂剧剧曲,其中元杂剧

45套、明杂剧12套;《词林摘艳》共收55套杂剧剧曲,其中45套元杂剧、明杂剧10套;《雍熙乐府》共收192套杂剧剧曲,其中82套元杂剧、110套明杂剧。而它们所收的南戏剧曲,《盛世新声》为15套,《词林摘艳》为16套,《雍熙乐府》为22套。需要说明的是,在《雍熙乐府》中,《琵琶记》《荆钗记》《拜月亭》《陈巡检梅岭失妻》四部南戏的17支曲文被当作小令收入。所以,从剧曲的套曲收录来看,《盛世新声》《词林摘艳》所收南戏剧曲套数仅为杂剧套数的四分之一,《雍熙乐府》更是只有九分之一。

然后,我们再以剧目来考察。《盛世新声》所收的57套杂剧剧曲共出自43部杂剧,它们分别是:

1. 白朴《唐明皇秋夜梧桐雨》第二折、第四折
2. 白朴《李克用箭射双雕》【粉蝶儿】"赛社处人齐"
3. 白朴《韩翠颦御水流红叶》第三折
4. 李寿卿《鼓盆歌庄子叹骷髅》【点绛唇】"散袒逍遥"
5. 尚仲贤《汉高皇濯足气英布》第四折
6. 尚仲贤《尉迟恭三夺槊》第二折
7. 高文秀《周瑜谒鲁肃》第二折
8. 马致远《破幽梦孤雁汉宫秋》第三折、第四折
9. 马致远《邯郸道省悟黄粱梦》第三折
10. 金仁杰《萧何月下追韩信》第二折
11. 王实甫《韩彩云丝竹芙蓉亭》【点绛唇】"天霁云开"
12. 王实甫《苏小卿月夜贩茶船》【粉蝶儿】"这些时浪静风恬"
13. 王实甫《四丞相高会丽春堂》第三折、第四折
14. 宫大用《死生交范张鸡黍》第二折、第三折
15. 宫大用《严子陵垂钓七里滩》第二折
16. 孟汉卿《张孔目智勘魔合罗》第二折
17. 岳伯川《罗公远梦断杨贵妃》【端正好】"传将令马休行"
18. 李取进《神龙殿栾巴噀酒》【新水令】"五更朝马聚官门"、【一枝花】"茜红袍锦压襕"
19. 戴善甫《柳耆卿诗酒玩江楼》【集贤宾】"家住在碧澄澄绿杨官渡口"

20. 吴昌龄《花间四友东坡梦》第二折
21. 郑光祖《㑳梅香骗翰林风月》第一折、第二折
22. 郑光祖《迷青琐倩女离魂》第二折
23. 鲍吉甫《王妙妙死哭秦少游》【端正好】"支楞的断了冰弦"、【新水令】"似一江春水向东流"
24. 乔吉《玉箫女两世姻缘》第二折、第三折
25. 周仲彬《持汉节苏武还乡》【粉蝶儿】"羊角风楚地楚天"
26. 赵明远（明道）《陶朱公范蠡归湖》第四折
27. 李直夫《便宜行事虎头牌》第二折
28. 朱仲谊《死葬鸳鸯冢》【一枝花】"柳拖烟翡翠柔"
29. 无名氏《汉公卿衣锦还乡》第四折
30. 无名氏《风雨像生货郎旦》第四折
31. 无名氏《苏子瞻醉写赤壁赋》第一折
32. 无名氏《像生番语罟罟旦》【粉蝶儿】"心下疑猜"
33. 无名氏《金水桥陈琳抱妆盒》第二折、第三折
34. 无名氏《董永》杂剧【集贤宾】"想双亲眼中血泪滴"
35. 无名氏《狄青复夺衣袄车》第三折
36. 无名氏《汉武帝望思台》【集贤宾】"殿头官恰才传圣敕"
37. 罗贯中《宋太祖龙虎风云会》第三折
38. 刘东生《月下老定世间配偶》第一折、第二折、第三折
39. 贾仲明《铁拐李度金童玉女》第一折、第二折、第三折
40. 朱有燉《天香圃牡丹品》第三折
41. 朱有燉《洛阳风月牡丹仙》第一折、第二折
42. 朱有燉《张天师明断辰钩月》第一折
43. 无名氏《贺万寿五龙朝圣》第二折

而《盛世新声》所收的南戏剧曲来自《千金记》《吕蒙正破窑记》《南西厢记》《柳耆卿花柳玩江楼》《陈巡检梅岭失妻》《拜月亭》《王祥卧冰》《莺燕争春诈妮子调风月》《金鼠银猫李宝》《唐伯亨因祸致福》《乐昌公主破镜重圆》等12部戏文。

《词林摘艳》与《盛世新声》的情况近似，其所收杂剧套数共出自38部杂剧，分别是：

1. 石子章《黄桂娘秋夜竹窗雨》第一折
2. 白朴《唐明皇秋夜梧桐雨》第二折、第四折
3. 白朴《李克用箭射双雕》【粉蝶儿】"赛社处人齐"
4. 白朴《韩翠颦御水流红叶》第三折
5. 李寿卿《鼓盆歌庄子叹骷髅》【点绛唇】"散诞逍遥"
6. 尚仲贤《汉高皇濯足气英布》第四折
7. 高文秀《周瑜谒鲁肃》第二折
8. 马致远《破幽梦孤雁汉宫秋》第三折、第四折
9. 金仁杰《萧何月下追韩信》第二折
10. 王实甫《苏小卿月夜贩茶船》【粉蝶儿】"这些时浪静风恬"
11. 王实甫《韩彩云丝竹芙蓉亭》【点绛唇】"天霁云开"
12. 王实甫《四丞相高会丽春堂》第三折、第四折
13. 宫大用《严子陵垂钓七里滩》第二折
14. 宫大用《死生交范张鸡黍》第二折、第三折
15. 岳伯川《罗公远梦断杨贵妃》【端正好】"传将令马休行"
16. 李取进《神龙殿栾巴噀酒》【一枝花】"茜红袍锦压襕"、【新水令】"五更朝马聚官门"
17. 戴善甫《柳耆卿诗酒玩江楼》【集贤宾】"家住在碧澄澄绿杨官渡口"
18. 吴昌龄《花间四友东坡梦》第二折
19. 郑光祖《迷青琐倩女离魂》第二折、第三折、第四折
20. 郑光祖《㑳梅香骗翰林风月》第一折
21. 鲍吉甫《王妙妙死哭秦少游》【端正好】"支楞的断了冰弦"、【新水令】"似一江春水向东流"
22. 乔吉《玉箫女两世姻缘》第二折、第三折
23. 周仲彬《持汉节苏武还乡》【粉蝶儿】"羊角风蛰地蛰天"
24. 赵明远（明道）《陶朱公范蠡归湖》第四折
25. 李直夫《便宜行事虎头牌》第二折
26. 朱仲谊《死葬鸳鸯冢》第二折、【一枝花】"柳拖烟翡翠柔"
27. 无名氏《郑月莲秋夜云窗梦》第一折、第三折
28. 无名氏《像生番语罟罟旦》【粉蝶儿】"心下疑猜"

29. 无名氏《楚金仙月夜杜鹃啼》【点绛唇】"杨柳丝柔"

30. 无名氏《苏子瞻醉写赤壁赋》第一折

31. 无名氏《金水桥陈琳抱妆盒》第二折、第三折

32. 无名氏《汉公卿衣锦还乡》第四折

33. 无名氏《风雨像生货郎旦》第四折

34. 罗贯中《宋太祖龙虎风云会》第三折

35. 刘东生《月下老定世间配偶》第一折、第二折、第三折、第四折

36. 贾仲明《铁拐李度金童玉女》第一折、第二折、第三折

37. 朱有燉《天香圃牡丹品》第三折

38. 无名氏《贺万寿五龙朝圣》第二折

《词林摘艳》涉收的38部剧目大部分与《盛世新声》重合，但也有《郑月莲秋夜云窗梦》《楚金仙月夜杜鹃啼》为其所独收。《词林摘艳》所收的南戏剧目来自《千金记》《吕蒙正破窑记》《宋太祖下江南》《柳耆卿花柳玩江楼》《陈巡检梅岭失妻》《拜月亭》《南西厢记》《王祥卧冰》《莺燕争春诈妮子调风月》《金鼠银猫李宝》《唐伯亨因祸致福》《乐昌公主破镜重圆》等13部戏文。《盛世新声》所收南戏剧目仅为杂剧剧目的四分之一，而《词林摘艳》则为三分之一。

之后，我们再看《雍熙乐府》的情况。《雍熙乐府》涉收的杂剧剧目为83部，分别是：

1. 白朴《唐明皇秋夜梧桐雨》第二折、第四折

2. 白朴《韩翠颦御水流红叶》第三折

3. 白朴《李克用箭射双雕》【粉蝶儿】"赛社处人齐"

4. 李寿卿《鼓盆歌庄子叹骷髅》【点绛唇】"散诞逍遥"

5. 尚仲贤《汉高皇濯足气英布》第四折

6. 尚仲贤《尉迟恭三夺槊》第二折

7. 尚仲贤《海神庙王魁负桂英》【新水令】"岂不闻举头三尺有神祇"

8. 高文秀《周瑜谒鲁肃》第二折

9. 费唐臣《苏子瞻风雪贬黄州》第一折

10. 纪君祥《陈文图悟道松阴梦》【点绛唇】"颜子箪瓢"
11. 马致远《破幽梦孤雁汉宫秋》第三折、第四折
12. 马致远《邯郸道省悟黄粱梦》第三折
13. 金仁杰《萧何月下追韩信》第二折
14. 王实甫《韩彩云丝竹芙蓉亭》【点绛唇】"天霁云开"
15. 王实甫《苏小卿月夜贩茶船》【粉蝶儿】"这些时浪静分恬"
16. 王实甫《四丞相高会丽春堂》第三折、第四折
17. 王实甫《西厢记》全本
18. 宫大用《死生交范张鸡黍》第一折、第二折、第三折
19. 宫大用《严子陵垂钓七里滩》【斗鹌鹑】"我和这蔓笠做交游"
20. 孟汉卿《张孔目智勘魔合罗》第二折
21. 岳伯川《罗公远梦断杨贵妃》【端正好】"传将令马休行"
22. 李取进《神龙殿栾巴噀酒》【一枝花】"茜红袍锦压襕"、【新水令】"五更朝马聚官门"
23. 戴善甫《柳耆卿诗酒玩江楼》【集贤宾】"家住在碧澄澄绿杨湾官渡口"
24. 吴昌龄《花间四友东坡梦》第二折
25. 郑光祖《迷青琐倩女离魂》第二折、第四折
26. 郑光祖《㑳梅香骗翰林风月》第一折、第二折
27. 郑光祖《醉思乡王粲登楼》第一折
28. 鲍吉甫《王妙妙死哭秦少游》【端正好】"支楞的断了冰弦"、【新水令】"似一江春水向东流"
29. 乔吉《杜牧之诗酒扬州梦》第一折
30. 乔吉《李太白匹配金钱记》第一折
31. 乔吉《玉箫女两世姻缘》第二折、第三折
32. 周仲彬《持汉节苏武还乡》【粉蝶儿】"羊角风堃地堃天"、第四折
33. 赵明远（明道）《陶朱公范蠡归湖》第四折
34. 李直夫《便宜行事虎头牌》第二折
35. 朱仲谊《死葬鸳鸯冢》第二折、【一枝花】"柳拖烟翡翠柔"

36. 陆进之《韩湘子引渡升仙会》【后庭花】"俺看你访蓬莱入洞天"
37. 无名氏《吕翁三化邯郸店》第二折、第三折
38. 无名氏《汉公卿衣锦还乡》第四折
39. 无名氏《苏子瞻醉写赤壁赋》第一折
40. 无名氏《关云长千里独行》【点绛唇】"我则待创立刘朝"
41. 无名氏《像生番语罟罟旦》【粉蝶儿】"心下疑猜"
42. 无名氏《金水桥陈琳抱妆盒》第二折、第三折
43. 无名氏《风雨像生货郎旦》第四折
44. 无名氏《女学士三劝后姚婆》【斗鹌鹑】"想当初无盐安齐"
45. 无名氏《汉武帝望思台》【集贤宾】"殿头官恰才传宣敕"
46. 无名氏《董永》【集贤宾】"想双亲眼中血泪滴"
47. 无名氏《狄青复夺衣袄车》第三折
48. 罗贯中《宋太祖龙虎风云会》第三折
49. 刘东生《月下老定世间配偶》第一折、第二折、第三折、第四折
50. 贾仲明《铁拐李度金童玉女》第一折、第二折、第三折
51. 朱有燉《天香圃牡丹品》第一折、第二折、第三折
52. 朱有燉《黑旋风仗义疏财》第一折、第二折、第三折、第四折、第五折
53. 朱有燉《文殊菩萨降狮子》第二折、第四折
54. 朱有燉《十美人庆赏牡丹园》第一折、第三折、第四折、第五折
55. 朱有燉《紫阳仙三度常椿寿》第一折、第三折、第四折
56. 朱有燉《李亚仙花酒曲江池》第一折、第二折、第四折、第五折
57. 朱有燉《小天香半夜朝元》第一折、第二折、第三折、第四折
58. 朱有燉《张天师明断辰钩月》第一折、第二折、第三折、第四折
59. 朱有燉《李妙清花里悟真如》第一折、第二折、第三折、

四折

60. 朱有燉《南极星度脱海棠仙》第一折、第二折、第三折、第四折

61. 朱有燉《甄月娥春风庆朔堂》第一折、第二折、第三折、第四折

62. 朱有燉《美姻缘风月桃源景》第一折、第二折、第三折、第四折

63. 朱有燉《瑶池会八仙庆寿》第一折、第二折、第四折

64. 朱有燉《宣平巷刘金儿复落娼》第一折、第三折

65. 朱有燉《东华仙三度十长生》第一折、第二折、第三折、第四折

66. 朱有燉《惠禅师三度小桃红》第二折、第三折、第四折

67. 朱有燉《群仙庆寿蟠桃会》第一折、第二折、第四折

68. 朱有燉《福禄寿仙官庆会》第一折、第二折、第三折、第四折

69. 朱有燉《抟搜判官乔断鬼》第二折、第三折、第四折

70. 朱有燉《豹子和尚自还俗》第三折

71. 朱有燉《河嵩神灵芝庆寿》第一折、第三折、第四折

72. 朱有燉《四时花月赛娇容》第一折、第三折、第四折

73. 朱有燉《关云长义勇辞金》第一折、第二折、第三折、第四折

74. 朱有燉《赵贞姬身后团圆梦》第一折、第四折

75. 朱有燉《刘盼春守志香囊怨》第一折、第三折、第四折

76. 朱有燉《神后山秋狝得驺虞》第一折、第二折、第四折

77. 朱有燉《吕洞宾花月神仙会》第一折、第四折

78. 朱有燉《兰红叶从良烟花梦》第一折、第二折、第三折、第四折

79. 朱有燉《洛阳风月牡丹仙》第一折、第二折、第三折、第四折

80. 朱有燉《孟浩然踏雪寻梅》第一折、第三折、第四折

81. 朱有燉《清河县继母大贤》第三折

82. 谷子敬《吕洞宾三度城南柳》第一折
83. 无名氏《贺万寿五龙朝圣》第二折

《雍熙乐府》较之《盛世新声》《词林摘艳》，所收杂剧剧目更多，但其所收南戏剧目依然不多，分别是：

1. 高明《琵琶记》【四朝元】"春闱催赴"、【四朝元】"朱颜非故"、【四朝元】"轻移莲步"、【四朝元】"文场选士"
2. 施惠《拜月亭》【山坡羊】"翠巍巍云山一带"、【销金帐】"黄昏悄悄"、【销金帐】"初更鼓打"、【销金帐】"咚咚二鼓"、【销金帐】"三更漏转"、【销金帐】"楼头四鼓"、【销金帐】"五更又催"
3. 柯丹丘《荆钗记》【锦堂月】"华发斑斑"、【锦堂月】"筵间绣幕围圆"、【锦堂月】"堪叹雪染云鬟"
4. 沈采《千金记》【点绛唇】"天淡云孤"
5. 无名氏《陈巡检梅岭失妻》【美中美】"日坠西人渐稀"、【皂罗袍】"这几日神魂飘荡"、【皂罗袍】"听启休得惆怅"、【皂罗袍】"暗想娇姿模相"、【皂罗袍】"且喜南熏相望"
6. 无名氏《崔莺莺西厢记》【梁州序】"三百六十先贤留下"、【聚八仙】"巴到西厢"、【绛都春】"团团皎皎"
7. 无名氏《陈光蕊江流和尚》【阳关三叠】"五马行春拥画毂"、【拗芝麻】"崎岖去路赊"
8. 无名氏《王祥卧冰》【画锦堂】"夏日炎炎"、【山桃红】"我今日最关情处"、【一机锦】"云雨歇"
9. 无名氏《乐昌公主破镜重圆》【二郎神】"炎炎渐渐浙浙金风动也"、【贺新郎】"雨歇梅天"
10. 无名氏《吕蒙正风雪破窑记》【山坡羊】"月照谁家庭院"、【合笙】"喜得功名遂"
11. 无名氏《莺燕争春诈妮子调风月》【金落索】"春来丽日长"
12. 无名氏《柳耆卿花柳玩江楼》【夜行船】"花底黄鹂"
13. 无名氏《唐伯亨因祸致福》【雁过声】"赤帝当权耀太虚"
14. 无名氏《张浩》【番马舞西风】"年少佳人"
15. 无名氏《下江南》【画眉序】"元宵景堪题"

16. 无名氏《金鼠银猫李宝》【念奴娇】"大江逝水"

《雍熙乐府》所收南戏比之《词林摘艳》《盛世新声》增加了几部，但也只有 16 部。与其所收杂剧相比，也只有杂剧剧目的四分之一。可见，无论是剧曲的套数还是剧目，三部选本所收的杂剧北曲都远远多于戏文南曲。

如果考察三部选本所收的散曲，会发现这种差距更大。《盛世新声》有散曲 264 套，而南散曲只有 35 套。《词林摘艳》有散曲 255 套，而南散曲只有 40 套。《雍熙乐府》有散曲 841 套，而南散曲只有 58 套。三部选本共同收录的散套有 180 套，其中只有【一封书】"惊一叶坠井"、【瓦盆儿】"教人对景无言"、【字字锦】"群芳绽锦鲜"、【一封书】"池冰泮乍暖"、【画眉序】"花月满春城"、【一封书】"朔风劲透幕"、【十样锦】"幽窗下沉吟半晌" 7 套是南曲散套。所以在这三部选本之中，北曲的收录数量是占据绝对优势的，而《风月锦囊》与之相反。《风月锦囊》仅收杂剧《西厢记》《瑶池会八仙庆寿》《三国志桃园记》三种，却收戏文 40 多种，是南曲占据绝对优势。可以说，《风月锦囊》反映了嘉靖时期北曲式微、南曲勃兴的态势，而《盛世新声》《词林摘艳》《雍熙乐府》的收曲情况却与之相反，是什么原因造成的呢？

首先，任何艺术都有一个从稚嫩到成熟的过程。从成化至嘉靖，南曲陆陆续续衍生出十多个声腔，但这并不代表南曲就已经发展到十分成熟的地步了。其实，直到嘉靖以前，南戏虽然发展态势红火，但其艺术水平和质量仍然不高。从音乐上讲，仍然主要处于不循宫调、俚曲徒歌的状态，而从作品上看，除了《琵琶记》和四大南戏，也并无太多经典之作。《风月锦囊》所收戏文虽多，但真正的精品依然只是四大南戏等少数几部。南曲真正的质变是魏良辅改革昆腔，南戏过渡为传奇之后。因此，虽然正德、嘉靖两朝南曲的流行程度已经超越北曲，但其本身的艺术水平和作品数量尚不能和底蕴雄厚的北曲相比。

其次，任何艺术的传播、接受都需要一个过程，尤其对于那些发端于民间的艺术来说，若想获得社会大众的认可，更加需要一个时间过程。源自民间的南曲，在正德、嘉靖时期已经非常流行，但是因为它本身仍然处于一种俚俗、市井的状态，虽然被《风月锦囊》这种下层书坊选本广泛收录，尚不能获得主流文化圈的认可。也就是说，北曲已经被长期认定为

"正统"音乐,虽然在民间它不及南曲流行,但仍保持着一种惯性的优势。新兴的流行艺术获得其相应的文化地位和文化评价都是需要时间的,南曲也不例外。

最后,也是最为重要的一点,就正德、嘉靖时期的戏曲发展形势而言,南曲在民间已经占据了绝对优势。但在皇室宫廷和上层文人中,北曲则依然保持自己的优势地位。潘之恒《鸾啸小品》云:"武宗、世宗末年,犹尚北调,杂剧、院本,教坊司所长。而今稍工南音,音亦靡靡然。"① 可知,在正德、嘉靖之时,教坊司的戏曲仍然以北曲杂剧为主。刘良臣《西郊野唱引》、李开先《乔龙溪词序》也都提到,正德、嘉靖时期宫廷以北曲为主。刘良臣《西郊野唱引》云:

> 正德以来,南词盛行,遍及边塞。北曲几泯,识者谓世变之一机。……盖是曲得天地之正气,为中原之正声。……我圣祖郊庙大庆乐章,亦皆用其腔,而为一代和平之声,岂乐因袭者乎?其民间之歌,或伤于雄厉急促,在调之者何如耳,明眼者当自识之。②

李开先《乔龙溪词序》云:

> 北之音调舒放雄雅,南则凄婉优柔,均出于风土之自然,不可强而齐也。……其实歌曲一也,特有舒放雄雅、凄婉优柔之分耳。吴歈、楚些,及套、散、戏文等,皆南也。《康衢》《击壤》《卿云》《南风》《三百篇》,下逮金元套、散、杂剧等,皆北也。北其本质也,故今朝廷郊庙乐章,用北而不南,是其验也。③

两则材料不仅透露出正德、嘉靖时期宫廷音乐、郊庙乐章依然用北曲而不用南曲,而且道出了北曲继续在宫廷处于统治地位的缘由,那就是北曲的风格雄壮舒雅,而南曲的风格凄婉优柔,两相比较,自然是北曲更能代表官方气象和皇家气派。胡侍《真珠船》也有相似看法:

> 北曲不但《击壤》等歌及《诗》三百为是,后魏乐府有北歌,隋有北庭《伊州》……至若隋炀帝【望江南】,李太白、温庭筠【菩萨

---

① 俞为民、孙蓉蓉:《历代曲话汇编·明代编第二集》,黄山书社,2009年版,第207页。
② 俞为民、孙蓉蓉:《历代曲话汇编·明代编第一集》,黄山书社,2009年版,第249页。
③ 俞为民、孙蓉蓉:《历代曲话汇编·明代编第一集》,黄山书社,2009年版,第401页。

蛮】，苏子瞻【念奴娇】【行香子】【南乡子】，秦少游【忆王孙】，俞国宝【风入松】，并是北曲，固可按而歌也。世谓始于金之董解元。非是。北曲音调，大都舒雅宏壮，真能令人手舞足蹈，一唱三叹。若南曲则凄婉妩媚，令人不欢，直顾长康所谓老婢声耳。故今奏之朝廷郊庙者，纯用北曲，不用南曲。①

胡侍的观点与刘良臣、李开先无异，认为北曲"舒雅宏壮"，更具雄浑之气，而南曲"凄婉妩媚"，如老婢之声，不适合宫廷演奏。此外他强调，北曲是传承于诗三百、魏乐府、李白、苏轼这一条主流音乐脉络的，故而北曲拥有官统地位的合法性。

所以，正德、嘉靖之时，虽然北曲在民间已经失势，但是因为其拥有相对悠久的历史地位，激烈、恢宏的风格更符合官方需要，加之南曲本身亦处于非成熟状态，所以北曲在宫廷之中依然占据优势。甚至在彼之时，南曲进入宫廷，都需要被改编成北曲。潘之恒《亘史·筝侠》记载某教坊乐妓为麻城丘大以弦索演奏《琵琶记》"春闱催赴"，丘大问："此南词，安得入弦索？"乐妓言："妾父张禾，尝供奉武宗，推乐部第一人。口授数百套，如《琵琶记》尽人檀槽，习之皆合调，今忘矣。惟【四朝元】【雁鱼锦】尚可弹也。"潘之恒评论云："世知《拜月亭》可合弦索，而不知《琵琶记》亦然。"② 由此可知，正德时期，《琵琶记》《拜月亭》在宫廷演出，往往是披之弦索，改编成北曲的。至少在嘉靖后期以后，教坊才多工南曲。顾起元《客座赘语·歌章色》载正德、嘉靖时期宫廷南曲的生存状态：

教坊顿仁，曾于正德中随驾至北京，工于音律，于《中原音韵》《琼林雅韵》，终年不去手……常云：南曲中如"雨歇梅花"，《吕蒙正》内"红妆艳质"，《王祥》内"夏日炎炎"，《杀狗》内"千红百翠"，此等谓之慢词，教坊不隶。……仁云：《伯喈》曲，某都唱得，但此等皆是后人依腔按字打将出来，正如善吹笛管者，听人唱曲，依腔吹出，谓之唱调。然不按谱终不入律……若南九宫原不入调，间有

---

① 俞为民、孙蓉蓉：《历代曲话汇编·明代编第一集》，黄山书社，2009年版，第206~207页。
② 俞为民、孙蓉蓉：《历代曲话汇编·明代编第二集》，黄山书社，2009年版，第198页。

之,只是小令。苟大套数,既无定则可依,而以意弹之,如何得是?①

顿仁是正德时期著名的宫廷乐师,他本来供职于南教坊,后在武宗南巡时,随驾到了北京,在北教坊学习北曲。他是历史上有名可寻的最后一个熟习北曲的宫廷乐师。虽然顿仁之后,北曲在宫廷也渐渐失势,但是顿仁供职期间,南曲依然无法撼动北曲的地位。由材料可知,很多南曲作品皆教坊不隶,而且《琵琶记》在宫廷要被改编成北曲。当然,顾起元所列南曲之中,《王祥》之"夏日炎炎"、《吕蒙正》之"红妆艳质"在《盛世新声》和《雍熙乐府》中均有所收录,说明这些曲文并非被宫廷完全排斥,宫廷和教坊之中也是存在为数不少的南曲作品的。顿仁所言"不隶",可能其意并非教坊完全排斥这些南曲,而是表明将其边缘化的一种态度。此外,虽然教坊也录有一定数量的南曲作品,但在民间传播的南曲作品能够进入宫廷的毕竟是少数。而北曲作品因为经典之作丰富,加之时间久远,其在宫廷之内的储备自然远非南曲可比。这就不难理解拥有浓厚皇室背景的《盛世新声》《雍熙乐府》缘何"重北轻南"了。

南曲在宫廷未取得优势地位,在文人阶层之中也不能完全取代北曲。李开先曾言康海喜欢北曲:"如康对山,每赴席稍后,座间方唱南词,或扮戏文,见其入,即更之。其所刻《沜东乐府》,南词亦参错其间,以为止长于北,是岂知词与对山者耶?"② 可见,在嘉靖时期,虽然南曲的发展态势汹涌,在文人阶层越来越有影响力,连喜爱北曲的康海也偶有为之,但北曲在文人阶层依然占有自己的领地,因而文人编辑的《词林摘艳》也自然就有其生存的市场。

从宏观的戏曲发展史考察,正德、嘉靖时期的确是一个南曲取代北曲的时期,嘉靖最晚出现的《风月锦囊》和前三部选本收曲格局的对照就能生动反映这个过程,但是这个过程并非一蹴而就,而且中国疆域广阔,其南曲、北曲发展的程度也因地域不同而相异。《风月锦囊》之所以主收南曲,和其由江西书坊编刻亦有关系,因为江西紧邻江浙等南曲流行较早的地方。而《盛世新声》《雍熙乐府》出自皇室教坊所在的北京,其接受南

---

① 俞为民、孙蓉蓉:《历代曲话汇编·明代编第二集》,黄山书社,2009年版,第397页。
② 俞为民、孙蓉蓉:《历代曲话汇编·明代编第一集》,黄山书社,2009年版,第401页。

曲自然更晚一些。综合各种文献，南曲真正意义上完全取代北曲，已经是在万历时期了。沈德符《顾曲杂言·禁中演戏》云："内廷诸戏剧俱隶钟鼓司，皆习院本，沿金、元之旧……至今上始设诸剧于玉熙宫，以习外戏。如弋阳、海盐、昆山诸家俱有之。"① 在沈德符生活的万历时期，南曲和地方声腔开始大规模进入北京和宫廷，标志着南曲在明代的主体地位正式开始确立，而北曲开始失去自己最后的领地。但是在正德、嘉靖时期，北曲仍然占据相当重要的地位。加之《盛世新声》《词林摘艳》《雍熙乐府》所利用的都是内府文献，而内府之中必然北曲文献远超南曲，所以，《盛世新声》《词林摘艳》《雍熙乐府》仍以北曲为主。

二、曲文选篇的三大题材：爱情、颂圣、隐逸

《盛世新声》《词林摘艳》《雍熙乐府》收录曲文，就其内容和题材而言，主要分为三种：相思情爱、颂圣庆赏、道情隐逸。当然，这是就选本的总体面貌而言的，我们首先分析剧曲的题材构成。

在三部选本涉及的86部杂剧之中，我们对其题材进行划分，见表2-3：

表2-3　《盛世新声》《词林摘艳》《雍熙乐府》所涉杂剧题材情况

《韩彩云丝竹芙蓉亭》（盛、词、雍）	爱情
《苏小卿月夜贩茶船》（盛、词、雍）	爱情
《四丞相高会丽春堂》（盛、词、雍）	历史
《张孔目智勘魔合罗》（盛、雍）	公案
《罗公远梦断杨贵妃》（盛、词、雍）	历史
《陶朱公范蠡归湖》（盛、词、雍）	隐居乐道
《唐明皇秋夜梧桐雨》（盛、词、雍）	爱情
《韩翠颦御水流红叶》（盛、词、雍）	爱情
《李克用箭射双雕》（盛、词、雍）	历史
《汉高皇濯足气英布》（盛、词、雍）	历史
《尉迟恭三夺槊》（盛、雍）	历史
《鼓盆歌庄子叹骷髅》（盛、词、雍）	隐居乐道

---

① 俞为民、孙蓉蓉：《历代曲话汇编·明代编第三集》，黄山书社，2009年版，第78页。

续表2-3

《王妙妙死哭秦少游》（盛、词、雍）	爱情
《神龙殿栾巴噀酒》（盛、词、雍）	神仙道化
《玉箫女两世姻缘》（盛、词、雍）	爱情
《㑳梅香骗翰林风月》（盛、词、雍）	爱情
《迷青琐倩女离魂》（盛、词、雍）	爱情
《邯郸道省悟黄粱梦》（盛、雍）	神仙道化
《破幽梦孤雁汉宫秋》（盛、词、雍）	爱情
《持汉节苏武还乡》（盛、词、雍）	历史
《周瑜谒鲁肃》（盛、词、雍）	历史
《死生交范张鸡黍》（盛、词、雍）	友情
《严子陵垂钓七里滩》（盛、词、雍）	历史
《萧何月下追韩信》（盛、词、雍）	历史
《便宜行事虎头牌》（盛、词、雍）	历史
《死葬鸳鸯冢》（盛、词、雍）	爱情
《宋太祖龙虎风云会》（盛、词、雍）	历史
《月下老定世间配偶》（盛、词、雍）	爱情
《天香圃牡丹品》（盛、词、雍）	庆赏宴饮
《洛阳风月牡丹仙》（盛、雍）	庆赏宴饮
《张天师明断辰钩月》（盛、雍）	神仙道化
《铁拐李度金童玉女》（盛、雍）	神仙道化
《柳耆卿诗酒玩江楼》（盛、雍）	爱情
《苏子瞻醉写赤壁赋》（盛、词、雍）	文人逸事
《金水桥陈琳抱妆盒》（盛、雍）	历史
《狄青复夺衣袄车》（盛、雍）	历史
《汉武帝望思台》（盛、雍）	历史
《汉公卿衣锦还乡》（盛、雍）	历史
《风雨像生货郎旦》（盛、词、雍）	公案
《贺万寿五龙朝圣》（盛、词、雍）	庆赏宴饮
《像生番语罟罟旦》（盛、词、雍）	不详
《董永》（盛、雍）	爱情

续表 2-3

《黄桂娘秋夜竹窗雨》（词）	爱情
《郑月莲秋夜云窗梦》（词）	爱情
《楚金仙月夜杜鹃啼》（词）	爱情
《西厢记》（雍）	爱情
《海神庙王魁负桂英》（雍）	孝义廉洁
《苏子瞻风雪贬黄州》（雍）	文人逸事
《陈文图悟道松阴梦》（雍）	神仙道化
《杜牧之诗酒扬州梦》（雍）	爱情
《李太白匹配金钱记》（雍）	爱情
《醉思乡王粲登楼》（雍）	文人逸事
《韩湘子引渡升仙会》（雍）	神仙道化
《李妙清花里悟真如》（雍）	神仙道化
《黑旋风仗义疏财》（雍）	水浒
《福禄寿仙官庆会》（雍）	庆赏宴饮
《文殊菩萨降狮子》（雍）	神仙道化
《十美人庆赏牡丹园》（雍）	庆赏宴饮
《李亚仙花酒曲江池》（雍）	爱情
《小天香半夜朝元》（雍）	神仙道化
《南极星度脱海棠仙》（雍）	神仙道化
《甄月娥春风庆朔堂》（雍）	孝义廉洁
《美姻缘风月桃源景》（雍）	爱情
《瑶池会八仙庆寿》（雍）	庆赏宴饮
《宣平巷刘金儿复落娼》（雍）	市井
《东华仙三度十长生》（雍）	神仙道化
《惠禅师三度小桃红》（雍）	神仙道化
《群仙庆寿蟠桃会》（雍）	庆赏宴饮
《挡搜判官乔断鬼》（雍）	公案
《豹子和尚自还俗》（雍）	水浒
《河嵩神灵芝庆寿》（雍）	庆赏宴饮
《四时花月赛娇容》（雍）	庆赏宴饮

续表2-3

《关云长义勇辞金》（雍）	历史
《赵贞姬身后团圆梦》（雍）	孝义廉洁
《刘盼春守志香囊怨》（雍）	孝义廉洁
《神后山秋狝得驺虞》（雍）	庆赏宴饮
《紫阳仙三度常椿寿》（雍）	神仙道化
《吕洞宾花月神仙会》（雍）	神仙道化
《兰红叶从良烟花梦》（雍）	孝义廉洁
《孟浩然踏雪寻梅》（雍）	文人逸事
《清河县继母大贤》（雍）	孝义廉洁
《吕洞宾三度城南柳》（雍）	神仙道化
《吕翁三化邯郸店》（雍）	神仙道化
《女学士三劝后姚婆》（雍）	市井
《花间四友东坡梦》（盛、词、雍）	文人逸事
《关云长千里独行》（雍）	历史

上表是我们根据杂剧剧目最核心的表现内容来划分的，有的作品题材可能会兼具多重属性，如《兰红叶从良烟花梦》既有涉及爱情的成分，也有宣扬节义的成分；《吕洞宾花月神仙会》可以归为神仙道化剧，但也有不少庆赏的情节；《醉思乡王粲登楼》等作品表现文人抒怀，《破幽梦孤雁汉宫秋》《唐明皇秋夜梧桐雨》表现帝王爱情，但是剧中人物又属于历史人物；《陶朱公范蠡归湖》既可以归为历史剧，也可以归为"隐居乐道"的范畴。对于这些题材属性相对复杂的杂剧，我们都依其所表现的核心内容、内涵来判断题材。如《兰红叶从良烟花梦》虽然涉及红叶儿与徐翔的爱情事迹，但其核心是表彰红叶儿的守节精神，所以应归"孝义廉洁"。《唐明皇秋夜梧桐雨》中，唐明皇、杨贵妃虽为历史人物，但其主旨是表现唐明皇对杨贵妃的爱情，因此应属爱情题材。同理，范蠡虽然也是历史人物，但《陶朱公范蠡归湖》一剧其实是表现隐逸之情，因此属于隐居乐道题材。总之，对于兼具多重题材属性的作品，我们取其最核心者。

由表2-3可知，《盛世新声》《词林摘艳》《雍熙乐府》三大选本所选剧曲以爱情、历史、神仙道化的题材为主，其中爱情题材21部，历史题材 16 部，神仙道化 16 部，这三种题材几乎占据全目剧目的四分之三。此外，所选剧目还包括庆赏宴饮、孝义廉洁、水浒、市井公案、文人逸事、隐居乐道等题材。爱情题材是表现古代传统的才子佳人、帝王妃子的爱情之事；历史题材包括历史上各种人臣武将之事；神仙道化题材不外乎求道升仙、神仙传说之事；庆赏宴饮题材主要是写仙人、官员、文人的聚会宴饮、歌颂盛平，属于"颂圣"题材范畴；孝义廉洁题材则是宣扬忠孝节义；水浒题材是指涉及李逵等《水浒传》人物的题材；市井公案题材是指市井俗事和公案故事；文人逸事题材主要是写苏轼、孟浩然等历史文化名人的趣闻轶事或情感抒怀；隐居乐道题材则是宣扬隐逸避世的思想，属于"隐逸"题材范畴。如果对照朱权《太和正音谱》对杂剧的题材分类，这些题材基本可以一一对应。朱权是中国最早尝试对杂剧题材进行划分的人，但他的"杂剧十二科"并不规范，常有重复，因此我们还是采用现代题材划分方法。但总体上，我们的划分和朱权的划分是对应的，比如我们划分的神仙道化、隐居乐道、孝义廉洁直接源自朱权，而朱权的风花雪月、烟花粉黛、悲欢离合基本属于爱情题材，忠臣烈士、叱奸骂谗、逐臣孤子等基本属于历史题材。唯一不能在朱权分类中找到对应的是庆赏宴饮，这很好理解，庆赏宴饮题材的杂剧基本都是与朱权同时代的朱有燉的作品，而朱权的作品题材是根据前人作品来划分的，所以并未涉及庆赏宴饮这一题材。

总之，从三大选本收录的剧目来看，其题材主要包括爱情、历史、神仙道化、庆赏宴饮、孝义廉洁、市井公案、文人逸事、水浒等，其中以爱情、历史、神仙道化为主。

接下来我们再分析散套的题材构成。散套的曲文中最主要的题材是爱情，这一点与杂剧一致。但是，散套之中并无太多历史和神仙道化的题材，毕竟历史题材和道化题材都是服务于叙事文本的题材，不可能在抒情文本之中有太多涉及。散套之中，除了爱情题材，最多的是隐逸题材和颂圣题材。在《盛世新声》《词林摘艳》《雍熙乐府》共同收录的散套中，有96 套是作者可确认的，我们以这 96 套曲文举例，其题材情况见 2-4：

表 2-4　《盛世新声》《词林摘艳》《雍熙乐府》所收散套题材情况

【醉花阴】国祚风和太平了	庆赏	【醉花阴】宝殿珠楼玉花糁	欢宴	【醉花阴】锦绣花灯半空挑	庆赏
【醉花阴】短棹轻帆下江水	情爱	【醉花阴】瀽酒簪花异乡客	感怀	【醉花阴】宝髻高盘凤钗插	情爱
【醉花阴】杨柳横塘淡烟锁	欢宴	【醉花阴】大将平南命征讨	咏大臣	【赛鸿秋】一会家想多情	相思
【端正好】醉墨写乌丝	相思	【端正好】花下燕莺期	相思	【端正好】晓珊珊琪树荡灵风	仙道
【端正好】柳轻柔花娇媚	欢宴	【端正好】享富贵受皇恩	祝颂	【点绛唇】娇艳名娃	美人
【点绛唇】秦失邦基	咏大臣	【节节高】正遇着太平时序	庆赏	【村里迓古】淮水上彩舟无数	欢宴
【粉蝶儿】画阁萧疏	闺怨	【粉蝶儿】他生的如月如花	美人	【粉蝶儿】创立秦都	历史
【粉蝶儿】一点情牵	情爱	【粉蝶儿】花落春愁	闺怨	【粉蝶儿】瀽雨尤云	感怀
【一枝花】皇都锦绣城	庆赏	【一枝花】擎天架海梁	咏大臣	【一枝花】官居八辅臣	咏大臣
【一枝花】心怀雨露恩	咏大臣	【一枝花】麒麟阁上臣	咏大臣	【青衲袄】混元初生太极	祝颂
【一封书】池冰泮乍暖	欢宴	【一枝花】天空碧水澄	隐逸	【新水令】一帘飞絮滚风团	相思
【新水令】十年无梦到京师	送别	【夜行船】花柳乡中自在仙	送别	【斗鹌鹑】帝业南都	祝颂
【斗鹌鹑】往常时伴了些珠履琼簪	市井	【集贤宾】倚龙泉数声长叹息	感怀	【集贤宾】二十年到今无信息	相思
【集贤宾】猛听的透帘栊卖花声唤起	相思	【集贤宾】敞南楼夜深帘半卷	欢宴	【集贤宾】莺花寨近来谁战讨	情爱
【莺啼序】思量你好辜恩	闺怨	【一封书】惊一叶坠井	相思	【二郎神】景萧索	相思
【醉花阴】行色匆匆意伤感	情爱	【醉花阴】鸳鸯浦莲开并蒂长	相思	【醉花阴】良夜厌厌露花冷	闺怨
【端正好】访知音习酬和	隐逸	【端正好】钓艇小苫寒波	隐逸	【端正好】鸳鸯被半床闲	集剧名

续表2-4

曲名	题材	曲名	题材	曲名	题材
【端正好】小庭幽重门静	相思	【端正好】柳飞绵花飘瓣	相思	【点绛唇】万种妖娆	美人
【点绛唇】万种闲愁	市井	【点绛唇】归去来兮	檃栝	【赏花时】休说功名	隐逸
【村里迓鼓】向水边林下	隐逸	【点绛唇】万里长江	檃栝	【点绛唇】漏尽铜龙	美人
【粉蝶儿】笑脸含春	美人	【粉蝶儿】锦帐罗帏	闺怨	【粉蝶儿】银烛高烧	相思
【粉蝶儿】这些时意懒心慵	相思	【粉蝶儿】花落春归	相思	【粉蝶儿】雾鬓云鬟	情爱
【粉蝶儿】从东陇风动松呼	集韵	【粉蝶儿】归去来兮	檃栝	【古调石榴花】颠狂柳絮扑帘飞	相思
【一枝花】丝丝杨柳风	相思	【一枝花】金风送晚凉	相思	【一枝花】润夭桃灼灼红	隐逸
【一枝花】风吹散楚岫云	情爱	【一枝花】鸾台宝镜分	相思	【一枝花】春风眼底思	相思
【一枝花】懒簪獬豸冠	隐逸	【新水令】落红风里不闻声	相思	【新水令】彩云声断紫鸾箫	闺怨
【新水令】老来方觉幼时非	情爱	【新水令】玉骢丝控金鞍鞴	情爱	【新水令】落红满地暮春天	相思
【夜行船】百岁光阴一梦蝶	感怀	【风入松】暮云楼阁景萧疏	相思	【朝元乐】柳底风微	相思
【斗鹌鹑】蝶使双双	祝颂	【斗鹌鹑】绿柳凋残	相思	【斗鹌鹑】媚媚姿姿	情爱
【斗鹌鹑】酒力禁持	春景	【斗鹌鹑】鹤背乘风	欢宴	【斗鹌鹑】落日遥岑	送别
【集贤宾】暑才消大火即渐西	庆赏	【集贤宾】倚帏屏数声长叹息	相思	【集贤宾】恨青青画桥东畔柳	相思
【集贤宾】叹浮生有如一梦里	感怀	【集贤宾】牡丹亭日长帘半卷	相思	【定风波】迤逦秋来到	相思

在这96套曲文中，情爱、闺怨、相思、美人等题材共有49篇，占据了一半。情爱题材是表现男女互相示爱或者情侣娱乐谐欢；闺怨题材是表现女子怨恨情郎负心；相思题材是抒发女子对男子的思慕愁情，也有一部分是男子相思女子之作；美人题材是对美女外貌、神态的描写和赞美。这些作品都可归为爱情题材。庆赏、祝颂、欢宴、咏大臣等题材共有22篇。

庆赏题材是通过节庆狂欢、观灯赏月以彰显国家盛平；祝颂题材则是直接颂美、歌颂太平盛世；欢宴题材是写官员、文人的聚会宴饮的消闲景致，隐喻国家安定；咏大臣题材是通过歌咏文臣武将忠贞为国，鼓吹国家强盛。这些作品都属于歌功颂德、颂扬统治圣明之作，可归为颂圣题材。此外，还有隐逸、檃栝、感怀、送别、市井、集剧集韵、景色描写等题材，共 24 篇。其中，隐逸题材有 8 篇，是爱情、颂圣题材之外最多的，主要抒发隐逸思想和表现隐居闲适的生活状态；檃栝题材是指以散曲檃栝《赤壁赋》《归去来兮》等辞赋；感怀题材主要是抒发作者对人生世事的感怀；送别题材则是作者送别他人的抒情之作；市井题材主要写青楼艳遇、自我悔过等市井俗事；集剧集韵题材是以剧名和韵脚玩文字游戏；景色描写题材则是纯粹的铺写景色。

　　由于散曲和杂剧在文体上的差异，二者的题材分布也有一定的不同。最为明显的是，散曲的题材类型更为丰富，包括感怀、景色描写、檃栝在内的题材都是只适合抒情文本的题材，具有诗文的特质，因此在杂剧之中并无涉及。但是二者也有很多共通之处，比如隐逸、颂圣等题材在杂剧、散曲之中都有涉及，而爱情题材在杂剧、散曲之中皆占据多数。

　　爱情题材成为杂剧、散曲的主要题材，首先是因为爱情是人类情感之中最为动人的情感，古今中外的文学作品无不是爱情题材占据主流。其次，这与戏曲、散套的特性有密切关联。戏曲、散套在元明之时属于典型的通俗文学，根植于下层社会和市民阶层，所以受到儒家正统伦理的束缚相对较少，出现了大量反映爱情的作品。尤其是大量的散曲作品为青楼歌妓所作，这些烟花女子经历各种情场之事，既有与情郎欢会的喜悦又有怨恨负心情郎的悲怨，都反映在她们创作的散曲之中。此外，戏曲、散套在音乐的烘托之下更能抒发恋爱之人的情愁。从受众看，爱情题材又最能反映人类——无论是普通百姓还是文人贵族的情感，都成为三部选本以爱情题材为主的要素。

　　这些爱情题材的作品有的出自妓女之手，有的出自文人之手。有的表现男女之间的思慕之情，有的表现女子对男子负心的怨恨，有的表现男子苦苦思恋美人的痛苦，有的则表现男欢女爱的鱼水之情。总体上呈现出新鲜活泼、情感动人的市井特色，但也有千篇一律、缺乏新意的缺点。其中，有的作品确实是爱情题材的上乘之作，如：

【新水令】凤台无伴品鸾箫，间别来未知音耗。鱼沉尺素杳，雁断锦笺遥。魄散魂销，心间事对谁道。

【驻马听】林外萧条，一夜霜侵红叶老，庭前寂寥，几番风撼的碧梧凋。病儿多偏觉被儿薄，影儿孤最怕灯儿照。睡不着，淅零零暮雨窗前哨。

【乔牌儿】业眼儿才待交，丫鬟早来报，揽衣推枕掀帘幕，共多情厮撞着。

【沉醉东风】则见他乌云髻斜簪着玉翘，芙蓉额檀口樱桃，端的有万种娇，千般俏，更哪堪兰麝香飘。今日个得见多情女艳娇，将我这受过的凄凉忘了。

【风入松】相思一担我都挑，压损了沈郎腰，刀条般瘦损潘安貌。这些时茶和饭懒待汤着，几番待㬠雨尤云寻取快乐，争奈被水淹蓝桥。

【甜水令】则见他款解罗衫，轻分罗帐，低垂罗幕，团弄粉香娇，半拥鸳衾，同倚珊枕，共谐欢乐，枕衾畔手腕儿相交。

【川拨棹】我这里下庭皋，两初晴月影高，银汉迢迢，落叶萧萧，万籁静闲庭悄悄，原来这几般儿将鸳梦搅。

【七弟兄】画簷前铁敲，纱窗外竹摇。呀，敢聒得人越难熬。寒蛩唧唧临阶闹，疏萤点点趁风飘，宾鸿呖呖穿云叫。

【梅花酒】呀，我这里自窨约，三鼓又频敲，四更又初交。咱俩意又徒劳，心儿里相念着。呀，敢梦儿里故寻着。不由人越懊恼，书房中受寂寥，我心内自量度。

【喜江南】几番待接丝弦，何处觅鸾胶。取银瓶无计井中捞，转南柯蚁阵早迷巢。可着我怎了，孤眠独枕过今宵。

【离亭宴煞】西风煞是能聒噪，秋声不管离人恼，鬼病今番越着。不能勾共枕席，谩使传书简，空服灵丹药。近灯擎将香篆焚，扣香几把灵神告，将一个羊儿赛了。你怎生再使我可怜他，着俺夫妻团圆睡到晓。①

此曲《词林摘艳》题名"纪梦"，《雍熙乐府》题名"幽梦"，疑似男

---

① （明）郭勋：《雍熙乐府》，明嘉靖四十五年刊本，卷十一，第17~18页。

女对唱，通过梦境来表现男女由相思到相见再到最后空梦一场的惆怅以及对于情人的企盼，文笔文雅脱俗但又不故作高深，不仅善于表现内心独白，而且善于景色烘托，艺术水平很高。

另外一种重要的题材是颂圣题材。这类题材往往通过表现节庆酒宴、歌颂人臣武将来讴歌皇朝圣明、太平盛世。三部选本中属于颂圣题材的"庆赏宴饮"剧目有 10 部，散曲有 22 篇。单论作品数量，这类题材的数量远远不及爱情题材，但是如果考察它们所处选本的位置就会发现在《盛世新声》《雍熙乐府》中颂圣题材的曲文有意被安排在最为重要的位置，从而彰显皇室选本的色彩。

《盛世新声》卷一开篇为"【端正好】享富贵受皇恩"，是典型的颂圣曲文。第二篇是杂剧《汉公卿衣锦还乡》第四折，但其内容却是韩信衣锦还乡，夸耀圣德的曲文，所以这套"【端正好】一班儿扶社稷众公卿"也是颂圣之辞。第三篇"【端正好】一声莺报上林春"亦是通过庆赏蟠桃宴会来歌颂盛平之世的曲文。卷二第一篇为贾仲明"【醉花阴】国祚风和太平了"，也是典型的颂圣之文。第二篇"【醉花阴】圣德巍巍迈三五"、第三篇"【醉花阴】锦绣花灯半空挑"亦为庆赏元宵、歌功颂德之文。

与卷一、卷二相同，《盛世新声》的卷六、卷七同样是开篇连续三篇为颂圣、庆赏曲文。卷六的第一篇"【一枝花】皇都锦绣城"是典型的借元宵游赏来祝赞太平盛世，第二篇"【一枝花】擎天架海梁"、第三篇"【一枝花】银磨凤翅盔"都是通过歌颂安邦定国的大臣来颂扬盛世。卷七的第一篇"【新水令】碧天边一朵瑞云飘"通过仙人祝寿表现歌舞升平的盛世，第二篇"【新水令】郁葱佳气霭寰区"、第三篇"【新水令】万方齐贺大明朝"则为直接歌功颂德之辞。

此外，卷八亦以颂圣曲文开篇，"【斗鹌鹑】四海安然"乃是祝赞皇朝永固、一统华夷。而卷三、卷十开篇也是酒宴娱乐之辞，通过个人消遣展现一种盛世的生活。所以，《盛世新声》十卷之内，有七卷都是庆赏、酒宴开篇，有五卷是标准的颂圣题材，更有四卷开篇连续三篇为颂圣题材，其皇家色彩不言而喻。

而《雍熙乐府》较之《盛世新声》，颂圣题材在选本之中的位置更为突出。《雍熙乐府》卷一开篇"【醉花阴】国祚风和太平了"和第三篇"【醉花阴】锦绣花灯半空挑"都是祝颂曲文，第二篇为朱有燉"【醉花阴】

宝殿珠楼玉花糁",此亦通过表现奢华的赏雪酒宴来隐喻太平之世。卷二开篇"【端正好】圣天子统华夷"、第二篇"【端正好】一气转发青阳"皆为祝颂国家之文。卷三开篇《衣锦还乡》"【端正好】一班儿扶社稷众公卿"和第二篇歌颂大臣的"【端正好】享富贵受皇恩",亦皆为祝颂之曲。

之后,卷四开篇为"【点绛唇】洪武天开"的祝颂曲文,卷五开篇为"【点绛唇】国泰隆昌"的祝颂圣寿之曲。卷六开篇连续三篇为节庆之曲,曲牌均为【粉蝶儿】,分别为"若论着七夕佳期""时遇着七月清宵""节遇端阳"。卷七开篇为"【粉蝶儿】锦绣封疆",卷八开篇为"【一枝花】皇都锦绣城",皆是歌咏国家安定之辞。而卷八第二篇"【一枝花】擎天架海梁"为歌颂大臣的颂圣曲文。

卷九、卷十都是开篇连续两篇祝颂之辞,卷九开篇"【一枝花】乾坤旺气高"、第二篇"【一枝花】池塘中睡锦鸳"皆为庆赏娱乐之曲。卷十第一篇"【一枝花】明经侍孔墙"、第二篇"【一枝花】胸藏十万兵"分别歌咏文臣和武臣。卷十一最为夸张,首篇为"【新水令】大明红日丽中天",之后连续八篇都是节庆祝颂之曲。

另外,卷十二开篇"【新水令】万方齐贺大明朝"、卷十三开篇"【斗鹌鹑】电绕枢星"、卷十四开篇"【集贤宾】大明朝万方声教美"、卷十六开篇"【绣停针】四海升平"皆是颂圣庆赏之曲。

由此可见,《雍熙乐府》专收套数的卷次是卷一至卷十四以及卷十六,这十五卷全都以祝颂、庆赏题材的曲文开篇。个别卷次也是以连续几篇颂圣题材开篇。这类题材虽然曲文总量不及爱情题材,但其编选者彰显皇权意识形态的意图昭然,而这自然与编选者臧贤、郭勋的权贵身份和皇室立场有关。《词林摘艳》根据《盛世新声》编选而成,但其曲文排位有极大的不同。《词林摘艳》中,只有卷一"【粉蝶儿】万里翱翔"为歌功颂德的庆赏曲文,卷四"【点绛唇】为照芳妍"、卷五"【风入松】燕山行胜出皇都"为娱乐酒宴题材,算是广义的颂圣题材,其他六卷开篇皆为相思、隐逸等题材,与颂圣无关。可见,虽然《词林摘艳》的曲文绝大部分和《盛世新声》相同,但其曲篇排位则明显有意去掉《盛世新声》的皇权色彩。沈德符《顾曲杂言》云:"《三星下界》《天官赐福》种种喜庆传奇,皆系供奉御前，呼嵩献寿，但宜教坊及钟鼓司肄习之。"① 这种庆赏曲文和戏剧，本身就是为了御前、皇室的表演，由皇室音乐机构组织，而钟鼓司，亦本来就"承应元宵鳌山、端午竞渡诸戏"等节庆娱戏。因此，皇室的编选背景决定了这些庆赏、颂圣曲文的存在，尽管《词林摘艳》有意去掉一定的皇权色彩，但效果其实并不明显，而且《词林摘艳》虽然对颂圣题材的作品位置进行了调整，但对《盛世新声》中绝大部分的颂圣曲文也悉数保留了。

三大选本颂扬盛世的曲文，除了一部分是直接视赞国家盛平，大部分是通过表现节庆欢赏来反映盛世太平的。其中最具代表性的作品无疑是贾仲明之"国祚风和太平了"，此曲《雍熙乐府》题名"灯词"，《词林摘艳》题名"元夜"：

【醉花阴】国祚风和太平了，是处产灵芝瑞草。圣天子美臣僚，法正官清，百姓每都安乐。喜佳节值元宵，点万盏花灯直到晓。

【画眉序】花灯儿巧妆描，万朵金莲绽池沼。任铜壶绝漏，禁鼓停敲。庭内外香霭齐焚，楼上下灯光相照。楚腰，罗绮丛中俏。人在洞天蓬岛。

【喜迁莺】似神仙般欢乐，听梨园一派笙箫。青霄，月离海峤，恰便似宝鉴高悬银汉遥。明皎皎，月色和灯光相射，灯光和月色相交。

【画眉序】街市喜通宵，仕女游人斗施巧。剪春蛾云鬓，宝钗轻挑。红袖底双握春纤，花灯下相看花貌。楚腰，罗绮丛中俏，人在洞天蓬岛……

【神杖儿】元宵景好，喜庆皇朝，游人闹炒。转灯儿、鞋灯儿齐挑，绣球灯团团皎皎。彩绳高吊，锦带似彩云飘，绛蜡似晓霞烧。

【耍鲍老】一派歌声动天表，唱的是直恁好。孔雀屏开映彻鲛绡，玉斝金樽斗相招，尽教他天渐晓，尽教他天渐晓。

【四门子】彩云间斗柄斜倾了，雾一天星月皎。酒令儿行，筹筋儿交，绛绡楼痛饮添快乐。凤髓又烹，兽炭又烧，把肥羊来旋燎。

【古水仙子】我我我自暗约，是是是曾见说当年元夜好。因汉武

---

① 俞为民、孙蓉蓉：《历代曲话汇编·明代编第三集》，黄山书社，2009年版，第72页。

帝朝中召东方朔,言道海中央有巨鳌。他他他现时节五谷丰饶,麟甲内有光冲碧霄。若天官喜悦民安乐,后来因此上赏元宵。

【尾声】人生百岁须还老,切莫吝追欢求笑,但愿年年庆此宵。①

这篇曲文是《雍熙乐府》全卷的开篇,亦是《盛世新声》卷二的开篇,由见其意义之大。这篇曲文,即为典型的以节庆赏乐来祝赞皇朝盛世,通过表现元宵节观灯娱乐、游人欢闹的场面来颂扬国家安定、人民安乐、皇权圣明。贾仲明乃是明成祖宠幸的文学侍臣,写出这种曲文可谓正常。《盛世新声》《雍熙乐府》青睐赏灯、节庆这种题材的曲文,除了与其皇权意识有关以外,也与明代节庆赏灯的传统有关。李时勉《元夕燕集诗序》曾记宣德年间的元宵灯展:"宣德八年,癸丑正月朔旦,皇上既受群臣朝,乃降敕谕曰:'今国家宁谧,边境无虞,时和岁封,兵民乐业……上元节近,正当共乐太平。自正月一日为始……京师如故张灯。'……明日,赐百官宴,而灯山亦成。是夕,皇上奉皇太后于西苑,放灯观赏。"②可见为了一展宁谧太平的盛世,明代素有皇室组织灯夕娱乐的传统。而《元夕燕集诗序》又记灯会结束之后,文人聚会作诗之景:"河南参政王公、太守陈公适相遇焉……于是邀延至家……相与欢宴,咸曰今日之事,不可以无述,乃取诗人'双凤云中扶辇下,六鳌海上架山来'二句,各分一字为韵,赋五言诗一章以纪。"③可见,文人以诗赋曲词记录、渲染灯节亦有传统。及至嘉靖年间,节日赏灯成为整个社会一项重要的节庆活动,而并不是仅仅依靠皇室组织,也并不仅仅局限于京城之中。嘉靖《宣府镇志》载:"十五日为上元节,前后张灯三夜,其像生人物种种不同,委巷通衢,珠悬呈布若白昼。然或祭赛神庙,则架为鳌山台阁,戏剧、滚灯、烟火,奇巧相夸。"④嘉靖《固始县志》载:"元夕作灯市,自十四至十六日,三夜游玩达旦。十六日多游,俗为走百病,暮多戏剧。吴临川日聚众戏剧,以盛其喜乐之气。"⑤嘉靖《洪雅县志》载:"嘉靖初年,元夕

---

① (明)郭勋:《雍熙乐府》,明嘉靖四十五年本,卷一,第1~2页。
② (明)李时勉:《古廉文集》,清文渊阁四库全书本,卷四,第5页。
③ (明)李时勉:《古廉文集》,清文渊阁四库全书本,卷四,第5~6页。
④ (明)栾尚约:《(嘉靖)宣府镇志》,明嘉靖四十年刊本,卷二十,第93页。
⑤ (明)张梯修、葛臣纂:《(嘉靖)固始县志》,明嘉靖刻本,卷八,第15页。

演戏剧,结彩绷箫鼓常达旦。"① 万历《绍兴府志》载:"元宵……每至正月十三日夜,民则比户接竹棚悬灯……间闹以戏剧,箫鼓歌讴之声喧阗达旦。"② 可见,明代中期,随着民众生活水平的提高,每逢元宵等重大节日,全国各地都有观灯、演戏的活动,而且非常隆重。所以,《盛世新声》《词林摘艳》《雍熙乐府》收录节庆、庆赏的曲文固然是皇权意识的体现,但也一定程度反映了明代的节庆、赏灯风貌。我们今天看这类曲文会有夸饰有余而艺术价值不足之感,然而每年都要参与观灯庆节的明人却未必不喜欢它们。

所以,从三大选本整体的收曲分布看,无论剧曲、散曲,爱情题材皆占据多数。颂圣题材虽然数量不多,但因《盛世新声》《雍熙乐府》皆有意凸显皇权意识,因此此类曲文在三大选本中也异常重要。而除这两大题材之外,尚有一种题材不得不提,那就是隐逸题材。隐逸题材在散曲之中有8篇,在杂剧之中有2部,其整体规模远远不能和爱情、颂圣题材相比,但与其他题材相比,数量是最多的。隐逸题材成为三大选本的第三大题材,应该非常容易理解。其一,隐逸、乐道的文学体裁,为历朝历代的文人所喜爱,无论是诗、词还是曲都有大量抒发隐逸情怀的作品存世。尤其是元代,文人普遍落魄,更是特别偏好隐逸题材,乐于以曲抒怀,创作了大量此类题材的曲文。其二,不仅文人爱好隐逸题材,权贵阶层由于身居高位常常面临险恶的政治环境,喜欢以隐逸的作品来释放身处险位的压力和焦虑情绪,或通过隐逸作品来遐想自在隐逸的生活状态。在《雍熙乐府》中,有十多篇隐逸题材的曲文是汤舜民和朱有燉所作,他们一个是皇帝宠臣,一个是藩王,证明贵族阶层对这一题材也非常偏爱。因此,对于隐逸题材,无论文人还是贵族都很喜爱,它成为《盛世新声》《词林摘艳》《雍熙乐府》的第三大题材可谓合情合理。

三、曲文作者的分布与取舍

三部选本从作品收录来看,北曲、杂剧压倒南曲、戏文。从作者收录来看,也是元代占据绝对优势。这种元代作家收录多于明代作家的现象,

---

① (明)束载修、张可述纂:《(嘉靖)洪雅县志》,明嘉靖刻本,卷一,第16页。
② (明)萧良干修、张元忭纂:《(万历)绍兴府志》,明万历刻本,卷十二,第10页。

是明人推崇元曲的观念折射。不过，虽然整体人数上，明代作家逊色于元代作家，但三部选本对于朱有燉、陈大声等明人作品的收录非常丰富，这反映了选本对明代顶尖作家的关注。不过，亦有康海、王九思、徐霖、杨循吉等明代著名作家未被选本涉录，这与他们作品晚出有一定关系，亦与他们的政治命运有一定关联。

（一）"重元轻明"的作者分布与意识观念

《盛世新声》中，可以明确作品的元代杂剧作家有 20 人，散套作家有 43 人；明代杂剧作家有 4 人，散套作家有 21 人。《词林摘艳》中，元代杂剧作家有 20 人，散套作家有 45 人；明代杂剧作家有 4 人，散套作家有 27 人。《雍熙乐府》中，元明作者数目的差异更为明显。《雍熙乐府》收录元代杂剧作家 23 人，散套作家多达 92 人，收录明代杂剧作家 5 人，散套作家 27 人。所以，在三部选本中，元代作家的数量远远多于明代。

首先，这是元代整体创作水平优势的体现。有元一代，群星荟萃，参与戏曲创作的作者遍布各个阶层、各个时期，其社会热情和作者基数都高于明代。在《录鬼簿》中，著录的元代杂剧就已多达 152 位作家，及至明初的《太和正音谱》，著录的元代作家已多达 187 人。而《太和正音谱》著录的明代作家仅仅 16 人。当然，《太和正音谱》著录的是元代一朝的作家和明代开国时期的作家，如此对比并不公平。但是清人姚燮《今乐考证》著录明杂剧作家也只有 44 人，王国维《曲录》著录的明代作家则是 49 人，他们都是对明代一朝的作家进行的统计。对于明代作家著录较为齐全的，只有祁彪佳《远山堂剧品》，但也只有 79 人。这些历史文献的著录虽然不完全准确和全面，却能体现两个朝代作者的大致数量。目前所知，有名姓可考的元代作家接近 200 人，而明代作家则不到 100 人。当然，这里统计的明代戏曲作家主要是杂剧、北曲作家，因为三部选本出现之时传奇尚未兴起。所以，从两个朝代的杂剧、北曲作家来看，元代本身就远远领先明代，更何况明代前期还是戏曲发展的低潮期。

其次，明代本身就存在一股崇尚元曲的风气。在明代，并非所有文人都厚古薄今，认为明人不及元人。例如朱权《太和正音谱》言其成书，云"采摭当代群英辞章，及元之老儒所作"[1]，美名当代作家为"群英"。邹

---

[1] 俞为民、孙蓉蓉：《历代曲话汇编·明代编第一集》，黄山书社，2009 年版，第 29 页。

迪光《词林逸响序》云"至我明,而名公逸士嗽芳撷润之余,杂剧传奇种种,青出古人之蓝,而称创获"①,其称明人戏曲创作青出于蓝。这些都体现了部分明人对于本朝作家的推崇,然而这种观点并非主流。对于元代戏曲的推崇,才是明代的主流风尚。《词林摘艳》张禄序言强调:"逮我皇明,益尽其美。"②刘楫《词林摘艳序》亦云:"我皇明国初,则有谷子敬、汤舜民、汪元亨诸君子,迭出新妙。"③他们看似夸赞明代作家和作品"益尽其美""迭出新妙",但是《词林摘艳》所选的明代作家和作品又远远少于明代。所以,他们如此宣称更多的是为了讨好明代本朝之人,以便选本更容易被时人接受。而从其选篇来看,重元轻明的色彩可谓浓烈。

重元轻明,是明代文人和曲学界普遍的意识。大部分明代文人对于元人戏曲甘愿拜服,因为他们认为戏曲就是元代的代表文学,其地位和成就确实高山仰止。李开先提出"元以词名代"④,息机子《古今杂剧选序》则言:"一代之兴,必有鸣乎其间者。汉以文,唐以诗,宋以理学,元以词曲。"⑤沈宠绥《度曲须知》亦云:"粤征往代,各有专至之事以传世,文章矜秦、汉,诗词美宋、唐,曲剧侈胡元。"⑥可见,"一代之文学"的观点在明代就已经非常流行。在明人的意识里,戏曲就是元代文学的代表,所以对于元曲的推崇便是理所应当。早从朱有燉开始,这种推崇元曲的风尚就已发端。朱有燉《清河县继母大贤引》云:"予观近代文人才士,若乔梦符、马致远、宫大用、王实甫之辈,皆其天材俊逸,文学富赡,故作传奇清新可喜,又其关目详细,用韵稳当,音律和畅,对偶整齐,韵少重复,为识者珍。"⑦作为明初最具成就的作家,他对于元曲的推举可谓非常高了。文人崇元抑明、厚古薄今的例证在明代更俯拾皆是。王畿《陶情乐府续集跋》云:"词曲盛于元,今所传《太平乐府》、元贤传奇可见矣。国朝名公巨卿多不为之。"⑧臧懋循《元曲选后集序》云:"今南曲盛

---

① 俞为民、孙蓉蓉:《历代曲话汇编·明代编第一集》,黄山书社,2009年版,第748页。
② (明)张禄:《词林摘艳》,文学古籍刊行社,1955年版,第11页。
③ (明)张禄:《词林摘艳》,文学古籍刊行社,1955年版,第7~8页。
④ 俞为民、孙蓉蓉:《历代曲话汇编·明代编第一集》,黄山书社,2009年版,第399页。
⑤ 俞为民、孙蓉蓉:《历代曲话汇编·明代编第二集》,黄山书社,2009年版,第435页。
⑥ 俞为民、孙蓉蓉:《历代曲话汇编·明代编第二集》,黄山书社,2009年版,第616页。
⑦ 俞为民、孙蓉蓉:《历代曲话汇编·明代编第一集》,黄山书社,2009年版,第199~200页。
⑧ 俞为民、孙蓉蓉:《历代曲话汇编·明代编第一集》,黄山书社,2009年版,第477页。

行于世，无不人人自谓作者，而不知其去元人远也。"① 他们都是极其推崇元曲的，认为明曲不及元曲。

这种推崇元曲、贬低明曲的观念在王骥德那里得到非常集中的体现，其《曲律·杂论第三十九上》云："唐三百年，诗人如林。元八十年，北词名家亦不下二百人。明兴二百四十年，作南曲铮铮者，指不易多屈，何哉？"又云："以今之宰执贵人，与酸斋诸公角而不胜；以今之文人墨士，与汉卿诸君角而又不胜也。"② 王骥德认为，不仅明代优秀戏曲作家的人数远不及元，在具体作家的对比上，明代作家也逊色于元代作家。

明人崇元抑明，并非毫无根据的厚古薄今，如王骥德云："盖胜国时，上下成风，皆以词为尚，于是业有专门；今吾辈操管为时文，既无暇染指，迨起家为大官，则不胜功名之念，致仕居乡，又不胜田宅子孙之念，何怪其不能角而胜之也！"③ 他认为元曲优于明曲是因为元人皆以戏曲为尚，而明人则为功名和生活疲于奔命，无心戏曲。此外，明代文人分析元曲强盛于明曲的原因尚有几种观点。第一种，认为元人戏曲兴盛乃是不平耳鸣的结果。李开先《张小山小令序》以张小山等人为例，云："小山，名可久，以路吏转首领，即所谓民务官，如今之税课局大使。夫以是人而居卑秩，宜其歌曲多不平之鸣。然亦不但小山，如关汉卿乃太医院尹，马致远为江浙行省务官，郑德辉杭州路吏，宫大用钓台山长，其他屈在簿书、老于布素者，不可胜计。当时台省元臣、郡邑正官及雄要之职，尽其国人为之，中州人每每沉抑下僚，志不获展。"④ 李开先的观点实出于胡侍，在明代影响很大，王骥德亦曾引用。于若瀛《阳春奏序》也有类似观点："元曲兴而其变极矣。盖金、元以外夷据我中华……一时名士如马东篱辈，咸富有才情，兼善音律，以故遂擅一代之长。要而言之，实所以宣其牢骚不平之气也者。"⑤ 这一种观点的核心是：认为元代乃是异族统治，中原文人郁郁不得志，因此借助词曲抒发内心的抑郁和不满，故而得以创作出优秀的戏曲作品。自韩愈明确提出"不平而鸣"的观念，它在中国古

---

① 俞为民、孙蓉蓉：《历代曲话汇编·明代编第一集》，黄山书社，2009年版，第620页。
② 俞为民、孙蓉蓉：《历代曲话汇编·明代编第二集》，黄山书社，2009年版，第106页。
③ 俞为民、孙蓉蓉：《历代曲话汇编·明代编第二集》，黄山书社，2009年版，第107页。
④ 俞为民、孙蓉蓉：《历代曲话汇编·明代编第一集》，黄山书社，2009年版，第402页。
⑤ 俞为民、孙蓉蓉：《历代曲话汇编·明代编第二集》，黄山书社，2009年版，第442页。

代文学之中就产生了很大的影响,由于元代文人的确普遍沉郁下僚,因此明人以"不平耳鸣"解读元人戏曲兴盛,自然有其道理。

第二种,认为元代以词曲进行科举取士,促进了戏曲的繁荣。沈宠绥《度曲须知》云:"故填词一事,胜国以之制科取士,而放榜之后,即以中式辞章,赐之乐府,演之伶官,勷厥琼林佳宴,何等郑重其事,今人乃卑之不肯习也,是不可解矣。"① 臧懋循亦持这种观点。这种观点在明代非常流行,只是并未有明确的史籍证明元代真的以词曲取士。

以上两种观点是明人分析元代戏曲兴盛的主流,此外尚有观点认为,元人戏曲的辉煌源自相对宽松的生活环境,也有观点认为其源自元代文人隐逸乐观的心态。李开先《西野春游词序》云:"元不戍边,赋税轻而衣食足,衣食足而歌咏作,乐于心而声于口,长之为套,短之为令,传奇戏文,于是乎侈而可准矣。"② 屠隆《章台柳玉合记叙》云:"传奇者……唐以后有之,而独元人臻其妙者何?元中原豪杰,不乐仕元,而孨其雄心,洸洋自恣于草泽间,载酒征歌,弹弦度曲,以其雄俊鹘爽之气,发而为缠绵婉丽之音。故泛赏则尽境,描写则尽态,体物则尽形,发响则尽节,骋丽则尽藻,谐俗则尽情。"③ 李开先认为元人衣食轻足,因此乐于以曲抒情。而屠隆的观点与王骥德近似,王骥德认为明人奔波功名故无暇留意词曲,屠隆则认为元人轻视功名,自由自在,故出佳音。

总之,明人对于元曲兴盛的分析,观点众多,参与的文人也很多。这说明他们是非常重视这个问题的,他们总结原因,一方面是企图可以寻找有益于当世的借鉴良方,另一方面其实也是为明曲的弱势寻找借口罢了。其总体的意识指向无疑都是崇元抑明。明人尤其是万历以前的明人都非常推崇、认可元曲以及元代作家,三大选本所选作家的比例即印证了这种观念。

(二)顶尖作家的偏爱与取舍

除了元多明少,三部选本所选的作者还有一个特点,就是散曲作者的收录较为广泛,涉及人数众多,但绝大部分作者只收录一篇作品,一方面

---

① 俞为民、孙蓉蓉:《历代曲话汇编·明代编第二集》,黄山书社,2009年版,第640页。
② 俞为民、孙蓉蓉:《历代曲话汇编·明代编第一集》,黄山书社,2009年版,第412页。
③ 俞为民、孙蓉蓉:《历代曲话汇编·明代编第一集》,黄山书社,2009年版,第589页。

是因为有的作家存世的作品本身就少,另一方面可能也是为了尽可能地广收作者。毕竟像《雍熙乐府》这样的选本收录的散套作家多达 115 人,不可能给每个作者太多的作品篇幅,但还是有个别作者收录的作品明显比其他作者的多。例如在《盛世新声》收录的汤舜民作品有 9 篇,而朱有燉作品则多达 30 篇。《词林摘艳》收录的张小山作品为 7 篇,为元人之冠,而明人之中,汤舜民依然有 9 篇,收录最多的是陈铎的 21 篇。《雍熙乐府》收录元人作品最多的为曾瑞、关汉卿、朱庭玉、乔吉,均在 7 篇以上,而收录明人作品较多的为朱有燉、陈大声和汤舜民,其中朱有燉 29 篇,陈大声和汤舜民分别多达 47 篇和 50 篇。由此,我们可以看出三部选本对于作者的取舍和偏爱。元人之中,最重张小山、关汉卿、乔吉、曾瑞、朱庭玉等人。明人之中,则最重朱有燉、汤舜民、陈大声。

关汉卿作为元曲的代表作家,明人在谈及元曲之时往往都会首先提及,所以其入选作品较多是合乎众望的。张小山是元代优秀的散曲作家之一,在明代亦深受欢迎。李开先《张小山小令后序》云:"词独爱张小山之作,以其超出尘俗,不但瘦劲而已。"① 张小山不仅词作优秀,而且其清新俊逸的风格独得明代文人的偏好。乔吉则是和张小山齐名的作家,在明代亦有广泛影响。李开先《乔梦符小令序》云:"元以词名代,而乔梦符其翘楚也。……以词擅场于至正间,然以字行,无问远近,识不识,皆知有太原乔梦符云。"② 曾瑞的作品有不少隐逸、批判题材,据钟嗣成《录鬼簿》,其为人"神采卓异,衣冠整肃,优游于市井,洒然如神仙中人。志不屈物,故不愿仕"③。可见,他也是颇具名士风范之人。曾瑞在世之时,就已经名望很高,"临终之日,诣门吊者以千数"。而他的名士作风也让后世文人推重。可见,以上文人能够入选多篇作品都是有其理由的。唯有朱庭玉人生平不详,留下的作品仅 22 套散套和 4 首小令,但是《雍熙乐府》收其 10 套散套,比关汉卿还多。究其原因,恐怕也是因为他的作品多隐逸抒情、写景感怀之作,风格精致巧丽,符合上层人士的品位。

---

① 俞为民、孙蓉蓉:《历代曲话汇编·明代编第一集》,黄山书社,2009 年版,第 403 页。
② 俞为民、孙蓉蓉:《历代曲话汇编·明代编第一集》,黄山书社,2009 年版,第 404 页。
③ 俞为民、孙蓉蓉:《历代曲话汇编·唐宋元编》,黄山书社,2006 年版,第 369 页。

三部选本收录的明代作家虽远不及元代，但对收录的朱有燉、汤舜民、陈大声三人的作品数量惊人。这一现象恰有助于我们了解明代对于本朝前期作家的接受情况。

在《太和正音谱》中，朱权已经载录16位明初作家。至此之后，不同文人推崇的明代作家，其实大同小异。李开先《西野春游词序》云："国初如刘东生、王子一、李直夫诸名家，尚有金、元风格……自陈大声正德丁卯年没后，惟有王渼陂为最，陈乃元词之下者，而王乃文辞之高者也，可为等侪，有未易以轩轾者。"①他推崇的作家是刘东生、王子一、李直夫、陈大声、王九思。王畿《陶情乐府续集跋》云："惟越之刘东生，蜀之晏振之，近日则武功康对山、终南王渼陂、高邮王西楼、章丘李中麓所制，与东篱、小山埒能角妙。"②他推崇的作家是刘东生、晏振之、康海、王九思、王西楼、李开先。徐渭《南词叙录》云："本朝北曲，推周宪王、谷子敬、刘东生，近有王检讨、康状元，余如史痴翁、陈大声辈，皆可观。"③他推崇的作家是朱有燉、谷子敬、刘东生、王九思、康海、陈大声等。王骥德《曲律·杂论第三十九下》云："近之为词者，北词则关中康状元对山、王太史渼陂，蜀则杨状元升庵，金陵则陈太史石亭、胡太史秋宇、徐山人髯仙，山东则李尚宝伯华、冯别驾海浮，山西则常延评楼居，维阳则王山人西楼，济南则王邑佐舜耕，吴中则杨仪部南峰。……南则金陵陈大声、金在衡，武林沈青门，吴唐伯虎、祝希哲、梁伯龙，而陈、梁最著。"④他推崇的作家是王九思、康海、杨升庵、徐霖、李伯华、杨循吉、陈大声、金在衡、沈青门以及唐伯虎、祝枝山等，明显明代中期之人开始增多。徐复祚《三家村老曲谈·明人散曲》所推重者，为："周宪王、赵□□王、刘诚意、王威宁、杨邃菴、顾未斋、陈大声、祝希哲、唐伯虎、张伯起、沈青门、王稚钦、李空同、杨用脩、王敬夫、康德涵、韩苑洛、金白屿、杨君谦、常明卿、谷继宗、何粹夫、王舜耕、王渼陂、王浚川、谢茂秦、陆之裘、陈石亭、何太华、许少华、王辰玉。"⑤其人

---

① 俞为民、孙蓉蓉：《历代曲话汇编·明代编第一集》，黄山书社，2009年版，第412页。
② 俞为民、孙蓉蓉：《历代曲话汇编·明代编第一集》，黄山书社，2009年版，第477页。
③ 俞为民、孙蓉蓉：《历代曲话汇编·明代编第一集》，黄山书社，2009年版，第487页。
④ 俞为民、孙蓉蓉：《历代曲话汇编·明代编第二集》，黄山书社，2009年版，第122～123页。
⑤ 俞为民、孙蓉蓉：《历代曲话汇编·明代编第二集》，黄山书社，2009年版，第263页。

数较多，涉及的时域较长，也更为全面，但也少不了朱有燉、陈大声、康海、王九思等人。

所以综合各家可知，明代中期以前为明人所推扬的作家，主要有朱有燉、刘东生、谷子敬、王子一、陈大声、康海、王九思、王西楼、沈青门、徐霖、杨循吉、唐伯虎、祝枝山等人。其中，朱有燉、刘东生、谷子敬、王子一、陈大声均有作品收于三部选本中。而在三部选本之中，有个别作品不能确定作者归属，但在其他戏曲选集中有的标注为沈青门、唐伯虎、祝枝山之作，所以不排除即为他们所作。因此，明代前期声名较高却与三部选本无缘的主要是康海、王九思、徐霖、杨循吉。另有一人需做说明，王西楼乃明代前期重要的散曲作家，但明代号"西楼"者，有二人，王骥德云："今世所传《西楼乐府》有二：一为王磐，字鸿渐，高邮人；一为王田，字舜耕，济南人。二人俱号西楼。舜耕之词较鸿渐颇富，然大不如鸿渐精炼。"① 从明人整体评价来看，王磐口碑更高，但是三部选本并未收录他的作品，而是收录了王舜耕的作品。

总体上，三部选本所收的作家，与明代前期作家的地位、舆论声望是一致的。尤其是朱有燉和陈大声是明代前期最具影响力的作家，也是三部选本收录作品最多的作家。朱有燉在明代前期曲坛的地位，不仅得到文人阶层的认可，也在市民阶层颇受欢迎。王世贞《艺苑卮言》云："周宪王者……所作杂剧凡三十余种，散曲百余，虽才情未至，而音调颇谐，至今中原弦索多用之。"② 沈德符《顾曲杂言·填词名手》云："本朝填词高手……惟周宪王所作杂剧最夥，其刻本名《诚斋乐府》，至今行世，虽警拔稍逊古人，而调入弦索，稳叶流丽，犹有金、元风范。"③ 朱有燉的作品虽然多应制庆赏之作，但其最大的优点就是"调入弦索，稳叶流丽"，具有极强的音乐性和可唱性，因此受到好评。加之其藩王地位，他在明代戏曲界的口碑自然优良，其作品在三部选本中被广泛收录也是顺理成章的。

陈大声是明代前期最具声望的文人作家。汪廷讷《刻陈大声全集自

---

① 俞为民、孙蓉蓉：《历代曲话汇编·明代编第二集》，黄山书社，2009年版，第138页。
② 俞为民、孙蓉蓉：《历代曲话汇编·明代编第一集》，黄山书社，2009年版，第519页。
③ 俞为民、孙蓉蓉：《历代曲话汇编·明代编第三集》，黄山书社，2009年版，第63页。

序》云："金、元作者尚矣，于昭代独北面陈大声氏……长篇短令，无不使人解颐。总之，其韵严，其响合，其节舒。词秀而易晰，音谐而易按。"① 汤有光《精订陈大声乐府全集序》云："自金、元迄我国家，以南北曲名者亡虑千百辈。乃今三星逸客，按拍花前，两京教坊，弹丝樽畔，才一开口便度陈大声诸曲，直令听者神动色飞。"② 周晖《周氏曲品》云："陈铎……所为散套，稳协流丽，被之丝竹，审宫节羽，不差毫末。"③ 可见陈大声在明代口碑之佳，其作品精美清丽，审律精严，兼具极强的文学性和音乐性，因此三部选本收录大量陈作也是非常正常的。《顾曲杂言》言："今人但知陈大声南调之工耳，其北【一枝花】'天空碧水澄'全套，与马致远'百岁光阴'皆咏秋景，真堪伯仲。又《题情》【新水令】'碧桃花外一声钟'全套，亦绵丽不减元人。"④ 这两套备受推崇的陈氏曲文，"天空碧水澄"三大选本皆录，"碧桃花外一声钟"《词林摘艳》《雍熙乐府》有录。

　　三部选本中唯一能和朱有燉、陈大声的作品数量媲美的，是汤舜民。然而汤舜民较少被明代文人推崇，明代著名的文人中只有凌濛初曾经推举汤舜民："国朝如汤菊庄、冯海浮、陈秋碧辈，直闯其藩，虽无专本戏曲，而制作亦富，元派不绝也。"⑤ 那么，为什么汤舜民口碑平平，却入选了大量作品呢？这与其是明成祖的宠臣有一定关系。贾仲明《录鬼簿续编》载："汤舜民，象山人，号菊庄。补本县吏，非其志也。后落魄江湖间。好滑稽。与余交久而不衰。文皇帝在燕邸时，宠遇甚厚，永乐间，恩赉常及。所作乐府套数、小令极多，语皆工巧，江湖盛传之。"⑥ 汤舜民是明成祖最为宠幸的文学侍臣之一，在皇室集团具有较大的影响力。而《盛世新声》《雍熙乐府》都出自皇室和内府，加之汤舜民本身作品存于内府者较多，因此其大量作品被收录也可以理解。当然，从"江湖盛传之"可知，汤舜民的作品也曾在民间非常流行，证明其作品确有品质保证和受众追崇，因此三大选本收录其作品也并非完全因为他的身份。

---

① 俞为民、孙蓉蓉：《历代曲话汇编·明代编第二集》，黄山书社，2009年版，第246页。
② 俞为民、孙蓉蓉：《历代曲话汇编·明代编第二集》，黄山书社，2009年版，第405页。
③ 俞为民、孙蓉蓉：《历代曲话汇编·明代编第三集》，黄山书社，2009年版，第373页。
④ 俞为民、孙蓉蓉：《历代曲话汇编·明代编第三集》，黄山书社，2009年版，第60页。
⑤ 俞为民、孙蓉蓉：《历代曲话汇编·明代编第三集》，黄山书社，2009年版，第188页。
⑥ 俞为民、孙蓉蓉：《历代曲话汇编·明代编第一集》，黄山书社，2009年版，第10页。

此外，我们注意到一个现象，虽然三部选本收录的作者，大体上与作家声望相称，但有几个声望卓越的作家并未出现在选本之中。最为明显的就是康海和王九思。作为明代前期最出色的戏曲作家，二人不仅在明代当世已经声名卓著，即便在今日看来依然堪任明代的代表作家。二人在明代前期声名较之陈大声有过之而无不及，但陈大声作品被大量收录，而此二人作品则一篇也没有，缘何如此呢？这主要源自他们作品面世的时间大部分晚于三大选本的编刻时间。如赵义山、于扬甡《明代曲选中的康海、王九思研究》就认为，《词林摘艳》《盛世新声》未收康海之作，是因为康海散曲别集《沜东乐府》刊刻时间较晚："《盛世新声》刊刻于正德十二年（1517年），而康海的《沜东乐府》于嘉靖三年（1524年）方才刊刻，其作品自然没有机会被《盛世新声》选录。而《词林摘艳》本于《盛世新声》的基础上增删勘校而成，于嘉靖四年（1525年）即已刊行。编选者来不及见到《沜东乐府》并将其中的作品选入其中，也符合常理。"[①] 康海另有《沜东乐府后录》，更是晚至嘉靖十八年（1539）成书，更无可能被早已面世的三大选本收录。王九思的作品同样面世较晚，其最早的散曲别集《碧山乐府》刻于嘉靖八年（1529），当时《盛世新声》《词林摘艳》已经刊刻，而他的《碧山续稿》《碧山新稿》分别有嘉靖十二年（1533）、嘉靖二十年（1541）的自序，可知它们成书时《雍熙乐府》也已问世。所以，三大选本未收康海、王九思之作，主要是因为他们的作品面世较晚。

　　不过，康海《沜东乐府》刻于嘉靖三年（1524），王九思《碧山乐府》刻于嘉靖八年（1529）。《沜东乐府》比《词林摘艳》早一年，比《雍熙乐府》嘉靖十年（1531）的初刻本早七年；《碧山乐府》亦比《雍熙乐府》早两年。从理论角度讲，《沜东乐府》依然有被《词林摘艳》《雍熙乐府》编选者注意的可能，《碧山乐府》亦有被《雍熙乐府》注意的可能。如果它们真的被编选者注意而又未被收录，会出于什么原因呢？赵义山、于扬甡在《明代曲选中的康海、王九思研究》中认为《沜东乐府》多"冤愤之意，愤郁之情"，不符合皇室选本的标准。我们认可这种观点，此外，康海、王九思被编选者无视，可能也与他们牵扯到刘瑾之党有关。刘瑾是武

[①] 此文见于2015年《明代文学思想与文学文献学术研讨会论文集（戏曲小说卷）》，第453页。

宗前期最受宠幸的太监，他依仗武宗恩宠，贪赃枉法，专权朝政，权倾一时。后来终于获罪处死，身败名裂。而康海、王九思曾经很受刘瑾欣赏，二人被迫卷入刘瑾的势力当中。何良俊《四友斋丛说》载："刘瑾，陕西人，与康浒西同乡。康在翰林，才望倾天下。瑾欲借之以弹压百僚，故阳为尊礼之。康本疏诞，遂往来其门，实未尝干与政事也，遂终以此废弃。天下共惜之。"① 刘瑾专权之后，为了笼络文化人，于是想拉拢当时声望极高的康海。在此之间，李梦阳因得罪刘瑾下狱，央求康海说情。康海为救李梦阳，拜见了刘瑾。正因此，其实与刘瑾并无关系的康海却被当作刘瑾同党。王九思同样是因为同乡关系，牵扯刘党之中。王世贞《艺苑卮言》云："刘瑾以扩充政务为名，诸翰林悉出补部属。鄠杜王敬夫，其乡人也，独为吏部郎，不数月，长文选。会瑾败，谪同知寿州。"② 二人皆因卷入刘党，在刘瑾处死之时也被罢官。此外，二人还得罪了当时的文坛盟主李东阳。王世贞曾记录王九思讥讽李东阳之事："人或谮之李文正，谓敬夫尝讥其诗。御史追论敬夫，褫其官。敬夫编《杜少陵游春》传奇剧骂。李闻之，益大恚。虽馆阁诸公，亦谓敬夫轻薄。遂不复用。"③ 而康海曾逢丁忧之事，因未找李东阳而找他人写墓志铭，也让李东阳不满。所以二人不仅仕途受挫，而且得罪文坛盟主。当然对他们影响最大的，还是牵扯刘党之中。虽然后世都知道他们二人实为尤辜，但是也正如何良俊所评论："康浒西得罪，虽则出于挂误，亦由其持身不严，心迹终是难明。"④ 二人性格疏懒，未能旗帜鲜明地与刘瑾划清界限，最终卷入政治风波，也有他们"持身不严"有关。在当时来看，他们是臭名昭著的朝廷罪臣的同党，自然会受到选本编者的排斥，尤其是《雍熙乐府》这样的皇室选本。

此外，还有二人需要提及，即徐霖和杨循吉。二人虽然不如康海、王九思那样声名极高，但也是明代中前期颇为知名的曲作家。周晖《周氏曲品》云："徐霖……所填南北词，大有才情。语语入律，妓家皆崇奉之。

---

① 俞为民、孙蓉蓉：《历代曲话汇编·明代编第一集》，黄山书社，2009年版，第456~457页。
② 俞为民、孙蓉蓉：《历代曲话汇编·明代编第一集》，黄山书社，2009年版，第519页。
③ 俞为民、孙蓉蓉：《历代曲话汇编·明代编第一集》，黄山书社，2009年版，第519页。
④ 俞为民、孙蓉蓉：《历代曲话汇编·明代编第一集》，黄山书社，2009年版，第457页。

吴中文徵明题画寄徐,有句云:'乐府新传桃叶渡,彩毫遍写薛涛笺。'乃实录也。"① 徐霖在当时以词曲闻名,而杨循吉的名声也不逊色。二人有一个共同特点,即都曾得到臧贤的举荐。王世贞《艺苑卮言》云:

> 徐髯仙霖,金陵人。所为乐府,不能如陈大声稳协,而才气过之。青楼侠少,推为渠帅。正德末,上南征,嬖伶臧贤荐于上,俾填新曲。绝爱幸之,令提调六院事。霖皇恐甚,然不敢辞也。后回銮,事始解。贤复荐吴中杨南峰循吉,杨以高尚不出;一旦,易皂笠、靴韐、兔鹘,从台司索饯见上。……诏授官如霖,杨大愧骇,恳贤获免。②

而《四友斋丛说》和《尧山堂外纪》,对臧贤举荐二人有详细记载。何良俊《四友斋丛说》云:

> 徐髯仙少有异才……后武宗南巡,献乐府,遂得供奉。武宗数幸其家,在其晚静阁上打鱼。随驾北上,在舟中每夜常宿御榻前,与上同卧起。官以锦衣卫镇抚,赐飞鱼服,亦异数也。后武宗晏驾,几及于祸。赖诸公素知之,力为保全,遂得释放还家。③

此虽未言臧贤,但武宗南巡时,正是臧贤引荐,才有徐霖"献乐府,遂得供奉"的机会。蒋一葵《尧山堂外纪》则详述臧贤举荐杨循吉之事,云:

> 正德末,循吉老且贫,尝识伶臧贤,为上所幸爱。上一日问谁为善词者,与偕来。贤顿首曰:"故主事杨循吉,吴人也,善词。"上辄为诏起循吉。郡邑守令心知故,强前为循吉治装。见循吉冠武人冠,靴韐戎锦,已怪之。又乘势语多侵守令。已见上毕,上每有所幸燕,令循吉应制为新声,咸称旨受赏。然赏亡异伶伍,又不授循吉官与秩,间谓曰:"若娴乐,能为伶长乎?"循吉愧悔,汗洽背,谋于贤,乃以它语恳上放归。④

---

① 俞为民、孙蓉蓉:《历代曲话汇编·明代编第三集》,黄山书社,2009年版,第373页。
② 俞为民、孙蓉蓉:《历代曲话汇编·明代编第一集》,黄山书社,2009年版,第522页。
③ 俞为民、孙蓉蓉:《历代曲话汇编·明代编第一集》,黄山书社,2009年版,第460页。
④ 俞为民、孙蓉蓉:《历代曲话汇编·明代编第三集》,黄山书社,2009年版,第403页。

二者都为臧贤举荐，证明深得臧贤赏识，尤其是徐霖甚至在武宗那里都得到异宠。二者的作品又都具有不错的口碑，但是为何也不见录于三部选本之中呢？我们认为，一方面是因为二人几乎都生活于正德时期，而《盛世新声》《雍熙乐府》对正德、嘉靖时期的作家涉及甚少，除非相当优秀的作品才能入选。另一方面，《四友斋丛说》言武宗驾崩后，徐霖曾"几及于祸"，具体何祸未能说明，但我们推测武宗在位时，对其宠爱之甚，因此在赐服等方面多有违礼之处，当时已经让不少大臣不满。武宗去世后，他可能又牵扯到政治风波之中，最终退隐还家。而杨循吉则是不愿与伶人为伍，主动辞官。二人皆曾受到皇室赏识，后又纷纷退出，他们自身的政治命运以及与皇室的微妙关系恐怕也影响到了《雍熙乐府》这种皇室选本对他们作品的选录。

第三章　嘉靖戏曲选本的曲文特质与时曲辨疑

嘉靖戏曲选本是明代最早的一批戏曲选本，其收曲容量在明代诸选本中位居前列，尤其是《雍熙乐府》，堪称明代规模最大的选本。因此，这些选本收录了大量具有鲜明艺术特质的作品和曲文，为我们保存、展示了元明曲篇的风采，也体现了选本辑选作品的取向和理念。与此同时，它们收曲容量巨大，并且择选曲篇具有开放的态度，也收录了一定数量的时曲。这些时曲在选本之中比例虽小，但依然是我们研究明代中前期时曲发展状态的宝贵资源。

第一节　独富特色的特殊题材

在上一章，笔者曾讨论三部选本主要收录的曲文题材是爱情、颂圣、隐逸。除此之外，三大选本中还有很多其他题材，虽然曲篇数量不多，但是极富特色，构成了选本多元化的选题风貌。尤其是散曲作品不仅题材广泛，而且部分题材或只在散曲中存在，或以散曲才能最好地表现出来。这些题材中首先值得关注的是集剧名体和集曲牌名体。二者是以文字游戏进行曲牌名和剧名的曲文编排，不仅体现了汉字、汉语特有的魅力，而且体现了散曲特有的曲文技巧。

一、集剧名体与集曲牌名体

所谓集剧名体，就是用不同的戏剧题目贯穿成句，进而谱写全篇。历史上最为著名的集剧名体是元代作家孙季昌的"【端正好】《鸳鸯被》半床闲"，此曲三大选本皆有收录。其曲文为：

【端正好】《鸳鸯被》半床闲，《蝴蝶梦》孤帏静。常则是《哭香囊》雨泪盈盈，若是这《姻缘簿》上合该定。有一日《双驾车》把香肩并。

【滚绣球】常记的《曲江池》丽日晴，正对着春风《细柳营》，初相逢在《丽春园》遣兴，便和他《谒浆的崔护》留情。曾和他在《万花堂》讲志诚，《锦香亭》设誓盟，谁承望下场头半星儿不应。央及杀《调风月》燕燕莺莺，则被这《西厢待月张君瑞》，送了这《花月东墙董秀英》，盼杀君卿。

【倘秀才】《玩江楼》山围着画屏，见一只《采莲舟》斜湾在蓼汀，待和他《竹叶传情》诉咱闷萦。《并头莲》分做两下，《鸳鸯会》不完成，知他是怎生。

【滚绣球】付能的《潇湘夜雨》晴，早闪出《乌林皓月》明，正《孤雁汉宫秋》静，知他是甚情怀《月夜闻筝》。那时节理残妆对《玉镜台》，推烧香到《拜月亭》，则被这《诌梅香》紧将咱随定。不能勾写相思《红叶题情》，指望似多情《双渐怜苏小》，到做了薄倖《王魁负桂英》。撇的我冷冷清清。

【倘秀才】《金凤钗》斜簪在鬓影，《抱妆盒》寒侵倦整。想《踏雪寻梅》路怎行，弄黄昏《梅稍月》香正满，《酷寒亭》伤情对景。

【叨叨令】当日被《破连环》啜赚得再成交颈，谁承望《错立身》的子弟无音信，闪得我似《离魂倩女》相思病，将一个《摩诃罗》脸儿消磨尽。径不着么哥，如今这《谎郎君》一个个传槽病。

【脱布衫】我便似《蓝桥驿》实志真诚，他便似《竹林寺》有影无形，受寂寞似《越娘背灯》，恨别离似《乐昌分镜》。

【小梁州】他便似《柳毅传书》住洞庭，《千里独行》，《吹箫》伴侣冷清清。我待学《孟姜女》般真诚性，我则怕啼哭倒了长城。

【么篇】《京娘怨》杀成孤另，怨你个《画眉的张敞》杂情，揣着窃玉心，《偷香》性。我则学《齐眉举案》，《贤孝牌》上立个清名。

【尾声】《金钗剪烛》人初静，《彩扇题诗》句未成，《后庭花》歌残玉树声，琵琶怨凄凉不忍听。比《题桥的相如》忒寡情，《戏妻的秋胡》不老成。想则想《关山路》远程，恨则恨《衣锦还乡》不见影。则不如一纸《刘公书》谨缄定，寄与你个《三负心》的乔才自思省。①

这篇曲文最早收录于《太平乐府》，题名"集杂剧名咏情"。《雍熙乐府》因之，而《词林摘艳》题"集杂剧名"。此曲共涉及杂剧名六十余部，主要有：

无名氏作品：《玉清庵错从鸳鸯被》《庆会鸳鸯》《乌林皓月》《竹叶传情》《竹林寺》《施仁义刘宏嫁婢》《梅梢月》《千里独行》《红叶传情》《金水桥陈琳抱妆盒》《孟姜女哭长城》《孟光女举案齐眉》《贤孝牌》《彩扇题诗》。

关汉卿作品：《唐明皇哭香囊》《宋上皇御断姻缘簿》《风雪贤妇双驾车》《诈妮子调风月》《温太真玉镜台》《闺怨佳人拜月亭》《风流孔目三负心》《徐夫人雪恨万花堂》《升仙桥相如题柱》。

石君宝作品：《李亚仙花酒曲江池》《秋胡戏妻》。

王廷秀作品：《周亚夫细柳营》。

王实甫作品：《诗酒丽春园》（亦有高文秀《黑旋风诗酒丽春园》）、《西厢记》、《贩茶船》。

王仲文作品：《孟月梅写恨锦香亭》。

白朴作品：《董秀英待月东墙记》。

戴善夫作品：《柳耆卿诗酒玩江楼》。

郑光祖作品：《三落水鬼泛采莲舟》《崔怀宝月夜闻筝》《㑇梅香骗翰林风月》《丑齐后无盐破连环》《迷青琐倩女离魂》《陈后主玉树后庭花》。

高文秀作品：《太液池儿女并头莲》《京兆尹张敞画眉》。

杨显之作品：《临江驿潇湘夜雨》。

马致远作品：《破幽梦孤雁汉宫秋》《踏雪寻梅》。

郑廷玉作品：《金凤钗》《吹箫女悔教凤凰儿》《孟姜女送寒衣》。

杨显之作品：《酷寒亭》。

李直夫作品：《宦门子弟错立身》《谎郎君坏尽风光》。

---

① （明）郭勋：《雍熙乐府》，明嘉靖四十五年本，卷二，第31~32页。

孟汉卿作品：《张孔目智勘魔合罗》。

庚吉甫作品：《蓝桥驿》《玉女琵琶怨》《苏小卿丽春园》。

尚仲贤作品：《凤凰坡越娘背灯》《柳毅传书》《崔护谒浆》《王魁负桂英》。

沈和作品：《徐驸马乐昌分镜》。

彭伯威作品：《四不知京娘怨》。

李子中作品：《贾充宅韩寿偷香》。

赵天锡作品：《贾爱卿金钗剪烛》。

武汉臣作品：《谢琼双千里关山怨》。

张国宾作品：《薛仁贵衣锦还乡》。

此曲从内容上看属于典型的爱情题材，写一个女子对情郎的相思，对往事的追忆。但是和普通的相思曲文不同，它通篇由杂剧名目串联而成，把剧名融合为表现女子相思的词句和元素。这其中并非完全照搬剧名，有时也需要相应的活用和变通，如关汉卿《升仙桥相如题柱》活用为"题桥的相如"，无名氏《孟姜女哭长城》活用为"啼哭倒了长城"。所以，从曲文内容看，本篇平淡无奇，但是从文学技巧看，它把汉字表意和自由拼接的魅力表现得淋漓尽致。虽然本曲引用了六十多部剧名，但其曲文内容与六十多部杂剧毫无关系，仅仅是借助杂剧题目的表面文字意义而已。

当然，从戏曲文献的意义上讲，这种曲文有着更为特别的意义。它可以帮助我们了解元代中前期最为流行的作家和剧目，比如作者引用了关汉卿九种剧目，证明关汉卿"元剧第一人"的地位在元代就已经牢牢的确立。郑光祖所选剧目仅次于关汉卿，说明郑光祖作为元代中期的作家能够跻身"元曲四大家"，也是在元代就确立了声名。因此，此曲如果抛开其剧名化用这一文字技巧，那么与其他情爱散曲毫无区别。但是正因为这一技巧的纯熟运用，它在艺术上、文学上乃至戏曲文献上都有了特殊的意义。

三部选本之中还有另外一种集曲牌名体，其与集剧名体异曲同工，只是把剧名换成了曲牌名而已。集曲牌名的历史渊源更早，早在宋代就已经出现集词牌名的词作，集曲牌名当继承于此。三部选本共同收录的集曲牌名体，有此一曲，《词林摘艳》题"集曲子名"，《雍熙乐府》题"曲名"：

【点绛唇】春满皇州，武陵春昼，浓花酒，花柳争柔，十二月春为首。

【混江龙】赏花时候，喜春来景物最风流。粉蝶舞翅醉翁歌讴，红芍药槛边风乍暖，青杏子枝上雨初收，小桃红日色胭脂透。虽不是神游阆苑，多管是菩萨梁州。

【油葫芦】携彩袖双同上小楼，卷珠帘挂玉钩。趁着这后庭花柳吐且消愁，金盏儿满斟着梅花酒，直吃的醉扶归快活三更后。搅筝琵舞六么，红娘子劝一瓯，双雁儿便挽起蓝褐袖，恰便似丹凤舞小梁州。

【天下乐】直吃的沉醉东风，兴未休。我为这娇羞双劝酒，拨不断甚时重配偶。碧玉箫曲未终，胜葫芦酒再酬，端的是逍遥乐得自由。

【哪吒令】醉中天谨邀，相识故友，醉春风满斟，迎仙客劝酒。醉扶归酒后，有红裙翠袖，村姑儿捆手歌，耍孩儿揎双袖，早乡词唱的精熟。

【鹊踏枝】集贤宾闹樊楼，迎仙客喜觥筹。列的是九转货郎，唱的是八声甘州。满庭芳花红绿柳，鲍老儿拖着神杖儿信步闲游。

【寄生草】单雁儿归塞北，凭栏人上小楼。念奴娇两叶眉儿皱，凌波仙红绣鞋儿瘦，醉花阴步步娇天生就。浪淘沙冲得海天清，刮地风吹倒亭前柳。

【么篇】笑撚着桃红菊，闲拖着滚绣球。凤鸾吟飞上青山口，斗鹌鹑来往撑梭走，双鸳鸯戏水波纹皱。贺圣朝金殿喜重重，乐安神享祭笙歌奏。

【尾声】倘秀才占鳌头，折桂令攀蟾手，朝天子风云志酬，不枉了伴读书剔银灯窗下守。相公爱脱却儒流，得志也赛红秋，问甚么水调歌头，教普天乐军民得自由。殿前欢赐官花御酒，脱布衫换金章紫绶，今日个镇江回胜似五陵游。①

此曲共涉及【武陵春】【赏花时】【喜春来】【粉蝶儿】【红芍药】【青杏子】【小桃红】【菩萨梁州】【上小楼】【后庭花】【金盏儿】【梅花酒】

---

① （明）郭勋：《雍熙乐府》，明嘉靖四十五年本，卷五，第60~61页。

【醉扶归】【快活三】【搅筝琶】【六么】【双雁儿】【小梁州】【沉醉东风】【碧玉箫】【胜葫芦】【逍遥乐】【醉中天】【醉春风】【迎仙客】【耍孩儿】【早乡词】【集贤宾】【迎仙客】【九转货郎】【八声甘州】【满庭芳】【鲍老儿】【神杖儿】【单雁儿】【归塞北】【凭栏人】【念奴娇】【红绣鞋】【醉花阴】【步步娇】【浪淘沙】【刮地风】【亭前柳】【桃红菊】【滚绣球】【凤鸾吟】【青山口】【斗鹌鹑】【双鸳鸯】【贺圣朝】【金殿喜重重】【乐安神】【倘秀才】【折桂令】【朝天子】【伴读书】【剔银灯】【相公爱】【赛鸿秋】【水调歌头】【普天乐】【殿前欢】【脱布衫】【镇江回】等六十多个曲牌。其曲文内容是描写饮酒娱乐的场景，以及女子对情郎高中得名之后相会的殷盼。同样，其曲文内容并无新意，但其通篇由曲牌的名字连缀而成，因此就成为在文字技巧上独富新意的作品。此外，《雍熙乐府》还收有多篇集曲牌名体的作品，再举两例：

【醉春风】我一半儿情感玉花秋，一半儿忆王孙归塞北。我这应天长久不断怨别离，对秋风怨忆，忆。折倒的风流体尪羸，红衫儿宽褪，翠裙腰难系。

【迎仙客】都不念奴娇望远行，忘了初相见在武陵溪，骂玉郎有上梢没末尾，瘦削了柳丝玉芙蓉花面皮。这翠眉儿孪刺，捱这等相思会。

【红绣鞋】上小楼凭栏人立，青山口日上平西，子听得乔木楂鹊踏枝叫声疾。莫不倘秀才余音至，夜行船阮郎归，原来是牧羊关乌夜啼。

【石榴花】常记得赏花时节看花回，上京马醉扶归。归来窗半月儿低，真个醉矣。柳青娘虞美人扶只，困腾腾上马娇无力，步步娇弄影儿行迟。似凤鸾交配答双鸳鸯对，人都道端正好夫妻。

【普天乐】空闲了愿成双，鸳鸯儿被。搅筝琶断毁，碧玉箫尘迷，四块玉簪折，一锭银瓶坠。叹因缘节节高天际，这淹证候越随煞愁的。想两相思病体，把红芍药枉吃，有药圣王难医。①

此曲为王仲元所作，《雍熙乐府》题名"集曲名题秋怨"，涉及【一半

---

① （明）郭勋：《雍熙乐府》，明嘉靖四十五年本，卷六，第74～75页。

儿】【玉花秋】【忆王孙】【归塞北】【怨别离】【风流体】【红衫儿】【翠裙腰】【武陵溪】【上小楼】【青山口】【上平西】【乔木楂】【鹊踏枝】【阮郎归】【牧羊关】【乌夜啼】【赏花时】【上京马】【醉扶归】【柳青娘】【虞美人】【上马娇】【步步娇】【双鸳鸯】【端正好】【愿成双】【搅筝琶】【碧玉箫】【四块玉】【一锭银】【节节高】【两相思】【红芍药】【药圣王】等六十多个曲牌，亦写相思之情。又有《雍熙乐府》题名"集曲名题情"：

　　【醉春风】何日愿成双，几时能勾端正好。只除是忆王孙合小桃红，怎消得这恼恼。直吃得沉醉东风，武陵溪畔，后庭花落。

　　【迎仙客】都不念奴娇，望远行，忘了初相见在武陵溪。骂玉郎有上稍没末尾，瘦削了柳丝玉芙蓉花面皮。这翠眉儿挛刺，捱这等相思会。

　　【红绣鞋】上平西看看日落，念奴娇梦断魂劳，鹊踏枝黄昏里哨遍林梢。双雁儿呀呀叫，牧羊关外野猿号，怨别离难睡着。

　　【斗鹌鹑】想起那拨不断恩情，元和令下稍，上马娇郎君，看花回最好。归塞北恩情恨未消，呆骨朵怎放脱了。石榴花裙儿，绵答絮睡着。

　　【普天乐】卖花声，还惊觉。把一朵雪里梅，生扭的粉碎胭焦。骂玉郎伤怀抱，几时捱得金鸡叫。凭栏人恨杀才敲，一枝花瘦了。穿窗月底，虞美人难熬。

　　【尾声】醉扶归入画堂，轻移步步娇，阮郎归一去无音耗，空踏遍台前寄生草。①

　　此曲亦为王仲元所作，涉及【愿成双】【端正好】【忆王孙】【小桃红】【武陵溪】【后庭花】【拨不断】【元和令】【上马娇】【看花回】【呆骨朵】【石榴花】【绵答絮】【醉扶归】【步步娇】【阮郎归】等五十多个曲牌，表现的也是女子与情郎的愁感离情。

　　这些集曲牌名的作品题材风格、技巧手法相近，却仍然被收入多篇，可见《盛世新声》《词林摘艳》尤其是《雍熙乐府》对此类作品的偏爱。从这些作品中，我们可以发现集曲牌名体的几个特点。第一，它们的内容

---

①　（明）郭勋：《雍熙乐府》，明嘉靖四十五年本，卷六，第76~77页。

相对单一，都是相思情爱的题材，或表现女子空虚、孤独的寂寞之感，或展现了她们热盼情郎的期待和惆怅。第二，每部作品的曲牌都在五六十个，几乎每句至少有一个曲牌。说明这类作品的重心并不在于表现内容，而在于展示文字形式，是一种文学创作的"炫技"。因此，只有尽可能多地加入曲牌，才能体现作者驾驭文字的功力，这也是此类作品最本质的特征。第三，上述三篇作品所引用的曲牌大同小异，诸如【上小楼】【小桃红】【醉扶归】【步步娇】【愿成双】等都被两篇甚至三篇作品使用。显然，这是因为这些曲牌的字面文意适宜表现爱情类型的作品。因此，与集剧名体一样，对于曲牌的使用与曲牌自身内容无关，仅仅与其曲牌名字的文意有关。第四，其曲牌的使用不拘一格。既包括耳熟能详的常用曲牌包括一些使用频率较低的曲牌，甚至有一些曲牌在今天都已经不见于记载。这说明在古代流传的曲牌远比我们今天所了解得多，也说明作家对于曲牌的择取还是以曲牌文意为依据，凡是能够贯穿作品文意、符合作品内容需要的曲牌，不管是否流行都会使用。例如【武陵溪】曲牌，已不见于记载，但被两部作品引用，说明它一定是一个当时存在的曲牌，可能只是短暂流行，影响有限。

总之，无论是集剧名体还是集曲牌名体，都只是文字游戏在散曲上的体现。它利用汉字本身具有的表意功能，剥离剧名、曲牌所代表的内容，而仅仅取其汉字、词语表面的意义，把汉字艺术的博大精深展现得非常充分。而三大选本之所以青睐此类作品，既和古代文化传统有关，又和作品本身品质有关。

首先，中国文人历来有玩弄文字游戏的传统。其实早在元代之前，就存在集诗歌名、集词牌名的诗词作品，这种文字游戏的创作历代有之。它是体现作者文字技巧水平的方式，受到不少文人的青睐。我们所举的三篇集曲牌名作品，有一篇无作者可考，另两篇均为王仲元所作。王仲元和钟嗣成相熟，说明他是一个与钟嗣成地位相近的文人。这种文人没有关汉卿、王实甫那样的大才，因此就在小技上露一点才智。在元明两代，民间也流传着大量集曲牌名体的作品，亦都是下层文人在卖弄"小聪明"和"小伎俩"。如《风月锦囊》中有【黄莺儿】的"曲牌名四首"，便是集曲牌名之作，其作者为徐文昭。当然，涉猎这种题材的不止下层文人。朱有燉《天香圃牡丹品》第二折"【端正好】我子见粉蝶儿聚芳丛"，亦用集曲牌名的方式谱写庆赏场面；王世贞《鸣凤记》的第三十九出，亦用集曲牌名的方式表现冤妇的诉冤，因这种题材可以集中展现作者的文字功力以及对曲牌的熟稔，文化水平较高的作家也会一展身手。因此，这种题材遍布的阶层较广，无论上层文人还是民间文人都比较喜欢，而且所产生的作品也不在少数，三部选本也就不可能忽略这种类型的题材。尤其是《雍熙乐府》收录了朱有燉"我子见粉蝶儿聚芳丛"这一折，可见朱有燉的创作让《雍熙乐府》这样的皇室选本对此种题材更加认可。此外，朱有燉《天香圃牡丹品》第二折也说明，这种集曲牌名体不仅广泛应用于散曲之中，而且也应用于剧曲之中。虽然这一折本身只是庆赏观花，没有太多剧情，但是集曲牌名体应用其中，也体现了集曲牌名体在剧曲领域的渗透。

其次，单从收录的作品来看，其水平也确实足为范例。从内容来看，的确千篇一律，毫无新意。但从文字技巧和艺术表现来看，三部选本所收的作品基本可以做到把剧名、牌名融于曲文之中，与作品本身所表达的内容、情感融为一体。例如《雍熙乐府》题"曲名"作品的【尾声】："倘秀才占鳌头，折桂令攀蟾手，朝天子风云志酬，不枉了伴读书剔银灯窗下守。相公爱脱却儒流，得志也赛红秋，问甚么水调歌头，教普天乐军民得自由。殿前欢赐官花御酒，脱布衫换金章紫绶，今日个镇江回胜似五陵游。"此段曲文用【倘秀才】【折桂令】【朝天子】【赛红秋】（赛鸿秋）等曲牌递进而成考取功名的状态，曲牌运用得恰到好处。

又如"【红绣鞋】上小楼凭栏人立，青山口日上平西，子听得乔木楂鹊踏枝叫声疾。莫不倘秀才余音至，夜行船阮郎归，原来是牧羊关乌夜啼"以及"【普天乐】空闲了愿成双，鸳鸯儿被。搅筝琵断毁，碧玉箫尘迷，四块玉簪折，一锭银瓶坠。叹因缘节节高天际，这淹证候越随煞愁的。想两相思病体，把红芍药枉吃，有药圣王难医"，【红绣鞋】这一段曲文把误以为情郎归至的失望表现得十分到位，【夜行船】【阮郎归】两个曲牌表现女子以为情郎归来，然而又用【牧羊关】【乌夜啼】两个曲牌表现原来是误听，空欢喜一场，堪称绝妙。【普天乐】中，以【红芍药】和【药圣王】寓意治疗相思病的药房和大夫，也是非常巧妙。

又如"【红绣鞋】上平西看看日落，念奴娇梦断魂劳，鹊踏枝黄昏里哨遍林梢。双雁儿呀呀叫，牧羊关外野猿号，怨别离难睡着"以及"【普天乐】卖花声，还惊觉。把一朵雪里梅，生扭的粉碎胭焦。骂玉郎伤怀抱，几时揸得金鸡叫。凭栏人恨杀才敲，一枝花瘦了。穿窗月底，虞美人难熬"把闺怨之情描画得非常透彻，【红绣鞋】用"上平西""念奴娇""鹊踏枝"等曲牌构成情景交融的情境，而【普天乐】则用"骂玉郎"表现对情郎的怨咒，然后又因"虞美人"恰有"美人"二字，可以代称女子，于是以此做主语表现女子情思难熬，曲牌运用非常得当。

此外，集剧名、集曲牌名这种形式在民间也深受欢迎，用剧名、曲牌名串联起来的曲子对戏曲艺术的大众化、市井普及也起到积极作用。这一点从《风月锦囊》录有不少民间创作的集曲牌名体作品即可看出。如"【北一封书】七娘子，进绣房，口口声声骂玉郎。销金帐，脱布衫，收拾金钗八宝妆。你今贪恋红娘子，忘了神前一炷香。俏才郎，俊才郎，一夜思量一夜长"①。此曲仅此一章，但汇聚了多个牌名，说明曲牌名体非常流行，也说明曲中的牌名亦广为人知。另外，《风月锦囊》还收录了很多由集剧名、集曲牌名衍生出来的作品，如集骨牌名、集药名、集官名等，说明这种文字游戏的曲文不仅文人喜欢，在民间也非常流行。所以，无论《盛世新声》《雍熙乐府》还是《风月锦囊》，对此类题材都有涉猎。

二、櫽栝体曲文

三大选本所收的另一类富有特色的曲文，是"櫽栝体"。"櫽栝"，其本意为"正邪曲之器"，即矫正木具的工具，后延伸为"分门别类、精简概括"②之意，引入文学领域，就具有对其他作品进行改编（或精简概括、或铺陈张物）之意。所谓櫽栝体，就是以前代的诗歌、辞赋为核心，用散曲形式进行重新谱写。三大选本之中，有四篇櫽栝体作品是被全部收录的。第一篇为：

【点绛唇】归去来兮，故乡近日。田园内，芫草荒迷，催把微官弃。

【混江龙】既心为形役，何须惆怅独生悲。悟往哉不谏，知来者堪追。昨日方知今日错，今朝便觉昨朝非。舟摇摇以轻飏，风飘飘而

---

① （明）徐文昭辑，孙崇涛、黄仕忠笺校：《风月锦囊笺校》，中华书局，2000年版，第135页。

② 吴夏平：《唐代中央文馆制度与文学研究》，齐鲁书社，2007年版，第209页。

吹衣,问征夫以前路,恨晨光之熹微。乃瞻衡宇,适我闲居意,虽休官早,每恨归迟。

【油葫芦】荷月锄田夜始归,有欢迎僮仆随,候门稚子笑牵衣。栽五株翠柳笼烟细,种一篱黄菊凝霜媚。三径虽就荒,乔松喜不移,盼庭柯木叶交苍翠,长把笑颜怡。

【天下乐】虽设柴关镇掩扉,无为,交暂息,既世情已与我愿违。看出岫云始胜,羡知还鸟倦飞,抚孤松心似水。

【哪吒令】悦高朋故戚,共谈玄讲理,爱扶筇屦履,办登山玩水。早休官弃职,肯折腰为米。深蒙雨露恩,自得锄饱力,问怹每此兴谁知。

【鹊踏枝】与猿鹤久忘机,共琴书自相陪。舒啸东皋,适兴东篱,谁待要劳神费力,不能勾展眼舒眉。

【寄生草】一任秦灰冷,从教晋鼎移。倚窗或乐诗书味,从流或棹孤舟济,登山或命巾车力。美哉之志乐田园,浩然之气冲天地。

【么篇】农夫告春将及,朝来雨一犁。新生木叶欣欣密,长流泉水涓涓细,旋开黄菊丛丛媚。有时矫首恣游观,策扶老以欣流憩。

【金盏儿】去来兮,莫呆痴,寓形宇宙能何几。悉不为,去留迷,笑遑将底用闻。汲汲欲安归,知帝乡身不利,任富贵愿皆违。

【尾声】喜植杖止耘耔莫开口谈兴废,善万物逢时所喜,休感吾生驹过隙,喜忘言更已忘机。赏东篱采菊浮杯,坐对南山山色里。逍遥度日,优游终岁,乐夫天命复奚疑。①

此曲檃栝陶渊明《归去来兮辞》,为张小山所作,《词林摘艳》题"翻归去来辞",《雍熙乐府》题"陶渊明归去来兮"。与此同时,三大选本还收录了另一篇檃栝《归去来兮辞》的曲文,为李致远所作,《词林摘艳》《雍熙乐府》皆题"拟渊明"。

此外,三大选本尚有两篇檃栝《赤壁赋》的作品。其一为:

【点绛唇】万里长江,半空虚浪,惊涛响,东去茫茫,远水天一样。

---

① (明)郭勋:《雍熙乐府》,明嘉靖四十五年本,卷四,第26~27页。

【混江龙】壬戌秋七月既望，泛舟属客落何方。遇黄泥之坂，游赤壁之傍，银汉无声秋气爽，水波不动晚风凉。诵明月之句，歌窈窕之章，少然月出东山上。紫微贯斗，白露横江。

【油葫芦】四顾山光接水光，天一方，山川相缪郁苍苍，风流千古人惆怅。天连接崔嵬，一带山雄壮。西望夏口，东望武昌。沿江杀气三千丈，此非是曹孟德困周郎。

【天下乐】隐隐云开见汉阳，荆也么裹，几战场，下江顺水金鼓响。旌旗一片遮，舳舻千里长，则落得渔樵做话讲。

【哪吒令】横槊赋诗是皇家栋梁，临江酾酒是将军虎狼，修文偃武是朝廷纪纲。如今安在哉！我做一英雄将，空留下水国渔邦。

【鹊踏枝】水茫茫，树苍苍，大火西流，乌鹊南翔。浩浩乎不知所往，飘飘乎似觉飞扬。

【寄生草】渺沧海知一粟，哀吾生之几场。举匏樽痛饮偏惆怅，挟飞仙羽偏舒畅。这流光长叹偏悒怏，当年不为小乔羞，只今惟有长江浪。

【尾声】休把洞箫吹，再把辞章唱。苏子正中坐掀髯鼓掌，洗盏重新更举觞，眼纵横醉倚篷窗，怕疏狂错乱了宫商。肴馔盘空夜未央，酒入醉乡，枕藉舟上，不觉的朗然红日出东方。①

此曲为孙季昌所作，《雍熙乐府》题"游赤壁"，《词林摘艳》题"集赤壁赋"。

其二为：

【粉蝶儿】十月之初，步雪堂孟冬时序，临皋二客从予。过黄泥，木叶脱，满天霜露，人影模糊，向青天仰观蟾兔。

【醉春风】顾乐以行歌，相酬还叹取。今夜个有佳宾无酒更无肴，真个是苦苦。月朗风清，好天良夜，怎生虚负。

【红绣鞋】有客语停舟薄暮，柳荫中举网得鱼，细鳞巨口壮如鲈。山妻藏斗酒，专以待供需，因此上赤壁游重吊古。

【普天乐】雪山倾，洪涛怒，山高月小，水落石出。江流半夜声，

---

① （明）郭勋：《雍熙乐府》，明嘉靖四十五年本，卷五，第37~38页。

断岸千余处，日月撺梭飞鸟兔。玩江山不可重复，踞虎狼险窟，登虬龙禹阙，举雕鹗巢居。

【耍孩儿】划然长啸浔阳路，草木动山鸣应谷，悄而悲肃而恐凛而呼。放中流烟水模糊，半江汹涌波涛怒，四顾寂寥人影孤，适有孤鹤横江去，衣如玄缟翅若轮车。

【二煞】长鸣三两声，高飞二里余。须臾一梦神仙遇，临皋之下揖而语，赤壁之游乐矣乎。问名字留不住，俯而不答，能以呜呼。

【尾声】畴昔之夜终，飞鸣过我居。道士顾笑予惊悟，开户观之不知汝。①

此曲为无名氏作，《雍熙乐府》题"游赤壁"，《词林摘艳》题"翻赤壁赋"。这两篇櫽栝《赤壁赋》的曲文，第一篇所櫽栝的是《前赤壁赋》，第二篇櫽栝的是《后赤壁赋》。

櫽栝体的曲文形式非常鲜明，就是把《归去来兮辞》《赤壁赋》翻写成散曲。在这个翻写过程中，作者尽可能地忠于原作，不仅是主题思想，即便是具体的字句也是尽量直接挪用。越是能把原文的词句完美地化入曲作中，越能体现作者的水平。因此，这种类型的曲文在内容上没有新鲜之处，但对于文字的掌控则具有较高的要求，亦具有文字游戏的性质。

虽然只是一种文字游戏，但是《盛世新声》《词林摘艳》《雍熙乐府》还是相当重视这种题材作品，收录近十篇。这首先因为櫽栝体的文学形式在历史上传统悠久，诗、词均有櫽栝体作品。在宋代，以宋词櫽栝前人诗赋就已流行。宋代著名词人周邦彦曾作《西河·金陵怀古》，大量櫽栝前人诗句，不过此词是分别櫽栝不同作品的诗句。而苏轼和朱熹曾分别作词《定风波·重阳》和《水调歌头·櫽栝杜牧之齐山诗》，他们櫽栝的都是杜牧的诗歌《九日齐山登高》，完全是把杜牧的诗歌化用、铺衍成为一首词。

需要重点提及的是苏轼的一篇櫽栝《归去来兮辞》的曲文，即"【哨遍】为米折腰"。可见从苏轼开始，《归去来兮辞》就已被不同文体櫽栝。而同样是宋代，杨万里曾作《归去来辞引》十二首曲词，此作并无词牌，体裁又不是诗歌，因此介于词与诗之间，可能是杨万里自制的可以歌唱的

---

① （明）郭勋：《雍熙乐府》，明嘉靖四十五年本，卷七，第27~28页。

曲词。王国维《戏曲考源》对此分析："杨诚斋之《归去来辞引》，其为大曲，抑自度腔，均不可知。然已纯用代言体，……此曲不著何调，前后凡四调，每调三叠，而十二叠通用一韵。其体于大曲为近。虽前此如东坡【哨遍】櫽括《归去来辞》者，亦用代言体；然以数曲代一人之言，实自此始。要之，曾、董大曲开董解元之先，此曲则为元人套数杂剧之祖。"①因为此联章曲词为代言体，王国维甚至认为它是"套数杂剧之祖"。可以说，王国维的洞察是非常敏锐的，他注意到杨万里此文可能与杂剧套数有着关联。虽然未必真是"元人套数杂剧"直接源头，但我们认为此作的艺术形态确实与散曲近似，可谓是宋代人的"散曲"，因为它们实际上都是以供歌唱的"歌体"。櫽括体本身就具有"以诗度曲"的特性，即櫽括之后的作品都是用来歌唱的。苏轼言其櫽括《归去来辞》，是为了"以遗董毅夫，使家僮歌之"②。所以，櫽括体并不是简单地把前人的作品改造成另外一种文学样本，而是把已经失去歌唱性的作品改造成当时可唱的文艺形式，使其重新适应时人的歌唱。而杨万里的《归去来辞引》也是用来歌唱的。所以，宋人把诗赋进行櫽括并非单纯的文字游戏，而是把"文词"变为"歌词"。张德瀛《词征》云："贺方回长于度曲，掇拾人所弃遗，少加櫽括，皆为新奇。"③可见，贺铸也是因为长于度曲，才常常作櫽括体，亦证櫽括词乃是服务于歌唱的。

所以，宋人已经开始普遍櫽括前人的诗赋，而其櫽括之后，不管为词体还是为其他歌体，都是为了歌唱。它虽然与元明散曲并非相同的艺术形式，但也是一种歌唱的曲体，确实与散曲有一定的渊源。而从作品题材看，宋代的櫽括词对于元代的櫽括曲显然是有很大影响的。宋人多次櫽括《归去来兮辞》，除了苏轼、杨万里，米芾之子米友仁也曾櫽括。而元人也热衷于櫽括《归去来兮辞》。黄庭坚等宋人櫽括《醉翁亭记》，元代虞吉甫也櫽括过《醉翁亭记》。可以说，宋人比较青睐的櫽括原作，也深受元人青睐。当然，宋人本身的作品，如苏轼的《赤壁赋》，经过历史的沉淀成为经典，也亦被元人櫽括。

---

① 王国维：《王国维集》，周锡山校，中国社会科学出版社，2008年版，第300~301页。
② （宋）苏轼：《苏东坡全集》，邓立勋校，黄山书社，1997年版，第683页。
③ （清）张德瀛，唐圭璋：《词话丛编》，中华书局，1986年版，第4083页。

总之，元人的檃栝曲受宋人影响较大。一方面，檃栝词本身就与散曲具有一定的相似性；另一方面，很多檃栝曲直接承袭于檃栝词。此外，宋代一些经典辞赋也成为元人檃栝的目标。如此一来，檃栝曲就不仅仅是卖弄文字技巧的文字游戏，更是一种具有历史性、传承性的艺术，因此三大选本不可能忽略这样一种形式的作品。

此外，三大选本选录檃栝《归去来兮辞》《赤壁赋》的作品，也与陶渊明、苏轼以及《归去来兮辞》《赤壁赋》本身在元明的接受情况有关。陶渊明和苏轼在元明两代都是备受推崇的人物。在元代，文人因为普遍仕途受阻，因而隐逸情怀较重，陶渊明自然成为他们追慕的对象。而王恽、胡祗遹、虞集等文人都对苏轼推崇备至。胡祗遹曾作《东坡赞》，赞苏轼"死不可泯，文正忠刚"。

在明代，文人对苏轼和陶渊明同样充满敬重甚至崇拜。首先，明代非常推崇他们的人品。对于陶渊明，归有光《陶庵记》云："推陶子之道，可以进于孔氏之门。"① 焦竑《陶靖节先生集序》云："靖节先生人品最高。"② 茅坤《论陶一则》云："千年来共谓古之栖逸者流，而以诗酒自放者也。"③ 对于苏轼，李贽认为苏轼人品刚直，致其文章自然为佳："苏长公何如人！故其文章自然惊天动地。"④ 陶渊明和苏轼的人品形象并不完全相同，苏轼较之陶渊明拥有更为鲜明的士大夫人格，仍然兼怀报国济民的情操，但他们拥有共同的品性：正值不阿，洁身自好，能够安守自己的内心，不为世俗所污染。这样的品性深受元明文人的敬重，使其成为元明时代具有传奇色彩的人物。从某种意义上说，他们的形象已经成为代表着安守内心、超凡脱俗的理想文人的符号。

陶渊明和苏轼受到热捧，而他们最被推崇的作品则是《归去来兮辞》和《赤壁赋》。元明两代出现了不少关于《归去来兮辞》和《赤壁赋》的画作，文徵明、仇英等画家都画过《赤壁赋图》，不少画家亦画过《归去

---

① 北京大学、北京师范大学中文系，北京大学中文系文学史教研室：《陶渊明资料汇编》，中华书局，1962年版，第142页。

② 北京大学、北京师范大学中文系，北京大学中文系文学史教研室：《陶渊明资料汇编》，中华书局，1962年版，第143页。

③ 北京大学、北京师范大学中文系，北京大学中文系文学史教研室：《陶渊明资料汇编》，中华书局，1962年版，第143页。

④ （明）李贽：《焚书·续焚书》，岳麓书社，1990年版，第272页。

来兮图》,说明这两部作品在元明时期具有极大的号召力和影响力。《归去来兮辞》和《赤壁赋》不仅在文学水平上展现了极高的水准,而且在思想内容上体现了隐逸释怀、人生通透的哲理感悟,自然受到元明之人的追捧。

　　无论是苏轼、陶渊明个人还是《归去来兮辞》《赤壁赋》两部作品,本身在元明之际就有极大的影响力和传播度,所以元明时人热衷以当时流行的散曲翻写这两部作品就很好理解。同时,除了散曲,亦有大量关于苏轼及《赤壁赋》的戏曲作品。据邵敏《东坡赤壁的戏曲传播》,现存有19种关于苏轼的戏曲作品,其中10部涉及《赤壁赋》,最著名的是元杂剧《苏子瞻醉写赤壁赋》。这都说明《归去来兮辞》《赤壁赋》的影响力巨大,不仅被散曲檃栝,同时也已渗透于戏曲领域。任何真正经得起历史考验的经典作品,往往会与后世某个时段流行的艺术形式相融合,被不断改写、翻作,进而使其经典地位进一步深入人心。所以,三大选本对《归去来兮辞》《赤壁赋》檃栝曲的收录也是这些经典作品入明之后仍然具有强大生命力的体现。

　　此外,《雍熙乐府》还收录了一篇檃栝《琵琶行》的作品。白居易和《琵琶行》也是千古有名的文人和作品,成为《归去来兮辞》《赤壁赋》之外入选的又一篇檃栝曲词。这说明,选本选录檃栝题材并非任意选择,而必须是千古名篇、具有广泛的影响力和深度的流行度才行。《雍熙乐府》另有一篇新颖的檃栝《论语》的曲文:

　　【混江龙】后生可畏,君子谋道不谋食。与人恭而有礼,侍亲行孝无违。僭礼季孙为八佾,管仲之器有三归。欲诚其意,先致其知,莫见乎隐,莫显乎微。言思聪色思温貌思恭,志于道依于仁据于德游于艺。人而无信,大车无辄。

　　【油葫芦】由也升堂未入室,闻过喜,虽居贫贱不能移。礼之义用和为贵,先王之道斯为美。身已修家可齐,欲平天下先治国,如何是举枉错诸直。

　　【天下乐】三省吾身禀信实。时习,学在己,圣人言四十而不惑。富可求,贱可耻,虽执鞭士,吾亦为之。①

---

① (明)郭勋:《雍熙乐府》,明嘉靖四十五年本,卷四,第27页。

此曲把《论语》之中的警句、精言櫽栝为曲文，可谓异常新颖，同时一定程度反映出元明之时经学与散曲、戏曲的关系。张晓兰、赵建新《中国古代戏曲论稿》有《大传统与小传统的互渗——关于清代经学与戏曲关系的思考》一文，该文认为戏曲自产生之日，便与经学发生了千丝万缕的联系。但是，不同朝代中二者的关系并不相同。其云"宋元明三朝，经学的主要存在形态是宋明理学"，"宋明理学与戏曲的关系基本是对立的"，而"清代经学与戏曲的关系则有所不同。清代儒学的复盛和经学的兴盛乃至朴学的大兴促进了戏曲和经学的进一步融合"。① 他们认为，清代经学与戏曲之关系最为密切，而元明经学则与戏曲疏离甚至对立。此说有一定道理，因为元明时期的散曲、戏曲与经学确实较少交集，然而从此篇櫽栝《论语》的散曲来看，散曲、戏曲与经学也存在一定的联系。这种联系虽然有以经学说教的成分，但更富戏谑效果和解构意味，反映出元人对于经学接受具有玩世不恭的心态，同时也体现出元人思想开放、不拘一格的散曲创作态度。而能够把这种櫽栝经书的曲文收录，也反映出《雍熙乐府》并非对经学迂腐的敬畏，而是拥有择选曲文的包容心态。

三、"枕痕一线"体曲文

《雍熙乐府》《词林摘艳》有一种"枕痕一线"体，亦值得留意。所谓"枕痕一线"体，是指以"枕痕一线"四字开头的曲文。最为著名的是元代作家刘庭信【新水令】"枕痕一线印香腮"，此曲在《词林摘艳》《盛世新声》皆有收录，不过，以"枕痕一线"开头的曲文，《词林摘艳》仅此一曲，而在《雍熙乐府》中多达 15 篇。《雍熙乐府》中，这些曲文皆以【新水令】【驻马听】【乔牌儿】等曲牌组套创作。其中，"枕痕一线玉生春"作者为元人赵君祥，"枕痕一线界胭脂"作者为朱有燉，"枕痕一线粉香残"作者为陈大声，其他曲文则不知作者。

对于此种题材的始创者，《录鬼簿续编》以为是刘庭信。其云刘庭信"风晨月夕，唯以填词为事。有'枕痕一线印香腮'双调，和者甚众，莫能出其右"。② 不过，《雍熙乐府》中创作"枕痕一线玉生春"的赵君祥，

---

① 张晓兰、赵建新：《中国古代戏曲论稿》，中国社会科学出版社，2014 年版，第 224 页。
② 俞为民、孙蓉蓉：《历代曲话汇编·明代编第一集》，黄山书社，2009 年版，第 13 页。

吴梅考其生平云："赵君祥，名良弼。东平人。少时与钟嗣成，同师邓善之、曹克明、刘声之三先生。"①则赵君祥与钟嗣成同时，其生年当远在刘庭信之前，所以他更有可能是此类曲文的开先河者。另一证明是：《雍熙乐府》中"枕痕一线粉腮新"一曲，题为"次韵"，"次韵"是指古代唱和时步所和作品之韵，而此曲之韵正与赵君祥之作相同，可知作者乃是有意和赵君祥的作品。当然，也可能存在另一种可能：因为"枕痕一线"的句式，最早使用者为周邦彦，其词《满江红·春闺》有"枕痕一线红生玉"一句，所以不排除刘庭信、赵君祥皆是直接脱胎于此词的。

以同样四个字开篇的作品多达16篇，加之"枕痕一线印香腮""和者甚众"的效应以及陈大声、朱有燉都创作此类曲文，我们可以判断"枕痕一线"此体在明代前期十分流行。尤其值得注意的是，《雍熙乐府》曲文排列多有随意之处，但是涉及"枕痕一线"的曲文，有多篇排列颇有规律。卷十二中，"枕痕一线泪模糊""枕痕一线粉腮新""枕痕一线俏红香"三篇曲文连排在一起，题目分别为"闺情""次韵""重赋"。卷十一中，更有"枕痕一线玉生红""枕痕一线印腮颊""枕痕一线粉红娇""枕痕一线印香肌""枕痕一线泪淋漓"五篇连排在一起。同卷，又有"枕痕一线界芙蓉""枕痕一线粉红涅"连排在一起。是编者有意把它们按照同类编排在一起吗？显然并非如此。否则，他们为什么不把所有作品排在一起，而仅仅是个别作品连排、其他作品依然布局不一？所以，我们认为这些作品是编者搜录时就连在一起的，这也就意味着这些作品在明代前期可能存在其他流传的抄本或刻本，而在这些本子上有部分曲文是连在一起的，《雍熙乐府》就按照原来顺序一起收录了。

虽然这种"枕痕一线"的曲文，全部为相思、爱情题材，但也有其特别的意义。首先，它代表了一种散曲化用词作的具体例子。卢前云："大抵曲取词句，必经熔化。熔化者，熔词之貌，化而为曲之谓也。"②"枕痕一线"四个字最原始的出处是周邦彦"枕痕一线红生玉"，此作本是【满江红】词牌，且此句出现在作品中间，而散曲之作单单遴出此句，化为【新水令】曲牌的首句，所以说二者肯定不存在音乐上的承继、借用关系，

---

① 吴梅：《吴梅全集》，河北教育出版社，2002年版，第383~384页。
② 卢前：《卢前文史论稿》，中华书局，2005年版，第121页。

而只是纯粹文学上的化用。这说明，在元明两代，宋词本身的文学性对散曲产生了积极的影响。

其次，朱有燉特别偏好这一题材，不仅创作了一篇散曲，而且在其杂剧作品《李亚仙花酒曲江池》中还有一折使用了这一组套方式。这是全剧的最后一折，写李亚仙思念郑元和，后郑元和中举回归，俩人欢喜重聚。由于这一折几乎没有剧情，纯粹是以李亚仙的视角描写从相思的愁烦到重聚的喜悦，所以抽掉宾白，其与单纯的相思散曲无异。因此，虽然"枕痕一线"主要适用于散曲，但朱有燉却巧妙地稍加宾白，纳入戏剧之中，这也体现了剧曲、散曲具有互换属性的常态。

最后，虽然这些曲文题材雷同甚至老套，但并不乏佳作和金句。如《悲夏》中【得胜令】一段曲文："趁着这月上绿槐移，更和那风摆绿杨垂。则听的池畔蛙声闹，更有那林幽蝶影稀。伤悲，无酒三分醉。别离，情深千里期。"① 又如陈大声《闺情》【驻马听】："蝶僽蜂偆，芳草天涯春事晚。莺慵燕懒，杏花帘幕雨声寒。秦楼寂寞玉箫闲，楚台容易朝云散。乍离别经这番，恁般懊恼谁曾惯。"② 以及【雁儿落】："翠减了修眉柳叶弯，香消了娇脸桃花瓣。宽褪了纤腰翡翠裙，松绰了缕带鲛绡襻。"③ 这些曲文都文辞优美、酣畅淋漓，极有韵味。为了在老旧的题材中出新，曲文作者都在文字上颇求新意，如赵君祥《闺情》的【得胜令】："静巉巉团扇掩歌尘，碜可可罗帕渍啼痕，急煎煎永夜难成梦，孤另另斜阳半掩门。打叠起殷勤，不索向心中印。折挫了精神，风流病不离身。"④ 这一组叠字的使用在此类曲文中是独一无二的。又如无名氏《重赋》中的【得胜令】一套："探韩寿一分香，谒崔护一凹浆，学一滌相如器，偷一窥宋玉墙。刘郎迷一去桃花浪，裴航淹一宵玉杵霜。"⑤ 其把历史人物的逸事用连环叠扣的方式表达出来，亦新意十足。而最为出彩的当属朱有燉《谐偶》【水仙子】："茶不茶饭不饭刚揑两三匙，成不成就不就姻缘拖逗死。明不明暗不暗惹下些风流事，长不长短不短何日止。哭不哭笑不笑抹泪揉

---

① （明）郭勋：《雍熙乐府》，明嘉靖四十五年本，卷十一，第47页。
② （明）郭勋：《雍熙乐府》，明嘉靖四十五年本，卷十一，第86~87页。
③ （明）郭勋：《雍熙乐府》，明嘉靖四十五年本，卷十一，第87页。
④ （明）郭勋：《雍熙乐府》，明嘉靖四十五年本，卷十一，第56页。
⑤ （明）郭勋：《雍熙乐府》，明嘉靖四十五年本，卷十二，第53~54页。

眵，昏不昏醒不醒情如醉。吞不吞吐不吐气似丝，活不活死不死为那人儿。"① 这一套同样新颖别致的回环句式体现了朱有燉驾驭文字的水平确实非比寻常。所以，虽然题材老套，但我们看到每位作者其实都有推陈出新的愿望和努力，他们对几种文字技巧的不同运用也展现了文字在散曲之中变化的张力。

总之，《词林摘艳》《雍熙乐府》为我们保存的这一组曲文极具文献价值。它证实《录鬼簿续编》所云"'枕痕一线印香腮'双调，和者甚众"所言非虚，也保留了众多"和者"的具体作品。此外，刘效祖《良辰乐事》曾作【小梁州】诸曲，有四首曲作首句分别借用"枕痕一线玉生红""枕痕一线界胭脂""枕痕一线界芙蓉""枕痕一线粉香残"。刘效祖为嘉靖朝人，可见当时这类曲文依然深受欢迎，而这四首曲文首句除了"枕痕一线界胭脂""枕痕一线粉香残"分别为朱有燉、陈大声作，另两首皆为《雍熙乐府》所载无名氏作品。刘效祖嘉靖二十九年（1550）中进士，则其为官时，《雍熙乐府》初刻本已经出版，所以这些作品他可能就是通过《雍熙乐府》读到的，如此又可见《雍熙乐府》在当时散曲传播上的影响。

四、题咏题材之曲文

咏物，历来是诗词创作中的重要题材。《盛世新声》《词林摘艳》《雍熙乐府》收录的咏物题材作品有25篇，其中有作者姓名者16篇，无名氏者9篇。其中，绝大部分是《雍熙乐府》单独收录，《盛世新声》只收录【一枝花】"玉温成软款情"、【一枝花】"休将斑竹题"、【新水令】"燕莺巢强恋做凤鸾帏"三篇，皆为朱有燉之作。《词林摘艳》则只收录陈大声【八声甘州】"春光艳阳"一篇。可见，在曲文数量相对较少的《盛世新声》《词林摘艳》中，咏物题材是受到轻视的。不过《雍熙乐府》收录较多，因此咏物题材作为选本中具有特点的一类题材，还是值得进行讨论的。

从《雍熙乐府》收录的咏物题材可以发现一个现象：咏物乃是文人、贵族所爱。在其所收的16篇有姓名作者的作品里，元代作家只有3人，分别是曾瑞、朱庭玉、吕天用；其他13篇皆为明代朱有燉、汤舜民、陈

---

① （明）郭勋：《雍熙乐府》，明嘉靖四十五年本，卷十一，第64页。

大声所作，其中汤舜民7篇，陈大声3篇，朱有燉3篇。这些有作者可考的作品，多以咏梅、莲、蝶等传统诗词所咏的动植物为主。在朱有燉、汤舜民、陈大声三人的作品中，咏物类型较为丰富，同时呈现出鲜明的贵族化特征。汤舜民的作品所咏的有书斋、云、梅花、月亮、桧树，朱有燉的作品所咏的有梅花、绣帘、春燕，而陈大声的作品所咏为宝剑、月亮、蝴蝶。由于汤舜民是明成祖的御用文人，朱有燉本身就是藩王，陈大声亦属上层文人，因此他们都坐享书斋、宝剑、植桧、绣帘等相对优越的生活环境和物质条件，这些优越的物质对象自然也会反映到他们的题咏作品中。同时，这些人地位相对优越，生活无忧，其曲文都是抒发一种闲乐、自在或是仙道之情。如汤舜民《云巢》【尾声】："听琴鹤至分床宿，送果猿来借榻居，绝胜当年老巢父。怡然自娱，恬然自足，再不从龙化甘雨。"①以及《咏丹桂》【倘秀才】："银床静缤纷落英，碧天朗扶疏美晴，月色秋光一样明。绕枝鸟不定，捣药兔长生，尘居的自省。"② 这两篇曲文都体现出一种超然、自得的心理状态。又如陈大声《咏蝶》【八声甘州】："春光艳阳，正人意徊徨，花柳浓妆。西园堪赏，步莎茵喜吸笙簧。桃花烂漫游客醉，院宇深沉春昼长，见十九个粉蝶儿巧笔难妆。"③ 此文表现的亦是闲乐怡然的心态。所以，他们所题咏的对象，要么是梅、月等传统士大夫热衷的对象，要么是宝剑、书斋等具有贵族、文人身份象征的对象，且都有闲乐、悠然的士大夫的气韵，因此他们的题咏曲文极具士大夫化、贵族化倾向。

这种贵族化也可以从其与朱庭玉的作品比较中看出。朱庭玉是元代下层文人，同样是咏梅之作，朱庭玉的作品带有一种自况的磊落不平之气，如"【混江龙】水南佳会，主人尊俎盛安排。北州远客，西洛英才。和气须知席上出，孤芳先向腊前开。宜珍赏应题赋景，落笔书怀。【六么遍】故人应与梅同态，梅虽雅淡人更清白。人之丰采，梅之调格，人与梅花俱可爱。无奈岁寒姿，可惜在尘埃"④。而朱有燉和汤舜民的作品则明显雕琢而雅丽，如朱有燉《梅花》【一枝花】："玉温成软款情，玉琢就玲珑样。

---

① （明）郭勋：《雍熙乐府》，明嘉靖四十五年本，卷八，第19页。
② （明）郭勋：《雍熙乐府》，明嘉靖四十五年本，卷二，第45页。
③ （明）郭勋：《雍熙乐府》，明嘉靖四十五年本，卷四，第71页。
④ （明）郭勋：《雍熙乐府》，明嘉靖四十五年本，卷四，第81页。

玉生来丰韵美，玉出落姓名香。骨玉肌香，香透彻琼瑶像，玉包含脑麝香。只因他压名园花里夺魁，致令的开画阁花前宴赏。"① 又如汤舜民《梅》【一枝花】："休言白玉堂，怎和黄金鼎。难栽玛瑙瓮，宜插水晶瓶。索笑为生，冷暖偎村径，朝昏傍驿亭。长则是采薪夫觅觅寻寻，那里取惜花客潜潜等等。"② 显然，其曲文风格十分典雅，贵族化明显。也正因他们的作品都是贵族化的咏物，下层文人张禄编选的《词林摘艳》只收录了一篇。

这种雅丽、雕琢的作品难言优秀，不过朱有燉、汤舜民的咏物作品还是有个别出色之作，如朱有燉这首《绣帘》：

【一枝花】休将斑竹题，莫把虾须论。玉钩和锦卷，金缕间绒分，绣出湘纹。他自是画阁兰堂分，怎伴的茅庵草舍尘。屈沉了可奚的闭月羞花，难猜做寻常的施朱傅粉。

【小梁州】散五彩花枝蹀躞，助一庭风月清新，凤楼中展挂起十分俊。烟荧翠霭，花簇红云，低妨舞燕，高隔啼莺。掩中堂香篆氤氲，障闲阶柳絮纷纭。相随呵时常教伴着个佳人，卷舒呵子愿的遇着个贵人，钩控呵是必休撞着个村人。也索，自忖，莫等的风吹日炙无淹润。彩色落，乱方寸，憔悴了容颜断送了春，那其间施展无因。

【余音】你既是下功夫绣得来多娇嫩，趁如今有颜色休教错进身，拣一苔相趁相宜好时分。似这般色新，不挂在殿门，常卷入草户柴扉算的你是个蠢。③

此曲题咏绣帘，本身所咏之物就比较新颖，且通篇曲文通雅可爱。尤其是最后一句将绣帘拟人化，以绣帘比喻娇嫩、美丽的姑娘，暗喻姑娘应找般配的才郎，不要随便找配不上自己的村夫浪子。其比喻新颖贴切，堪称佳作。

《雍熙乐府》另有一些题咏作品为无名氏作者所作，他们多为下层文人。这些作品和朱有燉、汤舜民贵族化的作品具有明显差异。首先，除了题咏琴棋书画等文人热爱的物件外，这些作品题咏的对象明显世俗化，有

---

① （明）郭勋：《雍熙乐府》，明嘉靖四十五年本，卷八，第25页。
② （明）郭勋：《雍熙乐府》，明嘉靖四十五年本，卷十，第58页。
③ （明）郭勋：《雍熙乐府》，明嘉靖四十五年本，卷八，第53页。

的题咏香绵,有的题咏促织,更有的题咏小脚。它们所咏的对象与朱、汤、陈所题咏的梅花、月亮、宝剑等在意象上有明显的差异,如《题小脚》:

【小梁州】步苍苔金莲似笋,过瑶阶玉嫩如芽,湘裙微露些娘大。恰便似双凫出水,新月笼纱,玉钩帘控,嫩藕生芽。不知那可喜娘怎的缠扎,多情人不住嗟呀。莫不是瑶台仙误落在天台,莫不是巫娥女朝游楚峡,莫不是许飞琼降落在凡家。见他,爱杀,立钦钦穿一对新刀抹。那周正,那如法,载不起东风大路刮,委实的堪夸。【尾声】偏宜向紫霄宫里把青鸾跨,宜去那花萼楼前将宝镫踏,画板秋千将彩绳儿压。庞儿俊雅,天生的喜恰,更有那万种妖娆并无有半星假。①

此曲以直叙和比喻的方式描绘了小脚之美。通篇显示一种世俗化的审美趣味和语言表达,与朱、汤等人高雅的风格不同。

其中又有《题促织》一篇,虽为题咏,但其个别段落将促织拟人,非常独特。此篇开篇先是写主人寻找到心仪的促织,对之赞美:

【粉蝶儿】他生的巧妙身奇,住中央清凉之地,节阴阳改变了容仪。夏初生,直待得白露降,恰成了匹配。堪爱堪题,长在那土坡中快活似尘世。②

之后,该文以一套曲牌为单位,相间转换角色:一套曲牌以主人视角,下一套曲牌就以促织口吻。比如在主人寻找促织的过程中,既以主人视角观察促织又将促织拟人,以促织角度观察主人:

【红绣鞋】在窝中争雄相觑,寻我的蹑足轻踪走到根底。他将那吹桶牵杖急忙催,赶的我怎躲避。款款出墙围,他见我这形容儿心上喜。③

之后又切换到主人视角,评价促织:

【红绣鞋】这促织端然无对,双须全尾似尖锥,不曾见这促织生

---

① (明)郭勋:《雍熙乐府》,明嘉靖四十五年本,卷九,第11~12页。
② (明)郭勋:《雍熙乐府》,明嘉靖四十五年本,卷六,第36页。
③ (明)郭勋:《雍熙乐府》,明嘉靖四十五年本,卷六,第37页。

的来试为魁。三段锦天生就，端的是世间稀，谁想我拿住你。①

之后再次切换到促织视角，写主人将自己取回家中，好生照料：

【满庭芳】定睛地端详了半日，他说我身长一寸，匾阔梨皮。轻轻地放在笼儿里，有这个再不拘别的。到家中除帻卸衣，他可便用心儿在意收拾。没乱的心如醉，将盆儿抹洗，安排下美味细新食。②

这种人和促织之间的角色切换可以说是题咏散曲中非常新颖的表现方式。此外，此文还极富批判色彩，写促织到主人家后，起初百般善待：

【四煞】将梅花盆抹的干，将马蹄儿碾压的实，他将那蚯蚓土来忙寻觅。凉网是铜丝结就将盆盖，牵草是五彩绒丝缠就的。头一号是咱名讳，比在野田里纵横自在，有时新爽口清食。③

然而，主人优待促织的目的却是让促织为自己和其他促织搏斗，而一旦输了，就将促织弃如敝屣：

【二煞】莲蓬水过我几遭，将自然铜放在水儿里。他着那烂豆腐拌喂到三四次，撑的我跐着钳齿全了抱爪。他将我打露迎霜到第二日，他将我与别的对。赢了呵遂心称意，输了呵丢我在桶子缸里。④

此套曲文实际上是作者借促织之嘴批判世俗社会的势利、功利以及人情冷暖，更加彰显了通篇的世俗色彩。而这种咏物手法在某种程度又与散曲中常用的动物拟人的作品相似。《雍熙乐府》所收姚守中的《牛诉冤》、曾瑞的《羊诉冤》皆是借动物之口批判现实社会，与此曲有异曲同工之妙。

第二节 曲海遗珠：选本无名氏作品讨论

嘉靖戏曲选本收录作品种类丰富，其中大量为无名氏作品。这些无名氏作品既包括杂剧、戏文，又包括散曲。《盛世新声》43 部杂剧中，有 9

---

① （明）郭勋：《雍熙乐府》，明嘉靖四十五年本，卷六，第 37 页。
② （明）郭勋：《雍熙乐府》，明嘉靖四十五年本，卷六，第 37 页。
③ （明）郭勋：《雍熙乐府》，明嘉靖四十五年本，卷六，第 38 页。
④ （明）郭勋：《雍熙乐府》，明嘉靖四十五年本，卷六，第 38 页。

部为无名氏作品；《词林摘艳》38 部杂剧中，有 8 部为无名氏作品；《雍熙乐府》83 部杂剧中，有 12 部为无名氏作品。如果说杂剧中的无名氏作品的比例并不突出的话，那么在散套中，无名氏作品几乎可以占据半壁江山。《雍熙乐府》842 套散套中，有 456 套为无名氏作品；《词林摘艳》255 套散套中，有 90 套为无名氏作品；《盛世新声》264 套散套中，有 101 套为无名氏作品。三大选本中最能代表无名氏作品特质和水平的主要是散曲作品。无名氏的作品具有较为明显的市井气息和世俗特征，不仅是嘉靖选本不可忽视的一部分，而且是元明两代散曲、戏曲最为重要的组成部分。

一、无名氏作品的作者构成

无名氏，古亦通"亡名氏"，是没有姓名之意。在文学选本中，往往用以指代没有姓名可考的作品的作者。结合嘉靖选本的无名氏作品，我们发现其中的无名氏作者的构成主要分为以下几种情况。

其一，大部分无名氏作者是下层文人和书会才人。书会才人是专门供职书会、写作为生的文人，如高文秀、康进之、杨显之等。而下层文人，不少是下层官吏，如虞吉甫、宫天挺、尚仲贤等。众所周知，元代建立之后，废除科举，文人仕途无路，地位低下。叶子奇《草木子》云："台省要官皆北人为之，汉人、南人万中无一二。其得为者不过州县卑秩，盖亦仅有而绝无者也。"[①] 汉族文人完全被排斥在统治集团之外，他们只能"或习刀笔以为吏胥，或执仆役以事官僚"。大部分文人无官可做，纵然为官，也仅是底层小吏，因此他们放弃了兼济天下的儒家理想，开始"嘲风弄月，流连光景"。不少文人生活于市井街市，以词曲为乐。曾瑞"衣冠整肃，优游于市井，洒然如神仙中人。志不屈物，故不愿仕"[②]。刘庭信"落魄不羁，工于笑谈，天性聪慧，至于辞章，信口成句，而街市俚近之谈，变用新奇"[③]。他们这种创作词曲的能力并不仅仅是情绪的宣泄和才华的卖弄，也可以成为谋生的手段。不少文人为书会编写词曲、小说，就

[①] （明）叶子奇：《草木子》，清乾隆五十一年刻本，卷三，第 11 页。
[②] 俞为民、孙蓉蓉：《历代曲话汇编·唐宋元编》，黄山书社，2006 年版，第 369 页。
[③] 俞为民、孙蓉蓉：《历代曲话汇编·唐宋元编》，黄山书社，2006 年版，第 493 页。

成了书会才人。王国维云:"此种人士,一旦失所业,固不能为学术上之事,而高文典册,又非其所素习也。适杂剧之新体出,遂多从事于此。"①南戏《立错身》《小孙屠》皆为古杭才人、古杭书会所编,《立错身》中还有"更压着御京书会"之语;而萧德祥本"以医为业",但也在"武林书会展雄才",所以其作品"街市盛行"。可知元代书会极多,是戏曲、散曲创作的主要基地。书会才人有的是全职,有的则是兼职,基本都是下层文人,地位不高。像如上所列的有幸留名的作者,人数并不多,大部分下层文人和书会才人很难留名。正如钟嗣成所言:"余因暇日,缅怀故人,门第卑微,职位不振,高才博识,俱有可录,岁月弥久,湮没无闻。"② 虽然这些下层文人"高才博识",但是"门第卑微,职位不振",因此名字"湮没无闻"。如果不是钟嗣成的《录鬼簿》,我们今天能够知道的作家姓名更少。而能够留下姓名的下层文人往往只有三种人。第一种是关汉卿这样的一流作家,作品水平极高,名气极大。第二种是虽然地位不高,但常与官员有交往的作家。因为元代戏曲盛行,官员非常喜爱戏曲,常常接待、宴请戏曲创作的才人,如夏庭芝《青楼集》载"丁指挥会才人刘士昌、程继善等于江乡园小饮"③。第三种是本身职位相对较高的作家,比如兰楚芳。抑或是官员的亲戚,如刘庭信是南台御史刘廷翰之族弟。而刘庭信又与兰楚芳互为唱和,时人以元、白拟之,因此刘庭信也有幸留名于世。所以能够留名的作家,要么因为水平非凡而名声极大,要么具有一定的官宦背景,无此两项,留名就很难了。三大选本中的无名氏作者,大部分即为未能留名于世的下层文人和书会才人。

其二,梨园优伶是三大选本无名氏作者的又一个群体。《词林摘艳》卷三"【粉蝶儿】从东陇风动松呼"标名"元梨园黑老五",可知黑老五可能是元代梨园的优伶。又同卷"【沁园春】瑞霭祥云环禁闱"标名"教坊曹氏",可知此作出自教坊姓曹的艺人。元代的优伶艺人,主要供职于两处,一处是戏班,一处是教坊。元代承袭宋代教坊之制,根据不同的乐器和职能设置不同色部,诸色之长为"色长"。教坊为官方所设,主要服务

---

① 王国维:《王国维集》,中国社会科学出版社,2008年版,第62页。
② 俞为民、孙蓉蓉:《历代曲话汇编·唐宋元编》,黄山书社,2006年版,第315页。
③ 俞为民、孙蓉蓉:《历代曲话汇编·唐宋元编》,黄山书社,2006年版,第493页。

于官方演剧,但绝不仅仅演剧,也从事戏剧和散曲的创作。例如有姓名可考的作家中,赵文殷为教坊色长,他创作过《宦门子弟立错身》《渡孟津武王伐纣》等剧,而张国宾为"教坊勾管",创作了《汉高祖衣锦还乡》《薛仁贵衣锦还乡》等剧。

元代的民间戏班则主要服务于民间,他们基本以家庭为单位,既可在城市的勾栏、酒肆演出,又可游走于乡村庙台、戏棚等地。因为根植于民间,他们更需要不断地创作新的作品,以此满足民众的需求。演剧之余,他们也会创作散曲。所以,教坊、戏班是戏曲、散曲创作的另外一个重地,因为伶人地位低下,作品难以留下姓名。

其三,女性是无名氏作者最为重要的群体之一。很大部分的闺怨、相思曲词都出自女性之手,但因为她们地位低下,也没有留下的姓名的可能。只有极个别幸运的歌妓可能留下姓氏。如《词林摘艳》卷三"【粉蝶儿】江景萧疏"标有"元大都歌妓王氏",然而整部选本之中只有此篇为歌妓标注了姓氏。所以,类似于王氏这样的女性作家并不在少数,只是很难留下姓名。元曲的女性作家主要分为两种,一种是专门从事戏曲、音乐艺术的歌妓和优伶,乔吉有【斗鹌鹑】一曲赠某位歌姬:"教坊驰名,梨园上班。"① 赵明道亦有赠歌姬之曲:"乐府梨园,先贤老郎。上殿伶伦,前辈色长。承应俳优,后进教坊。"② 此类女性艺人当属艺伎范畴,主要从事艺术表演和创作。另一种则来自青楼,她们除了进行曲乐表演,还要陪酒、侍宴。虽然这些优妓的作品鲜有留名者,但这样一个创作群体不能被忽视。

女性参与散曲创作,首先源自不少女性具有一定的文化修养。《青楼集》载梁园秀"喜亲文墨,作字楷媚,间吟小诗亦佳"③,樊香歌"颇涉猎书史"④,刘婆惜"颇通文墨"⑤。她们虽不具备文人那么高的文化水平,但也足够进行词曲创作,而且有的歌妓天生聪慧,比如张怡侍宴姚燧、阎复时,曾即兴作词,传为美谈。其次,不少歌妓、优伶与文人关系密切,

---

① 俞为民、孙蓉蓉:《历代曲话汇编·唐宋元编》,黄山书社,2006年版,第223页。
② 俞为民、孙蓉蓉:《历代曲话汇编·唐宋元编》,黄山书社,2006年版,第221页。
③ 俞为民、孙蓉蓉:《历代曲话汇编·唐宋元编》,黄山书社,2006年版,第473页。
④ 俞为民、孙蓉蓉:《历代曲话汇编·唐宋元编》,黄山书社,2006年版,第486页。
⑤ 俞为民、孙蓉蓉:《历代曲话汇编·唐宋元编》,黄山书社,2006年版,第494页。

交往之中自然增进创作水平。《青楼集》中，可以找到大量文人、优妓交往的事迹。如顺时秀曾与王元鼎相密，并得刘时中赏识。又如刘庭信与般般丑往来甚密，交情不浅。元代优妓与文人的交往主要分为三种情况：第一种是上层文人或者高官聚会宴饮，让优妓侍奉宴席、表演助兴。如鲜于伯机设宴，皆名士参加，京师名妓曹娥秀也被邀请参加。第二种是优妓被上层文人高官纳为妾室。第三种是优妓与下层文人或官吏结交朋友，互赠词曲，如关汉卿赠曲珠帘秀、滕玉霄赠曲宋六嫂、亢文苑赠曲周人爱、乔吉赠曲李芝仪。在与文人的交往过程中，这些优妓自然也提升了文化修养和创作水平，尤其刘庭信、乔吉这样和优妓交往的文人本身就是词曲大家，他们的创作自然也会影响到优妓的创作。客观来说，部分优妓的生活待遇并非很差。尤其对于一些名妓来说，她们深得士大夫和富豪子弟的宠爱，生活条件甚至非常优越。如张玉莲"往来其门，率富贵公子。积家丰厚，喜延款士夫，复挥金如土，无少暂惜爱"①。在经济条件上，部分优妓甚至堪称"阔绰"。但是，这无法改变整个优妓群体地位低下的事实，以及大部分优妓生活艰辛的常态。

　　古代的优妓绝大部分是底层民众的后代，为生活所迫才从妓的。而元代对优伶实行"乐籍"世袭，有的女性因为家族本身就是"乐籍"，所以生来就必须从艺。即便有的优妓得到官员宠幸，纳为妾室，脱离乐籍，过上不错的生活，也只是暂时的附庸。一旦官员死去，她们又流落市井，重归乐籍。《青楼集》中的顾山山是反映元代优妓命运的很好例子，她"本良家子，因父而俱失身"，"始嫁乐人李小大，李没，华亭县长哈剌不花置于侧室，凡十二年。后复居乐籍"②。可以说，顾山山颠沛流离、没有自我的一生是绝大多数优妓的真实写照。而如此地位的优妓，其作品又怎么可能留有姓名呢？

　　此外，《雍熙乐府》还收录了大量歌功颂德、庆赏太平的曲文，除了部分是贾仲明等皇室文人所作，大部分也是无名氏所作。这些作品主要来自明代的宫廷艺人。前文已知，明代中前期的历代皇帝都非常喜爱戏曲，皇室不仅拥有良好的戏曲氛围，而且拥有教坊司等专业的音乐机构，圈养

---

① 俞为民、孙蓉蓉：《历代曲话汇编·唐宋元编》，黄山书社，2006 年版，第 487 页。
② 俞为民、孙蓉蓉：《历代曲话汇编·唐宋元编》，黄山书社，2006 年版，第 490 页。

着大量优伶和艺人。这些艺人除了进行表演，自己也进行创作。赵琦美《脉望馆钞校本古今杂剧》中共有242种杂剧，其中有172种抄本，抄本之中又有95种可以确定抄自内府，而这其中又有50多种可以确定为宫廷艺人原创。这些宫廷艺人创作的杂剧就包括《祝万寿万国来朝》《庆冬至共享太平宴》等大量歌功颂德之剧。由此可知，宫廷的教坊艺人主要创作服务于歌颂圣朝皇室的作品，三大选本中的【端正好】"荷圣主抚洪基"、【油葫芦】"天下黎民仰圣德"、【粉蝶儿】"锦绣封疆"等祝颂曲文都是宫廷的无名氏艺人所创作的。

另外需要提及的是，无名氏作者也并非都是下层之人，也有一部分作者具有一定的社会地位，或者本身家境殷阔，或者本身乃是上层官员，总之生活水平较高。他们的作品之所以没有名氏，很可能是因为他们虽然喜欢词曲，但认为词曲属于小道，不愿留名。这类无名氏作品多以娱乐、玩赏的题材为主，如《夏景受用》："【小梁州】飘翠竹青龙动影，又来到碧柔蓝绿水人家，有珍馐百味安排下。黄金瓶花插琼蕊，白玉瓯酒泛流霞，玳瑁盘宜盛鲜果，玻璃钟酥搅新茶。四件物偏美偏佳，三般儿堪赏堪夸。见见见花弄风却一似朱雀腾毛，是是是荷带两便一似青龙渲甲，看看看我则见藕钻泥恰便似白象张牙。猛抬头觑咱，有丹青巧笔难描画。湖亭畔，画桥下，见一只小小莲舟可喜煞。载数个堪赏玩的娇娃。"①又如《宴会》："【一枝花】画堂中列翠鬟，玳筵前排红袖，倚玉屏挨锦榻，卷绣幔吊香球。帘卷金钩，兰麝霭浑金兽，种葵花接翠竹。浅斟茶有一簇绿鬓佳人，闲谈论有几个知心故友。"②这两篇曲文描绘出一种相对优越的生活环境，说明其创作者可能是上层文人，不过此类曲文和作者在无名氏作品中只占据非常小的比例。

在此，另需说明一点：《词林摘艳》虽标注"无名氏"，但有部分作品实则属于误标。如"【集贤宾】倚龙泉数声长叹息"标"无名氏"，此曲实为汤舜民所作；"【一枝花】春风眼底思"实为亢文苑所作；"【八声甘州】春光艳阳"则为陈大声所作。此外，【斗鹌鹑】绿柳凋残、【一枝花】润夭桃灼灼红皆标"无名氏"，但前者为王伯成所作，后者为马彦良所作。所

---

① （明）郭勋：《雍熙乐府》，明嘉靖四十五年本，卷九，第21页。
② （明）郭勋：《雍熙乐府》，明嘉靖四十五年本，卷十，第8页。

以，这些作品本有作者可考，只是选本编者弄错了。造成这种现象的原因和编者的疏忽有关，也和古代文本的传抄、传播状况有关。虽然明代的印刷业已经十分发达，但传抄依然是文本传播的重要方式，在传抄过程中，原本的作者名氏可能就会丢失。同时，散曲作品能够口头传播的特质，也容易导致部分作者姓名在传播中被忽略，被书坊编书时误以为没有作者可寻。另外，也和元代散曲刻本的排版有关，有的散曲选集的部分作品在某位作者的一系列作品中，只在第一篇作品处标注姓名，所以也容易让人误以为后面的作品没有作者姓名。

二、无名氏曲文的艺术特色和成就

无名氏作品的作者大部分是下层文人、市井艺人和优伶歌妓，其风格充满世俗色彩，所表现的内容也极富市井气息和市侩兴味。尤其是散曲作品更能代表无名氏作品的风貌。而在无名氏的散曲作品中，又有几类作品最能代表无名氏作品的特点和风采。

第一类是涉及爱情的作品。上文已知，嘉靖选本比重最大的就是爱情题材作品，而这些作品绝大部分是无名氏所作。爱情是元明词曲创作中各个阶层都会涉猎的题材，市井阶层作家对于爱情较少伦理、道德的约束，因此其作品对爱情表现直接、热辣，甚至热衷于浓墨表现云雨场面。如此曲：

【醉花阴】日永帘栊篆烟霭，簇绛纱葵榴斗色。听蝉噪绿阴槐，出水荷开，亭台下雕栏侧。

【喜迁莺】粉汗滴香腮，娇滴滴玉脸溶溶红映白，咸丰姿体态。绿云堆上插金钗，偏歪。那妖娆媂色，堪可上金妆七宝台。美俊哉嫦娥临凡世，仙子离天台。

【古水仙子】香罗上红点帛，端的是可可喜喜娇嫩色。看了他丰丰韵韵堪人爱，真个似一朵牡丹花妖妖艳艳珠露滴开。美姿姿好是奇哉，汗淋淋玉纤向粉脸上揩，意匆匆不觉浑身态，乱髯髯云髻歪。

【塞儿令】阳台，阳台，楚巫娥今夜和谐，似采药的刘晨到天台。越看红白，春意美还在。

【神仗儿】又早是云收雨开，也不肯鸾分凤拆。恰褪了蝶粉蜂黄，常则要莺随燕来。似双蒂莲并排，连理枝相挨，合欢带休解，琴瑟永和谐……

【尾声】忽的星稀月沉海，悄声儿嘱咐多才：将你那俊俏的心肠莫更改。①

此曲《词林摘艳》题名"风情"，《雍熙乐府》题名"美遇"，从题目即可看出其中颇为露骨的情味。这篇曲文用华美辞藻盛赞自己钦慕的女人的外貌，毫不掩饰作者对所爱女人形象上的欣赏和爱慕。文人的诗词也有大量表现女人之美的，往往较为含蓄，多以各种比喻进行修饰，而无名氏的散曲则直接表现女人的衣饰、妆扮，非常直接。此曲即用不厌其烦的笔触从香腮到体态，从肤色到妆容，都进行一番浓描写画，且不乏"美姿姿好是奇哉""端的是可可喜喜娇嫩色"这样口语化的赞美。此曲最后还用很多细节描写了恋人云雨之事，身体的交融后，又回归思情的表现，一句"将你那俊俏的心肠莫更改"不仅点明题旨，而且为曲文增添了几分世俗气息。

爱情题材之中，有不少为相思之作，歌妓作品所表现的相思之情较之文人作品更为细腻、贴切、真实。如此曲：

【醉花阴】雪月风花共裁剪，云雨梦香娇玉软。花正发月初圆，雪压风颠，正比人天涯远。欲寄断肠篇，争奈这无边岸相思，好教我难运转……

【出队子】记当初相见，见俺那风流的小业冤。两心中便结死生缘，一载间浑如胶漆坚。谁承望半路里翻腾做离恨天。

【幺篇】二三朝不见，浑如隔了十数年。无一顿茶饭不萦牵，无一刻光阴不怅念，无一个更儿里将他不梦见。

【刮地风】无一个来人行不问遍，害的我有似风颠。相识每见了重还劝，不由人不挂牵。思量的眼前活现，作念的口中粘涎，襟领前袖口边泪痕溼遍。想从前语在先，那时节他娇小我当年，论聪明贯世何曾见，他敢真诚处有万千。②

---

① （明）郭勋：《雍熙乐府》，明嘉靖四十五年本，卷一，第4~6页。
② （明）郭勋：《雍熙乐府》，明嘉靖四十五年本，卷一，第10页。

文人作品中也有不少相思题材,包括很多男性作家以女性视角写相思。相比于文人作品,无名氏的相思作品无疑更为真实,因为很多作者本身就是处于相思之中的优妓,其曲文内容就是作者的真实情感和所思所想。她们表达相思的方式更为直接,纯粹以倾诉、口语的方式道出相思。"无一顿茶饭不萦牵,无一刻光阴不怅念,无一个更儿里将他不梦见"这样的语言并无太多修辞,却生动、真实地表现了相思女的内心实况。当然,有时也并非全部直接倾诉,如"无一个来人行不问遍,害的我有似风颠",通过作者焦急、迫切地询问行人有关情郎的音讯,从侧面反映了她的相思之情。仅此一句话,却极具生活感,引人身临其境。这些出自优妓的曲文既不像文人作家的相思曲辞那样缺乏女性情感的真实,又不像部分闺秀女作家那样细腻朦胧,更能表现古代女子对于爱情的原始、热烈、不受束缚的情感。而诸如"见俺那风流的小业冤"这样热烈奔放的爱情表达,往往也只能见于优妓作品之中。

第二类是青楼烟花题材,虽然也是表现男欢女爱,却充满赤裸裸的社会性。无名氏作品中有青楼妓女的作品,而很多下层文人或伶人也常常出入青楼,因此青楼烟花就成为妓女和文人都会涉猎的题材。青楼烟花题材中的女子相思闺怨曲文与其他相思曲文风格一致,较有特色的是一些表现放荡游逸、劝妓从良等的曲文。

青楼烟花题材作品多为表现作者青楼游玩、娱乐、放浪的经历。元代文人和青楼妓女具有非常密切的关系,下层文人尤其如此。很多下层文人放浪于青楼,可能并非真正的发泄欲望,而是生活不得志后的自我放纵、情绪转移。他们的作品描绘出一幅青楼行乐的写实图。如【点绛唇】"月户云窗"中"鸣珂里巷,俏名儿占断锦排场。歌传金缕,舞着霓裳。才貌绝胜苏小小,风流不让吕双双。听嬛婉樽前唱,比花解语,如玉生香"[①],其写作者受朋友之邀到青楼娱乐,完整记述了青楼的场面装饰、妓女情态以及行乐的情况。另有一曲《稍刷行院》,同样是写青楼娱乐的情形,"霎时间羊宰翻,不移时雁煮熟。安排就,玉天仙般作念到三千句"[②],一派尽情放浪、醉生梦死的情形。

---

① (明)郭勋:《雍熙乐府》,明嘉靖四十五年本,卷四,第37~38页。
② (明)郭勋:《雍熙乐府》,明嘉靖四十五年本,卷七,第60~61页。

除了表现青楼游荡，还有部分作品是表现作者对于烟花放浪生活的悔悟：

【一枝花】别离了风月乡，拜辞了莺花堑，火烧了桑木剑，水淹了纸糊枕。免受拘铃，绝却相思念，再不将鬼病染。桃源洞雁懒莺慵，阳台路云收雨敛。

【小梁州】恶狠狠巴钱母严，喜孜孜统馒俫忺。偎红倚翠情都厌，再不将争锋旗展，推磨杵砧。郑生玉窃，韩寿香拈，再不看银筝上玉笋纤纤，翠裙下罗袜尖尖。你早子识破也罢职陶潜，得悟也嘲词子瞻，还魂也梦笔江淹。得甜，便嫌俏排场倒换与别人占。既妆孤，不妆欠，鼻凹里沙糖再不舔，免着人碎割零拷。

【尾声】从今后将缠头红锦裁做衣襟，买笑黄金做了养廉。守着俺稚子山妻那些儿俭，将香醪满添，把柴门半掩，看那伙不惜命的禽儿尽遭闪。①

这种曲文是作者对自己过去沉迷烟花生活的反思和忏悔，往往先叙述当年如何青楼行乐，然后懊悔当初不该如此，并痛下决心，开始悔过自新，回归家庭，远离青楼。这种曲文充斥着"鼻凹里沙糖再不舔"这样市井化的口语词句，既敢于暴露自己当年沉迷烟花之态，又敢于表露自己悔悟自新的决心。而作者之所以悔悟，一方面源自沉迷青楼本身确实不是正常的生活状态，轻者玩物丧志，重者妻离子散，作者长久深陷其中之后会渐渐有一个省悟的过程；另一方面源自青楼的种种阴暗面，给作者造成打击。尤其是"恶狠狠巴钱母严，喜孜孜统馒俫忺"，青楼老鸨通常都唯利是图，喜欢盘剥客人，榨取钱财。所以，青楼题材还有一些批判老鸨、妓女拜金的作品：

【点绛唇】花面金刚，绮罗形象，乔模样，玉体魔王，但遇着遭魔障。

【混江龙】想着我数年飘荡，都为那春风一曲杜韦娘。使了些没疼热钱钞，弃了些有子粒田桑，只落得象板轻敲笼彩袖，银筝款拨对红妆。我听了些淫词艳曲，他吃了些美酒肥羊；我废了些金银头面，

---

① （明）郭勋：《雍熙乐府》，明嘉靖四十五年本，卷八，第53~54页。

他置了些罗锦衣裳；我典卖了些东西园圃，他盖造了些前后房廊。我若不千金买笑，他怎肯万种思量；我假若一时不到，他便就去处唱扬。我恋他时乖运蹇半生贫，他爱我家肥屋润十年旺。从今后再不去花街柳陌，躲离了乐户云窗。

【油葫芦】纸样恩情不久长，我自忖量，都是我钱财买转了得成双。你若是无钱呵便休想同罗帐，他那里不便宜怎肯相亲傍。他只待钱亲人不亲，财香人不香。我为他把泼天般家当无归向，恰收心惟有一空囊。

【天下乐】他转眼看人陌路傍，有甚么贞良，做了些歹勾当。他只待接金银着斗量，我将那箱笼内财都放做烟花帐，闪煞我张敞画眉郎……

【赚煞】我跳出了万丈穴，界破了千寻浪。我这里断送了朝来暮往，则教他勾抹了恩情再休想，将他那杏脸桃腮付与何郎。再不心狂，毕罢思量，恋酒贪花不久长。从前事已忘，管甚么桃溪桃浪，我只怕被繁华误赚了老刘郎。①

这类作品的作者应当都是自己或者朋友受到过老鸨、妓女的盘剥，最后约会自己心仪的妓女不成，反倒钱财尽失，人财两空。此曲题名"子弟收心"，有劝诫沉迷青楼者省悟收心之意。这篇曲文极富代表性，青楼作为一个消闲场所，并不单单是男人寻欢作乐、勾搭女人之地，也是一个蕴含着复杂的人际关系的商业场所。妓女固然是社会的底层，是命运凄苦的女性，但当她们隶属于青楼之后，成为老鸨手下敛财的工具，而且不排除很多妓女本身确实是贪婪、爱财的。所以，青楼不只有才子佳人的风花雪月，此类曲文展示了青楼赤裸裸的现实和拜金。从此曲的文学成就而言，其通篇都是细节化、生活化的真实描写，又不乏文学技巧的表现，如"我若不千金买笑，他怎肯万种思量；我假若一时不到，他便就去处唱扬。我恋他时乖运蹇半生贫，他爱我家肥屋润十年旺"一句，通过对仗句式形象地表现了作者通过金钱来买取妓女服务的关系。而当关系破裂之后，作者以"他转眼看人陌路傍，有甚么贞良，做了些歹勾当""他只待钱亲人不亲，财香人不香"这样的口语进行训斥，不作任何修饰地批判青楼的

---

① （明）郭勋：《雍熙乐府》，明嘉靖四十五年本，卷四，第36~37页。

势利。

正因为青楼充满势利色彩,也有部分作品劝诫妓女从良,离开青楼,脱离苦海。如此曲:

【一枝花】丽春园有世情,鸣珂巷无公论,爱村沙欺软弱,嫌文墨笑温纯。别是个家门,饱暖随时运,诙谐教子孙。伴风姨陪月姊甚日辞栅,觅花钱偿酒债何年证本。

【小梁州】妆镜里暗暗的添了白发,酒席上飘飘的过了青春,急回头已是三十尽。粉褪了杏腮桃脸,涎干了瓠齿樱唇,尘暗了锦筝银甲,香消了彩扇罗裙……

【余音】你子早毕罢了柳衢花市笙歌阵,我备着凤枕鸳帏锦绣裀。纵然道板障的娘娘有些生忿,明放着玉镜台主婚,金花诰保亲,不从良的也算的个蠢。①

这类作品往往都是男子口吻,可能是与妓女相好之人创作的,往往先痛陈青楼中的种种势利和阴暗,然后劝告妓女在青楼中只能继续受苦,最终表明心意,让妓女与自己回家,喜结良缘。如此曲就通过"妆镜里暗暗的添了白发,酒席上飘飘的过了青春"来告诫妓女青春宝贵,表明作者欲将妓女迎娶回家的诚心。这类作品其实也是对青楼批判的延伸,同时表达了一种更为朴素而美好的爱情观念。

此外,青楼题材还有一类作品是纯粹的戏谑丑女,如《丑妓》:

【一枝花】泼烟花心性索,歹妮子情村纣,论妖娆无半米,说村丑夺头筹。甚的是典雅温柔,就里皆虚谬,人前索强口。俺子道是个有声明绝色歌姬,原来是个无计路腌臜女流。

【小梁州】黑颈项刮得下垢腻,黄头发扭得下腥油,笑谈间风生席上狐臊臭。涎涎邓邓,憋憋挡挡,鹅行鸭步,鼠目獐头。那里会歌席间打马藏阄,子理会村庄上拔草看牛。乔嘴脸恰便似李亚仙家水浸过狐狸,瘦躯老恰便似曹娥香家烟熏的母狗,丑形骸恰便似苏小卿家病打倒的猿猴。别奢,朗兜,大鞋头怎将芙蓉绣。能跳踏,会挡搜。额颅上淹淹黑汗流,那里有皓齿明眸。

---

① (明)郭勋:《雍熙乐府》,明嘉靖四十五年本,卷八,第69~70页。

【余音】你与那女夜叉姊妹成姑舅，鬼子母家属是对头，入丹青枉恼杀毛延寿。凭着神通妙手，把你那歪形容细朽，便就有一万管霜毫也画不出一丝儿丑。①

这类曲文在元明散曲、俗曲之中屡见不鲜，都是男子对于丑女的调侃，无值得提倡和赞赏的地方，但其写作艺术独富特色。其对于丑女的表现主要采用比喻修辞和白描铺叙，其中又尤重白描，往往都是从丑女的头发、皮肤、五官、言语各个方面进行细致描绘，尽管语言粗俗，却能够逼真、生动地呈现丑女的形态。如此曲"黑颈项刮得下垢腻，黄头发扭得下腥油，笑谈间风生席上狐臊臭"一句，不仅所用词句不雅，而且所描写的泥垢、狐臊等对象更是俚俗至极，但这种白描的表现极为真实、细腻。其"鹅行鸭步，鼠目獐头"这样的比喻，又极为生动、幽默，词虽不雅，表现力却十足。

总之，青楼是歌妓的常驻之所，也是下层文人的常去之处，因此成为无名氏作品中的重要题材之一。这类作品既存在真挚的爱情流露和期盼，也存在市井势利和金钱虞诈；既有对美女的赞美，也有对丑女的调侃，为我们呈现出完整的青楼写真图。

第三类是表现隐逸情怀的作品。如《词林摘艳》题"隐逸"、《雍熙乐府》题"归隐"之作：

【粉蝶儿】裹帽穿衫，习儒风半咸不淡。诵《毛诗》《召南》《周南》，《尚书》经，《春秋》传。子书通鉴，乐府曾谙，诗禅中略通诗堑……

【上小楼】我则待妆痴作憨，谁想道言多语滥。不求闻达，不谒高门，不上书缄。我则待隐于农，归于浦，渔篮樵担，比恁那跳龙门不遭坑陷……

【耍孩儿】避风波家住在山岩嵌，盖一座不疏漏低低草庵。粗衣粝食度流年，乐耕锄孳养些桑蚕。常安排一樽醪酒涤尘虑，多喂养几只鸡豚欲解馋。无惊恐心和淡，机头伴织梭，荆拙灯前引戏彩儿男。②

---

① （明）郭勋：《雍熙乐府》，明嘉靖四十五年本，卷八，第77页。
② （明）郭勋：《雍熙乐府》，明嘉靖四十五年本，卷六，第8~9页。

此文为典型的隐逸散曲，从宣称自己的博学雅识，到抒发自己不谒权贵的骨气，再到叙述自己归隐田园的乐趣，堪为此类题材的范文。其实这类曲文与不少知名文人的隐逸曲文并无区别，因而在曲文的情怀内容和艺术表现上个性并不突出。相比于知名文人，很多无名氏作者可能真的终身未遇，因此有种抑郁难抒的愤愤不平之气，而这类曲文最能体现无名氏隐逸作品的特色，如《雍熙乐府》"志士未遇"一篇：

【小梁州】谁承望花正发风狂雨骤，月初圆雾锁云埋，圣人道岁寒然后知松柏。凭着我胸怀星斗，志卷江淮，心藏锦绣，口吐文才。为功名远远而来，叹疏贫朽木之材。休休休那一个肯学那庞居士济困扶危，恁恁恁则待学费无忌轻贤重色，是是是那一个肯学那孟尝君仗义疏财。见来，痛哉，屈沉杀乘鸾跨凤攀蟾客。时不来，且宁奈，有一日金榜将咱名姓开，那时节苦尽甘来。①

曲文抒发了作者不得志的郁闷难平的心情，具有极强的语言张力，如"休休休那一个肯学那庞居士济困扶危，恁恁恁则待学费无忌轻贤重色，是是是那一个肯学那孟尝君仗义疏财"一句连用三套叠词表现了伯乐难寻的抑郁心情，而"痛哉，屈沉杀乘鸾跨凤攀蟾客"则是直接通过感叹词的强调来抒发压抑的情绪。不过在末尾，作者又有自我安慰之意，体现了底层人民乐观的生活心态。这些下层文人虽然难入仕途，但是始终怀有一种希望，因此这种自我安慰、相信时运到来的曲作在无名氏作品中亦不在少数，如《文士待时》一曲：

【一枝花】诗书勤讲习，礼乐从先进，齐家能治国，修己以安人。务正其身，孝乃人之本，德不孤必有邻。分长幼次序尊卑，自天子至于庶人。

【小梁州】我一片心于家为国，两只手拨雾拿云，遵天理依古礼升阶进。胸襟浩浩，文质彬彬，先王之道，亚圣之尊。无半点尘俗埃氛。洋洋乎盈耳哉云，荡荡乎常怀恻隐，巍巍乎贯世才文。以文会友，以友辅仁。言忠信，行笃敬。事父母能尽其孝，事君王必竭其忠。

---

① （明）郭勋：《雍熙乐府》，明嘉靖四十五年本，卷九，第3页。

【尾声】蛟龙不与鱼虾混，雕鹗难同燕雀群。有一日皇家用时分，青云中奋身，云梯上步稳。那其间身佩金章才证了本。①

　　此曲通篇昂扬着一股自负和自信的气势，表现了作者虽然暂时未能得志但始终拥有不凡信念的心态。作者的信心既源自"诗书勤讲习，礼乐从先进"等学养、礼制的修为，又源自"言忠信，行笃敬。事父母能尽其孝，事君王必竭其忠"等人格品行的坚守。对这些流落下层的文人来说，这种曲文其实更是他们内心不甘终身布衣的真实心理的反映。然而也反映出，即便无缘仕途，文人士子仍然自觉自愿地以儒家修行要求自己的品性坚持。此外，因为仕途不顺，下层文人的生活难免不够安定，所以亦有不少反映羁旅、行役的曲作，如【一枝花】"寒生夹布衾"：

　　【小梁州】早是我思故乡羁怀冗冗，更那堪阻离骚细雨濛濛。几番儿合辏愁偏甚。愁的是韵悠扬楼头画角击玎珰，邻畔寒砧声嚓呐。天边过雁诉凄凉，砌下蛩吟瘦影怯。清灯夜耿撞怀抱，余韵相侵。这雨呵，一阵阵动猿啼远水遥岑，一声声惊鸟噪老树疏林，一点点助人愁漏水更深。懒临，倦寝，无交接，自撧窨。秋色声繁紧厮禁，好梦难寻。②

　　此曲情景交融，将羁旅思乡之愁抒发得淋漓尽致。整篇作品表现的是一种愁绪，却拥有一股粗放、铿锵的格调，并无无病呻吟之感。而且，此篇通过画角声、雁叫声、猿啼、惊鸟等声音的表现，调动读者的听觉器官，使其有一种身临其境之感。又通过"懒临，倦寝，无交接，自撧窨"这样的细节描写，展现了作者孤独、寂寞的愁怀。

　　第四类是市井题材。无名氏作者往往扎根于市井街巷，因而世俗生活的千姿百态也能反映到他们的作品当中。这其中既有柴米油盐的生活琐事，又有普通夫妻的温情；既有对社会现状的讽刺，又有百姓大众的娱乐生活。它以一个底层的视角，完整地叙述了市井社会的人间百态。

　　在这些市井题材作品中，有很多是表现市井琐事的，展现的都是普通民众一生中都会遇到的各种烦琐、卑微的生活俗事。这些在诗文之中很少

---

① （明）郭勋：《雍熙乐府》，明嘉靖四十五年本，卷十，第12~13页。
② （明）郭勋：《雍熙乐府》，明嘉靖四十五年本，卷八，第78~79页。

涉及的内容在散曲中留有很多。此类作品中最常见的是记录小市民生活状态的曲文，如《悭吝》：

【粉蝶儿】节俭为活，干家心委实不儒，无明夜勤苦奔波。常则是忍些儿饥寒，熬些儿斋淡，攒些儿行货。说吃穿怎敢张罗，题起个粗字儿也魂惊胆破。

【醉春风】我只待咬嚼别人，别人休来侵害着我。见几个相识朋友上门来，小生抽身儿早躲躲。听的道置酒张筵，挑筋拔髓，忍咥不过……

【上小楼】见乡亲到俺家，也待学大手脚。一碗蔓菁，半瓶凉酒，两个磨磨。他一个，我一个，谁曾咬破，五六个瘦团脐到除下三个。

【满庭芳】从今后休来害我，似这般一时间受用，到勾俺十日消磨。今番负痛犹闲可，庆官酒怎的杀割。轮着次第儿实实的到我，只说的个且消停慢慢由他。我待推来又推不过，待请来其实的怕多，因此上两耽阁……

【隔尾】熟菜蔬充了饥，腥汤水解了渴，乍吃荤的肚皮儿都伤破。家僮泻倒难跟马，荆妇撑翻怎上锅，连我也弄的没杀合。出来的直肠直肚，东侧里做不的存活。

【尾声】轮到咱轮到咱，没奈何没奈何。这场破费敢道有天来大，再题起回席兀的不吓杀我。①

这篇曲文表现的是作者家贫，特别担心朋友亲戚前来吃饭。作者并没有装作阔绰和仗义的君子，而是毫不掩饰自己对于这种聚餐的畏惧和反感，且以幽默诙谐的口吻表达此种情绪，并通过很多极具现场感的聚餐细节呈现聚餐的种种后果，展现了一幅市井生态的喜剧画面。这篇曲文代表了无名氏市井题材的典型特征：首先，从作品思想上，他们去掉一切伦理道德的伪饰，把人性中最为真实的情感表达出来；他们并不掩饰自己作为一个小市民所具有的世俗本性和品质，这些品性可能为人所鄙视，但他们敢于直面、呈现这些品质。其次，从作品表现上，虽然往往蕴含着贫穷、凄苦等生活苦难，但永远呈现一种幽默、乐观的风格，显示着底层民众面

---

① （明）郭勋：《雍熙乐府》，明嘉靖四十五年本，卷六，第90～94页。

对生活时通达、乐观、隐忍的态度。最后，这类作品并非空洞地进行情感诉控，而是善于表现生活中的细节，从各种生活的琐碎细节中展现作者的人生状态和生活态度。

在市井题材中，还不乏对于社会丑陋现象批判的曲文，如《割耳寄》：

【粉蝶儿】金界香飘，暮云轻月华笼罩，南楼上禁鼓初敲。准备下燕莺期，鸳鸯会，按不住扑忐忑心跳。想人生业火难消，非干是小僧罗皂。

【醉春风】往常时佛法也曾参，这一回禅机都忘了，看了他柳眉星眼俊多娇，真个是好好。且休题作祖成佛，一任教披毛戴角，者么他三途六道。

【满庭芳】猛听得街前闹吵，我向那窗棂间密觑，门缝里偷瞧，见几个金刚般大汉连声叫。他每都仗剑提刀，叫道是犯奸僧休教走了，偷奸妇莫想轻饶。到养着家生哨，拿住可除根剪草，油铛煮铁丸烧。

【普天乐】一个摸不着双叉棍，一个寻不见僧伽帽；一个锅门前睡倒，一个在炕洞里蹲着。赤条条没处藏，闹吵吵都来到，赵州桥早罢了渔翁钓。软兀刺厮似黄瓢，秃顶老没分没晓，劣撅丁越显越恼，歪刺骨不道的堪画堪描。

【石榴花】众街坊摆下一周遭，怪不的人怨语声高，一场公事好蹊跷。这厮是个不搽灰土真强盗，杀人可恕，情理难饶。又不是演楪儿秘密西天教，两三番雨散云消。他待把青黄二色相偎抱，倒做了休辜负可连宵。

【斗鹌鹑】那里是受戒持斋，吃的这红头赤脑。则为这酒艳花浓，受这般绷扒吊拷。你待把风月排场一担挑，全不想造罪遭冤报。也不索挝耳揉腮，又何须捶胸跌脚。

【上小楼】你休怨龙天不保，也是你前生冤报。则为你不礼如来，不敬伽蓝，不怕天曹。对人前，念三么，说五戒，谈禅讲道，背地里酒色财气四般儿都好……

【二煞】冤家债每日还，老婆禅何日了，为风情陪了些银和钞。半匹黄丝绢恰恰的裁棉袄，一个白绫帕刚刚的做主腰。打紧的诸般要，送了些青科小麦，吃了些酸馅糠糕。

【一煞】瑜伽僧不坐禅，云水僧会顶包，从今后事事思量到。花蕊石碾就生肌药，青鱼胆熬成粘鳔胶，这两件为头要。人无远虑，恐似前遭。①

这篇曲文写和尚偷情，可谓十分新颖。它辛辣地讽刺了外表吃斋念佛、内里男盗女娼的僧俗，通过一系列细节描写细致入微地表现了僧人背叛佛法的偷腥行为。在元明时期，底层民众对僧人普遍持有一种戏谑的态度，因为他们不认为人真的可以放弃七情六欲。而元明两代又的确有大量不守戒律、破坏佛法的"恶比丘"。很多人出家为僧，并非真的信仰佛教，而是为了投身寺庙，逃避生产，过一种好逸恶劳的生活。这些人对于佛教并无任何敬意，反倒常常做一些有违清规的乱法行为，极大影响了出家僧人的名誉。明代圆澄《慨古录》曾记录明代僧人的丑态："今时沙门，视丛林为戏场，眇规矩为闲事。乍入乍出，不受约束。""今之首座，不通一经，不认一字，师承无据。但有几家供养，辨得几担米，设得几堂供，便请为之。"② 而僧人与女人之间的联系也非常密切："今也沙门，多有傍女人住者，或有拜女人为师者，或女人为上辈，公然受沙门礼，而漫不知为非者。"③ 金圣叹在评点《水浒传》《西厢记》时也都曾对明代僧人大加批判："世间当知如是种种怪异之事，皆是恶僧为钱财故，巧立名色。既得钱财，必营房室；营房室已，次营衣服，广于一身，作诸庄严；作庄严已，恣求淫欲，求淫欲时，何所不至？破坏佛法，破坏世法。""夫今日之秃奴，其游手好闲，无恶不作。"④ 可见，部分"恶比丘"在民间的印象十分恶劣。因此，民间作家对这种拈花惹草的佛门败类进行了辛辣的嘲讽。

此外，还有一类曲文是表现民间游戏的，其中又以蹴鞠居多：

【一枝花】论风流蹴鞠场，好富贵齐云社，灭村沙欺别强，出英俊显豪杰。万种奇绝，脚步里分优劣，人丛中辨巧拙。乐百年日月闲身，肆万丈风流气节。

---

① （明）郭勋：《雍熙乐府》，明嘉靖四十五年本，卷六，第63~66页。
② （明）圆澄：《慨古录》，新文丰出版公司，1995年版，第736页。
③ （明）圆澄：《慨古录》，新文丰出版公司，1995年版，第738页。
④ （清）金圣叹：《金圣叹全集·第二卷》，凤凰出版社，2008年版，第946页。

【小梁州】子他这六片儿香皮可爱，一团儿和气堪嗟，向粉墙翠馆闲亭榭。短衫轻帽软袜乌靴，红围翠绕柳映花遮。笑吟吟聚友和谐，喜孜孜羡美不绝。使着个鸳鸯扣其实的俊爱，打着对合扇拐全无软怯，扇着对桶子廉且是轻疾。①

蹴鞠是元明时期最受欢迎的一项运动，男女皆宜，因此在散曲中有大量表现蹴鞠的作品，《雍熙乐府》就收录近十篇。这类作品基本都是表现蹴鞠者的技艺精湛，也透露出蹴鞠的规则、玩法，并体现时人对于蹴鞠的热情。虽然蹴鞠题材的曲文难免雷同，给人千篇一律的乏味感，但其作者往往能够运用各种精妙的比喻和场景、动作的描述完整呈现该游戏的火热场面，栩栩如生地再现蹴鞠场上的盛况，也是殊见功力。

极富世俗色彩的无名氏曲文被《盛世新声》《词林摘艳》《雍熙乐府》大规模的收录，反映了市井题材曲文在元明散曲中的重要地位，也反映了其影响力不仅局限于民间，而且渗透到上层社会，毕竟《盛世新声》《雍熙乐府》都是皇室所编的。它也体现了《盛世新声》《雍熙乐府》虚心下纳的收曲态度。通过三大选本对无名氏曲文的收录，我们亦可以考察得出几点关于明代散曲、戏曲发展的真实历史状态。

首先，无名氏的散曲、戏曲作品代表了元明时期通俗文学最高层次的水准和成就，是中国古代文学不可或缺的部分。在元明之前，尚未有任何一种文学群体和文学形式如此大规模地关注市井民生、俗世常态，如此直接、坦率地涉及各种底层人物的生活百态。然而无名氏曲作最难能可贵之处并非仅仅是把视角对准世俗生态，而是能够用一种高水准的技巧把这种世俗生态表现出来。无名氏曲作尤其擅长生活细节的白描和民间口语的应用，把民间文学的智慧和手法体现得淋漓尽致。同时，它们虽然具有世俗性的特点，但又并非完全的恶俗、粗俗，而是一种有底线的俗，是一种并不破坏曲文之"美"的俗。所以，它们无愧元明时期通俗文学的代表，为古代文学开辟了一种新的视野和门户。

其次，散曲和戏曲在上层文化圈和民间文化圈是拥有充分的交融和互动的。那些反映底层民众、青楼妓女生活状态的曲文大量出现在《雍熙乐府》之中，说明它们的文本都储藏于皇室。历任皇帝会不断从民间网罗书

---

① （明）郭勋：《雍熙乐府》，明嘉靖四十五年本，卷八，第82页。

籍，因此这些无名氏的曲文会进入皇室视野。而且，民间散曲、戏曲对于上层社会的影响是持续不断的。明初之时，《琵琶记》就已经进入宫廷。明代前期，虽然统治者倡导雅乐，但俗乐和戏曲的势力迅速增强，"筋斗百戏之类日盛于禁廷"①。宫廷俗乐、戏曲的发展，一定程度是受到民间优人的影响。明代宫廷的戏曲、乐舞主要由教坊司和钟鼓司承应，教坊司随皇帝的不同，其人数往往增减不定。赶上正德皇帝这种酷爱戏曲之人，教坊司就需要扩大规模，从地方征调乐工和优伶。这些服役于地方的优伶乐工，无疑和民间艺人的联系更为紧密，把民间最新的散曲、戏曲动态带入教坊和宫廷中。此外，汤舜民和朱有燉都曾写有不少题咏歌妓、劝妓从良的曲文，说明皇室成员与青楼妓女、民间优伶也有着一定的联系。汤舜民受宠之前曾混迹于市井，而朱有燉圈养大量优伶，其中不少亦来自民间。这说明他们本身可以很快了解民间散曲、戏曲的状态，同时他们乐于表现市井俗态。这些都说明民间的散曲、戏曲和上层文化圈关系紧密，所以大量无名氏曲文被皇室选本收录，并不意外。

最后，文人阶层和上层贵族对无名氏的作品也是有影响的。无名氏作品中拥有大量歌功颂德、庆赏酒宴的曲文，它们基本源自教坊乐工、艺人的创作，这些作品很大程度是受到了朱有燉作品的影响。而市井底层的不少曲文也会受到文人阶层的影响。尤其是表现爱情、隐逸的题材，无名氏作品往往体现出对于文人阶层作品的学习和模仿，所以，上层文化圈和民间文化圈并非毫无交集，而是在互动之中相互渗透、促进的。

第三节　嘉靖戏曲选本时曲辨疑

上层文化圈和民间文化圈的互动使民间作品、时兴新作得以进入《盛世新声》《词林摘艳》《雍熙乐府》，因而三大选本之中还收录了部分明代时曲，亦值得留意。

明代时期，时曲、俗曲、小曲是文学领域的一大亮点。胡适《元人的曲子》说："明代的小曲，也是最有价值的文学，不幸是没有人留意到它

---

① （清）龙文彬：《明会要》，清光绪十三年永怀堂刻本，卷二十一，第5页。

们。"① 不过其实从民国时候开始，就已经陆陆续续有学者对明代时曲进行研究，有多人都曾提到《盛世新声》《词林摘艳》《雍熙乐府》中收录着为数不少的时曲。郑振铎是最早从事明代时曲研究的学者之一，他在《中国俗文学史》列专章讨论明代时曲，其中说道："在正德刊本的《盛世新声》里，在嘉靖刊本的《词林摘艳》和《雍熙乐府》里，我们也可得到一部分的民间歌曲。"② 张紫晨《歌谣小史》是一部研究中国古代民歌、时曲的专著，其第十章研究明代时曲，亦提到《词林摘艳》《雍熙乐府》："此外在曲选笔记杂书中也收录不少。如《盛世新声》《词林摘艳》《雍熙乐府》等。"③ 冯艳在其博士学位论文《明清散曲与歌谣时调互动研究》中也提到《词林摘艳》收载时曲："《词林摘艳》是据正德间优伶臧贤辑《盛世新声》增删修订而成的，其中增补了大批【锁南枝】、【傍妆台】之类的歌谣时调。"④ 周玉波《明代民歌研究》亦言："正德、嘉靖间刻本《盛世新声》《词林摘艳》和《雍熙乐府》等，其中都保留了一些具有浓厚民歌色彩的小曲。"⑤ 可见，从郑振铎先生到当代学者，都认为《盛世新声》《词林摘艳》《雍熙乐府》中收录有不少俗曲和时曲。俗曲、时曲一般流行于民间，且创作分散，它们的文本必然要依靠选本、总集来收集。明代中期影响和规模都很大的三大选本受到时曲研究者的注意是非常正常的，如果我们考察《盛世新声》《词林摘艳》《雍熙乐府》，就会发现嘉靖选本的确收录了一定数量的俗曲、时曲，但其所占比例非常有限。这与选本的编选理念及当时的俗曲、时曲发展状态有着密切关系。

一、选本收录时曲的实际状态

首先，我们需要清楚究竟何谓"时曲"，郑振铎《明代的时曲》曾说："所谓时曲，指的便是民间的诗歌而言。凡非出于文人学士的创作，凡'不登大雅之堂'的小调，明人皆谥之曰'时曲'。"⑥ 这个解释固然不错，

---

① 胡适：《胡适文集》，人民文学出版社，1998 年版，第 73 页。
② 郑振铎：《中国俗文学史》，商务印书馆，2005 年版，第 487 页。
③ 张紫晨：《歌谣小史》，福建人民出版社，1982 年版，第 213~214 页。
④ 冯艳：《明清散曲与歌谣时调互动研究》，南京师范大学博士学位论文，2014 年，第 32 页。
⑤ 周玉波：《明代民歌研究》，凤凰出版社，2005 年版，第 206 页。
⑥ 郑振铎：《郑振铎文集·第六卷》，人民文学出版社，1988 年版，第 169 页。

但我们认为还可以在它的基础上更为明细一些。明时，文人对于时曲的称谓五花八门，有小曲、时行曲、俚曲、时调等。这些称谓都指明代流行于民间的小曲，诸如【挂枝儿】【锁南枝】【傍妆台】等，只不过不同的文人使用的词汇不同。而在现代学术范畴，其实对于表现古代民间流行小曲的词汇也没有固定的标准，有的学者称为"俗曲"，有的学者称为"小曲"，有的学者则称为"民歌"，如此等等，不一而足。尽管词汇不同，但其所表示的内涵和指向的对象无疑是统一的，即：流行于民间市井的、具有时效性的、下层人民创作的、短小精悍的歌曲。它包括三点要素：第一，时效性，必须是在某个历史时期风靡一时的；第二，民间性，必须由民间百姓创作，而非出自文人之手，同时必须在民间流行；第三，简短性，其体制短小，往往只有一曲或一阕，而非套曲。各种研究成果中使用着俗曲、民歌等不同名称，其实俗曲、民歌与时曲是不完全相同的，它们最大的差异在于"时"字，可以说时曲一定是俗曲，俗曲在某个时间段是时曲，但在另一个时间段则不再是时曲。比如流行于元代的俗曲可称为时曲，但元代时曲到了明代已经失去了时效性，因此只能称为俗曲或小曲。因此，时曲就是特定时间流行的俗曲。我们考察嘉靖选本收录的时曲，其实就是指流行于明代的俗曲。而结合时曲的三点要素，我们对"时曲"下一个定义：时曲是在历史某个时期内，流行于底层、市井的短小歌曲，它由民间群众创作，具有世俗性、通俗性、俚俗性的特质。定义了然之后，我们以《词林摘艳》《雍熙乐府》为中心，考察它们的时曲收录实态。

根据时曲的内涵，可以发现《词林摘艳》《雍熙乐府》中的时曲其实是非常少的。例如，冯艳说《词林摘艳》增补了大批【锁南枝】【傍妆台】，可事实上，《词林摘艳》中仅有一首【锁南枝】，仅有五次使用【傍妆台】，都是作为套曲的一部分，而并非时曲。

从明代文献可知，【锁南枝】【傍妆台】的确是明代中前期盛行一时的时曲。沈德符《顾曲杂言》云："元人小令行于燕赵后，浸淫日盛。自宣、正至成、弘后，中原又行【锁南枝】【傍妆台】【山坡羊】之属。"[①] 可知，在宣德、正统、成化、弘治时期，【锁南枝】【傍妆台】【山坡羊】风行一时，它们也是明代最早流行起来的时曲。但是，《词林摘艳》对它们基本

---

① 俞为民、孙蓉蓉：《历代曲话汇编·明代编第三集》，黄山书社，2009年版，第70页。

是无视的。《雍熙乐府》一首【傍妆台】【锁南枝】也未收。所以，明代最早流行的两个时曲曲牌，只有《词林摘艳》收了一首【锁南枝】。这首【锁南枝】与南戏《孟月梅写恨锦香亭》中的一套曲文相近。《词林摘艳》这首【锁南枝】题为"春愿、无名氏小令"，其曲文为：

> 同心带，连理枝，桃花浪暖鱼戏水。月样好眉儿，天生的来好花枝。温柔旖旎，几等偎随，一团和气。恨不得结发齐眉。合口儿，同出气。言可依，情可喜。事果偕，和你谢天地。①

而《九宫正始》第七册"双调过曲"有一首【孝南枝】，题"孟月梅、元传奇"，其曲文为：

> 【孝顺歌】同心带，连理枝，桃花浪暖鱼戏水。月样好孩儿，天生俊花枝。温柔旖旎，几等偎随，一团和气。
>
> 【锁南枝】恨不结发齐眉，合口同出气。言可依，貌可喜。事和谐，谢天地。②

【孝南枝】这个曲牌，由【孝顺歌】和【锁南枝】摘句而成，其曲文与《词林摘艳》所收【锁南枝】几乎相同，只不过比《词林摘艳》的【锁南枝】多了一些句字。而这首【孝南枝】，《九宫正始》题为"孟月梅、元传奇"，那么《词林摘艳》这首【锁南枝】是否即为南戏《孟月梅》中的【孝南枝】呢？答案应该是否定的。王骥德《曲律》云："【孝南歌】，比【锁南枝】句字少，不同音调。"③【孝南歌】，即【孝南枝】。可知【孝南枝】与【锁南枝】形制相似，只是字数略少，但二者音调不同，是两首不同的曲子。《词林摘艳》所收【锁南枝】比《九宫正始》所收【孝南枝】多出一些字句，可知二者虽然曲文相似，但《词林摘艳》的【锁南枝】应该只是借用了【孝南枝】的文字，已经另成一曲。【锁南枝】是南曲曲牌，其正格为"三、三、七、五、五、三、三、三、三"，共九句，而《词林摘艳》这首【锁南枝】虽然部分符合正格，但多出三句。明代流行的时曲【锁南枝】，其体格也与南曲正格相异，基本都在十句以上。因此，《词林

---

① （明）张禄：《词林摘艳》，文学古籍刊行社，1955年版，第62~63页。
② 俞为民、孙蓉蓉：《历代曲话汇编·清代编南曲九宫正始》，黄山书社，2008年版，第70页。
③ 俞为民、孙蓉蓉：《历代曲话汇编·明代编第二集》，黄山书社，2009年版，第53页。

摘艳》所收【锁南枝】并非元代戏文，而是明代时曲。它体现了民间时曲对于南曲曲牌借鉴的初级阶段。

明代前期风靡一时的时曲【锁南枝】【傍妆台】，《词林摘艳》《雍熙乐府》一共只收录一首。那么，它们是否收录了其他时曲呢？我们先来了解明代主要流行哪些时曲。沈德符《顾曲杂言·时尚小令》曾完整地载录明代中前期的时曲曲牌：

> 元人小令行于燕、赵后，浸淫日盛。自宣、正至成、弘后，中原又行【锁南枝】【傍妆台】【山坡羊】之属。……自兹以后，又有【耍孩儿】【驻云飞】【醉太平】诸曲，然不如三曲之盛。嘉、隆间乃兴【闹五更】【寄生草】【罗江怨】【哭皇天】【干荷叶】【粉红莲】【桐城歌】【银纽丝】之属……比年以来，又有【打枣竿】【挂枝儿】二曲……又【山坡羊】者，李、何二公所喜，今南、北词俱有此名，但北方惟盛爱【数落山坡羊】。①

顾起元《客座赘语·俚曲》亦有相关材料，可做辅助和补充：

> 里弄童孺妇媪之所喜闻者，旧惟有【傍妆台】【驻云飞】【耍孩儿】【皂罗袍】【醉太平】【西江月】诸小令，其后益以【河西六娘子】【闹五更】【罗江怨】【山坡羊】。……后又有【桐城歌】【挂枝儿】【干荷叶】【打枣竿】等②。

两则材料，基本为我们勾勒出明代时曲的发展状态。宣德至弘治时期先后盛行【锁南枝】【傍妆台】【耍孩儿】【驻云飞】【醉太平】，而正德、嘉靖、隆庆时期开始流行【罗江怨】【哭皇天】【寄生草】等，万历以后则流行【打枣竿】【挂枝儿】【山坡羊】等。当然，这个分期不一定是绝对准确的，比如【锁南枝】【傍妆台】可能在嘉靖时期依然流行，只不过被新兴的时曲掩盖了。但我们可以明确，嘉靖以前的时曲除了【锁南枝】【傍妆台】，尚有【耍孩儿】【驻云飞】【醉太平】【皂罗袍】【西江月】【闹五更】【寄生草】【罗江怨】【干荷叶】【哭皇天】【粉红莲】【银绞丝】【河西

---

① 俞为民、孙蓉蓉：《历代曲话汇编·明代编第三集》，黄山书社，2009年版，第70页。
② 俞为民、孙蓉蓉：《历代曲话汇编·明代编第二集》，黄山书社，2009年版，第400~401页。

六娘子】,等等。这些曲牌即为明代中前期最为流行的时曲。那么,《词林摘艳》和《雍熙乐府》对它们的收录情况怎样呢?我们依次明细一番。

1.【耍孩儿】

《词林摘艳》《雍熙乐府》皆无。

2.【驻云飞】

《雍熙乐府》收录16首小令,《词林摘艳》收录8首小令。那么,它们所收的是时曲吗?《雍熙乐府》《词林摘艳》所收【驻云飞】中,有4首为共同收录,这4首是陈大声所作,可知并不是时曲。《词林摘艳》另外所收的4首,不知作者。其中一首"数尽归鸦",改写自陈大声《月香亭稿》"题情七首"之一,可能是民间作者所作,所以这4首曲辞当为民间时曲。而《雍熙乐府》所收另外的12首小令亦可以确定为时曲。尤其是其中有4首"若说仙家",其中"若说仙家,牢锁心猿和意马"也收于成化年间的时曲集《新编四季五更驻云飞》,更可知"若说仙家"系列乃是民间所作,互相改写而成。故而可知,《词林摘艳》中收有【驻云飞】时曲4首:

【驻云飞】门掩黄昏

【驻云飞】梦断阳台

【驻云飞】懒上妆楼

【驻云飞】数尽归鸦

《雍熙乐府》收有【驻云飞】时曲12首:

【驻云飞】泼水难收

【驻云飞】知在谁家

【驻云飞】是话休题

【驻云飞】题起情人

【驻云飞】早起因花

【驻云飞】爱月登楼

【驻云飞】月色荧光

【驻云飞】花木芳菲

【驻云飞】若说仙家,牢锁心猿和意马

【驻云飞】若说仙家,不着轻裘乘驷马

【驻云飞】若说仙家，猿鹤为朋山是家

【驻云飞】若说仙家，傲杀长安豪贵家

3.【醉太平】

《雍熙乐府》收录 66 首【醉太平】小令。其中，有 20 首元代汪元亨的作品，31 首朱有燉的作品，5 首汤舜民的作品，2 首张小山的作品。剩下 8 首作品不知名氏，但皆为严格的【醉太平】北曲体格。结合其作品文风可知，这些作品为元人之作的可能性更大。《词林摘艳》收录 36 首【醉太平】小令，其中"泥金小简""聪明的志高"两首为刘庭信所作，另外 34 首的情况较为复杂。其中，对于"茶烹凤爪"，《词林摘艳》未标名氏，《北宫词纪外集》标为"贾仲明"；其他曲辞，一部分学者认为"无名氏"所作，而郑振铎认为"好睡的丢与他个枕头"等 9 首曲辞亦为刘庭信所作。但即便认为是"无名氏"的学者，基本也认为这些曲辞是元人作品，故而这些作品为元代作品的可能性更大。所以，《词林摘艳》《雍熙乐府》其实未收录【醉太平】时曲。

4.【皂罗袍】

《词林摘艳》未收【皂罗袍】小令。《雍熙乐府》收录 4 首，《风月锦囊》同样收录此 4 首，标注"陈巡检思妻"，黄仕忠《风月锦囊笺校》认为此 4 首出自南戏《陈巡检梅岭失妻》，当是。故《词林摘艳》《雍熙乐府》均未收录【皂罗袍】时曲。

5.【西江月】

《词林摘艳》《雍熙乐府》皆无。

6.【闹五更】

《词林摘艳》《雍熙乐府》皆无。

7.【寄生草】

《词林摘艳》无【寄生草】小令。《雍熙乐府》有 42 首【寄生草】小令，其中有 12 首可断为元人所作。另外 30 首中，有的作品文人气息明显，多隐逸求仙之词，故排除时曲的可能，有的作品具有典型的民间色彩，且其中"将奴这桃花面"一曲在《金瓶梅》中出现，可知此为当时流行之曲，因此可以推断这些民间色彩浓郁的作品为明代时曲：

【寄生草】行里坐里相随趁

【寄生草】将奴这桃花面
【寄生草】秋声尽景物疏
【寄生草】银台上烧残蜡
【寄生草】往常时恹恹闷
【寄生草】孤另另和衣卧
【寄生草】昏惨惨灯将灭
【寄生草】将我这桃花面
【寄生草】待不写鸳鸯字
【寄生草】当时王新室
【寄生草】说起韩元帅
【寄生草】当时韩元帅
【寄生草】诛董卓英雄将
【寄生草】辞朝去山内居
【寄生草】衣和禄天付与
【寄生草】依官调品鹧鸪
【寄生草】盃盘列锦绣铺
【寄生草】彤云布瑞雪铺
【寄生草】远俗客疏非友
【寄生草】砍翠竹修为舍
【寄生草】吸村酒衔瓦缶
【寄生草】驻日月无绳系
【寄生草】恁纵富愁无限
【寄生草】度日月非尘世
【寄生草】把一叶扁舟驾
【寄生草】一局棋兴和废
【寄生草】前贤语不是虚
【寄生草】事事立容显身
【寄生草】拦贤路当仕途
【寄生草】排金门入紫闼

8.【罗江怨】

《词林摘艳》收有【罗江怨】小令 4 首，其中"恹恹病渐浓"经《宋元戏文辑佚》考证为《林招得》南戏,但此曲和后面3首"伊西我在东""恩情逐晚风""惺惺似懵懂"都在《金瓶梅词话》第六十一回出现,而"恹恹病渐浓"在《啸馀谱》等曲谱中都题为"散曲",所以我们还是认为这4首皆为明代时曲。这4首也被《雍熙乐府》收录。《雍熙乐府》另收有4首【罗江怨】小令,同样可确定为时曲。故《词林摘艳》收【罗江怨】时曲为:

【罗江怨】恹恹病渐浓

【罗江怨】伊西我在东

【罗江怨】恩情逐晚风

【罗江怨】惺惺似懵懂

《雍熙乐府》收【罗江怨】时曲为:

【罗江怨】恹恹病渐浓

【罗江怨】伊西我在东

【罗江怨】恩情逐晚风

【罗江怨】惺惺似懵懂

【罗江怨】移舟傍柳汀

【罗江怨】相随离凤城

【罗江怨】阳关第四声

【罗江怨】钗留半股金

9.【哭皇天】

《词林摘艳》《雍熙乐府》皆无。

10.【干荷叶】

《词林摘艳》《雍熙乐府》皆无。

11.【粉红莲】

《词林摘艳》《雍熙乐府》皆无。

12.【银绞丝】

《词林摘艳》《雍熙乐府》皆无。

13.【河西六娘子】

《词林摘艳》收有:

【河西六娘子】锦重重荷花开映池塘

【河西六娘子】锦被儿斜搭着枕头儿上挨

《雍熙乐府》收有：

【河西六娘子】二八谁家小多娇

【河西六娘子】二八谁家窈窕娘

【河西六娘子】二八谁家女娥煌

【河西六娘子】二八谁家女妖娆

【河西六娘子】央及梅香好姐姐

【河西六娘子】入门来将奴搂抱在怀

【河西六娘子】两意相投情牵挂

【河西六娘子】喜的相逢怕的离

【河西六娘子】去了多娇好情怀

【河西六娘子】懒对菱花整艳妆

【河西六娘子】倚着门儿等他来

【河西六娘子】嘱咐梅香两三遭

【河西六娘子】景色春来燕子双

【河西六娘子】不觉薰风三伏天

【河西六娘子】叶落梧桐又早秋

【河西六娘子】瑞雪飘飘凛冽天

【河西六娘子】锦被斜搭象牙床

【河西六娘子】锦被折在紫帐中

【河西六娘子】锦被无心去整折

【河西六娘子】锦被斜倚枕头儿挨

以上是明代中前期盛行的时曲曲牌在《词林摘艳》《雍熙乐府》中收录的状况，可见二者对于当时流行的时曲曲牌涉及很少，作品也极其有限。当然，除了这些见于其他文献记载的曲牌，《词林摘艳》《雍熙乐府》还收有另外一些时曲，虽然这些时曲曲牌并不见于其他文献，但从其作品风貌可推断它们实为时曲。

经过梳理，《词林摘艳》收录的时曲还有：

【秋风红叶儿】泪湿残妆面

【秋风红叶儿】露湿绫波袜

【秋风红叶儿】泪湿芙蓉面

【秋风红叶儿】忘却山盟咒

【普天乐】到春来垂杨锁

【普天乐】夏日长炎天似火

【普天乐】到秋来金风播

【普天乐】到冬来雪花大

【象牙床】为才郎不茶不饭懒梳妆

【象牙床】问才郎连宵不见在谁行

【象牙床】被才郎百般寒贱弄轻狂

【象牙床】共才郎同谐连理效鸾凰

【两头蛮】堪怜堪爱

【两头蛮】交我愁肠

【两头蛮】多病多愁

【两头蛮】声说不的

【两头南】冠儿不戴懒梳妆

【番马舞西风】暗想多情

【番马舞西风】坐想行思

【喜梧桐】春来景色娇

【喜梧桐】炎天似火烧

【喜梧桐】梧桐一叶凋

【喜梧桐】窗外雪乱飘

【美樱桃】懒梳懒整乌云鬓

【美樱桃】懒修懒写平安字

【美樱桃】懒行懒出门儿外

【美樱桃】懒描懒把眉儿画

【马鞍儿】雁儿雁儿

【马鞍儿】月儿月儿

【马鞍儿】见他见他

【马鞍儿】桂英桂英

【四块金】前生想咱

【四块金】情书到日
　　【四块金】恩多怨多
　　【四块金】刘伶好酒
　　【朝天歌】灯昏烛暗
　　【朝天歌】蛾眉恨淡
　　【朝天歌】甜言啜赚
　　【朝天歌】高天须鉴
　　【八宝妆】黄昏闷转添
　　【八宝妆】纱窗皓月穿
　　【八宝妆】开窗是看时
　　【八宝妆】铜壶漏转催

　　从其曲文分析，这些曲辞都写的是闺情相思，具有较为鲜明的民歌色彩，而且【秋风红叶儿】【象牙床】【美樱桃】都是较为罕见的曲牌，因此这些都应当为明代出现的时曲。值得一提的是【两头蛮】，班友书在《【两头蛮】辨析》中认为【两头蛮】是【两头南】和【两头忙】的同曲异名，认为【两头蛮】其实是"花街柳巷中流传的民间俗曲"。班说甚是。

　　《雍熙乐府》收录的时曲还有：

　　【满庭芳】张生俊雅
　　【满庭芳】莺莺女娘
　　【满庭芳】红娘艳质
　　【满庭芳】夫人不乖
　　【满庭芳】法聪老髡
　　【满庭芳】将军杜确
　　【满庭芳】郑恒太鲁
　　【满庭芳】孙虎恃强
　　【满庭芳】多才汉卿
　　【满庭芳】聪明实甫
　　【满庭芳】张生不才
　　【满庭芳】莺莺鬼精
　　【满庭芳】夫人不良

【满庭芳】红娘快赴
【满庭芳】夫人你听
【满庭芳】将军不仁
【满庭芳】髡郎法聪
【满庭芳】郑恒发昏
【满庭芳】汉卿不高
【满庭芳】王家好忙
【满庭芳】看生见长
【满庭芳】双锋并耸
【满庭芳】秋毫厌尔
【满庭芳】诸余异种
【满庭芳】壶中绿醑
【满庭芳】脂膏易满
【满庭芳】韬光晦迹
【满庭芳】双鳌破甲
【满庭芳】英魂杳冥
【满庭芳】清香满腹
【满庭芳】陈粮满仓
【满庭芳】心宽体胖
【满庭芳】身贫可怜
【满庭芳】敝巾破裳
【满庭芳】春游美哉
【满庭芳】炎天景佳
【满庭芳】秋天景奇
【满庭芳】三冬景殊
【小桃红】流苏帐冷绣帏空
【小桃红】双毫斑管写情书
【小桃红】零零细雨洒芭蕉
【小桃红】看罢才郎寄来书
【小桃红】凤只鸾孤不成双
【小桃红】阳台梦断碧云遮

【小桃红】愁斟闷酒肠欲断
【小桃红】音书不带雁行斜
【小桃红】素云叶剪晓霜侵
【小桃红】雨窗惊梦胜庭梧
【小桃红】佣人以牧短衣褐
【小桃红】南柯梦里避风波
【小桃红】好耽佳句被诗魔
【小桃红】月明垓下楚歌悲
【小桃红】节毛唊尽鬓毛斑
【小桃红】五湖高兴动扁舟
【小桃红】几年流滞九江滨
【小桃红】涧泉松竹蔽山高
【小桃红】锦袍曾醉凤凰楼
【小桃红】水流金谷柳丝垂
【小桃红】小乔得配意中人
【小桃红】马头垂泪出神京
【小桃红】禁城值暑夜传宣
【黄莺儿】金殿锁鸳鸯
【黄莺儿】粉面腻残妆
【黄莺儿】想像赋高唐
【黄莺儿】月夜晚风凉
【黄莺儿】佳节值重阳
【黄莺儿】沉醉了又何妨
【黄莺儿】赢得鬓如霜
【黄莺儿】老子且疏狂
【黄莺儿】因为你减容颜
【黄莺儿】相思病来缠我
【黄莺儿】生拆散燕莺期
【黄莺儿】心间事有谁学
【黄莺儿】春来呵景物妍
【黄莺儿】夏来呵景物稠

【黄莺儿】秋来呵景物荒
【黄莺儿】冬来呵景物凋
【黄莺儿】科举称槐黄
【黄莺儿】侧陋喜名扬
【黄莺儿】国士更无双

虽然【满庭芳】是传统词牌、曲牌，但是《雍熙乐府》收录了两套"西厢十咏"，都是民间借用【满庭芳】曲牌对《西厢记》的重新演绎。而【小桃红】是明代比较知名的俗曲曲牌，《雍熙乐府》收录的【小桃红】不乏朱有燉、汤舜民的作品。当然，还有个别作品判断起来较有难度，如"佣人以牧短衣褐"抒发的是文人避世的心态，也有可能为具有一定文化水平的市井之人所作，所以姑且算作时曲。

总体而言，判断作品是否时曲并不是一件容易的事情，即便有些曲辞极具民间意味，可以断定为民间所为，但也可能并非明代作品。以上总结，大致可以断为明代时曲，或许难免有所遗漏，有待于方家指正。根据本书引列的时曲可以看到，《词林摘艳》《雍熙乐府》所收的时曲超过百首，数量确实还算可观。同时，考虑到两部选本整体容量，时曲在其中所占的比例尚不到二十分之一，所占比重还是非常小的。对于明代中前期风靡一时的时曲曲牌，两部选本也涉及甚少。所以，两部选本所收超过百首时曲，很多还是孤曲，固然对时曲文献的流传贡献良多，但从其选本布局来看，时曲在两部选本中其实处于一个边缘的地位。尤其是和《风月锦囊》相比较，体现得更为明显。《风月锦囊》的"正杂两科全集"和"全家锦囊续编"上栏都以时曲为主。"正杂两科全集"收录了【朝天子】【下山虎】【黄莺儿】【普天乐】【驻云飞】等时曲，"全家锦囊续编"则收录了【驻马听】【皂罗袍】【寄生草】【柳摇金】等时曲。可以说，《风月锦囊》就是专门主打时曲的选本，其所收时曲多达上百首，时曲占据的选本散曲比例超过百分之七十。此外，《风月锦囊》也开始对选本的时曲进行标榜和突出。"正杂两科全集"中专门有"时兴杂科法曲"的版块，其实就是强调所收皆为最为时兴的时曲。为时曲专辟版块，这在戏曲选本中是首次。而在"全家锦囊续编"中则有"新增时兴杂曲""新刊时兴杂曲"的版块，都是对于时曲的突出，所以和《风月锦囊》相比，时曲在《词林摘艳》《雍熙乐府》中是处于边缘地位的。

那么,《词林摘艳》《雍熙乐府》为什么收录的时曲有限呢？首先,这还是源自皇室背景。《雍熙乐府》毕竟是皇室选本,《词林摘艳》虽然是民间选本,但它的选作大多承袭自《盛世新声》,而《盛世新声》收录的时曲非常有限。既然拥有皇室色彩,那么忽视民间时曲自然是非常正常的现象了。尤其是时曲的风格往往更为奔放、暴露,大胆表达爱情体验、描绘情爱场面,这都是皇室贵族在编选选本时所顾忌和排斥的。明代中前期,虽然已经不乏文人开始关注、称颂时曲,但整体上无论是统治者还是士大夫,对民间时曲都是非常警惕的。如朱元璋、张翼、李时勉分别举例元、宋、唐三代的俗调时曲对于国家的危害,以此警诫。朱元璋曾告诫侍臣："元时古乐俱废,惟淫词艳曲,更唱迭和……非所以道中和、崇治体也。"① 张翼《农田余话》云："宋祚将终,不独文气衰弱,民间歌曲皆靡靡亡国之音。至今临安府瓦十,印行小令人家尚存于此。"② 李时勉《元夕燕集诗序》云："（唐开元时期）君臣之间略无儆戒之心,习为侈靡,耽乐逸游,淫词艳曲,流布中外,至于颠越播迁而不知返,其事可胜道哉！"③ 明初之统治者、文人以史为鉴,深刻体会到"淫词艳曲"对于社稷江山的危害,因此对其采取压制政策。成化、弘治年间,江西南安府知府张公弼曾毁"淫词百数十",陕西按察司佥事也曾"崇正学,毁淫词"。不过,统治者也意识到时曲在民众中的流行程度很高,不能够全然禁止,因而对时曲给予了一定的生存空间。吕坤《实政录》云："时调新曲,百姓喜听,但邪语淫声甚坏民俗。如有老帅、宿儒、词人、诗客能将近日时兴腔调翻成劝世良言,每一曲赏谷一斗。"④ 又云："任作套词小曲,多作善作者,除赏谷外,仍纪大善一次。其瞽目教导淫词者,重责逐出。"对于时调新曲,统治阶层希望通过奖惩分明来引导到教化伦理的道路,所以显然不能容忍涉及情色、淫秽的内容。明世宗继位后,曾试图重振雅乐,对俗乐进行屏斥。嘉靖九年（1530）,明世宗还颁布"女训","仍令女官将二南之诗被之管弦,以备官中宴乐,一切俗乐悉行斥去"。此训甚至要

---

① （清）龙文彬：《明会要》,清光绪十三年永怀堂刻本,卷二十一,第2页。
② （明）张翼：《农田诗话》,明宝颜堂秘笈本,卷上,第5页。
③ （明）李时勉：《古廉文集》,清文渊阁四库全书本,卷四,第6页。
④ （明）吕坤：《实政录》,明万历二十六年赵文炳刻本,民务卷二,第49页。

求推广至民间："宜令天下，各崇阴教，以敦女习，不许矇瞽记诵淫词。"① 表现情爱的俗曲、时曲多由女子演唱，此训要求从宫廷到民间的女子都远离"淫词"。对于女子如此，对于官员当然有更加严格的要求。汪天锡《官箴集要》云："凡倡优，除有名目，公宴承应之后不得容于私宅。……其淫词艳曲，荡惑人心者，有关风俗，不特倡优为然，民间子弟亦有之，禁约可也。"② 个别文人好作时曲，往往也得不到文化界的理解和认可。杨升庵好作俗曲，刘绘劝诫云："今天下缨緌之士，类能著耳目焯焯者，不足深论。独于脱略礼度，放浪形骸，陶情于艳曲，耽意于美色，乐疏旷而惮拘检，此天下后生往往惑之，抱尺寸者又从而讥讪……略知足下者，又为足下之才之惜。以仆之愚戆，乃知足下之微。"③ 可见在文人的观念里，创作时曲乃是不合礼度、浪费才华之事。而民间乡俗对于时曲也有禁忌。黄佐《泰泉乡礼》云："为父兄者有宴会，如元宵俗节，皆不许用淫乐。琵琶、三弦、喉管、番笛等音，以导引子弟未萌之欲，致乖正教，违者拿送上司治罪。其习琴瑟、笙箫、古乐器者听。不许造唱淫曲，搬演历代帝王，讪谤古今，违者上司定行拿问。"④ 由此可见，明代中前期虽然时曲已经开始在民间盛行，但是从统治者的政策到士大夫的观念再到乡里乡俗的规制，对于时曲都是持有一种保守的屏斥态度。《盛世新声》《雍熙乐府》这样出自权贵之手的选本必然要维护官方意识形态，不可能收录太多的时曲。《词林摘艳》作为《盛世新声》的承袭者也就没有对时曲进行增纳。

《词林摘艳》《雍熙乐府》所收时曲有限的另一个重要原因，和音乐性有关。《词林摘艳》《雍熙乐府》都是对音乐性有较高追求的选本，拥有较为严谨的宫调划分，它们所收作品必然要具有音乐性和可唱性。这并不是说，未被它们收录的时曲就没有音乐性和可唱性，而是说很多时曲的音乐性还处于相对俚俗、粗糙的阶段，不具备北曲那样完善、成熟的音乐性。徐渭《南词叙录》曾讽刺南曲"即村坊小曲而为之，本无宫调，亦罕节

---

① （明）徐学聚：《国朝典汇》，明天启四年徐与参刻本，卷九，第26页。
② （明）汪天锡：《官箴集要》，明嘉靖十四年刻本，卷上，第20页。
③ （明）杜应芳：《补续全蜀艺文志》，明万历刻本，卷二十一，第30页。
④ （明）黄佐：《泰泉乡礼》，清文渊阁四库全书本，卷三，第19页。

奏"①，而沈宠绥《度曲须知》载魏良辅改良昆腔之时，也是对南曲音乐性的粗陋不满："有豫章魏良辅者……愤南曲之讹陋也，尽洗乖声，别开堂奥。"② 在嘉靖时期，尤其是魏良辅改良昆腔之前，南曲的音乐状态尚且如此，那么时曲是怎样一种粗陋鄙俗的音乐状态便可想而知。而我们知道，《雍熙乐府》这样的选本是需要在宫廷演唱的，自然不可能过多收录音乐处于原始世俗状态的作品。

此外，虽然在现代研究领域时曲往往被当作民歌，但其实时曲与民歌在音乐表现上是有较大不同的，而其最大的不同在于是否拥有弦乐的伴奏。一般而言，时曲多流行于市井、青楼、酒肆，具有表演性质，拥有相对专业的弦乐乐器；而真正的民歌则流行于农田、山间，具有自娱自乐的性质，常常只是即兴徒歌，没有伴奏。即便有，也只是一些鼓板的伴奏。《蜀中广记》引《邛州志》云："州人插秧所击鼓曰'长腰'，以木为身，首尾蒙皮，泥涂其面，系以长缠，击以大槌，和以俚歌，所以侑勤。"③ 这种农田山间的民歌常常只是以简单的鼓板伴奏，或者干脆在没有任何伴奏的情况下徒歌。《论语类考·弦歌》云："《尔雅》云：'徒歌'曰'谣'。盖古人不徒歌，必合琴瑟而后谓之'歌'。"④ 山间民歌其实是古人所谓的"谣"，这些民歌都没有曲牌，即兴演唱，所以也无须弦乐伴奏。冯梦龙所编《山歌》，大部分即为此类。而这种现在所谓"民歌"、古代所谓"谣"的徒歌俚曲，是时曲最为重要的组成部分。《词林摘艳》《雍熙乐府》所收曲文皆是有曲牌规制、有乐器伴奏的歌曲，这些无须伴奏的徒歌俚曲故而被排除在外。

二、选本时曲的文人气质

皇室背景决定了《盛世新声》《词林摘艳》《雍熙乐府》这样的选本不可能对时曲具有太多的包容度，不过作为一个规模宏大的皇室辑选工程，它们所收的时曲数量已经较为可观，是值得称道的，而且选本本身的特质使得其所收录的时曲也具有鲜明的特色。明代晚期和清代前期的时曲，

---

① 俞为民、孙蓉蓉：《历代曲话汇编·明代编第一集》，黄山书社，2009 年版，第 483 页。
② 俞为民、孙蓉蓉：《历代曲话汇编·明代编第二集》，黄山书社，2009 年版，第 617 页。
③ （明）曹学佺：《蜀中广记》，清文渊阁四库全书本，卷五十六，第 7 页。
④ （明）陈士元：《论语类考》，清文渊阁四库全书本，卷十三，第 8 页。

"世俗性""俚俗性"是其最为鲜明的艺术特质。它们具有浓烈的市井气息和泥土气息,具有强烈的口语化,常常使用大量的俗语、俚语、市井语,并且表现男女之间张扬和热烈的情感。而《词林摘艳》《雍熙乐府》所收时曲的风格并不如此,而是相对偏向于文雅和含蓄,具有一定的文人化和诗词化的特质。对此,郑振铎曾评价:"其内容却是经过文人学士们的改造过的,且那些编者们也嫌胆子少,不敢把许多重要的真实的漂亮的情歌选录进去;像《雍熙乐府》所选的《小桃红》百首,乃是恹恹无生气无生气的东西。"① 郑振铎先生的观点未免绝对,两部选本还是选录了大量情爱作品,只不过的确具有相当浓重的文人和士大夫气息,给人以经过了文人加工之感。例如二者收录的【罗江怨】4首:

> 恹恹病渐浓,谁来和哄,春思夏想秋捱冬,满怀愁闷付与天公。天有何私,不把我恩情送。恩多也是空,情多也是空,都做了南柯梦。
>
> 伊西我在东,何日再逢,花笺慢写封又封,叮咛嘱咐与鳞鸿。他也不中,不把我音书送。思量他也是空,埋怨他也是空,都做了巫山梦。
>
> 恩情逐晚风,心意懒慵,伊家做作无始终,山盟誓海一似耳边风。不记当时,多少恩情重。亏心也是空,痴心也是空,都做了蝴蝶梦。
>
> 惺惺似懵懂,落伊套中,无言暗把泪珠倾,口心谁想不相同。一片真心,将我厮调弄。得便宜也是空,失便宜也是空,都做了阳台梦。②

这四首曲辞具有一定的世俗性,敢于直接表达爱情,语言也较为直白,但总体上仍然呈现出一种雅丽的倾向。不要说和【挂枝儿】中所收录的时曲相比,即便和元代不少作家的散曲相比,其文辞依然显得过于"精美"。《雍熙乐府》还另收录【罗江怨】4首,其风格甚至接近诗词,兹举一例:

---

① 郑振铎:《中国俗文学史》,商务印书馆,2005年版,第488页。
② (明)张禄:《词林摘艳》,文学古籍刊行社,1955年版,第45~46页。

移舟傍柳汀，方知去程。愁红惨绿眉黛颦，强将别酒共伊斟。心先如醉，何须再饮。今宵向你日近亲，则怕明日翻成人远天涯近。恩如线断筝，情如纸画饼，似击碎了菱花镜。①

其文辞典雅精丽，笔法细腻，虽为时曲，风格却颇近于宋词。之所以会出现这种现象，一方面，选本具有皇室背景，对时曲具有严格的选择标准，那些过于俚俗、粗陋、暴露的时曲被排斥在外；另一方面，与明代中前期时曲的总体风貌有关，明代中前期的作品普遍较为雅丽。成化年间《四季五更驻云飞》所收曲辞的整体气质与《雍熙乐府》所收【驻云飞】就非常接近。如其中一首为：

扯住郎君，悄语低言问几声。你若心中顺，我也情怀应。嗏，月下系良姻。问冰人，怨女旷夫，今日交秦晋。人月团圆花遇春。②

而《雍熙乐府》所收【驻云飞】时曲，其中一首为：

泼水难收，一度思量一度愁。止望常相守，谁想不能勾。嗏，一笔尽都勾，免僝僽。月下星前题着名儿咒，咒你心肠不应口。

二者风格近似，都是在"俗"的同时兼具"雅"的成分。可知在明代前期，至少从目前保存的文献来看，时曲还没有如同晚明、清代那样奔放热烈、俚俗市侩。如此一来，《词林摘艳》《雍熙乐府》本身面对的取材范围就是相对文人化的时曲，也就自然具有如此特色了。

当然需要强调的是，《词林摘艳》《雍熙乐府》中的时曲虽然较之晚明时曲具有文人化特质，但是和真正的文人曲文相比，其世俗性还是比较明显。比如，《雍熙乐府》所收陈大声【驻云飞】，其中一首：

静掩重门，只见飞花不见人。诗也难传恨，酒也难消闷。嗏，无计可留春。怕到黄昏，香烬熏炉，独自谁偢问，翠被生寒压绣裀。

同样是【驻云飞】，我们发现，与陈大声极具文人气息的作品相比较，《雍熙乐府》所收【驻云飞】已经比较世俗化了。所以，与晚明时曲相比，《词林摘艳》《雍熙乐府》所收时曲具有文人化的气质，而与真正的文人小

---

① （明）郭勋：《雍熙乐府》，明嘉靖四十五年本，卷十五，第18页。
② 谢伯阳：《全明散曲》，齐鲁书社，1994年版，第4520~4521页。

令相比,则具有世俗化的特点。

另外,对于《雍熙乐府》《词林摘艳》所收时曲的文人化特质,我们也可从小令和时曲的关系进行考察。小令和时曲既具有本质的关联性,又具有一定的区别。小令最初是指民间短小的俗曲。芝庵《唱论》云:"时行小令唤'叶儿'。……街市小令,唱尖歌倩意。"① 小令本身就具有"时兴俗曲"的意味,只不过后来文人陆续加入创作的队伍,才使得小令与当时开始时兴的俗曲区分开来。李昌集《中国古代散曲史》曾做过如此论断:"北曲之成立,乃是套数成立在先,小令独立于后。虽然在北曲形成过程中,在民间曾有一个只曲形成的过程,但北曲显现于文坛,能够成为今日所见到的这样一种独立的体式而不被湮没,乃是'北曲小令'经民间渠道组合为套数,从而显示出与词根本不同的体制,所以才被文人所采用。而在文人手中,'小令'才独立为一体。换言之,当'小令'(民歌俚谣)仅作为'小令'存在于民间时,是没有自己独立品格的。"② 李昌集先生这段话虽然在探讨小令与散套,但也为我们说明了小令与时曲的关系,即小令本身为时曲,在被文人采用之后才成为"小令",并拥有北曲的独立品格。所以,小令本即时曲,而时曲不过是时兴的小令。万历以后的戏曲选本很多就以"时尚小令"标榜时曲,只不过一部分小令被文人拿去组合套数,一部分被文人进行雅化的创作,进而和留存、生长在民间的时曲发生了分离。《词林摘艳》《雍熙乐府》把小令和时曲置于一卷,也证明时曲和小令在形态上是同一的,它们的区别在于作品的风格、来源和存在环境。简言之,小令是文人作品,时曲是民间作品。

所以,对于小令可以做两种理解。一种是从体制而言,和大曲、套数相对,表示单阕的曲辞,是一种文体的称谓。李开先言:"套词、小令,虽有短长,其微妙则一而已。"③ 此"小令"显指文体。《阳春白雪》《太平乐府》均有"小令"的专卷,明确标明"小令"也是针对文体而言。元明时人以"小令"代指单一曲牌的散曲,与我们今天理解的小令意义相同。而在《录鬼簿续编》中,贾仲明评价汤舜民、丁野夫"套数、小令"

---

① 俞为民、孙蓉蓉:《历代曲话汇编·唐宋元编》,黄山书社,2006年版,第461页。
② 李昌集:《中国古代散曲史》,华东师范大学出版社,2007年版,第168页。
③ 俞为民、孙蓉蓉:《历代曲话汇编·明代编第一集》,黄山书社,2009年版,第412页。

极多，其"小令"的含义显然也是文体之意。从这个角度讲，小令和时曲是一致的，因为时曲一般也是以小令的形式存在、传播的。《太霞新奏》专收散曲，其中收入【傍妆台】【锁南枝】等时曲，显然也是作为小令收录的。

小令的另外一种解读是其不仅是一种文体，而且成了某种艺术坐标的文学形式。其判断标准不只是"体裁"，而且是所表现的艺术风貌、水准。有一部分小令经过文人的使用和包装后具备较高的格调和艺术水准，成为通俗所谓的"小令"。而那些留存于民间、俚陋俗浅的"小令"则往往就成为时曲、杂曲。同样是体裁上的"小令"，文人的小令可以成为元明之人所言的"乐府"，而民间小令则常常只是"叶儿"或者"街市小令"。所以，从艺术内涵来说，小令本身又有超越文体的意义，具有文人化、典雅化的内涵。因此，时曲虽然体裁上为小令，但只是世俗、民间的小令，如果以具有文化内涵的"小令"衡量，它们则又被排除在"小令"之外了。

由此可见，小令的第一层内涵是和套数相对、只有一阕或一个曲牌的曲词体裁。第二层内涵是富有文人色彩的艺术形态。我们推断，《词林摘艳》《雍熙乐府》将所收的具有文人气质的时曲并非当作所谓的"时曲"，很可能是把它们当作"小令"而收录的。在这两部选本中，也的确都有对"小令"的明确标注。《雍熙乐府》卷十五标"南曲小令"。《词林摘艳》卷一注"某某人小令"。它们这里所注的"小令"首先是就体裁而言的，因此也包含了一定的时曲。但是其中的文人小令的数量远多于时曲，那么可知，它们在择曲时隐含的理念即是文人化的小令。这种推断可以在张禄《词林摘艳》"南北小令引"得到印证，其云："乐府有套数，有小令，譬之机中文锦，全端匹者，固为粲然夺目，赏玩不穷矣。其剪割畸零，亦自可人意。然而字少意多，取务新于一言一字之间，贵在包裹含蓄。比之套数，亦不易作，观者勿忽也。"① 此段小引，张禄解释小令明显暗含两层意义："乐府有套数，有小令"，是以体裁论；而字少意多、包裹含蓄、不易作则明显属于创作水平的要求，且其正是文人化小令的要求，而绝不可能是奔放热烈的时曲。因此，正是因为《词林摘艳》《雍熙乐府》把文人化的"小令"默认等同于小令，故而在收录时曲时其实是把时曲当作无名

---

① （明）张禄：《词林摘艳》，文学古籍刊行社，1955年版，第15页。

氏的文人"小令"来收录的,也就把它们认为不是小令的时曲排斥掉了。这一点在《风月锦囊》中亦可找到辅证。《风月锦囊》将流行时曲明确标榜为"时兴杂科法曲"或"时兴杂曲",而并不标"小令"。这些"杂曲"和《词林摘艳》《雍熙乐府》之"小令"对比,世俗化非常明显。如"时兴杂科法曲"中【一封书】的几首曲词:

> 风月事,最难调,不知亲亲何处摇。真个恼,心内焦,又无便人把书捎。有朝一日成就了,满斗焚香天地烧。心难熬,意难熬,何日相逢搂抱着。
>
> 帘儿外,眼儿睃,出门撞着可意哥。来回顾,语声多,两下相思没奈何。有心与他鸾凤交,白日青天人更多。俏哥哥,俊哥哥,准备今宵来会我。
>
> 推窗看,二更天,短命乔才谁家眠。奴家盼,眼儿穿,心中一似滚油煎。你在谁家闲挽耍,撇得奴家守孤单。哭青天,叫皇天,枕儿双双人又单。
>
> 情人去,扯住衣,阁泪汪汪送别离。情正□,欢又美,有心结个鸳鸯枕。打散鸳鸯两处飞。你也飞,我也飞,你在东头我在西。①

这些时曲语言口语化、俚俗化,内容热烈奔放,大胆表现世俗情爱,与《词林摘艳》《雍熙乐府》所收的文人气质的时曲有明显区别。又如"时兴杂曲"的几首【驻云飞】:

> 只为逸书,继母生嗔责打奴。有话难分诉,逼奴改嫁孙郎妇。嗏,奴怎再招夫?宁死黄泉,做个节义妇,万载留名标青史。
>
> 枉受劬劳,父母高堂谁奉老?休怨儿不孝,已为娘焦躁。嗏,婆婆老年高,只恨姑娘,撇得一家无倚靠。生的含冤,死后恨怎消?②

此曲写一位市井节妇的苦闷内心,直接模拟市井女子的语言,不仅表现了世俗女子的语言状态,而且呈现了下层俗世的真实生活状态,亦与文人气质的时曲差异明显。

---

① (明)徐文昭辑,孙崇涛、黄仕忠笺校:《风月锦囊笺校》,中华书局,2000年版,第130~131页。

② (明)徐文昭辑,孙崇涛、黄仕忠笺校:《风月锦囊笺校》,中华书局,2000年版,第172页。

这些"杂曲"明显比《雍熙乐府》《词林摘艳》所收的"小令"世俗化、俚俗化，虽然从体裁来讲同样是"小令"，但就其内涵来说《风月锦囊》之"杂曲"与《雍熙乐府》《词林摘艳》之"小令"则完全不同。诸如此类的"杂曲"，虽形态为小令，但并非含蓄、蕴藉、文人化的"小令"，因此不具备"小令"第二层文化意义层面的内涵。而《词林摘艳》《雍熙乐府》所收的其实是兼具两层内涵的小令，因而明代所流行的有的时曲达到了这种要求，故而入选，但其实更多的时曲无法具备其第二个内涵，因此未能入选。

三、选本时曲中的《西厢记》

时曲虽然在《词林摘艳》《雍熙乐府》中处于边缘地位，但仍具有很大的文学意义和文献意义。《雍熙乐府》所收的时曲中，有20首题咏《西厢记》的【满庭芳】就是非常值得注意的。【满庭芳】其中10首皆题"西厢十咏"，分咏《西厢记》中的人物以及关汉卿、王实甫。《雍熙乐府》另收有【小桃红】100首，以小令完整地叙述了《西厢记》的情节发展，题"西厢百咏、即武陵春"。王国维言"用韵遣词，皆可断为元曲"①，然而此曲实为明人所作。《雍熙乐府》对此曲的目录题为"摘翠百咏小西厢"，而《百川书志》载："摘翠百咏小春秋一卷，皇明大梁雪舟老人王彦贞赋崔张事，武陵春一百首。"② 可知此曲为明人王彦贞所作，不过它也就不是民间时曲了。

西厢题材是明代时曲的重要题材之一，这是显而易见的。在明代前期，以时曲题咏《西厢记》就已是常见之事，成化年间的《新编题西厢记咏十二月赛驻云飞》直接以"题西厢记"为名，并且收录25首题咏《西厢记》的时曲。《四季五更驻云飞》亦有一首关于《西厢记》的时曲。值得一提的是，《雍熙乐府》收录的20首"西厢十咏"中，有九首曾刻在弘治十一年（1498）《新刊大字魁本全相参订奇妙注释西厢记》卷前，证明这九首曲辞早已流行。而《雍熙乐府》正是在这九首作品之外又凑了一篇"夫人你听"，题名"十咏"。与弘治本《西厢记》不同的是，弘治本的九

---

① 伏涤修、伏蒙蒙：《西厢记资料汇编》，黄山书社，2012年版，第568页。
② （明）高儒：《百川书志》，观古堂书目丛刊本，卷六，第5页。

首【满庭芳】顺序是杂乱的,而《雍熙乐府》则依次按照人物的重要性排列顺序,把题咏关汉卿、王实甫的两篇放在最后。而"夫人你听"这篇曲辞其实与《西厢记》无关,其在曲文末尾题"嘲人惧内纳宠,春泉作"。"春泉"是谁呢?《雍熙乐府》另收署名"王春泉"的作品两篇,一篇为【湘妃游月宫带折桂令】"簪缨华胄更风流",题"赠遂安陈总戎,王春泉作",另一篇为【一枝花】"真疏狂李太白",题"王春泉赠江东史廷直"。《雍熙乐府》嘉靖十年刊本卷首则有春泉居士王言序,王春泉应该即为王言。他能为《雍熙乐府》作序,说明他是郭勋的朋友,并参与过《雍熙乐府》的审阅,那么其中收录他的作品也就可以理解。因此我们可以推断,【满庭芳】题咏《西厢记》的曲辞只有九首,编者为凑十首之数,因此取王言之作充数,这首"夫人你听"实属凑"十咏"之内,所以严格意义来讲,《雍熙乐府》题咏《西厢记》的【满庭芳】只有19首。

除了《雍熙乐府》,嘉靖晚期的《风月锦囊》也收录了很多关于西厢题材的时曲。《风月锦囊》"正杂两科全集"中,有1首【山坡羊】、7首【皂罗袍】、1首"打破西厢、莺莺诉冤"、11首"新增西厢情曲【玉抱肚】";在"新增南京时曲"22首中,亦有7首和《西厢记》有关。

结合《雍熙乐府》《风月锦囊》以及其他选本,可以发现明代中前期题咏《西厢记》的时曲主要有两种类型。第一种是作者以第三视角对作品中的人物进行评论,如《四季五更驻云飞》和《雍熙乐府》中的"西厢十咏",作者分别对剧中人物和作者进行评论;第二种是作者代言剧中人物进行说唱,如《题西厢记咏十二月赛驻云飞》,分别以张生、莺莺等人的口吻抒发情感、交代情节。

《雍熙乐府》中的两部分"西厢十咏"和《四季五更驻云飞》的"西厢十咏"都属于第一种,是对剧中人物和作者的点评。只不过《雍熙乐府》曲牌为【满庭芳】,《四季五更驻云飞》的曲牌为【驻云飞】,这三篇"十咏"所咏的人物基本相同,而它们对人物的态度是不完全相同的。【驻云飞】涉及10个人物,分别是关汉卿、王实甫、张生、郑恒、孙飞虎、杜确、法聪、郑夫人、莺莺、红娘,其赞扬关汉卿、王实甫,对于张生、郑恒、孙飞虎、杜确、夫人、莺莺、红娘都是进行了批判。《雍熙乐府》的前10首【满庭芳】,同样涉及10个人物,也是张生、莺莺、红娘、夫人、法聪、杜确、郑恒、孙飞虎、关汉卿、王实甫。其态度则为赞美张生、莺莺、红娘、法聪、杜确、关汉卿、王实甫，批判夫人、郑恒、孙飞虎。另外 10 首【满庭芳】，除去"夫人你听"，其他 9 首作品涉及张生、莺莺、夫人、红娘、杜确、法聪、郑恒、关汉卿、王实甫，少了孙飞虎。此篇的态度与【驻云飞】相似，但是更为激进，不仅对剧中人物一一批判，而且连关汉卿、王实甫王二人也进行了批判。

相比之下，《风月锦囊》的西厢时曲更多的是第二种，即代剧中人物之言。《风月锦囊》的【皂罗袍】7 首，虽为小令，却构成一个整体，采用的是张生和普救寺长老对话的形式。张生表达自己对莺莺的倾慕之情，长老则劝解他不应贪恋红尘，应以功名为重，但最后在张生的坚持之下，还是指点张生追求莺莺的方法和时机。此曲相间交替的以小令分别代张生和长老之言，是代剧中人物之言的典型作品。

另外，《风月锦囊》"新增西厢情曲【玉抱肚】"11 首，有 10 首是以莺莺、张生的口吻所写，亦属代言体。两人所抒发的心情和当时所处的状态都在《西厢记》故事发展的关键节点。如前两首"姓张名珙字君瑞，家居洛中，因科举来到蒲东。萧寺里寄修斋供，莺莺姐偶相逢。恼乱春心不自容。愁肠转，心意浓，何时结做并头红""道场和哄，两情牵心如意浓。只因他眼去眉来，勾引得异乡心动。西厢月下理丝桐，寄柬传书托小红。殷勤送，要信通，管教两下喜相逢"就是以张生的视角描写张生、莺莺在普救寺的相遇生情。第八首"闻君有恙，与红娘忙传药方。我心事你也知之，君瑞前多多拜上。忙移衾枕出西厢，付与东君自主张。令言理，瞒我娘，轻移莲步到书房"则是以莺莺的视角，在得知张生因情生病之后，派红娘送书传情。第九首"纱橱月上，并香肩相勾入房。顾不得鬓乱钗横，红绫被翻波滚浪。花娇难禁蝶蜂狂，和叶连枝付与郎。张君瑞，休要忙，鸳鸯枕上少颠狂"，又是以莺莺的口吻写两情欢会之事。

此外，《风月锦囊》中"新增南京时曲"22 首中，亦有 7 首和西厢有关，其中有 4 首比较独特。它仍属于代剧中人物之言的类型，是以莺莺的口吻写情叙事，唱词之中还夹杂着宾白，成为一种戏剧体式。如其中两首：

> 时时刻刻，不曾离身。（红）不干红娘之事，俱是你老夫人如此。（莺）是我的萱亲，着甚么来由防备人。那日兵围普救寺呵，是你亲口许为亲。背面忘恩，他是相国家风，倒做了人而无信，悔赖人婚

姻。我若不与你守着香闺节志呵，纵有铁壁铜墙，枉使机关拘系紧。（红）姐姐，你梳头去。①

又：

花钿慵整。（红）姐姐，和你去佛殿耍子。（莺）我也懒去登临。（红）推□香被，姐姐可去睡了。（莺）纵有兰麝薰香，那有心情捱着枕。我这几日神思困倦，坐卧不宁，敢必想着张君瑞。睡不宁坐又不安。（红）姐姐，张君瑞有甚么好处，你这等爱他？（莺）我爱他风流清俊，贯世聪明。谁肯向东邻，把我针儿将线引。（红）姐姐，我与你把针儿将线引。姐姐，看你这几日有头无尾，面带忧容，可象行事起来一般。（莺）贱人，你□□□。②

在两首曲文中，莺莺主唱，兼带说白，红娘则主要是说白，但也有唱词，二者围绕莺莺的思情愁绪进行对话。这种唱词并非戏曲，仍属于说唱艺术，只不过有可能是两个人表演的说唱艺术，两位表演者进行对唱和对话。这也证明戏曲和说唱艺术在古代具有相互交错的联系。

《雍熙乐府》《风月锦囊》收录的《西厢记》时曲，不仅仅是难得的艺术作品，更为后人保留了明代中期有关西厢题材的宝贵民间文献，从中可以考察出诸多关于《西厢记》的问题。

其一，是《西厢记》的作者问题。明初，《西厢记》作者本来没有疑义，《录鬼簿》《太和正音谱》都认定为王实甫所作。嘉靖之后，认为第五本是关汉卿续补的说法开始盛行。万历八年（1580）的徐士范本《西厢记》有徐氏的序言，其云："至元王实甫，始以绣肠创为艳词，而《西厢记》始脍炙人口，然皆以为关汉卿，而不知有实甫……盖《西厢记》自《草桥惊梦》以前，作于实甫，而其后则汉卿续成之者也。"③ 他认为《西厢记》前四本为王实甫所作，而第五本为关汉卿续补。徐奋鹏《玩西厢记评》亦云："王实甫著《西厢》，至《草桥惊梦》而止，其旨微矣。……关

---

① （明）徐文昭辑，孙崇涛、黄仕忠笺校：《风月锦囊笺校》，中华书局，2000年版，第157页。

② （明）徐文昭辑，孙崇涛、黄仕忠笺校：《风月锦囊笺校》，中华书局，2000年版，第157～158页。

③ 伏涤修、伏蒙蒙：《西厢记资料汇编》，黄山书社，2012年版，第106页。

汉卿纽于俗套，必欲终以昼锦完娶，则王醒而关犹梦。"① 徐复祚同样认为最后一本为关汉卿所补："《西厢记》后四出，定为关汉卿所补，笔力迥出二手。"② 可知，明代后期，王作、关续之说盛行。从三首时曲可知，这些文人的说法并非无源之水，至少在成化年间，关汉卿便成为作者之一了。但是与文人说法不同的是，时曲中之"西厢"都认为关汉卿为第一作者，而王实甫为续补者。【驻云飞】明言"关汉卿文能，编作《西厢》曲调精""王家增修，补足《西厢》音韵遒"。而【满庭芳】也有一首言"王家好忙，沽名钓誉，续短添长"。而在《风月锦囊》之中，"打破西厢"是首长篇只曲，副标题为"莺莺诉冤"。莺莺所诉何冤呢？此曲是写莺莺控诉关汉卿玷污她的名誉，显然此曲也认定关汉卿为《西厢记》的作者。《风月锦囊》"新增西厢情曲【玉抱肚】"的11首作品，最后一首以作者的视角进行评论，批判关汉卿创作了"淫词"，这也是把矛头对准关汉卿。可见，最晚在成化时，已经有两个作者之说，而且关汉卿的作者排序是在王实甫之前。到了嘉靖时期，诸多时曲甚至已经把关汉卿视为《西厢记》的唯一作者。这说明在明代中前期，关汉卿是《西厢记》的第一作者，确实已经成为时人所共同接受的观念，所以万历以后的两个作者之说，并非无根而来。只不过万历之后普遍传为王作、关补，王实甫的排位又变为在关汉卿之前。这可能是因为明代前期流传于民间的《西厢记》刊本为了提高销量，故意把作者写为元曲第一大家关汉卿，王实甫为续补作者，时曲的作者多来自民间，他们自然接受了民间《西厢记》刊本的署名影响。而万历之后，文人普遍读过《录鬼簿》《太和正音谱》，知道《西厢记》的署名是王实甫，故把第一作者仍定为王实甫。然而《录鬼簿》《太和正音谱》皆为王实甫独著，为什么他们又认为关汉卿进行了续补呢？一方面是源于关汉卿为《西厢记》作者之一的说法已经盛行多年，明人已经普遍认可；另一方面，文人认为关汉卿亦是作者之一，也是基于他们认为第五本水平与前四本有明显差距，而又久传关汉卿为作者之一，那么关汉卿就被当作第五本的作者了。

---

① 伏涤修、伏蒙蒙：《西厢记资料汇编》，黄山书社，2012年版，第215页。
② 俞为民、孙蓉蓉：《历代曲话汇编·明代编第二集》，黄山书社，2009年版，第264~265页。

其二，是《西厢记》的第一主角问题。莺莺和张生谁是《西厢记》的第一主角，历来具有争议。李渔云："一部《西厢》，止为张君瑞一人。"①金圣叹则云："若更仔细算时，《西厢记》亦止为写得一个人。一个人者，双文是也。"②支持莺莺是第一主角的文人学者占据主流，蒋星煜等现代学者亦认为莺莺是第一作者。但29首时曲都是把张生排在剧中人物的第一名，说明在明人的观念里，张生才是《西厢记》的第一主角。

其三，是明人对《西厢记》的复杂态度。《雍熙乐府》中的19首作品皆是对《西厢记》人物的点评，但耐人寻味的是，包括《四季五更驻云飞》中的10首作品在内，这三组"十咏"对人物的态度却不完全相同。【驻云飞】只赞美作者，对剧中人物一律批判。【满庭芳】的后9首则是一律批判。这9首曲辞同样被录于弘治本《西厢记》卷前。有趣的是，一般书籍都会极力吹捧其作品，然而这样一部制作极其精良的版本却录有9首批判本书人物的曲辞，其意为何？一种理解是：弘治本《西厢记》"刻书牌记"有云："尝谓古人之歌诗即今人之歌曲，歌曲虽所以吟咏人之性情，荡涤人之心志，亦关于世道不浅矣。"③刻者仍然强调词曲的教化世道作用，而《西厢记》毕竟乃是儿女情长的故事，因此刻者选择9首批判性的作品，表明虽然此书为佳作，但仍然要宣扬、固守儒家世教的态度；另一种理解是：明代中前期，关于《西厢记》的评论式题咏普遍以批判为主，尤其是对于作者的批判相当普遍。这一点在《风月锦囊》所收的时曲中亦可得到验证。《风月锦囊》"打破西厢"是首长篇只曲，以莺莺口吻书写，把莺莺树立为一个名门正统、闺门清秀的角色，痛斥关汉卿写《西厢记》是虚晃和诽谤，是对崔相国让他科举落第的报复。曲中以一串反问，自证莺莺的清白："几曾有排筵拜做兄和妹？几曾有我改变朱颜太湖石？小红娘彼时不识事，岂有欢郎相国子？父亲兴时，母亲官诰重重赐，俺肯失落了人伦礼？俺一家温柔良善，平白地假作胡为。"④除上述两组外，《风月锦囊》【玉抱肚】11首的最后一首以作者视角，也批判关汉卿创作了"淫

---

① （清）李渔：《闲情偶寄》，中华书局，2007年版，第15页。
② （清）金圣叹：《金圣叹全集·第二卷》，凤凰出版社，2008年版，第863页。
③ 伏涤修、伏蒙蒙：《西厢记资料汇编》，黄山书社，2012年版，第118页。
④ （明）徐文昭辑，孙崇涛、黄仕忠笺校：《风月锦囊笺校》，中华书局，2000年版，第96页。

词":"汉卿不妙,逗风骚不辞苦劳,做春秋有惜无褒。逗甚么盖世才学,说来谎话不推□。□□□,虚词巧,死后绝支无下稍。"① 可见,即便民间色彩浓郁的《风月锦囊》,对《西厢记》及其作者也是持有批判的态度。

这种对《西厢记》的批判与今人对《西厢记》的理解差异非常大,尤其是其中批判剧中人物的曲文更是富有浓郁的道学色彩。它们批判张生不思功名、思情丧志,批判莺莺不守闺门之道,批判红娘"助纣为虐",批判杜确擅离职守、私自用兵,批判法聪不读经书、有辱佛门。在今人看来的正面人物,它们全部给予否定。而即便是今人批判的人物,它们虽然也是批判,但其角度完全不同,如它们对夫人的批判并不是因为背信失约、棒打鸳鸯,而是因为教女不力;批判郑恒也不是因为侵扰他人姻缘,而是因为个性愚昧,受困于情,应考取功名或另寻佳偶。这种批判并不是以维护张生、莺莺爱情的角度,而是以维护封建伦理的角度。然而,《雍熙乐府》收录的另外 10 首【满庭芳】对剧中人物的评价,则与今人的观念相契合。它们赞美张生、莺莺对于爱情的追求和坚守,赞美红娘、法聪、杜确的仗义助人,批判夫人失约阻婚、郑恒可耻插足。由此可见,短短 29 首时曲,却可以反映出明代中前期对《西厢记》完全不同的态度,为我们了解《西厢记》的接受历史提供了新的视角。

---

① (明)徐文昭辑,孙崇涛、黄仕忠笺校:《风月锦囊笺校》,中华书局,2000 年版,第 150 页。

第四章　嘉靖戏曲选本的清唱属性和折子戏辨疑

《词林摘艳》《雍熙乐府》收录了大量题材丰富、各具特色的剧曲、散曲乃至时曲,那么,为何这些形态、类型不同的曲文能够共存于一部选本之中,这些曲文最终的表演形态又是什么样的呢?我们认为,它们的表演形态主要是清唱。所以,嘉靖戏曲选本实为清唱选本,具有清唱的功能和属性。它们兼收散曲、剧曲,且剧曲不录宾白,这是因为它们将收录的剧曲视为散曲。也正因为如此,散曲、剧曲虽然形态不同,却能共录于同一选本之中。同时,剧曲因被视为"散曲",虽然与折子戏具有单收只折、只套的相似之处,但并非折子戏。

第一节　剧曲、散套融通的收曲格局

笔者在第二章谈到《盛世新声》《词林摘艳》《雍熙乐府》按照宫调和曲牌排列曲文,所以收曲格局给人井井有条之感。但其具体的曲文则是剧曲、散曲混收,又显得略有凌乱。尤其是所收剧曲没有宾白,其形态与散曲无异。除《词林摘艳》标注了作品题目和作者外,《雍熙乐府》《盛世新声》中的作品题目、作者皆无,因而其虽然曲牌排列整齐,但如果不借助其他剧本、选本进行对照,就无法明确辨别散曲、剧曲之别。经过隋树森等学者的考证,三部选本虽然所收剧曲已经基本明了,但仍然有部分曲文剧曲、散曲难辨,如【石榴花】"不妨沉醉乐陶陶",《吴歈萃雅》《吴骚合编》认为此曲为散曲,《九宫正始》则认为此曲出自南戏《子母冤家》,可见部分曲文早在明清时就已经剧、散难分了。但同时我们也发现,三部选本将剧曲和散曲混杂在一起,虽然看似杂乱而无规律可循,但也蕴含着剧曲、散曲通融的理念。

一、《词林摘艳》《雍熙乐府》剧曲收录实态

要了解选本剧曲、散曲之关系,我们先明晰《词林摘艳》和《雍熙乐府》每卷杂剧套曲所处的位置。《词林摘艳》杂剧套曲所处选本位置情况见表4-1,左边为杂剧套曲,右边为其所处选本位置:

表4-1 《词林摘艳》杂剧套曲所处选本位置

卷次	杂剧套曲	所处选本位置
卷三	《郑月莲秋夜云窗梦》第三折	第三篇
	《唐明皇秋夜梧桐雨》第二折	第四篇
	《像生番语罟罟旦》"心下疑猜"	第七篇
	《苏小卿月夜贩茶船》"这些时浪静风恬"	第十五篇
	《破幽梦孤雁汉宫秋》第四折	第十六篇
	《迷青琐倩女离魂》第三折	第二十三篇
	《李克用箭射双雕》"赛社处人齐"	第二十四篇
	《持汉节苏武还乡》"羊角风飐地飐天"	第二十九篇
	《贺万寿五龙朝圣》第二折	第三十二篇
卷四	《楚金仙月夜杜鹃啼》"杨柳丝柔"	第三篇
	《铁拐李度金童玉女》第一折	第六篇
	《月下老定世间配偶》第一折	第八篇
	《㑇梅香骗翰林风月》第一折	第九篇
	《苏子瞻醉写赤壁赋》第一折	第十九篇
	《黄桂娘秋夜竹窗雨》第一折	第二十篇
	《韩彩云丝竹芙蓉亭》"天霁云开"	第二十三篇
	《鼓盆歌庄子叹骷髅》"散袒逍遥"	第二十八篇
	《郑月莲秋夜云窗梦》第一折	第二十九篇

续表4-1

卷次	杂剧套曲	所处选本位置
卷五	《月下老定世间配偶》第四折	第五篇
	《萧何月下追韩信》第二折	第十一篇
	《陶朱公范蠡归湖》第四折	第十二篇
	《王妙妙死哭秦少游》"似一江春水向东流"	第十三篇
	《破幽梦孤雁汉宫秋》第三折	第十八篇
	《神龙殿栾巴噀酒》"五更朝马聚宫门"	第二十篇
	《四丞相高会丽春堂》第四折	第二十三篇
	《便宜行事虎头牌》第二折	第二十四篇
	《金水桥陈琳抱妆盒》第三折	第二十九篇
卷六	《汉公卿衣锦还乡》第四折	第八篇
	《王妙妙死哭秦少游》"支楞的断了冰弦"	第十篇
	《月下老定世间配偶》第二折	第十二篇
	《风雨像生货郎旦》第四折	第十七篇
	《唐明皇秋夜梧桐雨》第四折	第二十一篇
	《罗公远梦断杨贵妃》"传将令马休行"	第二十三篇
	《宋太祖龙虎风云会》第三折	第二十八篇
	《韩翠颦御水流红叶》第三折	第三十篇
卷七	《铁拐李度金童玉女》第三折	第九篇
	《玉箫女两世姻缘》第二折	第十篇
	《柳耆卿诗酒玩江楼》"家住在"	第二十一篇
	《死生交范张鸡黍》第三折	第二十三篇
卷八	《铁拐李度金童玉女》第二折	第九篇
	《周瑜谒鲁肃》第二折	第二十二篇
	《死生交范张鸡黍》第二折	第二十三篇
	《金水桥陈琳抱妆盒》第二折	第三十四篇
	《死葬鸳鸯冢》"柳拖烟翡翠柔"	第三十五篇
	《神龙殿栾巴噀酒》"茜红袍锦压襕"	第三十六篇

续表 4-1

卷次	杂剧套曲	所处选本位置
卷九	《迷青琐倩女离魂》第四折	第二篇
	《死葬鸳鸯冢》第二折	第三篇
	《月下老定世间配偶》第三折	第十七篇
	《汉高皇濯足气英布》第四折	第十九篇
	《天香圃牡丹品》第三折	第二十五篇
卷十	《玉箫女两世姻缘》第三折	第七篇
	《严子陵垂钓七里滩》第二折	第十篇
	《迷青琐倩女离魂》第二折	第十五篇
	《四丞相高会丽春堂》第三折	第二十六篇

再看《雍熙乐府》杂剧套曲所处选本位置的情况，见表4-2。因《雍熙乐府》卷次较多，此处仅录卷一至卷四。

表 4-2 《雍熙乐府》杂剧套曲所处选本位置

卷次	杂剧套曲	所处选本位置
卷一	《月下老定世间配偶》第三折	第七篇
	《汉高皇濯足气英布》第四折	第十三篇
	《死葬鸳鸯冢》第二折	第十四篇
	《迷青琐倩女离魂》第四折	第二十四篇
	《天香圃牡丹品》第三折	第三十六篇
	《张孔目智勘魔合罗》第二折	第四十篇
	《黑旋风仗义疏财》第五折	第四十一篇
	《福禄寿仙官庆会》第四折	第四十二篇
	《文殊菩萨降狮子》第二折	第四十四篇
卷二	《宋太祖龙虎风云会》第三折	第三篇
	《西厢记》第四本第三折	第六篇
	《罗公远梦断杨贵妃》"传将令马休行"	第七篇
	《月下老定世间配偶》第二折	第八篇
	《十美人庆赏牡丹园》第三折	第十六篇

续表4-2

卷次	杂剧套曲	所处选本位置
卷二	《唐明皇秋夜梧桐雨》第四折	第十八篇
	《韩翠颦御水流红叶》第三折	第二十篇
	《吕翁三化邯郸店》第二折	第三十六篇
	《王妙妙死哭秦少游》"支楞的断了冰弦"	第三十七篇
	《紫阳仙三度常椿寿》第三折	第四十篇
	《天香圃牡丹品》第二折	第四十三篇
卷三	《汉公卿衣锦还乡》第四折	第一篇
	《李亚仙花酒曲江池》第二折	第三篇
	《小天香半夜朝元》第二折	第四篇
	《张天师明断辰钩月》第二折	第五篇
	《李妙清花里悟真如》第二折	第六篇
	《南极星度脱海棠仙》第三折	第七篇
	《甄月娥春风庆朔堂》第二折	第八篇
	《美姻缘风月桃源景》第四折	第九篇
	《黑旋风仗义疏财》第三折	第十篇
	《瑶池会八仙庆寿》第二折	第十一篇
	《宣平巷刘金儿复落娼》第三折	第十二篇
	《东华仙三度十长生》第三折	第十三篇
	《惠禅师三度小桃红》第三折	第十四篇
	《西厢记》第二本第二折	第三十一篇
	《群仙庆寿蟠桃会》第二折	第三十二篇
	《福禄寿仙官庆会》第二折	第三十三篇
	《挡搜判官乔断鬼》第四折	第三十四篇
	《豹子和尚自还俗》第三折	第三十五篇
	《河嵩神灵芝庆寿》第三折	第三十七篇
	《四时花月赛娇容》第三折	第三十八篇
	《关云长义勇辞金》第四折	第三十九篇

续表 4-2

卷次	杂剧套曲	所处选本位置
卷四	《月下老定世间配偶》第一折	第二篇
	《韩彩云丝竹芙蓉亭》"天霁云开"	第三篇
	《苏子瞻醉写赤壁赋》第一折	第十六篇
	《杜牧之诗酒扬州梦》第一折	第二十一篇
	《苏子瞻风雪贬黄州》第一折	第二十二篇
	《陈文图悟道松阴梦》"颜子箪瓢"	第二十三篇
	《李太白匹配金钱记》第一折	第二十七篇
	《㑳梅香骗翰林风月》第一折	第三十一篇
	《铁拐李度金童玉女》第一折	第三十二篇
	《苏子瞻醉写赤壁赋》第一折	第四十五篇
	《韩湘子引渡升仙会》"俺看你访蓬莱入洞天"	第四十九篇

由上可知,《词林摘艳》《雍熙乐府》中杂剧套曲所处的位置并没有井然相连,而是混乱、无序的。有的套曲相连,有的则隔着几套。少的隔着两套,多的则隔着十多套。只有《雍熙乐府》排列朱有燉的作品略有次第,但也并不完全有序,如卷三第三十一到三十九篇,本来按照排序皆为朱有燉之杂剧,可偏偏第三十六篇又插入一篇散套,打乱了顺序。

这种混乱的排列说明编者并未有意识地区别散曲和杂剧的形态,没有把杂剧当作与散曲不同的"特例"。在他们看来,剧曲在去掉宾白之后与散曲无异,没有必要特别注意它们的归类和排序。我们明确哪些作品是剧曲之后会产生排列杂乱之感。但就编选者而言,只要曲牌排列有序,选本的排版就是有序的。这说明在编者的意识里,剧曲和散曲是相互融通于"曲"的大类之下的。

所以,散曲、剧曲混收在一起,既和剧曲、散曲本属同类有关,也反映了编选者并未有意区分散曲、剧曲的融通观念。

二、元明剧曲、散曲融通观念的生成和衍化

在《词林摘艳》《雍熙乐府》中,编者对剧曲、散曲并没有明确的区分,是否意味着元明之人全部对它们没有区分呢?这就涉及元代和明代对

剧曲、散曲分离、融通的观念探讨。李昌集先生曾在《中国古代曲学史》中探讨过元人对于散曲、剧曲观念的问题："元人并未将后世所称的散曲、戏曲混为一谈，元人在理论上亦极少有'混谈'的表述，将散曲与戏曲中的'曲'统而论之的始作俑者乃是明人，元人对散曲与'戏剧'的分界是很分明的。"① 又说："元人将后世所称的散曲、戏曲视为同类则也是事实。元代曲家前期'诸公'多还只作'乐府'，而后期'诸公'和有元一代之'才人'，则绝大多数'乐府''传奇'并作，《录鬼簿》将作有'乐府'和'传奇'诸公合为一编，证明元人确把二者视为同门。……可知在元人'曲'的观念中，散曲戏曲乃是门同而类殊的关系，或者说元人在'曲'这一层面上是将散'曲'、戏'曲'视为一体的。这是元人曲体分类观中一种潜在然却明了的意识，元人虽无有关的明确表述，但却是元人观念中的实际存在。"② 李昌集先生认为，元人对剧曲、散曲本身是有明确区分的，只是他们并未在表达上进行语言上的区分而已。如果考察元代的戏曲文献，可知李昌集先生的观点是可信的，元人对散曲、戏曲其实一直是有分离的观念的。

周德清《中原音韵》对戏曲、散曲并没有特意区分，统称为"乐府"。他虽然如此统称，但并不代表他没有区分意识。事实上，他的行文、表述是可以体现出他关于剧曲、散曲的分离意识的。例如，他在《中原音韵·造语》中引用杂剧《周公摄政》，就标明"传奇"。可见，他对剧曲和散曲是有区分的，只是在论述时把它们统一在"曲"的概念之中了。

钟嗣成《录鬼簿》载"前辈已死名公，有乐府行于世者"和"前辈已死名公才人，有所编传奇行于世者"。"传奇"和"乐府"对于剧曲、散曲的区分非常明确。

陶宗仪对剧曲、散曲亦有区分，其《辍耕录·院本名目》云："唐有传奇，宋有戏曲、唱诨、词说。金有院本、杂剧、诸宫调，院本、杂剧，其实一也。国朝，院本、杂剧始厘而二之。"③ 陶宗仪此处的分类更为细化，连院本、杂剧、诸宫调都有明确区分。虽然他未言及散曲，但是从他

---

① 李昌集：《中国古代曲学史》，华东师范大学出版社，2007年版，第47页。
② 李昌集：《中国古代曲学史》，华东师范大学出版社，2007年版，第47页。
③ 俞为民、孙蓉蓉：《历代曲话汇编·唐宋元编》，黄山书社，2006年版，第436页。

对院本、杂剧的区分可以知道，这二者虽已被"厘而二之"，但总体上是属于"戏剧"的。《辍耕录》又云："稗官废而传奇作，传奇作而戏曲继。金季国初，乐府犹宋词之流，传奇犹宋戏曲之变，世传谓之杂剧。"① 可见，他认为杂剧是稗官、传奇、戏曲一脉，其实就是说杂剧是叙述艺术的一脉；而乐府是宋词一脉，其实就是指散曲是抒情艺术的一脉，他对剧曲、散曲的区别意识可谓是明显的。

夏庭芝《青楼集》对散曲、剧曲亦有明确区分。在介绍伶人梁园秀时，言"所制乐府，如【小梁州】【青歌儿】【红衫儿】【枳砖儿】【寨儿令】等"②。而在介绍王玉梅、李芝秀时，称她们"杂剧亦精致""记杂剧三百余段"。可见，"乐府"和"杂剧"是截然不同的。夏庭芝在介绍芙蓉秀，又言："后有芙蓉秀者，婺州人，戏曲小令不在二美之下（指龙楼景、丹墀秀），且能杂剧，尤为出类拔萃云。"③ 其既言小令，又言杂剧，亦是对剧曲、散曲的区分。

由此可知，元代人对剧曲、散曲的区分意识是非常鲜明的，不仅如此，他们对剧曲、散曲的进一步细分也已经有了意识，只不过他们在表述之中并没有用明确统一的语言和概念去把这种区分表达出来。

及至明代，这种散曲、剧曲分离的意识又是什么情况呢？李昌集先生《中国古代曲学史》论述明人关于剧曲、散曲的分离意识时，言：

> 明人的散曲、戏曲分类意识与今之观念仍有很大的差距。……明人对戏曲之"体"的把握更普遍的是"两分"观：当其将主要视点投向"曲"时，戏曲则被视为"歌词"。……而将"曲"与"白"分离，戏"曲"便成了独立的"歌词"，其性质实际上也就与散曲别无二致。……从明中叶到晚明，除了为数不多的曲学家较清晰地把握了戏剧的本质，大部分曲家还只是初步、朦胧地触摸到戏剧的本性，以"曲文学"的眼光视戏曲的现象还相当普遍。……明人论"曲"，常将散曲、戏曲囊括言之，较元人评曲大多只及散曲更具"曲"的"大一统"意识。④

---

① 俞为民、孙蓉蓉：《历代曲话汇编·唐宋元编》，黄山书社，2006年版，第450页。
② 俞为民、孙蓉蓉：《历代曲话汇编·唐宋元编》，黄山书社，2006年版，第473页。
③ 俞为民、孙蓉蓉：《历代曲话汇编·唐宋元编》，黄山书社，2006年版，第488页。
④ 李昌集：《中国古代曲学史》，华东师范大学出版社，2007年版，第295～296页。

李昌集先生首先肯定明人继承了元人对剧曲、散曲分离的意识,同时强调这种分离意识与今人差距很大。他认为,明人仍然把剧曲、散曲都统一在"曲"本位的观念中。对于李昌集的观点,朱崇志曾提出异议:"此一认识忽视了许多明人针对这一问题所作的显性或隐性回答。确如李书所言,戏曲选本特别是单套曲文选本有近三十种之多往往是散曲、戏曲合选。这些选本可以分为两类:一是文人选本,早期的《词林摘艳》《雍熙乐府》等将散曲戏曲并置于宫调曲牌的分类标准之中,不分彼此,确有混为'一统'之势,但后来的选本如《群音类选》《词林白雪》《吴歈萃雅》之类都明确把二者分离。"①

事实上,朱崇志并没有全盘否定李昌集的观点,毕竟,《雍熙乐府》《词林摘艳》这种散曲、剧曲混收的选本是李昌集观点强有力的论据。朱崇志只是从明代后期的选本出发,对李昌集的观点进行了一定程度的修正。他的这种修正是科学的。明人对剧曲、散曲的观念并非一成不变,如果简单地以"明人"作为整体论证,其必然失之偏颇,因为明初和晚明在观念上有着一定的差异。而考察明代的戏曲文献,可以总结出明人剧曲、散曲观念的变化历程。

明初,贾仲明编撰《录鬼簿续编》,在介绍诸公创作时自称"所作传奇、乐府极多"②。而在"诸公传奇失载名氏并附于此"章节中,所载乃无名氏剧曲。可知,贾仲明继承了《录鬼簿》的观念,对于乐府、传奇具有明确的区分。

朱权《太和正音谱》是明代前期最为重要的戏曲理论著作,其"古今群英乐府格势"章节中所录的曲家,既有杂剧、散曲皆有的作家,又有只有散曲的作家。可见,剧曲、散曲作家被其统一在"乐府群英"中。然而是否说明他对剧曲、散曲不分呢?事实并非如此。此书另有"杂剧十二科",言:"杂剧,俳优所扮者谓之'娼戏'。"又云:"杂剧之说:唐为传奇,宋为戏文,金为院本、杂剧合而为一,元分院本为一,杂剧为一。杂剧者,杂戏也;院本者,行院之本也。"③ 其关于院本、杂剧分离的说法

---

① 朱崇志:《中国古代戏曲选本研究》,上海古籍出版社,2004年版,第104页。
② 俞为民、孙蓉蓉:《历代曲话汇编·明代编第一集》,黄山书社,2009年版,第19页。
③ 俞为民、孙蓉蓉:《历代曲话汇编·明代编第一集》,黄山书社,2009年版,第66页。

源自陶宗仪。我们不管院本、杂剧之分，只要看到他专论"杂剧"即可知道，他是将"杂剧"当作一种戏剧形式，并非完全和散曲混为一谈。而且在《太和正音谱》中，收录不同曲牌的平仄标注，其虽然总称为乐府，实则散套、小令、杂剧皆有，但每个曲牌收录的曲词都明确注明小令、散套及不同的杂剧题目。所以，朱权对散套、小令、杂剧是有着明确的区分的，只不过他把三者归为"乐府"这个大类中。对于"乐府"，他强调"大概作乐府切忌有伤于音律，乃作者之大病也。……大抵先要明腔，后要识谱，审其音而作之，庶不有忝于先辈焉"①。可见，他对于"乐府"的核心要求是音乐、演唱、韵律，散套和杂剧被统一于"乐府"概念中，就是因为它们共同的音乐性。因此，朱权对剧曲、散曲仍有明显区分，不过同样最后将其归于"曲"的大类之中。

同为皇室贵族，朱有燉《清河县继母大贤引》在称赞王实甫、马致远等元曲大家时，云："故为传奇当若此数人，始可与之言乐府矣。"② 其"传奇"和"乐府"明显不是一个概念。此处之"乐府"并非指散曲，而是代指一种优秀的音乐文体，所谓"成文章者为'乐府'"。但此处所指"传奇"，则是剧曲无疑。因此，朱有燉对于剧曲、散曲也是有分离意识的。

胡侍《真珠船》云："元曲，如《中原音韵》《阳春白雪》《太平乐府》《天机余锦》等集，《范张鸡黍》《王粲登楼》《三气张飞》《赵礼让肥》《单刀会》《敬德不伏老》《苏子瞻贬黄州》等传奇，率音调悠圆，气魄宏壮。"③ 胡侍是正德时期之人，他对散曲、剧曲的区分也非常明显，把《太平乐府》《阳春白雪》等归为散曲一类，而把《死生交范张鸡黍》《醉思乡王粲登楼》等归为传奇一类，但是他又把它们统称为"元曲"。其"元曲"与朱权之"乐府"实际上异曲同工，是以"曲"的高度对剧曲、散曲的融合。

李开先是明代中期的戏曲大家，其《词谑》对散曲和剧曲亦区别分明，对散曲名之"散套"，对剧曲则标明杂剧题目。而在介绍剧曲时，有

---

① 俞为民、孙蓉蓉：《历代曲话汇编·明代编第一集》，黄山书社，2009年版，第38页。
② 俞为民、孙蓉蓉：《历代曲话汇编·明代编第一集》，黄山书社，2009年版，第200页。
③ 俞为民、孙蓉蓉：《历代曲话汇编·明代编第一集》，黄山书社，2009年版，第208页。

时则称为"杂剧"。他在《改定元贤传奇序》中，云："因名其刻为《改定元贤传奇》。泰泉黄詹事所谓以奇事为传者是已。然又谓之行家及杂剧、升平乐，今舍是三者，而独名以传奇，以其字面稍雅致云。"① 李开先编撰《改定元贤传奇》，收元人杂剧，其名为"传奇"，一方面是为了名字典雅，另一方面也为强调杂剧的特征是"以奇事为传者"的叙述性文体，因而无论是"传奇"还是"杂剧"都表明他独立看待杂剧的意识。而他在《南北插科词序》中，言："予少时综理文翰之余，颇究心金、元词曲，……《太平》《阳春白雪》《诗酒余音》二十四散套；……《芙蓉》《双题》《多月》《倩女》等千七百五十余杂剧，靡不辨其品类，识其当行。"② 此处，他对《太平乐府》这种散曲选本为代表的"散套"和《迷青琐倩女离魂》为代表的"杂剧"的区分亦极为分明。此外，他在《醉乡小稿序》中，云："单词谓之叶儿乐府，非若散套杂剧，可以敷演填凑。"③ 这说明他已经开始强调散曲、剧曲在是否"可以敷演"上的本质差异了。

王骥德的曲论名著《曲律》中多次出现"剧戏""戏曲"这两个词汇，也是他剧曲观念独立的显现。《曲律》中有一章专论"剧戏"，其特别强调戏曲作为一种戏剧在结构、故事等方面的创作方法，"杂论"之中也论有剧戏"出之贵实、用之贵虚"、优人演出等方面的要求，都是从"剧"的角度论述的。此外，他在《曲律·论章法第十六》中还特别强调作套曲与剧曲的区别："于曲，则在剧戏，其事头原有步骤；作套数曲，遂绝不闻有知此窍者，只漫然随调，逐句凑拍，掇拾为之，非不间得一二好语，颠倒零碎，终是不成格局。"④ 他认为创作剧曲要有一定的事头和步骤，而创作套曲则往往"漫然随调，逐句凑拍"。这都反映出王骥德具有剧曲、散曲分离的思维。更为重要的是，王骥德是明代第一个开始从历史源头考察剧、曲分离的文人。在元明时期，戏曲源于"诗词乐府"一系的观点占据绝对主流，连王骥德自己都说"今之词曲，即古之乐府也"。但是，王骥德所说的"词曲"一般只包括散曲，因为他已经注意到戏剧发展拥有独

---

① 俞为民、孙蓉蓉：《历代曲话汇编·明代编第一集》，黄山书社，2009 年版，第 406 页。
② 俞为民、孙蓉蓉：《历代曲话汇编·明代编第一集》，黄山书社，2009 年版，第 407 页。
③ 俞为民、孙蓉蓉：《历代曲话汇编·明代编第一集》，黄山书社，2009 年版，第 399 页。
④ 俞为民、孙蓉蓉：《历代曲话汇编·明代编第二集》，黄山书社，2009 年版，第 81 页。

立的发展途径,《曲律·杂论第三十九上》云:"古之优人,第以谐谑滑稽供人主喜笑,未有并曲与白而歌舞登场如今之戏子者;又皆优人自造科套,非如今日习现成本子,俟主人拣择,而日日此伎俩也。……即金章宗时,董解元所为《西厢记》,亦第是一人倚弦索以唱,而间以说白。至元而始有剧戏,如今之所搬演者是。"① 王骥德提出,戏曲本是源自"谐谑滑稽"的优伶表演,并未与曲有关系。而戏曲之"曲"的前身,乃是诸宫调,元代之前也并未与戏剧有关系。直到元代,二者才相互结合,成为戏曲形式,即王骥德所言的"剧戏"。王骥德首次把戏曲之"戏"和"曲"当作两个历史脉络来论述,所以他的曲、剧分离的意识达到了一个成熟的高度。他不仅重视戏曲的"戏剧性",而且开始把戏剧当作一个独立的历史艺术进行考察,从源头上找戏曲与散曲的差异。

由此可知,无论元代还是明代,文人对于剧曲、散曲的区别都是心知肚明的。他们对散曲、剧曲的本质特征一直以来都是有所区分的。那么,为什么《词林摘艳》《雍熙乐府》会散曲、剧曲混杂,没有做任何区分呢?这是因为虽然元明之人始终具有剧曲、散曲分离的意识,但是剧曲、散曲融通的观念也在他们的意识中始终存在。

首先,上文讲过,元明之人虽然具有剧曲、散曲分离的意识,但同时常常把二者统一到"曲"的大类中。尤其在明代中期以前,当时人们对"戏"的概念还未强调和突出,戏曲的中心就在于曲,所以无论是周德清还是朱权常常以"乐府"对二者进行概括。李昌集《中国散曲史》指出:"在元人的观念中,曲乃是杂剧的根本和主干,书坊刊行'的本'固是为了盈利。但所以能够盈利,是因为'的本'作为杂剧的'简介'而方便听众听戏,故杂剧观众首重者亦是'曲'。"② 元明之人确有区分剧曲、散曲的意识,但丝毫不影响"曲"之于元明之人的统领地位。从元明到现代,我们可以找到很多"曲"之统领地位的例证。梁辰鱼《南西厢记叙》云:"乐府变而为词,词变而为曲。"③ 王世贞《艺苑卮言》云:"曲者词之变。""《三百篇》亡,而后有骚、赋;骚、赋难入乐,而后有古乐府;

---

① 俞为民、孙蓉蓉:《历代曲话汇编·明代编第二集》,黄山书社,2009年版,第109~110页。
② 李昌集:《中国古代散曲史》,华东师范大学出版社,1991年版,第108页。
③ 俞为民、孙蓉蓉:《历代曲话汇编·明代编第一集》,黄山书社,2009年版,第475页。

古乐府不入俗,而后以唐绝句为乐府;绝句少宛转,而后有词;词不快北耳,而后有北曲。"① 屠隆《章台柳玉合记叙》言:"传奇者,古乐府之遗。"② 在王骥德之前,元明之人往往都把戏曲看作诗词、乐府的余脉,认为"词为诗余、曲为词余"或者"曲为乐府之变""词之变",这种看法是元明之人的主流观念。这其实就是认定戏曲作为古代"歌曲"的正统继承地位,那么处于统领地位的自然是"曲",因此戏曲之中的"戏"也只是"曲"的下属。即便是在戏剧意识日渐突出的明代中晚期,"曲"本位的观念依然有着重要影响。潘之恒《亘史·曲余》云:

> 未得曲之余,不可以言剧。夫所谓"余"者,非长而羡之之谓。盖满而后溢,乃可以谓余也。故为剧必自调音始。……音既微矣,悲喜之情已具曲中。一颦一笑,自有余韵,故曰"曲余"。今之为剧者不能审音,而欲剧之工,是愈求工而愈远矣!③

在他看来,戏剧如果不能"审音",就很难成为优秀的作品,可见其以曲统剧的意识。而臧懋循编选《元曲选》其实就是剧本合选,但并不名"元剧选",足以说明在明代人的观念中戏曲之"曲"的优先地位。洛地说:"元杂剧在整体上注重的是'曲体结构'而非'戏剧结构',人们只要求一出戏有一个完整的、较好的音乐结构,却并不要求它同时也具有一个同样好的戏剧结构。"④ 傅瑾说:"剧本里的唱以及唱词要与有相对固定格律的曲调相配合,音乐决定与限制着国剧整部作品的构成与形态,因此无论是在剧本中还是在表演中,具有音乐性的唱是重要的,不能随意更改的。"⑤ 这些都清楚表明,"曲"在古代戏曲中具有至高无上的地位。

中国人的文化思维与西方人不同。西方人喜欢对研究对象进行分门别类的细化研究和统计计算,而中国人则是对研究对象进行融合、贯通。当一个更高的概念和类属可以统领两个下属时,中国人往往不是对下属进行进一步细化,而是尽量把两个下属向着更高的类属归靠。即便元明之人具有散曲、剧曲分离的意识,他们也以"曲"和"乐府"对二者进行统筹总

---

① 俞为民、孙蓉蓉:《历代曲话汇编·明代编第一集》,黄山书社,2009年版,第511页。
② 俞为民、孙蓉蓉:《历代曲话汇编·明代编第一集》,黄山书社,2009年版,第589页。
③ 俞为民、孙蓉蓉:《历代曲话汇编·明代编第二集》,黄山书社,2009年版,第183页。
④ 洛地:《戏曲与浙江》,浙江人民出版社,1991年版,第78页。
⑤ 傅瑾:《中国戏剧艺术论》,山西教育出版社,2003年版,第102页。

括。《词林摘艳》《雍熙乐府》对散曲、剧曲的混收就是这种意识的集中体现。

其次，散曲、剧曲本身就具备融通互换的特点。从《元刊杂剧三十种》可知，元代的杂剧剧本往往没有宾白，或者宾白甚少。李渔云："元曲之介白者，每折不过数言，即抹去宾白而止阅填词，亦皆一气呵成，无有断续，似并此数言亦可略而不备者。由是观之，则初时止有填词，其介白之文，未必不系后来添设。在元人，则以当时所重不在于此，是以轻之。"① 他认为元曲本身可能只有曲文，宾白是后人所加的。他的这个观点很有影响力，曲文、宾白并非同一作者创作，很可能就是元代杂剧创作的实事。所以，杂剧最初本身就具备散曲的特征，当没有宾白和故事结构时，它就和诸宫调的性质相似，成为广义上的"散曲"。

而且，古代的戏剧创作具备强烈的抒情特性，往往轻视故事结构，特别注重曲文抒情性的表现。李开先引茅坤之语云："天之生才，及才之在人，各有所适，大既不得显施，譬之千里之马，而困槽枥之下，其志常在奋振也，不得不啮足而悲鸣。是以古之豪贤俊伟之士，往往有所托焉，以发其悲涕慷慨抑郁不平之衷。"② 朱士凯《录鬼簿后序》云："故其胸中耿耿者，借此为喻，实为已而发也。"③ 在明人看来，元人参与戏曲创作往往是因为人生不得志，借戏曲抒情，因而戏曲的抒情性往往压倒戏剧性。元代也确实有很多作品的戏剧性弱，而抒情性强。《破幽梦孤雁汉宫秋》《唐明皇秋夜梧桐雨》《醉思乡王粲登楼》等作品，并无波澜的故事结构，其高潮均为主角的独唱抒情。尤其是《破幽梦孤雁汉宫秋》《唐明皇秋夜梧桐雨》的第四折都是千古抒情的名作，即便离开剧情本身也不会失色。这些抒情性曲文虽为戏剧作品，但本身并无戏剧性可言，独立欣赏的话，它们与散曲无异。所以，在《词林摘艳》《雍熙乐府》中，《破幽梦孤雁汉宫秋》《唐明皇秋夜梧桐雨》的第四折皆有收录。同样，《词林摘艳》《雍熙乐府》所收剧曲之中很多都具有浓烈的抒情性。如在《雍熙乐府》中，有一组《拜月亭》中的曲文是分列成六首小令出现，分别为黄昏悄悄、初

---

① （清）李渔：《闲情偶寄》，中华书局，2007年版，第69页。
② 俞为民、孙蓉蓉：《历代曲话汇编·明代编第一集》，黄山书社，2009年版，第431页。
③ 俞为民、孙蓉蓉：《历代曲话汇编·唐宋元编》，黄山书社，2006年版，第391页。

更鼓打、咚咚二鼓、三更漏转、楼头四鼓、五更又催，这套曲文是《拜月亭》第二十六出"皇华悲遇"的曲文，写老夫人和蒋瑞莲夜晚在旅邸抒发途旅逃难的艰辛悲苦、难以入眠之情。这套曲文在情节上固然扮演着重要角色，因为正是老夫人、蒋瑞莲的悲吟之声恰巧惊动同宿旅邸的王尚书，成就团圆，但其本身又是老夫人、蒋瑞莲悲啼抒情的曲文，便具有联章体的特色，所以亦可成为独立抒情的散曲。又如《词林摘艳》《雍熙乐府》皆收录的【画锦堂】"夏日炎炎"一曲，《词林摘艳》题为"王祥戏文"，而在《风月锦囊》中，这组曲文就是作为折子戏《王祥》的第一出"夫妻相别"出现的，其表现的是王祥夫妻分别时互相倾诉、叮嘱的文辞，极富抒情性。因此，它在《风月锦囊》中是作为折子戏的一部分，而在《词林摘艳》《雍熙乐府》中是独立的爱情题材的"散曲"。又如《雍熙乐府》所收"吃的是煮猩唇烧豹胎""穿一领紫罗襕到拘束的不自在""莫不是大人行有甚么言语来""有一个人儿在天涯"四首小令，实为《琵琶记》第三十出"间问衷情"的曲文，此曲文乃是蔡伯喈思念父母妻子，惆怅长叹，牛小姐因此询问蔡伯喈心事，二人进行对话。这四首曲文虽为对话，但属于蔡伯喈思亲抒情的表达，亦可成为独立流行的散曲。《雍熙乐府》又有"春闱催赴""朱颜非故""轻移莲步""文场选士"四首小令，实际出自《琵琶记》第九出"临妆感叹"，乃是赵五娘思念蔡伯喈的曲文，具有极强的抒情性，因此也成为独立流行的散曲。而这些曲文在《风月锦囊》所收《琵琶记》中，则是作为第二十六出"伯借自叹，牛氏讥夫"和第八出"五娘临镜，对镜梳妆"的折子戏形式出现的，可见这种曲文既可以是折子戏的剧曲，又可以是独立流播的散曲，具有双重属性。值得一提的是，《风月锦囊》在"春闱催赴"至"文场选士"四首曲文之间，每首曲文间各增加了一首曲文，这些曲文可能本身是以散曲流行的，后来被《琵琶记》的民间编演者或《风月锦囊》的编集者搜集、增添到原曲中，所以不仅剧曲可以流行为散曲，散曲也常常被增用、借用为剧曲。如《雍熙乐府》《词林摘艳》所收【村里迓古】"正值着丽人天气"，此为《海门张仲村乐堂》杂剧第一折之后半部分，但《北词广正谱》《太和正音谱》著录为无名氏散套，不排除是杂剧作者吸收散套之用。又如【夜行船】"花底黄鹂"，此曲录于《群音类选·诸腔·访友记》"山伯送别"，题"系古曲偷入于此"。此曲另录于"清腔"中，题作者"戴善甫"，又题"近偷入

《梁山伯》及《玩江楼记》，亦入弦索"。此曲在《乐府遏云》则题"玩江楼"，《南音三籁》题"玩江楼、春游"，《词林逸响》题"春游"，《词林摘艳》题"玩江楼戏文、游春"。则我们推断，此曲本为戴善甫散曲，后被《柳耆卿诗酒玩江楼》《梁山伯》等剧借用。再如【粉蝶儿】"描不上小扇轻罗"，《群音类选》注"近入《二红记》"，可知此套散曲亦被剧曲借用。此外，有的作品干脆就是剧曲、散曲的结合。如【青衲袄】"几时得这烦恼绝"，此曲有【青衲袄】【一江风】【风入松】【尾声】四个曲牌联套，其中【青衲袄】为《拜月亭》曲文，而【一江风】【风入松】录于《词林摘艳》，为元赵天锡和无名氏小令。可知，这套散套是剧曲、散曲小令杂凑而成的。古代戏曲格外重视曲文的抒情性，使得很多具有强烈抒情性的剧曲最终独立流传成为散曲，而很多本来独立的散曲因符合部分剧作抒情的需要，也被借用成为剧曲。而有的作品因为剧曲、散曲所抒发的情感相同，干脆合成一篇新的作品。可见，剧曲、散曲本身就具有互相融通、置换的特性。

　　这种剧曲、散曲通融的特性也造成不少曲文究竟是剧曲还是散曲，无从分辨。康保成先生在《戏曲起源与中国文化的特质》一文中说："在元代，散曲（尤其套数）与剧曲难分的现象比比皆是。王实甫《丽春堂》第二折借用白贲之《鹦鹉曲》；白仁甫的散套，《沉醉东风·渔父》亦见于赵明远《范蠡归湖》杂剧第四折；王晔、朱凯合撰之《风月所举问汝阳记》散套全用代言，插入宾白，便为杂剧；《雍熙乐府》所载王氏《中吕·粉蝶儿》散套，后人多疑为王实甫《贩茶船》杂剧残折；《盛世新声》《词林摘艳》所收高则诚《商调·二郎神》套，《顾曲杂言》《曲律》亦谓是南戏《子母冤家》内曲。"①《雍熙乐府》《词林摘艳》中剧、散难分的例子，远不止此。如二者收有【摊破金字令】"红妆艳质"，此曲《南音三籁》题"彩楼记"，认为它是《吕蒙正破窑记》中的曲文。不过此曲在《词林摘艳》中为小令，在《雍熙乐府》中为【朝天歌】"灯昏烛暗"散套之第二部分，《雍熙乐府》此套【朝天歌】实为两首小令的拼凑，故而可知，【摊破金字令】亦可入剧曲，亦可为散曲。只是究竟是先有此小令而被《吕蒙正破窑记》借用，还是从《吕蒙正破窑记》独立出来后而成为流行小令，

---

① 康保成：《戏曲起源与中国文化的特质》，《戏剧艺术》，1989年第1期，第45页。

已经不得而知。又如【雁过声】"赤帝当权耀太虚",此曲《旧编南九宫谱》《九宫正始》《啸余谱》皆注"唐伯亨",认为是《唐伯亨因祸致福》戏文,而《九宫大成》《京腔谱》却注为"散曲",其究竟是剧曲还是散曲已经难以分辨。又如【石榴花】"不妨沉醉乐陶陶"在《雍熙乐府》中为南北合套,又被《群音类选》收入"清腔"中,注"游春、李子昌"。其曲牌顺序为【北石榴花】【南好事近】【北普天乐】【南千秋岁】【北上小楼】【南越恁好】【北十二月】【南红绣鞋】【北尧民歌】【余音】。而自第二套【好事近】"东野翠烟消"开始,其中的南曲曲牌亦单独为一篇曲文,《词林摘艳》题"赏春"。而此曲《群音类选》又于"清腔"中收录,注"游春,此套有南北调者在后,此去北调,各补南调一首"。《群音类选》所言"南北调者",就是《雍熙乐府》所收"不妨沉醉乐陶陶"。而这篇南曲,《群音类选》又在每个曲牌后面增加一个【前腔】,使得曲文更加丰满。《吴骚合编》《南音三籁》皆沿用之,其中《南音三籁》题"高东嘉、春游"。从它们的题目看,此似为散曲,但《曲律》和《四友斋丛说》皆认为"东野翠烟消"为《子母冤家》之曲文。由此可知,一套曲文的本来面目已经实难辨识了。

而其中最具代表性的是《月下老定世间配偶》。对于此剧,《词林摘艳》《雍熙乐府》皆收四套曲文,分别为:【点绛唇】"花信风微"、【端正好】"青蔼蔼柳阴浓"、【醉花阴】"玉宇金风送残暑"、【新水令】"翠帘深护小房栊"。由于全剧已佚,一般认为《词林摘艳》《雍熙乐府》所收的四套即为此剧的四折。不过,此剧究竟是剧曲还是散曲,始终存在争议。赵景深先生曾把这四套曲文辑录在《元人杂剧钩沉》中,他在注明中又怀疑:"可能原作为套数体裁。"[①] 赵景深先生之所以如此怀疑,是因为《太和正音谱》中曾引【刮地风】"一弄儿秋声不断续"和【四门子】"剔团乐碾破银河路"两个曲牌,注明"刘东生散套"。而这两个曲牌隶属于【醉花阴】"玉宇金风送残暑",《词林摘艳》注"秋景,皇明刘东生",未言其为杂剧。《雍熙乐府》录此套,亦题"秋景"。不过,《太和正音谱》又在杂剧名目中注明刘东生杂剧有"月下老世间配偶",而《北词广正谱》收录此套亦言为《世间配偶》杂剧。所以,对于这四套曲文究竟是杂剧还是

---

① 赵景深:《元人杂剧钩沉》,古典文学出版社,1956年版,第127页。

散曲，就出现了疑问。对于这个问题，我们认为这四套曲文中【点绛唇】"花信风微"、【新水令】"翠帘深护小房栊"、【端正好】"青蔼蔼柳阴浓"三套为《世间配偶》杂剧，应当是没有疑义的，因为《词林摘艳》明言它们为"月下老杂剧"，而真正有疑问的是【醉花阴】"玉宇金风送残暑"。其他三套曲文《词林摘艳》皆注明"月下老杂剧"，唯独此套题目为"秋景"，而《太和正音谱》所言的"刘东生散套"【刮地风】【四门子】两个曲牌皆属于这一套，那么会不会其他三套是杂剧，唯独这套是散曲呢？我们认为是可能的。由于《词林摘艳》《雍熙乐府》正好收录了刘东生的四套曲文，《词林摘艳》又明标其他三套为杂剧，按照杂剧一本四折的惯例，人们自然很容易把这一套理解为和其他三套是一个系统的。然而，这四套曲文基本属于游赏、写景、抒情之作，没有宾白，我们对情节基本一无所知，甚至很难从曲文中寻找到蛛丝马迹，因此这一套【醉花阴】究竟是否是杂剧中的一折，确实很难断定。而且，《词林摘艳》明言【新水令】为第四折，因此现在收录此剧的书籍一般都认定这四套曲文的顺序为【点绛唇】为第一折，【端正好】为第二折，【醉花阴】为第三折，【新水令】为第四折。同时，我们查阅《元曲选》可知，【点绛唇】第一折、【端正好】第二折、【新水令】第四折的模式极其普遍，共有 25 部杂剧采用这个模式，占据了《元曲选》的四分之一。不过这些模式里，没有一部作品的第三折是【醉花阴】。这些作品中，第三折使用最多的曲牌是【粉蝶儿】，共《任风子》《重对玉梳》《误入桃源》《刘行首》《留鞋记》《梧桐叶》《嫁周公》《渔樵记》《王粲登楼》《不认尸》《万福碑》《秋胡戏妻》《合同文字》《破家子弟》《金钱记》15 部杂剧；其次是【一枝花】和【斗鹌鹑】，各有四部；另有两部用的是【集贤宾】。那么据此，这套【醉花阴】并不属于其他三套的系统是很有可能的。因而我们认为，《词林摘艳》《雍熙乐府》收录的这四套刘东生曲文可能是三套杂剧，一套散曲。而如此一来，我们也可以解释另外一个问题：《雍熙乐府》中收录这四套曲文，分题春景、夏景、秋景、冬景。它为什么把本是杂剧的曲文，也题为春景、夏景、冬景这样散曲式的题目呢？这很可能是因为【醉花阴】这一套本是题目"秋景"的散曲，而其他三套曲文又恰好是表现春、夏、冬的情境，据此编者干脆把杂剧的题目也改为散曲式的题目。不过，我们的这种观点也只是一种推测。但通过《月下老定世间配偶》，我们还是可以得知，曲文极具抒情色彩和骈赋的风格，使得曲文的属性存在辨识难度，这也反过来证明剧曲、散曲存在互换的先天条件和兼容属性。

总而言之，我们不能固态、统一地看待一个朝代的观念。元明之人对散曲、剧曲始终具有区分的意识，但同时更多地也在追求一种统一。尤其是剧曲、散曲在"曲"的同一性和互换性上，本身具有统一和融通的特质。《词林摘艳》《雍熙乐府》剧曲、散曲混收就是这种融通观念的反映，也是散曲、剧曲本身具有置换性的体现。

第二节 以《金瓶梅》辅证三大选本的清唱属性

嘉靖戏曲选本散曲、剧曲互收，除了体现明人剧曲、散曲观念通融以及剧、散之间的置换性，还在于这些选本乃是清唱之用。《破幽梦孤雁汉宫秋》《唐明皇秋夜梧桐雨》等轻叙事而重抒情的杂剧本身就具有清唱的条件，尤其是第四折，是全剧情绪抒发的高潮，是作为抒情散曲来清唱的绝佳唱段，《盛世新声》《词林摘艳》《雍熙乐府》对这两部作品均未收全本，只收第四折，不只是因为第四折为剧中抒情的经典，也是因为它适宜清唱。因此，三大选本的根本功能属性，即为清唱之用。那么，何为清唱？魏良辅《南词引证》云："清唱谓之'冷唱'，不比戏曲。戏曲借锣鼓之势，有躲闪省力，知者辨之。"① 纪振伦《乐府红珊》凡例第四条云："清唱谓之冷唱，不比戏曲。戏曲借锣鼓之助，有躲闪省力处，知者辨之。"② 清唱其实就是与"戏曲演出"相对的概念，其并不是优伶演戏，而是个人化的歌唱。它是脱离戏曲剧情、锣鼓伴奏的歌唱。清唱既可以唱散曲，又可以唱剧曲，只不过剧曲也是当作散曲和"歌词"来演唱的，而和演剧无关。臧懋循《负苞堂文选》"玉茗堂传奇引"曾云："'拜新月'等曲，吴人以供清唱。"③ "拜新月"乃是《拜月亭》的曲文，亦被《雍熙乐府》收录，此为剧曲清唱的文献实证。在《金瓶梅》中，我们还可以找到更多关于《词林摘艳》《雍熙乐府》清唱的历史实证。

---

① 俞为民、孙蓉蓉：《历代曲话汇编·明代编第一集》，黄山书社，2009年版，第526页。
② 俞为民、孙蓉蓉：《历代曲话汇编·明代编第二集》，黄山书社，2009年版，第450页。
③ （明）臧懋循：《负苞堂文选》，明天启元年臧尔炳刻本，卷三，第52页。

在《金瓶梅》中,为了表现市侩豪贵人家的奢靡淫乐,作者写了大量富贵人家看戏听曲的段落,其中记录了大量可以清唱的剧目,包括《流红叶》《金水桥陈琳抱妆盒》《西厢记》等,这些剧目在《词林摘艳》《雍熙乐府》之中都有收录。如此一来,就很好理解两部选本所选曲文为何没有宾白,其杂剧也往往不收全本了。因为选本是服务于清唱的,将剧曲也是当作散曲来收录,因此便无必要收录全本,也无需要附录宾白。《金瓶梅》中关于《词林摘艳》《雍熙乐府》的著录和描写,正好可以辅证嘉靖戏曲选本清唱的属性。

一、《金瓶梅》中的《雍熙乐府》《词林摘艳》曲文

《金瓶梅》是中国古代著名的长篇小说,明代"四大奇书"之一,大约成书于嘉靖晚期到万历时期。作者署名兰陵笑笑生,而兰陵为今山东峄县,因此学界普遍认为兰陵笑笑生为山东人。《金瓶梅》最初以抄本流行,曾在文人圈子风行,不少人便主张刊刻,"冯犹龙见之,惊喜,怂恿书坊以重价购刻"①。然不少文人出于道化人心的考虑,给予阻止。但因《金瓶梅》过于流行,书坊自然不会放弃这种"畅销书",万历年间已有刻本出现。《金瓶梅》的刻本主要有两个系统。一个为"词话本",一百回,现存最早为万历四十五年(1617)本,卷首有"东吴弄珠客"的序言。另一个为"说散本",一百回,主要有崇祯时期《新刻绣像批评金瓶梅》以及清代张竹坡的评点本《皋鹤堂批评第一奇书金瓶梅》。一般认为,"说散本"晚出于"词话本",是对"词话本"的改删。与"词话本"相比,"说散本"在部分章节、段落、回目、文字皆有不同程度的改动,而其最大的不同是删掉了"词话本"大部分的曲词韵文。《金瓶梅》"词话本"充斥着大量的曲词和韵文,其中涉及不少戏曲文献资料。对于《金瓶梅》中戏曲资料的关注,学界已有前辈探路,冯沅君先生《清唱的曲辞与唱法》、赵景深先生《〈金瓶梅词话〉与曲子》、涩斋先生《〈金瓶梅词话〉里的戏剧史料》、周钧韬《〈金瓶梅〉清唱曲辞考》等都是重要的研究成果。

《金瓶梅》的曲词大部分集中于"词话本"中。全书共涉及一百多篇曲文,有的是套数,有的是小令。其中,有七十余篇曲文是《雍熙乐府》

---

① 俞为民、孙蓉蓉:《历代曲话汇编·明代编第三集》,黄山书社,2009年版,第77页。

《词林摘艳》所收录的,几乎占据一半。这些曲文有的在"说散本"中被删去,有的继续保留。《金瓶梅》中的曲词竟然与《雍熙乐府》《词林摘艳》有如此高的重合度,不得不说是一个很好的研究课题。首先,我们统计一下《金瓶梅》以及两部选本共同收录的曲文。表格4-3左列为三者共同收录的曲文及此曲在《金瓶梅》中出现的回次,中列为此曲在《雍熙乐府》中的卷次,右列则为此曲在《词林摘艳》中的卷次。

表4-3 《金瓶梅》《雍熙乐府》《词林摘艳》共同收录曲文

《金瓶梅》	《雍熙乐府》	《词林摘艳》
1.【醉花阴】锦绣花灯半空挑(七十八回,仅词话本有,仅题目)明曹孟修	卷一	卷九
2.【醉花阴】雪月风花共裁剪(四十六回,词话本全篇,说散本仅题目)无名氏	卷一	卷九
3.【醉花阴】鸳鸯浦莲开并蒂长(七十三回,仅题目)元荆干臣或明唐以初	卷一	卷九
4.【端正好】水晶宫鲛绡帐(七十一回,词话本全篇,说散本仅题目)罗贯中《风云会》杂剧第三折	卷二	卷六
5.【金殿喜重重】新绿池边(五十二回,仅词话本有,全篇)无名氏	卷二	卷六
6.【端正好】我恰才秋香亭上正欢浓(六十一回,仅题目)白朴《流红叶》杂剧第三折	卷二	卷六
7.【雁过声】赤帝当权耀太虚(二十七回,仅题目)《唐伯亨》戏文	卷二	卷二
8.【八声甘州】花遮翠拥(三十二回,仅题目)贾仲明《金童玉女》杂剧第一折	卷四	卷四
9.【八声甘州】恹恹瘦损(四十六回,仅题目)王实甫《西厢记》第二本第一折	卷五	
10.【点绛唇】游艺中原(六十八回,仅题目)王实甫《西厢记》第一本第一折	卷五	
11.【粉蝶儿】三弄梅花(二十二回、六十八回、七十三回)明陈大声	卷六	卷三
12.【好事近】东野翠烟消(四十六回,仅词话本有,全篇)《子母冤家》戏文或元高明、元李子昌	卷七	卷二
13.【粉蝶儿】半万贼兵(六十一回、六十八回,仅题目)王实甫《西厢记》第二本第二折	卷七	

续表4-3

《金瓶梅》	《雍熙乐府》	《词林摘艳》
14.【一枝花】官居八辅臣（六十五回，仅词话本有，全篇）明朱有燉	卷八	卷八
15.【一枝花】虽不是八位中紫绶臣（三十一回，仅题目）《抱妆盒》杂剧第二折	卷九	卷八
16.【一枝花】纷纷瑞霭飘（七十三回，仅词话本有，仅题目）无名氏	卷九	卷八
17.【青衲袄】混元初生太极（六十回，仅题目）明曹孟修	卷九	卷八
18.【青衲袄】想多娇情性儿标（七十七回，仅词话本有，全篇）无名氏	卷九	卷八
19.【四块金】效比翼成连理（七十三回，仅题目）无名氏	卷九	卷八
20.【新水令】翠帘深护小房栊（七十二回，仅词话本有，全篇）刘东生《世间配偶》杂剧第四折	卷十一	卷五
21.【新水令】凤城佳节赏元宵（四十二回，仅词话本有，全篇）无名氏	卷十一	卷五
22.【新水令】玉鞭骄马出皇都（七十四回，仅题目）王实甫《西厢记》第五本第四折	卷十二	
23.【朝元乐】柳底风微（六十七回，仅题目）元刘百亭	卷十二	卷五
24.【锦上花】霁景融和（十五回、七十八回，仅题目）无名氏	卷十二	卷五
25.【斗鹌鹑】夜去明来倒有个天长地久（五十八回，仅题目）王实甫《西厢记》第四本第二折	卷十三	
26.【斗鹌鹑】翡翠窗纱（四十一回，仅词话本有，全篇）乔吉《两世姻缘》第三折	卷十三	卷十
27.【集贤宾】忆吹箫玉人何处也（七十三回，词话本全篇，说散本仅题目）明陈大声	卷十四	卷七
28.【集贤宾】暑才消大火即渐西（五十八回，仅词话本有，全篇）元杜仁杰	卷十四	卷七
29.【集贤宾】叹浮生有如一梦里（三十一回，仅题目）元吕止庵	卷十四	卷七
30.【罗江怨】恹恹病渐浓（六十一回，仅词话本有，全篇）无名氏	卷十五	卷一
31.【罗江怨】伊西我在东（六十一回，仅词话本有，全篇）无名氏	卷十五	卷一

续表 4-3

《金瓶梅》	《雍熙乐府》	《词林摘艳》
32.【罗江怨】恩情逐晚风（六十一回，仅词话本有，全篇）无名氏	卷十五	卷一
33.【罗江怨】惺惺似懵懂（六十一回，仅词话本有，全篇）无名氏	卷十五	卷一
34.【香罗带】东君去意切（六十七回，仅题目）元景元启	卷十五	卷一
35.【二犯江儿水】闷把帏屏来靠（三十八回，全篇）无名氏	卷十五	卷一
36.【绵搭絮】当初奴爱你风流（第八回，仅词话本有，全篇）无名氏	卷十五	
37.【绵搭絮】谁想你另有了裙钗（第八回，全篇）无名氏	卷十五	
38.【绵搭絮】奴家又不曾爱你钱财（第八回，仅词话本有，全篇）无名氏	卷十五	
39.【江儿水】懒把宝灯挑（三十八回，全篇）无名氏	卷十五	
40.【月中花】更深静悄（七十四回，仅词话本有，全篇，说散本有题目）元张善夫	卷十五	卷一
41.【月中花】勤儿推磨（七十四回，仅词话本有，全篇）元张善夫	卷十五	卷一
42.【月中花】疏狂忒煞薄情（七十四回，仅词话本有，全篇）元张善夫	卷十五	卷一
43.【月中花】花街柳市（七十四回，仅词话本有，全篇）元张善夫	卷十五	卷一
44.【二犯江儿水】懊恨薄情轻弃（三十八回，全篇）无名氏	卷十五	
45.【二犯江儿水】常记的当初相聚（三十八回，仅词话本有，全篇）无名氏	卷十五	卷一
46.【香遍满】紫陌红径（六十一回，词话本全篇，说散本题目）无名氏	卷十六	卷二
47.【字字锦】群芳绽锦鲜（说白本五十四回，仅题目）明杨彦华或明沈青门	卷十六	卷二
48.【春云怨】寿比南山（四十三回，仅题目）无名氏	卷十六	卷二
49.【瓦盆儿】教人对景无言（七十三回，仅题目）明贾仲明或明郑若庸	卷十六	卷二

续表4-3

《金瓶梅》	《雍熙乐府》	《词林摘艳》
50.【合笙】喜得功名遂（二十回，仅题目）《吕蒙正破窑记》戏文	卷十六	卷十
51.【莺啼序】思量你好辜恩（五十二回，仅词话本有，全篇）明陈仲完	卷十六	卷二
52.【一封书】人皆畏夏日（三十回，仅题目）无名氏	卷十六	卷二
53.【两头南】冠儿不戴懒梳妆（第六回，全篇）无名氏	卷十六（套曲中一套）	卷十一
54.【绛都春】寒风布野（二十一回，仅词话本，仅题目）无名氏	卷十六	卷七
55.【沉醉东风】动人心红白肉色（第四回，全篇）无名氏	卷十七	
56.【折桂令】恨杜鹃声透珠帘心（八十回，全篇）无名氏	卷十七	
57.【折桂令】我见他斜戴花枝（十九回，全篇）无名氏	卷十七	
58.【折桂令】可人心二八娇娃（三十五回，全篇）明朱有燉	卷十七	
59. 三十腔（三十一回，仅曲牌）	卷十七	卷二
60.【水仙子】马蹄金铸就虎头牌（三十二回，仅题目）无名氏	卷十八	
61.【水仙子】陷人坑土窖般暗开掘（十一回，全篇）明汤舜民	卷十八	
62.【四块玉】李白好贪杯（六十四回，仅题目）无名氏	卷十八	
63.【四块玉】这细茶的嫩芽（十二回，全篇）无名氏	卷十八	
64.【普天乐】泪双垂垂双泪（九十三回，全篇）无名氏	卷十八	
65.【寄生草】将奴这桃花面（八十三回，仅词话，全篇）无名氏	卷十九	
66.【寄生草】将奴这知心话（第八回，全篇）无名氏	卷十九	
67.【寄生草】动不动将人骂（八十三回，仅词话本，全篇）无名氏	卷十九	
68.【山坡里羊】乔才心邪（第八回，全篇）无名氏	卷二十	
69.【落梅风】黄昏想白日思（第十二回，全篇）无名氏	卷二十	
70.【落梅风】灯将残人睡也（第十二回，全篇）元卢挚	卷二十	

续表 4-3

《金瓶梅》	《雍熙乐府》	《词林摘艳》
71.【河西六娘子】入门来将奴搂抱在怀（八十二回，全篇）无名氏	卷二十	
72.【山坡里羊】凌波罗袜（八回，全篇）无名氏	卷二十	
73.【山坡里羊】帘儿私下（八回，全篇）无名氏	卷二十	
74.【普天乐】洛阳花梁园月（六十五回，全篇）元张鸣善		卷一
75.【四块金】前生想咱（九十四回，仅词话本，全篇）无名氏		卷一
76.【二犯江儿水】羞把菱花来照（三十八回，仅词话本，全篇）无名氏		卷一
77.【画眉序】花月满春城（四十三回、四十六回，仅词话本有，仅题目）明陈大声		卷二

这些《雍熙乐府》《词林摘艳》中的曲文，在《金瓶梅》中主要以五种情况出现。第一种，《金瓶梅》中表现宴请喝酒、休闲娱乐的情节时提到某部作品，或是人物交谈、聊天时提到某段唱词。如第七十三回，西门庆等人与孟玉楼上寿，月娘不满表演的小优，问："你今日怎的叫恁两个新小王八子？唱又不会唱，只一味会'三弄梅花'。"玉楼道："只你临了教他唱'鸳鸯浦莲开'，他才依了你唱这套。"① 此类曲辞出现于人物交谈时，仅有首句，并无全篇。属于此类情况的曲文还有"锦绣花灯半空挑""秋香亭""半万贼兵""赤帝当权耀太虚""花遮翠拥""虽不是八位中紫绶臣""纷纷瑞霭飘""混元初生太极""效比翼成连理"等。这部分曲文只是表现酒宴、消闲、抒情等需要唱曲的情节，或剧中人物在言谈中提到作品的首句或代称。此类情况其实相当于只提到了曲文的题目。

第二种是把曲文作为俗语的化用融入口语中。如第四十六回，伯爵与西门庆吃饭时，评价小优道："粉头、小优儿如同鲜花儿，你惜怜他，越发有精神。你但折锉他，就敢【八声甘州】'恹恹瘦损'，难以存活！"② 或者把曲文当作酒令，如第六十七回，西门庆与应伯爵吃酒时，西门庆掷

---

① （明）兰陵笑笑生：《金瓶梅词话》，里仁书局，2014 年版，第 1210 页。
② （明）兰陵笑笑生：《金瓶梅词话》，里仁书局，2014 年版，第 672 页。

骰子，说："我打【香罗带】一句唱：东君去意切，梨花似雪。"① 这部分曲文同样没有全篇，只是因为曲文的文字特殊，转化成了俗语、酒令、歇后语等日常交际的语言了。

第三种是曲文作为小说中宴会表演项目的作品，抑或是女子之间自娱自乐、抒发感情所弹唱的作品，皆附录全篇或部分曲文。"雪月风花共裁剪""水晶宫鲛绡帐""新绿池边""东野翠烟消""官居八辅臣""想多娇情性儿标""翠帘深护小房栊""凤城佳节赏元宵"等，这类曲文在"词话本"中最为常见，而在"说散本"中不少被删去了。

第四种是以曲文作为描述、形容人物外貌、心理或者故事场面的修辞辅证，如第四回描写潘金莲的美貌，便引"动人心红白肉色"为证。第八十回描写陈经济和潘金莲欢爱之景，则以"恨杜鹃声透珠帘"为形容。第十二回，应伯爵与西门庆吃饭时，上来几盏茶，以盐笋、芝麻、木樨泡茶，伯爵就用"这细茶的嫩芽"夸赞茶的好处。这类曲文是借鉴话本中"有诗为证"的套路，只不过把诗换成了曲词。因为某些曲辞的文字含义与女性美貌、情爱场面等描写对象特别相似，所以作者便借其比喻、形容描写对象。因此，这类曲词所起的作用是一种修辞、形容所需的譬喻和辅证。

第五种是曲文作为剧中人物传情寄笺的文字，以供互示爱意。如第八十三回，潘金莲与陈经济就以"将奴这桃花面"这篇作品传情。这类曲文和传统话本中的"以诗传情"相同，只是把情诗变成了情词。这类曲文内容具有情书的属性，符合小说传情情节的需要，因而被其创作者借用到小说中。

二、《金瓶梅》与《雍熙乐府》《词林摘艳》的渊源

纵观《词林摘艳》《雍熙乐府》曲文在《金瓶梅》中的五种使用情况，有四种其实是与音乐无关的。尤其是把曲文化为俗语和情笺的曲词，已经完全利用的是曲辞的文学内涵，而和音乐性无关。故事情节发展中提到的部分曲词也只是作为情节的点缀，使情节更贴近于当时的真实生活。虽然小说中这几种情况与音乐无关，但其实反映了这些曲文在当时的流行程

---

① （明）兰陵笑笑生：《金瓶梅词话》，里仁书局，2014年版，第1080页。

度。正因其非常流行，深入人心，才会被广泛融入小说。尤其是很多曲文虽然只提及首句，但恰恰体现了这些作品可能是当时广为人知的作品。

和音乐表现最为密切的无疑是第三种情况。这种情况下的曲文使用是完全为了表现故事情节中的音乐表演场面。《金瓶梅》主要表现以西门庆为代表的市井豪贵以及官僚大户们花天酒地、奢靡放浪的生活状态，因而以浓重的笔墨描写了各种酒宴排场，其中自然少不了戏曲、音乐表演的助兴，作者便加入了大量的演唱曲文。同时，《金瓶梅》中相思闺怨的情节较多，女性在孤独相思之时也会自弹自唱大量曲文，这些曲文也被作者附于文中。在小说中提及、附录各种曲文虽然是表现音乐场面、相思场景的需要，但如果过多的附录全篇，则往往会打乱小说阅读的节奏。因此，在"说散本"中，这些全篇附录大部分被删去了，从而使得作品布局更为紧凑、流畅，这也是后来"说散本"更为流行的原因。但是，兰陵笑笑生是一个高明的作家，他不可能不知道大量附录全篇曲文的弊端，那他为何还要这样做呢？对此学界有不同的解读。有的学者认为，"词话本"本身无全篇，是后人刊刻时加入的。但有的则认为，"词话本"本身并非只是阅读文本，而是供于说唱表演的，因此才会保留全篇曲文。美国汉学家韩南曾说："有迹象表明《金瓶梅》的引文来自实际演唱。……人们很可以得出推论：作者常听演唱，甚或自己也唱，因而默记在心，足以信手写出。"[①]他认为作者受说唱表演影响很深，不过尚未提及《金瓶梅》本身即为说唱表演，然而他大胆提出《金瓶梅》与说唱表演的密切联系已经孰为可贵。而徐扶明则直接提出，《金瓶梅》本身就是用于说唱的"词话"："如果《金瓶梅词话》原为散文小说，那么，为什么它还残留着这么多词话唱段呢？岂非咄咄怪事。因为，散文小说根本不需要这么累赘的唱段。正由于《金瓶梅词话》原为词话本，所以它还残留着这么多词话唱段，就不足为怪的了，因为它本来就是唱给听众听的嘛！"[②]我们认为这个观点是符合逻辑的。众所周知，话本小说本身就是来自民间的说话艺术，那么《金瓶梅》可能本身亦是用于市井说话的作品，所以作者融入当时市井流

[①] 韩南：《韩南中国小说论集》，北京大学出版社，王秋桂等译，2008年版，第260页。
[②] 徐扶明：《〈金瓶梅〉原为词话考》，参见中国金瓶梅学会编：《金瓶梅研究（第2辑）》，江苏古籍出版社，1991年版，第56~57页。

行的曲词演唱，对传统的说话进行创新和改良，是十分有可能的事情。尤其考虑到，《金瓶梅》本身是一部节奏平缓、描绘市井常态的作品，作为说唱表演，缺乏吸引观众的"奇事"，那么就有可能作者广收曲文，将"唱"作为说唱表演吸引观众的"杀手锏"了。

不管《金瓶梅》是不是本为说唱艺术，从它涉及如此广泛的曲文可知，兰陵笑笑生一定是一个对曲艺非常精通的人。而作为一个精通曲艺的人，兰陵笑笑生很可能是读过《雍熙乐府》和《词林摘艳》的。它在写《金瓶梅》时，甚至有可能是直接参考了《雍熙乐府》和《词林摘艳》的。因为《金瓶梅》中的部分曲文安排在顺序上与《词林摘艳》《雍熙乐府》一致，如第八回，以三首【绵搭絮】时曲表现潘金莲相思难耐之情，其顺序依次为："当初奴爱你风流"—"谁想你另有了裙钗"—"奴家又不曾爱你钱财"。而在《雍熙乐府》卷十五中，这三首时曲排列于七首小令中，其顺序恰恰也相同，仅仅是中间多了一首"心中转转两三番"。如果说在这一组小令中，二者还略有差异的话，那么在第六十一回中，西门庆让申二姐表演小唱，申二姐唱了四首时曲，顺序为："恹恹病渐浓"—"伊西我在东"—"恩情逐晓风"—"惺惺似懵懂"。这四首与《雍熙乐府》卷十五【罗江怨】"相思"的一组小令在曲词和顺序上都是一模一样的。而在《词林摘艳》卷一中，同样有这四首小令，同样是如此顺序。而且，《词林摘艳》题为"四梦八空"，《金瓶梅》所题也正是"四梦八空"！这样的例子还有很多。第七十四回，李桂姐唱【罗江怨】四首，顺序为："更深静悄"—"勤儿推磨"—"疏狂忒煞薄情"—"花街柳市"，其与《词林摘艳》卷一中的"丽情"组词在曲词和顺序上完全一样。第八回，有【山坡羊】表现潘金莲闺思西门庆两首，前后为"凌波罗袜"和"帘儿私下"。这两首曲词在《雍熙乐府》中也并列相连，只不过在《雍熙乐府》中两首曲词前面还有一首"乔才心邪"，而这首小令被用于《金瓶梅》同回目中潘金莲与玳安的对话，如果把《金瓶梅》中间的文字情节去掉，这一首小令其实也是相连于后两首的。第三十八回，潘金莲因久等西门庆而不见，为消烦愁，自唱两首曲文："懊恨薄情轻弃"—"常记的当初相聚"。这两首曲词的收录顺序同样与《词林摘艳》中的顺序相同。只不过《词林摘艳》中这两首的后面还有一首"羞把菱花来照"，也被用作同回表现潘金莲撒娇的状态。此外，《金瓶梅》中还有曲文与《雍熙乐府》题目相同，如第五十八回，潘金莲让吴银儿唱"暑才消大火即渐西"，道："你唱'庆七夕'俺们听。"而"庆七夕"正是《雍熙乐府》中的题目。

《词林摘艳》《雍熙乐府》本身曲文的排序是没有太多规律的，其曲文题目的标注也往往各不相同。然而，《金瓶梅》所见录的曲文，部分在《词林摘艳》《雍熙乐府》中顺序相同或相近，部分则连题目都相同，证明兰陵笑笑生很可能参考了这两部选本。毕竟在万历以前，最具影响力、流行度的选本就是《雍熙乐府》《词林摘艳》，兰陵笑笑生作为精通词曲的人，阅读到两部选本并作为参考是合情合理的。

三、《金瓶梅》对选本清唱属性的辅证

了解到《金瓶梅》与《词林摘艳》《雍熙乐府》之间的关系，我们便能借助《金瓶梅》考察有关《词林摘艳》《雍熙乐府》在歌唱、演艺方面的相关问题。其中，嘉靖选本剧曲散曲化、选本清唱属性等问题，就可得到《金瓶梅》的辅证和确认。

（一）剧曲散曲化的辅证

《词林摘艳》《雍熙乐府》属于清唱选本，而其中所收剧曲被用来清唱则意味着剧曲本身已经散曲化，被当作为"散曲"。我们上文已讨论，剧曲、散曲本身就有融通、互置的属性，所以剧曲被当作散曲是非常正常的曲学现象。而《金瓶梅》中大量剧曲被当作散曲演唱的场面正好可以辅证剧曲散曲化的真实存在，同时还原历史中剧曲用以散曲清唱的真实状态。

《金瓶梅》中涉及的剧曲剧目有二十多种，主要有《彩楼记》（二十回）、《琵琶记》（二十七回）、《唐伯亨》（二十七回）、《抱妆盒》（三十一回）、《金童玉女》（三十二回）、《升仙记》（三十二回）、《玉环记》（三十六、六十三等回）、《香囊记》（三十六回）、《留鞋记》（四十三回）、《升仙会》（五十八回）、《子母冤家》（四十六回）、《倩女离魂》（五十四回）、《流红叶》（六十一回）、《红袍记》（六十四回）、《宝剑记》（六十七回等）、《风云会》（七十一回）、《世间配偶》（七十二回）、《西厢记》（四十二、四十六等回）、《双忠记》（七十四回）、《四节记》（七十六回）、《还带记》（七十六回）、《半夜朝元》（七十八回）、《杀狗劝夫》（八十回）等。其中，《词林摘艳》《雍熙乐府》也涉及的有《风云会》第三折、《流红叶》第三

折、《金童玉女》第一折、《两世姻缘》第三折、《世间配偶》第四折、《西厢记》《吕蒙正》戏文等。这些《词林摘艳》《雍熙乐府》所收录的剧目，在《金瓶梅》中无一例外的是被当作清唱的散曲使用的。如刘东生《月下老》杂剧第四折"翠帘深护小房栊"就是作为酒宴助兴之曲，由两个小优来弹唱。乔吉《两世姻缘》第三折"翡翠窗纱"也是酒席上由两个妓女来弹唱的。这些本身为杂剧一部分的剧曲虽具有戏剧功能，但当其曲文独立流行时，并不需要优伶搬演，只需两个优妓即可弹唱，这正是剧曲被当作散曲清唱的实例。《词林摘艳》《雍熙乐府》所收的剧曲曲文被用以清唱，在《金瓶梅》酒宴演唱的场面中非常普遍。如第六十一回，西门庆问申二姐："你记得多少小唱？"申二姐道："小的大小也记百十套曲子。"[①]然后，她唱了一套"秋香亭"和"半万贼兵"。"秋香亭"和"半万贼兵"都是剧曲，分别出自白朴《流红叶》和《西厢记》，在此却被视为"百十套曲子"的一部分，并且作为"小唱"由申二姐一人演唱，可见它们已经是用以清唱的散曲化剧曲了。

此外，从《金瓶梅》可以得知，在明代中期，酒宴的戏曲搬演和散曲演唱是有先后顺序的。或是先搬演几出南戏，然后进行散曲演唱；或是先进行散曲演唱，然后搬演戏文。例如，第六十五回，两司八府的官员请宴，规格正规高端，对于这场酒宴程序的描写也格外详细。酒宴最初，先由教坊伶官递上手本，进行奏乐、队舞，极尽声容之盛。之后，搬演《裴晋公还带记》，但仅搬演一出。最后，才是伶官唱"官居八辅臣"。"官居八辅臣"为朱有燉散曲，也被《雍熙乐府》收录。而我们从此番酒宴可知其分为三个部分，第一部分为大乐和队舞，制造宴会气氛，体现酒宴规格；第二部分为戏剧表演，是酒宴助兴的主体，不过限于时间仅演一出或几出；而演完戏剧之后才到第三部分，即散曲的清唱，大抵在观剧热闹之后才利用散曲演唱来舒缓酒宴气氛。在《金瓶梅》中，不同酒宴的流程因规格和场合不同而略有差异，但戏剧演出和散曲演唱分为两个单元则为普遍程序。如第四十三回，写李瓶儿邀乔太太赴寿宴，即先由戏子在阶下鼓乐，之后李桂姐等"四个唱的"，"锦瑟银筝，玉面琵琶，红牙象板"，弹唱"寿比南山"。唱罢，戏子又在阶下搬演戏文《王月英元夜留鞋记》四

[①] （明）兰陵笑笑生：《金瓶梅词话》，里仁书局，2014年版，第950页。

出。天色晚时，又"阶下动乐，琵琶筝篆，笙箫笛管，吹打了一套灯词【画眉序】'花月满春城'。"① 散席后，分别打发"唱的"和戏子。可知在酒宴上，因为剧曲和散曲不同，所以需要由"唱的"和戏子两类人来完成，他们是有不同分工的。戏子主要进行戏文的搬演，而"唱的"一般是侍女、歌妓、小优，由二到四人进行散曲的弹唱。所以，在酒宴上助兴之用、由几个优女弹唱的剧曲，当时都是以散曲形式演唱的。而《词林摘艳》《雍熙乐府》所收剧曲在《金瓶梅》中全部出现于酒宴中散曲清唱的环节，也佐证了《词林摘艳》《雍熙乐府》剧曲皆是以散曲形式存在的，也佐证了部分剧曲因为唱词、曲调深入人心，已经完全可以脱离剧目、演剧，作为"歌曲"独立存在的历史事实。

(二)《词林摘艳》《雍熙乐府》曲文之清唱

吴梅说："明中叶以后，士大夫度曲者，往往去其科白，仅歌曲词，名曰清唱。"② 吴梅所说的这种剧曲作为散曲清唱的史实，在《金瓶梅》中得到证明。而剧曲作为散曲清唱的事实亦可证明《词林摘艳》《雍熙乐府》收录曲文都可以清唱。它们作为清唱选本的属性是没有疑义的。而"清唱"的概念和表演情境有助于我们还原《词林摘艳》《雍熙乐府》的曲文在历史上歌唱、表演的场景状态。

对于"清唱"，《中国曲学大辞典》解释："唱而不演，不化妆；起初只唱散曲，明传奇兴起后也唱戏曲，但将道白删去，故称'清唱'。"③ 这个解释点明"清唱"最基本的特征是不用于演剧。吕天成《曲品》评《紫箫记》云："仅成半本而罢，觉太曼衍，留此供清唱可耳。"④ 可见，《曲品》认为《紫箫记》过于"曼衍"，不适宜搬演，可留作清唱之用。这都说明清唱最基本的内涵是和演剧相对，只唱曲文，但清唱并非只是不用演剧，其在音乐表现上也有清雅的要求和内涵。

因为并非演剧，故而清唱在伴奏上无须锣鼓伴奏。沈宠绥《度曲须知》云："清唱俗谓之'冷板凳'，不比登场演剧，借金鼓以藏拙，全要闲

---

① (明) 兰陵笑笑生：《金瓶梅词话》，里仁书局，2014年版，第645页。
② 吴梅：《中国戏曲概论》，中国人民大学出版社，2009年版，第69页。
③ 齐森华等：《中国曲学大辞典》，浙江教育出版社，1997年版，第687页。
④ 俞为民、孙蓉蓉：《历代曲话汇编·明代编第三集》，黄山书社，2009年版，第121页。

雅整肃，清俊温润。"① 任讷亦云："因唱散曲合用清唱之法，故名。清唱之清，乃不用锣鼓之谓。"② 可知，在演剧时，为了营造气氛、制造声势，其往往有锣鼓伴奏，重在热闹，而清唱则无锣鼓伴奏。王骥德《曲律》引沈璟之言云："板必依清唱，而后为可守；至于搬演，或稍损益之，不可为法。"③ 其意为因为演剧时有锣鼓掩护，偶失节奏也没有妨碍，而清唱没有锣鼓，必须严格控制点板，所以清唱是掌握点板的最佳方式。此外，李渔亦云："盖演古戏，如唱清曲，只可悦知音数人之耳，不能娱满座宾朋之目。"④ 从李渔此话也可知，演剧锣鼓相映，气氛热烈，故可以"娱满座宾朋之目"。而清唱没有锣鼓作为掩映，可以表现更为专业和细腻的演奏、人声，如此就能"悦知音数人之耳"。《扬州画舫录》云："清唱鼓板与戏曲异，戏曲紧，清唱缓。"⑤ 其所对比清唱与演剧之异也是强调清唱相对舒缓、平静的演唱状态。

　　因此，清唱其实有清淡、清雅之意。它不用于演剧，不仅仅是表演形式的不同，更是整个音乐表演氛围、环境的不同。正如龚自珍《定庵全集》所言："江左歌者有二：一曰清曲，一曰剧曲。清曲为雅宴，剧曲为狎游。"⑥ 清唱与演剧之别意味着锣鼓等重于声势、轻于技巧的乐器都要撤掉，而纯粹靠弹唱的乐器以及歌者的人声，因此清唱在音乐性的表现上强于演剧。有时，清唱不仅不用锣鼓，连弦乐也不用。沈德符《顾曲杂言》载："老乐工云：'凡学唱从弦索入者，遇清唱则字窒而喉劣。'"⑦ 这说明外部的伴奏越少，越能体现清唱的水平和美感。在宴会上，清唱也是排在一通锣鼓杂耍前后登场，与锣鼓杂耍错开，因为锣鼓杂耍负责营造热烈气氛，而清唱则负责营造清雅的气氛。《金瓶梅》第六十回有证：西门庆与乔大户等人聚宴，有三个小优清唱【红衲袄】"混元初生太极"，而"酒过五巡，食割三道"之后，"下边乐工吹打弹唱，杂耍百戏过去，席上

---

① 俞为民、孙蓉蓉：《历代曲话汇编·明代编第二集》，黄山书社，2009年版，第737页。
② 任讷：《散曲丛刊》，凤凰出版社，2013年版，第1044页。
③ 俞为民、孙蓉蓉：《历代曲话汇编·明代编第二集》，黄山书社，2009年版，第76页。
④ （清）李渔：《闲情偶寄》，中华书局，2007年版，第103页。
⑤ （清）李斗：《扬州画舫录》，中华书局，2007年版，第172页。
⑥ （清）龚自珍：《定庵全集》，清光绪二十三年万本书堂刻本，续集卷四，第19页。
⑦ 俞为民、孙蓉蓉：《历代曲话汇编·明代编第三集》，黄山书社，2009年版，第62页。

觥筹交错"。① 第七十一回则写清唱出现于锣鼓之后,在西门庆与何太监宴酒吃饭时,何太监带来 12 个小厮弹唱助兴,弹唱之前,先有铜锣铜鼓一番吹打,之后才唱【端正好】"水晶宫、鲛绡帐"。这都表示宴会之中,锣鼓、杂耍、百戏负责制造热闹气氛,调动宾客情绪,而清唱则是在宾客细饮慢食、互相聊天时营造舒缓的氛围。

既然《词林摘艳》《雍熙乐府》用以清唱,那么,其演唱环境应当是清雅的场合或时段。考虑到《雍熙乐府》以及《盛世新声》的皇室背景,可知选本最主要的功能就是辅助宫廷酒宴的清唱表演。而宫廷酒宴之中,更要求清雅环境,因此,《盛世新声》《雍熙乐府》这样的清唱选本是符合宫廷酒宴表演的规制的。

(三)《词林摘艳》《雍熙乐府》曲文清唱之器乐

《词林摘艳》《雍熙乐府》曲文用于清唱,无须锣鼓。那么,它们所需的伴奏乐器是什么呢?这一点,我们还可以从《金瓶梅》中找到答案。《金瓶梅》在描写演唱之时,不少情节都写明了演唱者所用的乐器。第六十一回,申二姐弹唱"秋香亭""半万贼兵""紫陌红径"时,用的是筝。第三十八回,潘金莲自弹自唱"闷把帏屏来靠"时,用的是琵琶。第五十二回,李铭独自弹筝,唱"新绿池边"。可知,筝和琵琶是清唱最为基本的乐器,它们可以独立使用,也可同时使用。第四十六回,王柱和李铭一起弹唱"雪月风花共裁剪",王柱用琵琶,李铭用筝。同回,还写到两人用琵琶、筝弹唱"花月满春城"。

除了这两件最为基础的乐器,清唱常用的第三件乐器是象板。显然,这是用来掌握节奏的,但是和筝、琵琶相比,象板并非不可或缺。第二十七回,西门庆让玉楼、潘金莲用筝、琵琶弹唱"赤帝当权耀太虚",潘金莲不想让李瓶儿闲着,于是要求她"代板",所以西门庆又让取来红牙象板,让李瓶儿拿着。由此可知,清唱时,象板是可有可无的。可能对于音乐节奏感不佳或者初学清唱的人来说,有象板作为节拍是必要的,但对于熟习弹唱者而言,则无须象板。但在重要场合正式表演时,为了音乐表现的完整性,是要使用象板的。第三十二回,西门庆宴请乔大户,唱"马蹄金铸就虎头牌",就是三人分别用筝、琵琶、象板。

---

① (明)兰陵笑笑生:《金瓶梅词话》,里仁书局,2014 年版,第 939 页。

此外，清唱还可以由四个人共同完成。第六十八回，应伯爵与温秀才吃饭，就是有四个妓女唱"游艺中原"。第六十五回，西门庆与山东巡抚都御使等群官聚宴，则有四个伶官唱"官居八辅臣"，用的是筝、篆、琵琶、箜篌。因为宴请的都是高官贵族，所以乐器中加入了箜篌和篆，这是为了使音乐表现显得更为庄重和高雅。

可见，清唱的人数并不固定，既可以一个人自弹自唱，也可以四个人组成乐队。人数不同，所使用的乐器也不同。一般而言，筝和琵琶是最基础的乐器，没有它们就难以清唱。象板作为节拍乐器，属于重要的辅助乐器。至于箜篌之类，则是在特殊场合下才使用的。

此处，需要强调一点，时曲的演唱乐器与散套、剧曲无异。第七十四回，桂姐在月娘等人面前唱【月中花】【挂真儿】等时曲，皆用琵琶。第六十一回，伯爵问申二姐会唱何曲："会多少小唱？"答："琵琶筝上套数小唱，也会百十来个。"西门庆说："你拿琵琶唱小词儿罢！省的劳动了你。"① 于是，申二姐唱了时曲【罗江怨】。而《金瓶梅》中弹唱【山坡羊】【锁南枝】时，用的也是琵琶，并且称【山坡羊】【锁南枝】为"小词儿"。可知，在明人的观念里，时曲和那些耳熟能详的散曲、剧曲相比还是有所不同的，因此才以"小词儿"特指。一方面，这是源于时曲普遍短小精致；另一方面，所谓"小词儿"之"小"，也有"小道"不入大雅之堂之意。不过，时曲在音乐表现上则和散曲、剧曲的清唱没有区别，都以琵琶为基本乐器。唯一不同的是，其曲词短小，多一个人弹唱，所使用的乐器也一般只用琵琶。但是从音乐系统来看，时曲与清唱散曲、剧曲属于同一个系统，皆以琵琶、筝为基础乐器。这也再次印证上文观点：《雍熙乐府》《词林摘艳》择取的部分时曲，源自它们的音乐具有一定的成熟性。

在《金瓶梅》中，主要写到的清唱乐器是筝和琵琶，但有两回提到另外一件重要乐器：弦子。第七十一回，西门庆与何太监聚宴，何太监的乐工唱"水晶宫鲛绡帐"，"三个小厮连师范，在筵前银筝象板、三弦琵琶"②。而在第二十一回，写春梅等四人唱【石榴花】"佳期重会"，"一般

---

① （明）兰陵笑笑生：《金瓶梅词话》，里仁书局，2014 年版，第 964 页。
② （明）兰陵笑笑生：《金瓶梅词话》，里仁书局，2014 年版，第 1157 页。

儿四个家乐，琵琶、筝、弦子、月琴"①。可知，琵琶和筝依然是基础乐器，但也会使用月琴和弦子。事实上，虽然《金瓶梅》较少提及弦子，但弦子其实是明代清唱非常重要的乐器之一。如《警世通言·玉堂春落难逢夫》就曾写道："鸨儿自弹弦子，玉堂春清唱。"②顾起元《客座赘语·戏剧》亦云："南都万历以前，公侯与缙绅及富家，凡有宴会，小集多用散乐，或三四人，或多人，唱大套北曲，乐器用筝、篥、琵琶、三弦子、拍板。"③"散乐"即"清曲"，就是清唱之曲。可知，三弦其实是清唱中仅次于筝、琵琶的重要乐器，只不过一般是在人数较多、演唱大套时才使用。《金瓶梅》所写音乐演唱，多为一到四人完成，故而不常提及弦子。

琵琶、筝、弦子皆为丝弦乐器，可统称为"弦索"。所以，《词林摘艳》《雍熙乐府》曲文所使用的常规乐器就是弦索。对此，可在其他文献寻得证据。何良俊《四友斋丛说》云：

> 南戏自《拜月亭》之外，如《吕蒙正》"红妆艳质""喜得功名遂"，《王祥》内"夏日炎炎""今日个最关情处""路远迢遥"，《杀狗记》内"千红百翠"，《江流儿》内"崎岖去路赊"，《南西厢》内"团团皎皎""巴到西厢"，《玩江楼》内"花底黄鹂"，《子母冤家》内"东野翠烟消"，《诈妮子》内"春来丽日长"皆上弦索。④

"红妆艳质""喜得功名遂""团团皎皎""巴到西厢""东野翠烟消"皆收于《词林摘艳》《雍熙乐府》中，《四友斋丛说》言其"皆上弦索"。此外，《群音类选》对"教人对景无言""紫陌红径""残红水上飘"等《词林摘艳》《雍熙乐府》收录的曲文也全标"亦入弦索"。王世贞《艺苑卮言》亦载："陈大声……所为散套……流丽可入弦索，'三弄梅花'一阕，颇称作家。"⑤这篇可入弦索的陈大声作品亦收于《词林摘艳》《雍熙乐府》中。此外，《四友斋丛说》又云：

> 郑德辉杂剧……然入弦索者惟《㑳梅香》《倩女离魂》《王粲登

---

① (明)兰陵笑笑生：《金瓶梅词话》，里仁书局，2014年版，第297页。
② (明)冯梦龙：《警世通言》，齐鲁书社，2008年版，第218页。
③ 俞为民、孙蓉蓉：《历代曲话汇编·明代编第二集》，黄山书社，2009年版，第401页。
④ 俞为民、孙蓉蓉：《历代曲话汇编·明代编第一集》，黄山书社，2009年版，第470页。
⑤ 俞为民、孙蓉蓉：《历代曲话汇编·明代编第一集》，黄山书社，2009年版，第522页。

楼》三本。……三本中独《㑇梅香》头一折【点绛唇】尚有人会唱，至第二折"惊飞幽鸟"，与《倩女离魂》内"人去阳台"、《王粲登楼》内"尘满征衣"，人久不闻，不知弦索中有此曲矣。①

由此可知，郑光祖的《㑇梅香骗翰林风月》《迷青琐倩女离魂》《醉思乡王粲登楼》三部作品也是可以入弦索的，而《雍熙乐府》中所收的郑光祖的作品恰恰是这三部。《四友斋丛说》又云"《㑇梅香》第三折，越调虽不入弦索"，《词林摘艳》《雍熙乐府》皆未收录此折。以上都可印证《雍熙乐府》《词林摘艳》所收之曲，均以弦索演唱。

然而，同时出现一个问题：弦索通常为演奏北曲的乐器，因而北曲也被称为"弦索之乐"。那么，郑光祖的杂剧固然是北曲，但《吕蒙正》《杀狗记》《子母冤家》《江流儿》皆为南戏，《四友斋丛说》所提及的《西厢记》也是"南西厢记"。为什么这些南曲戏文也可入弦索呢？王骥德《曲律·杂论第三十九上》对此的解释是：

　　元朗谓：《吕蒙正》内"红妆艳质""喜得功名遂"，《王祥》内"夏日炎炎""今个最关情处""路远迢遥"，《杀狗记》内"千红百翠"，《江流》内"崎岖去路赊"，《南西厢》内"团团皎皎""巴到西厢"，《玩江楼》内"花底黄鹂"，《子母冤家》内"东野翠烟消"，《诈妮子》内"春来丽日长"皆上弦索，正以其辞之工也。亦未必然。此数曲昔人偶打入弦索，非字字合律也。②

显然，王骥德认为，这些南曲曲文入弦索乃是偶然现象，且并非完全合律。这当然可以视为一种解释。但是《词林摘艳》《雍熙乐府》皆为南曲专设一卷，考虑到两部选本对于音乐追求的严谨，它们这么做绝对不是无谓的。而且，它们所收的南曲数量不止这些，难道其他南曲也都是"偶入弦索"？我们以为，明代中期，南曲入弦索其实有着必然的趋向。

明代中期，正处于北曲衰微、南曲崛起的交替时段。在这个交替的过程中，北曲、南曲也在不断交融。在正德时期，南曲想入弦索，还是比较困难的事情。顾起元《客座赘语·歌章色》引著名乐师顿仁之语："弦索

---

① 俞为民、孙蓉蓉：《历代曲话汇编·明代编第一集》，黄山书社，2009年版，第464页。
② 俞为民、孙蓉蓉：《历代曲话汇编·明代编第二集》，黄山书社，2009年版，第111页。

九宫之曲，或用滚弦、花和、大和、钐弦，皆有定则，故新曲要度入亦易。若南九宫原不入调，间有之，只是小令。苟大套数，既无定则可依，而以意弹出，如何得是？"① 顿仁之语固然带有一定的主观偏见，但也反映出南曲基本与弦索格格不入的现实。沈德符《顾曲杂言》亦言："箫、管可入北词，而弦索不入南词，盖南曲不仗弦为节奏也。"② 但是，明前期也有个别南曲可以入弦索。《顾曲杂言》曾载《琵琶记》《拜月亭》入弦索的情况："（《琵琶记》）无一句可入弦索者，《拜月》则……全本可上弦索者。"③《拜月亭》就是可以入弦索的南戏，其中也有多段曲文被《雍熙乐府》收录。然《峚阳草堂诗文集》有一老优亦言："惟《幽闺》《琵琶》可入弦索。"④ 所以，实际上《琵琶记》亦可入弦索，但是这样的南曲作品少之又少。嘉靖时期，南北曲实际上处于互动、交融的阶段，当时南曲固然愈发强势但是南曲的强势，也是建立在借鉴北曲长处的基础上的。嘉靖时，安徽人张野塘发配苏州，兼习南曲，对三弦进行改造。叶梦珠《阅世编》载："因考弦索之入江南，由戍卒张野塘始。野塘，河北人，以罪谪发苏州太仓卫。……既得魏氏，并习南曲，更定弦索音，使与南音相近，并改三弦之式，身稍细而其鼓圆，以文木制之，名曰弦子。"⑤ 张野塘是北方人，应该熟习北曲，而他发配苏州之后，结识魏良辅，因此又学习南曲。这就使得他对南曲、北曲皆有了解，然后他改小了三弦的琴箱，把本身用于北曲的三弦改造为适合南曲的乐器。所以，南北曲的交融在他个人身上体现得非常明显。这种经过互相学习、借鉴、改造的南曲和北曲，本身都已不是纯粹的"南曲""北曲"。而我们通过史籍了解到的"弦索"也可能并非同样的乐器。也就是说，能入弦索的南曲，其所入弦索可能并非传统的琵琶或三弦，而是经过改良之后的弦子。沈宠绥《度曲须知》云："吴中'弦索'，自今而后始得与南词并推隆盛矣。虽然，今之北曲，非古北曲也；古曲声情，雄劲悲激，今则尽是靡靡之响。今之弦索，非古弦索也。"⑥ 此段记载，正好可以佐证我们的推断。经过改良、融合

---

① 俞为民、孙蓉蓉：《历代曲话汇编·明代编第二集》，黄山书社，2009年版，第397页。
② 俞为民、孙蓉蓉：《历代曲话汇编·明代编第三集》，黄山书社，2009年版，第62页。
③ 俞为民、孙蓉蓉：《历代曲话汇编·明代编第三集》，黄山书社，2009年版，第67页。
④ （明）郑鄤：《峚阳草堂诗文集》，民国二十一年活字本，文集卷九，第17页。
⑤ （清）叶梦珠：《阅世编》卷十。
⑥ 俞为民、孙蓉蓉：《历代曲话汇编·明代编第二集》，黄山书社，2009年版，第622页。

之后，所谓的"弦索之乐"可能在乐器上有所改良，其兼容性得到加强，得以更好地适应南曲。《度曲须知》又云："'弦索'曲者，俗固呼为'北调'。然腔嫌袅娜，字涉土音，则名北而曲不真北也，年来业经厘剔，顾亦以字清腔径之故，渐近水磨，转无北气。"① 可知此处提到的"弦索曲"，其实就是改良过的弦乐，与传统代表北曲的"弦索乐"已经有很大区别。施绍莘是万历时期的散曲作家，其《花影集》云："予雅好声乐，每闻琵琶、筝、阮声，便为魂销神舞。故迩来多作北宫，时教慧童度以弦索，更以箫管叶予诸南词。"② 这段材料反映出在南曲盛行之时，弦索乐的创造、演唱也一直没有消失。所以纵观整个明代，虽然北曲逐渐被南曲取代，但弦索乐器并没有被淘汰，除了弦索乐器本身的改进外，文人、曲家以弦索度诸南曲的尝试也一直存在，因而嘉靖时期存在南曲可入弦索的现象是非常正常的。

除了南曲、北曲本身相互交融外，其实有一些南曲曲牌本身就是可以直接入弦索的，如《雍熙乐府》《词林摘艳》收录【月儿高】"谩折长亭柳"一套。【月儿高】乃是吴昌龄杂剧《花间四友东坡梦》第二折最后一支曲子，在《宝剑记》中曾提到高衙内手下丫头唱【月儿高】"谩折长亭柳"，说明此曲也作为流行的散曲存在。《南音三籁》亦收录此曲，为【二犯月儿高】四首只曲之第三首，署名"高东嘉"。《词林逸响》与《南音三籁》相同，只是未题作者。【月儿高】为南曲仙吕宫曲牌，《拜月亭》中即有此曲牌，又名"误佳期"。其在北曲之中，仅出现在《元曲选》吴昌龄《花间四友东坡梦》一剧第二折之末尾，而此剧又仅存《元曲选》本，所以我们推断，这可能是钟嗣成将流行之南曲加入此剧之中。那么，钟嗣成为什么能够把【月儿高】加入杂剧中呢？胡维霖《墨池浪语诗评》云："今人能歌元曲、南北词，皆有腔拍，如【月儿高】、【黄莺儿】之类，亦有律吕可按，一入于耳即能辨之。"③ 据此推断，【月儿高】因其音乐有"律吕可按"的优势，故可入弦索之中，所以钟嗣成将其纳入北曲中。可知，【月儿高】这样的曲牌，本身即可入弦索。而除此之外，诸如【金索

---

① 俞为民、孙蓉蓉：《历代曲话汇编·明代编第二集》，黄山书社，2009 年版，第 617 页。
② （明）施绍莘：《花影集》，明末刻本，卷一，第 6 页。
③ （明）胡维霖：《胡维霖集·墨池浪语诗评》，明崇祯刻本，卷一，第 27 页。

挂梧桐】"残红水面飘"、【瓦盆儿】"教人对景无言"、【香遍满】"紫陌红径"等《词林摘艳》《雍熙乐府》所收曲文，《群音类选》皆注"亦入弦索"，可知它们的曲牌也都是本身即入弦索的南曲曲牌。

　　而有的南曲是通过南北合套入弦索的。《词林摘艳》之【步步娇】"暗想当年"，为《雍熙乐府》双调【珍珠马】"箫声唤起瑶台月"的第二部分。《群音类选·清腔》收此曲，题作者"李爱山"，注云"此套有南北调者在后"，果然《群音类选》"南北调（多入弦索）·双调"收入【南珍珠马】"箫声唤起瑶台月"。而其和《雍熙乐府》一样，就是在【步步娇】这套北曲之中间隔插入南曲曲牌，形成南北合套。因此，《词林摘艳》所收者为北曲，《雍熙乐府》所收者为南北合套。此外，汤舜民【赛鸿秋】"一会家想多情"，《群音类选》注："入南北调。"此曲为南北合套，其中【倾杯序】【雁过声】为南曲曲牌。又有【一剪梅】"芳草长亭露带沙"，《群音类选》收入"清腔"，然此亦为南北合套，有【刷子序】【渔家灯】【朱奴儿】等南曲曲牌。类似的曲文还有【青衲袄】"想多娇情性儿标"、【四块金】"效比翼成连理"，它们皆为南北合套，有【大迓鼓】【节节高】等南曲曲牌。可知这些南曲曲牌在与北曲曲牌构成南北合套之后，即可入弦索。

　　此外在南北曲的交融过程中，南曲实际上也在主动改良，以便适应弦索之乐，这在《风月锦囊》所收的戏文中体现得非常明显。《风月锦囊》的甲编、丙编上栏和《词林摘艳》《雍熙乐府》一样，主收散曲、时曲和散曲化的剧曲，其中包括收录"水晶宫、鲛绡帐"等《雍熙乐府》《词林摘艳》收录的不带宾白的剧曲曲文，由此可以推断《风月锦囊》收录的亦为弦索之乐。但《风月锦囊》与《雍熙乐府》《词林摘艳》最大的不同在于，其乙编、丙编下栏收录的是带宾白的戏文，个别戏文收录的出次也相当完整，甚至可以当作独立的戏文剧本来看。而这些戏文大多也可以入弦索之乐。据李舜华《礼乐与明前中期演剧》研究[①]，《风月锦囊》所收的这些戏文与其他版本的戏文相比，往往多出很多庆祝、游赏、闺忆题材的非情节化曲文，尤其是很多明中期新作的戏文更加充斥着这些题材的曲

---

① 参见李舜华《礼乐与明前中期演剧》下篇第二章"从《风月（全家）锦囊》看明前中期戏文的变迁"，上海古籍出版社，2006年版。

文。这些题材的曲文于全剧本身属于可有可无的部分，因此李舜华认为，这些戏文的增益完全出于弦索清唱的目的。其强有力的证据是，《风月锦囊》所收的戏文《祝英台同窗记》，较之其他版本多出"送别登途"一段，而其中【夜行船】至【近腔】的曲文皆于《词林摘艳》《雍熙乐府》中有录，而此套曲文还被《群音类选》收录，明言"亦入弦索"，又言"近偷入《梁山伯》及《玩江楼记》"，可知这套可入弦索的曲文是《风月锦囊》版《同窗记》故意加入的，而这套曲文同时还被《柳耆卿诗酒玩江楼》等曲文所用。可知明代中后期，戏文普遍存在引入弦索之曲文的现象。与此同时，除了直接引用，戏文也存在大量模仿北曲曲文的现象。这些都说明，南曲在发展过程中也不断吸收、借鉴北曲，从而为南曲能入弦索提供了条件。

另外还有一种情况，部分南曲曲牌因为与北曲格律相同或相近，因而也可入弦索。《北词广正谱》所引【番马舞西风】【普天乐】【锦亭芳】三曲，注云："以上三章一套，断属南调，北有其目，而缺其词也。"① 其所引【番马舞西风】例曲"大火流西"，就摘自《雍熙乐府》。可知【番马舞西风】这样的曲牌，南北格律相同，那么其入弦索之调固无不妥。在《雍熙乐府》中，另有【番马舞西风】"百媚千娇"一套，其中第二套为【两头蛮】"冠儿不戴懒梳妆"，这首曲词在《金瓶梅》中以小令出现，而在《词林摘艳》中亦是小令，题"无名氏小令"，曲牌为【两头南】。【两头南】，即【两头蛮】。对于【两头蛮】，周贻白《中国戏曲史长编》言："'两头蛮'者，为两腔杂出之谓。则昆曲本身，似已不纯。"②《中国曲学大辞典》解释："唱曲中北调杂南腔，南曲杂北字，南北字音、腔调混杂，俗谓之'两头蛮'。"③ 其实，上文曾经讨论，【两头蛮】本身应为俗曲曲牌，但是这个曲牌的特点是在衍变中南北曲腔调、字韵混杂，故而民间和文人把"杂腔"的现象戏称为"两头蛮"。那么这个曲牌可能既可以入南曲之调，也可以入北曲之调。而正因【番马舞西风】的套数南北格律相同，所以才可以缀以南北杂混的【两头蛮】。而类似的曲牌因南北格律相

---

① （清）李玉：《北词广正谱》，《善本戏曲丛刊·第六辑》，台湾学生书局，1987年版，第130页。
② 周贻白：《中国戏剧史长编》，上海书店出版社，2007年版，第386页。
③ 齐森华等：《中国曲学大辞典》，浙江教育出版社，1997年版，第680页。

同，故可入弦索。

此外，《雍熙乐府》《词林摘艳》存在同一套曲文分别出现于南曲卷和北曲卷的情况，说明有的曲牌具有机动性，既可适应南曲又可适应北曲，因此亦可应用弦索。如"【伊州三台令】思量你好辜恩"，在《金瓶梅》与【黄莺儿】"谁想有这一种减香肌憔瘦损"、【双声叠韵】"思量起思量起怎不上心"、【簇御林】"人都道他志诚"、【琥珀猫儿】"日疏日远何日再相逢"、【尾声】联成一套；《词林摘艳》亦然。《雍熙乐府》卷十六中，此曲亦大致如此，只不过首套曲牌名为【莺啼序】，另外【双声叠韵】改为【斗宝蟾】。《雍熙乐府》卷十四中，此曲又出现，只不过少了前两套，以第三套【集贤宾】为首套。

所以，这一套曲文出现了三种情况。第一种，《金瓶梅》《词林摘艳》：

【伊州三台令】"思量你好辜恩"—【黄莺儿】"谁想有这一种减香肌憔瘦损"—【集贤宾】"幽窗静悄月又明"—【双声叠韵】"思量起思量起怎不上心"—【簇御林】"人都道他志诚"—【琥珀猫儿】"日疏日远何日再相逢"—【尾声】。

第二种，《雍熙乐府》卷十四：

【集贤宾】"幽窗静悄月又明"—【双声叠韵】"思量起思量起怎不上心"—【簇御林】"人都道他志诚"—【琥珀猫儿】"日疏日远何日再相逢"—【尾声】。

第三种，《雍熙乐府》卷十六：

【莺啼序】"思量你好辜恩"—【黄莺儿】"谁想有这一种减香肌憔瘦损"—【集贤宾】"幽窗静悄月又明"—【斗宝蟾】"思量起思量起怎不上心"—【簇御林】"人都道他志诚"—【琥珀猫儿】"日疏日远何日再相逢"→【尾声】。

《雍熙乐府》卷十六和《金瓶梅》《词林摘艳》中的曲文全貌是一样的，只不过有两处曲牌名不同。而这套以"思量你好辜恩"起头的曲文在《群音类选》中也有收录，可知这套曲文应为本调，《雍熙乐府》以【集贤宾】开头的曲文属于删节版。"思量你好辜恩"这套曲文在《雍熙乐府》《词林摘艳》中收录在"南曲"卷中，而《雍熙乐府》以【集贤宾】"幽窗静悄月又明"起头的曲文收录在北曲卷中。那么可知，这套曲文也是可以在南曲、北曲间互相转换的。所以，有的曲牌本身就具有一定的机动性，可以适应于不同的作品结构和音乐形态。

总之，弦索是《雍熙乐府》《词林摘艳》曲文演唱的核心乐器。不唯独北曲如此，即便南曲也因为弦索本身的改造、部分曲牌兼入北曲等原因，亦可使用弦索。据以上讨论，我们可以总结出《雍熙乐府》《词林摘艳》最常用的乐器为：琵琶、筝、弦子、月琴、板。另外，瑟、笙、箜篌、箫、阮等也偶有用之。

第三节 嘉靖戏曲选本折子戏辨疑

《词林摘艳》《雍熙乐府》是清唱选本，主要服务于散曲演唱，同时也收录众多杂剧、戏文，那么它们是否具备指导演剧的功能？它们所收剧曲与折子戏又有什么关系呢？因为《词林摘艳》《雍熙乐府》对剧曲的收录只收部分折段和只套，所以被一部分研究者认为是折子戏的萌芽。如李慧《折子戏研究》说："把折子戏的萌芽定在明正德年间，主要依据《盛世新声》《词林摘艳》《雍熙乐府》三种选本。""《盛世新声》选入的曲文是有代表性的，除了元杂剧《黄粱梦》外，均选入折子戏选本《雍熙乐府》。这些选本集杂剧、戏文之精粹，是为了适应舞台观演需要而刊行的。"① 这三部选本皆以每折或每套为单位对剧曲进行收录，的确与折子戏有相似之处。我们也不否认，折子戏萌芽于正德、嘉靖时期。虽然《词林摘艳》《雍熙乐府》之曲文与折子戏一样，都具有只套、只折的独立性，但是我们认为其与折子戏其实有着根本的不同，并不能算作折子戏。

一、酒宴清唱与演剧之别

折子戏的灵魂是在"戏"，而《词林摘艳》《雍熙乐府》所收之曲文的灵魂是在"曲"。《词林摘艳》《雍熙乐府》这种把剧曲拆分的情况，一方面是因为部分剧曲可以散曲存在，脱离对原剧的依附；另一方面，学者认为是为了适应酒宴程序。中国乃礼仪之邦，自古拥有一套成熟而完整的酒

---

① 李慧：《折子戏研究》，厦门大学博士学位论文，2008年，第26页。

宴文化，尤其是在宫廷、贵族中，一场酒宴往往拥有严格、繁密的礼仪程序。古代宫廷的大型宴饮往往有多次赐酒、祝酒的仪式，每一次都伴有不同的音乐演奏或戏剧表演。从史料看，至少宋代开始，这种酒宴仪式已经非常成熟。《东京梦华录》《梦粱录》《武林旧事》都记载不少宋代亲王百官上寿赐宴、皇帝皇后祭祀祈福时的酒宴盛况。在这些酒宴之前，教坊乐部的乐人就已经严阵待命，箫、笙、埙、篪、觱篥等乐器一应俱全。宴会开始后需要九盏次的祝酒，每次都有音乐歌舞相伴。"第一盏御酒，歌板色一名，唱中腔一遍讫，先笙与箫笛各一管和……第二盏御酒，歌板色唱如前。宰臣酒，慢曲子……第三盏左右军百戏入场……第四盏如上仪舞毕，发谭子，参军色执竹竿拂子，念致语口号，诸杂剧色打和，再作语，勾合大曲舞……第五盏御酒，独弹琵琶……第六盏御酒，笙起慢曲子……第七盏御酒，慢曲子……第八盏御酒，歌板色一名，唱踏歌……第九盏御酒慢曲子。"① 每一次行酒皆有不同的音乐、歌舞、杂戏环节。从第三盏到第七盏正值行酒的高潮环节，不单有音乐演奏，还有百戏表演。值得一提的是，第五盏时还提到杂剧表演，"勾杂剧入场，一场两段"。但此之杂剧与后世所谓"杂剧"不同，宋时所谓"杂剧"，"务在滑稽唱念"，与参军戏接近，重在调笑戏谑，而在这种隆重盛大的场合，"不敢深作谐谑，惟用群队装其似像"。② 所以，杂剧、百戏其实都是制造酒宴娱乐气氛的节目，如此可以看出，宋代宫廷一场酒宴分为多次行酒，每一次有不同的节目、歌舞、音乐。周密《武林旧事》还载有寿宴每盏次所奏曲目："第一盏，觱篥起《万寿永无疆》引子……第二盏，笛起《帝寿昌慢》……第三盏，笙起《升平乐慢》……第四盏，方响起《万方宁慢》……第五盏，觱篥起《永遇乐慢》……"③ 如此共十三盏。之后，第二轮祝酒开始，又有十盏。这一轮除了乐曲演奏，还有祝赞之语以及杂剧表演。此轮结束，再有第三轮二十盏，此轮又有百戏、傀儡的表演。其中，第十九盏为傀儡戏《群仙会》。可见这种皇廷祝酒的乐曲、戏剧多为歌功颂德的题材。

明代承袭宋代仪制，酒宴上也有分盏祝酒的礼仪。徐一夔《明集礼》

---

① 俞为民、孙蓉蓉：《历代曲话汇编·唐宋元编》，黄山书社，2006年版，第108~111页。
② 俞为民、孙蓉蓉：《历代曲话汇编·唐宋元编》，黄山书社，2006年版，第109页。
③ 俞为民、孙蓉蓉：《历代曲话汇编·唐宋元编》，黄山书社，2006年版，第132~133页。

载东宫宴请藩王的宴席程序：

> 监官于皇太子前斟酒，司壶于诸王、藩王及三师等官前各斟酒（大乐作），乐工北面举手唱"上酒"，皇太子举第一盏，诸王、藩王及三师等官各上酒，饮毕（乐止）。内使监又于皇太子前斟酒，司壶于诸王、藩王及三师等官前斟酒（细乐作），乐工唱"上酒"，皇太子举第二盏，诸王藩、王及三师等官皆上酒，饮毕（乐止）。①

如此共七盏，每盏皆有奏乐，只是有大乐、细乐之不同。第五行、第七行时有队舞。可见，其行酒之制与宋人相类。

明时，宫廷的宴飨音乐往往都由教坊司负责。《大明会典·大宴仪》载宫廷群臣宴饮的礼仪："教坊司设九奏乐歌于殿（奉天殿）内，设大乐于殿外，立三舞杂队于殿下。……光禄司官开爵注酒，捧诣御前，进第一爵酒，教坊司跪奏，一奏《炎精开运之曲》……第二爵酒，教坊司跪奏，二奏《皇风之曲》……第三爵酒，教坊司跪奏，三奏《眷皇明之曲》。"②第五爵时，教坊司奏乐，"百戏承应"。这套仪式共有九爵，教坊司分别再奏《天道传之曲》《振黄纲之曲》等。行酒完毕，进膳、撤膳之时，依然有教坊司奏乐。

可见在宫廷宴会，每次行酒时皆由教坊司奏不同的乐曲。而且在奏乐的同时，也有队舞进行伴舞，如"大宴仪"中，第二爵、第三爵、第四爵表演"平定天下之舞""抚安四夷之舞""车书会同之舞"。伴舞时，有不同的乐章，有的舞蹈只有一支乐章，如"平定天下之舞"的乐章为"清海宇"，有的舞蹈则有多支乐章，如"抚安四夷之舞"的乐章有"小将军""殿前欢""庆新年""过门子"。伴舞的每一首乐曲，其实都是使用一个曲牌。

而最为值得注意的是，教坊司在行酒时所奏的《炎精开运之曲》等也是可以配以曲词的。如《炎精开运之曲》之词为"炎精开运，笃生圣皇，大明御极，远绍虞唐"，云云。此为"大宴仪"的乐曲应当都为教坊原创。"小宴乐"同样是每次行酒时奏有不同的乐曲，基本都是使用的元曲曲牌，

---

① （明）徐一夔：《明集礼》，清文渊阁四库全书本，卷三十，第28页。
② （明）申时行：《大明会典》，王云五主编《万有文库》，商务印书馆，1936年，第1677~1678页。

如第一爵奏《本太初之曲》，其曲牌为【朝天子】，词云：

> 混兮，沌兮，水土成元气。不分南北与东西，未辨天和地。万象包涵，其中秘密，难穷造化机。是阴阳本体，乃为之太极，两仪因而立。①

再如第三爵所奏之曲为《民初生之曲》，其曲牌为【沽美酒】，词云：

> 乾坤清宇宙宁，六合净四维正，万象原来一气生。定三才五行，民与物共成群。②

"小宴乐"共九奏，另外使用的曲牌还包括【清江引】【醉太平】【普天乐】【太平令】【十二月】【金殿万年欢】等。除了【金殿万年欢】，其余皆为传统北曲曲牌。这种宫廷宴饮行酒时以北曲作为行酒之乐的礼仪，十分普遍。"东宫宴乐"亦有行酒七盏，演奏《喜千春之曲》《永南山之曲》《桂枝香之曲》等，每首乐曲一个曲牌，使用了【贺圣朝】【水仙子】【蟾宫曲】【小梁州】【满庭芳】【喜秋风】等北曲曲牌。每曲相当于一首小令，配有曲词，如【水仙子】云：

> 洪基永固海波清，盛世明时礼乐兴，华夷一统江山静。民通和，乐太平，赞东宫仁孝贤明。秉钧衡端正，顺乾坤泰亨，坐中华万世昌宁。③

【喜秋风】云：

> 文武安，军民乐，宴文华会班僚，五云齐动钧天乐，贺春宫赞皇朝。④

这些曲辞都是歌功颂德、庆赏皇朝的内容，在形式上都是以北曲曲牌写成的小令。当然从格律来看，这些曲牌的曲辞皆不可能完全符合曲律，因为为了适应宫廷需要，它们的演奏方式和乐器各不同。"小宴乐"诸曲的乐器为笙、箫、篥，并无琵琶和弦子，作为宫廷宴饮之曲，其在音乐必然上有所改变，但本质上仍然属于散曲。由此可见，在明代宫廷宴饮的行

---

① （明）申时行：《大明会典》，王云五主编《万有文库》，商务印书馆，1936年，第1719页。
② （明）申时行：《大明会典》，王云五主编《万有文库》，商务印书馆，1936年，第1719页。
③ （清）张廷玉等：《明史》，清乾隆武英殿刻本，卷六十三，第26页。
④ （清）张廷玉等：《明史》，清乾隆武英殿刻本，卷六十三，第27页。

酒中，用不同的散曲作为助兴的程序是重要的礼仪。这些散曲的演奏和歌唱无疑就属于清唱，因而有明一代，清唱一直是酒席礼仪的重要组成部分。

宫廷酒宴行酒之乐是由教坊司负责演奏、清唱的，而臧贤是教坊司奉銮。那么，他自然非常熟悉这一套礼仪，如此再次证实《盛世新声》《雍熙乐府》中的曲文不仅可以在酒宴行酒时清唱，而且可以服务于宫廷酒宴，尤其是那些颂圣曲文。故而可以断定，《盛世新声》《词林摘艳》《雍熙乐府》这样的曲文虽然剧曲以只折、只套收录，但是其主要用途是作为散曲服务于酒宴行酒的清唱的。其之所以只收只套或只折，一方面是因为剧曲中适于清唱的曲文只有个别折次，而并非全剧都适宜清唱；另一方面是行酒程序的需要，毕竟每次行酒伴乐时，其清唱的内容不能太多。此外，《顺天府宴状元记》记载统治集团的行酒仪式中，清唱了三大选本所收的曲文"喜得功名遂"："酒初献，止乐，教坊官致辞毕，有优人戴判官面目而上，手持数笼，两绮服人从旁赞词……二献，则上线索调，唱'喜得功名遂'，乃吕圣功《破窑记》末出也。……三献，则一人手持三丸，弄之良久。四献，更事弦索。五献，则二人戴钟、吕假面作胡旋舞……六献，复陈弦索……七献，奏细乐。"①"喜得功名遂"被三大选本全部收录，也可再次证明三部选本的主要用途是服务酒宴清唱，其剧曲亦作为散曲使用，而并非用于演剧，因此不可能是折子戏。

此外在明代，酒宴上不只要清唱，也有演剧，但演剧和清唱是程序分明的。如《二刻拍案惊奇》中小说"伪汉裔夺妾山中，假将军还姝江上"就有演剧和清唱分离的描述，小说中写王秀才宴请柯陈兄弟，"一班梨园子弟上场做戏。做的是《桃园结义》《千里独行》许多豪杰襟怀的戏文……戏文方完。兴未肯阑，仍旧移席团坐，飞觞行令。乐人清唱劝酬大乐"②。而上文已经谈过，在《金瓶梅》表现宴饮的场面和程序时，清唱和演剧也是明确分开的。戏子专门负责演剧，而清唱则由小优、侍女等人完成。如第六十三回，西门庆招待乔大户等人，叫了一班海盐子弟搬演戏文：

---

① （明）宋懋澄：《九籥集》，中国社会科学出版社，1984年版，第31页。
② （明）凌濛初：《二刻拍案惊奇》，中华书局，2009年版，第317页。

下边戏子打动锣鼓,搬演的是"韦皋、玉箫女两世姻缘"《玉环记》。……不一时吊场,生扮韦皋,唱了一回下去。贴旦扮玉箫,又唱了一回下去。①

又如第三十六回,西门庆宴请蔡状元,有四个戏子,一个装生的,一个装旦的,一个贴旦,一个小生。他们在表演之前必须进行一番妆饰。此回他们搬演了《香囊记》一出。可见,戏子搬演戏文都是需要妆饰的,并且生、旦等角色有专业的分工。而清唱只需要拥有乐器即可,如第七十回写众官员庆贺朱太尉加官,酒筵上"一班儿五个俳优,朝上筝篆琵琶,方响箜篌,红牙象板"②,唱了一套正宫【端正好】"享富贵受皇恩",他们并无须妆饰。而"享富贵受皇恩"正是《盛世新声》《词林摘艳》《雍熙乐府》收录的曲文。所以,《金瓶梅》酒宴情节中的戏剧表演、清唱表演是截然分开的,而三大选本所收曲文正是出现于清唱环节。此处,我们再举几例。

第七十四回,西门庆宴请蔡知府,负责演戏的是海盐子弟张美、徐顺、苟子孝等,负责清唱的则是李铭等四名小优。虽然客人未到时,生、旦也唱清曲,但这并非正式的工作,而是偶尔娱乐为之。等到蔡知府到了,宴会正式开始,则是戏子搬演,小优清唱。这次宴会上,戏子演的是《双忠记》两出,而小优弹唱的是"玉骢骄马出皇都"。可见,其戏子和小优的分工非常明确。戏子拥有高度的专业性,隶属于官宦豪门的家班,搬演戏文。而"玉骢骄马出皇都"出自《西厢记》,虽为剧曲,此处却用以清唱,《雍熙乐府》收录的正是此套曲文。

又如《金瓶梅》"词话本"的第六十四回,西门庆宴请薛内相、刘内相等人,有一班海盐戏子搬演戏文,演了《刘智远红袍记》,没有几出,两个内相听不下去,又让两个唱道情的唱了"韩文公雪拥蓝关",之后又唱了"李白好贪杯"。从中亦可看出,戏子只管负责演剧,需要清唱时会有专门的歌优上场。而"李白好贪杯",《雍熙乐府》有录。再如第六十五回,群官宴饮,亦是先搬演《还带记》,然后专门再由拿筝、琵琶、箜篌的小优清唱"官居八辅臣"。而"官居八辅臣",《盛世新声》《词林摘艳》

---

① (明)兰陵笑笑生:《金瓶梅词话》,里仁书局,2014年版,第1016页。
② (明)兰陵笑笑生:《金瓶梅词话》,里仁书局,2014年版,第1151页。

《雍熙乐府》皆录。如此可见，无论是散曲还是剧曲，三大选本的曲文在酒宴之中皆处于清唱环节而非演剧环节，由此可证它们的曲文并非折子戏。

此外，《陶庵梦忆》"世美堂灯"写灯宴之事，可见观灯之时，清唱与演剧亦分离开来："灯不演剧则灯意不酣，然无队舞鼓吹则灯焰不发。余敕小傒串元剧四五十本。演元剧四出，则队舞一回，鼓吹一回，弦索一回。"① 可见，不仅酒宴，在赏灯等其他娱乐中，清唱亦是与演剧独立并存的，那么三大选本中涉及观灯、庆赏的曲文可能也适用于赏灯娱乐的清唱环节。

总之，明代的酒席宴请、观灯娱乐等场合，清唱和演剧在程序上可谓泾渭分明，在宴会时由不同的人承担不同的演出任务。《金瓶梅》中，戏子所搬演的《香囊记》《双忠记》等戏文都是个别出次，此确为折子戏。但《雍熙乐府》《词林摘艳》的曲文都是出现于清唱的情节，其实和折子戏无关。

二、清唱选本与折子戏选本所收曲文之别

万历以后，产生了大量纯正意义的折子戏选本，如《词林一枝》《乐府菁华》《乐府玉树英》《大明天下春》《摘锦奇音》《乐府万象新》《玉谷新簧》等。这些选本收录剧曲的部分折次、出次，带有宾白，具有典型的折子戏特征，属于真正意义上的折子戏。如果对比这些选本可以发现，《雍熙乐府》《词林摘艳》所收的剧曲只套，鲜有被后来折子戏选本收录。我们以《雍熙乐府》《词林摘艳》中的《吕蒙正破窑记》《拜月亭》等南戏为例进行考察。后世选本亦有对这些作品的涉及和收录。但是对照发现，后世折子戏选本对这些作品所择选的出次与《雍熙乐府》《词林摘艳》所收的出次并不相同。《雍熙乐府》《词林摘艳》多选抒情化的曲文，晚明折子戏选本则侧重情节关目的曲文。

《雍熙乐府》《词林摘艳》共同收录了《吕蒙正破窑记》"喜得功名遂"一套，此套出自第二十九出"团圆封赠"。此外，《雍熙乐府》还收有"月

---

① （明）张岱：《陶庵梦忆》，上海古籍出版社，1982年版，第36~37页。

照谁家庭院"一套,此曲出自第八出"旅邸被盗"①。而后世的折子戏选本,《乐府玉树英》收录的是第九出"破窑居止"、第十二出"夫妻祭灶"、第十九出"梅香劝归"、第二十四出"宫花报捷"等;《乐府菁华》与《玉树英》相同。《玉谷新簧》亦收第十二出"夫妻祭灶"、第二十四出"宫花报捷";而《大明天下春》《摘锦奇音》《乐府万象新》等选本都集中选录"破窑居止""夫妻祭灶""宫花报捷"这三出。可知折子戏选本对于《吕蒙正破窑记》的收录最重视这三出。三出中,前两出写吕蒙正落魄之时的窘况,后一出则是刘小姐喜闻吕蒙正发迹的荣光,一个是人生的低谷时刻,一个是人生的高光时刻,然而就故事发展来说,都是最为牵动人心、表现人物命运的时刻,属于全剧的高潮出目。同时,这三出表现了吕蒙正夫妻同心相爱的感人之情,是全剧最为优秀的出目。而《雍熙乐府》所收"月照谁家庭院"位于第八出"旅邸被盗",从剧情看,此为"破窑居止"的前一出,是吕蒙正无法摆脱贫困的一个前因和交代,就戏剧性而言,其对于整个作品并无太多意义。《雍熙乐府》《词林摘艳》所选的"团圆封赠",为全剧最后一出,看似对全剧也很重要,但其实全剧结局的高潮在"宫花报捷",因为在此出中,吕蒙正得中状元已经交代,而"团圆封赠"一出只是在吕蒙正中举后的后续收尾,进行传统、老套的皇帝封赏,并无戏剧性可言。然而这两套曲文文采出众,具有极强的抒情性,前者既抒发了吕蒙正和刘小姐相依为命的惆怅情感,又抒发了吕蒙正立志博取功名的坚毅感怀;后者则是抒发了吕蒙正科考、婚姻双双得意后的喜悦之情。故此,它们皆被折子戏选本无视,却被《雍熙乐府》《词林摘艳》收录。所以,真正的折子戏选本与《雍熙乐府》《词林摘艳》对同一部剧作的择取标准是完全不同的。真正的折子戏选本注重折子戏在整部剧情之中承担的角色,以及本出的故事、剧情表现,而《雍熙乐府》《词林摘艳》所选的只套则完全是以抒情、唱词角度进行择选的,无关全剧剧情。

我们再看《雍熙乐府》和折子戏选本收录《拜月亭》的情况。《乐府万象新》《大明天下春》《乐府菁华》《词林一枝》《乐府红珊》等集中收录

---

① 诸选本收录出次时题目不一,因此此处以同一版本的出次题目为标准。此出次题目据王季思主编《全元戏曲》本(人民文学出版社,1999年版),其以《李九我先生批评〈破窑记〉》为底本。

《拜月亭》第十九出"隆遇瑞兰"、第二十五出"世隆成亲"、第三十五出"瑞兰拜月",《雍熙乐府》收录的"翠巍巍云山一带"出自第二十一出"隆兰遇强","黄昏悄悄"等六支小令出自第二十九出"驿中相会",而这两出基本没有被折子戏选本收录①。从剧情来看,折子戏选本收录的"隆遇瑞兰""世隆成亲""瑞兰拜月"是全剧最核心的三个节点,一个是蒋世隆与王瑞兰相遇相识,一个是二人结婚,一个是王瑞兰拜月祈愿时,恰巧得知蒋瑞莲乃世隆之妹,点破伏笔。每一出都是剧情关键所在。而《雍熙乐府》所选的"隆兰遇强""驿中相会",一个写蒋世隆夫妇遇到强盗,一个写王夫人夫妇团聚,皆非全剧的关键剧情,不过这两套曲词具有较强的抒情性,尤其是"黄昏悄悄"这一组曲文分别抒发老夫人、蒋瑞莲、王瑞兰乱世羁旅、思念亲人的感伤之情,情词非常动人。可见,折子戏选本选录的出段是全剧的核心出段,而《雍熙乐府》所选的两套曲词更重抒情性和感染力。显然,《雍熙乐府》的选录依然出自曲词角度,和剧情无关。

又如《雍熙乐府》收录《荆钗记》"华发斑斑"等四支小令,其出自《荆钗记》第三出"庆诞"②。而《乐府菁华》收录"抱石投江""母子相会"两出,《乐府玉树英》收录"抱石投江""母子相会""绣房议亲"三出,《乐府万象新》亦收录了"抱石投江""母子相会"这两出。可见,"抱石投江""母子相会"是折子戏选本热衷的对象,而这两出其实就是《荆钗记》的第二十六出"投江"和第三十一出"见母",都属于剧中较为高潮的情节。《雍熙乐府》收录的"庆诞"之文,则为钱玉莲等人为钱流行庆寿,其曲文多与《雍熙乐府》中"庆赏"类曲文相似,侧重于文采表现,对《荆钗记》情节并不重要,因此鲜有折子戏选本收录,亦说明折子戏选本与《雍熙乐府》对于同一部作品的择取标准不同。

此外,《雍熙乐府》《词林摘艳》收录的《古西厢记》"团团皎皎"后被《南音三籁》收录,《柳耆卿诗酒玩江楼》"花底黄鹂"后被《词林逸响》《南音三籁》《乐府遏云编》收录。然而,这三部选本虽然收录大量剧曲,但皆不录宾白,亦是把剧曲当作清曲收录。这倒更加证明,《雍熙乐

---

① 出次题目据王季思主编《全元戏曲》本(人民文学出版社,1999年版),其以世德堂本为底本。

② 出次题目据中华书局 1959 年版《荆钗记》本,其以《六十种曲》为底本,同时校对《古本戏曲丛刊》"原本王状元荆钗记"。

府》《词林摘艳》所收剧曲并非折子戏。因此，《雍熙乐府》《词林摘艳》对于剧曲段落的择取标准与纯正的折子戏选本截然不同。纯正的折子戏更注重所选折子的戏剧性以及它处于全剧的关目、地位，而《雍熙乐府》这样的选本因为供清唱之用，更重视曲文本身的文采性、抒情性及感染力。

《雍熙乐府》《词林摘艳》所收并非折子戏，但不代表折子戏在嘉靖年间没有出现。事实上，《风月锦囊》所收的戏曲作品大部分为折子戏，因为它们出目、宾白俱全，保留着戏曲剧本的风貌，只是没有收录全本。《风月锦囊》所收的戏曲作品只收录部分出目，多收者如《荆钗记》《金印记》，分别收录23出和17出，少者如《伍伦全备》只有3出，而且在部分戏曲剧目上，会加上"摘汇""摘奇"等字，显示出编者是有意从全本之中摘选的。所以，《风月锦囊》所收录的戏曲作品可以看作折子戏的一种初级状态，那么折子戏在嘉靖甚至更早产生是符合历史事实的。王宁《折子戏特点简论》总结折子戏的三个阶段："一是整本戏中的折子，是作为整本戏的部分而存在的，不具备独立演出的可能。二是散出阶段，是整本戏中的单出因适应某些特殊目的机械地分离开来，成为独立的演出单元。"①《风月锦囊》中的折子戏应该是为实际演出或者为呈现剧本的精华段落等，有目的地择选部分出落，符合"因适应某些特殊目的机械地分离开来，成为独立的演出单元"，按照王宁的分法则属于折子戏的第二个阶段。与此同时，《风月锦囊》的收曲和布局又可证明《词林摘艳》《雍熙乐府》中所收的曲文绝非折子戏。在《风月锦囊》中，专收折子戏作品的是"全家锦囊"和"全家锦囊续编"下栏。其中，"全家锦囊"收录的全部是折子戏，而"全家锦囊续编"则是折子戏与时曲的合刊，上栏为时曲，下栏为折子戏。从其布局来看，剧曲和时曲、散曲是泾渭分明的。而《风月锦囊》中的"正杂两科全集"专收时曲、散曲，并无折子戏，但其中有数套剧曲，如【二犯傍妆台】"海棠不比旧时容"出自《金印记》，而"全家锦囊"亦收有《金印记》五出，有出名，有角色名，有宾白，是为折子戏形态。"全家锦囊"所收《金印记》择选的是作品几个重要的情节段落，包括"大叔赠金"这一颇为高潮的部分，而"正杂两科全集"收录的则是苏秦妻子的抒情之文，也证明剧曲中部分抒情性的曲文会被当作散曲使

---

① 王宁：《折子戏简论》，《戏曲研究》第83辑，文化艺术出版社，2011年版，第74页。

用,其本身的性质与折子戏完全不同。尤其值得注意的是,其中收录有【端正好】"水晶宫",此曲出自《宋太祖龙虎风云会》杂剧,《雍熙乐府》《词林摘艳》也有收录。《风月锦囊》收录此曲依然纯是曲文、没有宾白,这也说明这套曲词早已脱离原剧,成为独立流行的"散曲",所以它才会被收在"正杂两科全集"中。因此,处在"全家锦囊""全家锦囊续编"下栏这种剧曲版块的剧曲,的确可以视为折子戏,它们都按照剧目的题目排列,收录的曲出甚多,而且普遍带有宾白,折子戏特征明显而完整;而处在"正杂两科全集"等散曲版块的剧曲则是已经被视作散曲的剧曲,与折子戏没有任何关系。"水晶宫"这套《雍熙乐府》《词林摘艳》亦收录的曲文就是出现于"正杂两科全集",更可佐证《雍熙乐府》《词林摘艳》所收剧曲并非折子戏。

可见,折子戏应当最晚在嘉靖时期就已经出现萌芽状态,这是没有疑问的。齐森华《试论明清折子戏的成因及其功过》说:"传奇体制的冗长与结构的松散,是折子戏得以形成的内在因素。……它在南戏的基础之上形成了这么一种鸿篇巨制……篇幅常常显得冗长,结构也难免松散。一本戏往往精彩的就那么几出……把一部传奇,不管有戏无戏,全部搬上舞台,至少得花两天两夜时间。这对于演员来说,自然会带来演出上的诸多不便;对于观众而言,更容易造成审美欣赏上的疲劳。"① 折子戏出现的前提是篇幅很长的南戏、传奇渐渐取代杂剧的统治地位,而嘉靖时期正是南戏隆兴、传奇崛起的时期,因此折子戏伴随着戏文的成熟、传奇的兴起而诞生了。《风月锦囊》收录的折子戏,除《西厢记》等三种体制较长的杂剧外,皆为戏文。这更加说明,折子戏的诞生是与戏文、传奇相伴的,是建立在剧本较长的戏剧形态之上的。如此一来,又证明《词林摘艳》《雍熙乐府》所收剧曲非折子戏,因为其中剧曲以四折杂剧为主,故而《词林摘艳》《雍熙乐府》的属性乃是清唱选本,与折子戏没有关系。

---

① 齐森华:《试论明清折子戏的成因及其功过》,《上海大学学报(社会科学版)》,2006年第2期,第60页。

第五章 嘉靖戏曲选本与元明曲文版本的流变

《词林摘艳》《雍熙乐府》虽然并非折子戏选本，但毕竟收录了丰富的剧曲，加之它们又处于明代中期这样一个承前启后的阶段，因此其所收的剧曲、散曲曲文自然成为考察元明戏曲、散曲曲文传播、流变的重要工具。

在元明两代，无论是剧曲还是散曲在漫长的流传过程中，传抄者、编选者、辑录者或受于某种理论观念的指导，或纯粹出于个人喜好，都会对剧作、曲文进行或多或少的改动。这种对前人曲文进行改动的现象在明代非常普遍，戏曲参与者都习以为常，这成为中国古代戏曲文化的一个特殊的文化现象。即便是《盛世新声》《词林摘艳》《雍熙乐府》这三部隶属同一系统、相隔时间不远的选本，它们之间也已经出现较大程度的改动。而如果把这三大选本和元明散曲选本、戏曲剧本对照，其相互之间的改动、异文更是比比皆是。这些改动异文对我们认知元代剧曲、散曲的原貌带来困难，但考察这些改动异文也有助于我们找到元明戏曲传播过程中的曲文流变规律和文化动向。

第一节 三大选本内部的异文

三大选本虽属一个系统——《词林摘艳》《雍熙乐府》在《盛世新声》的基础上增删而成，但是同一篇曲文，三者之间往往都存在改动的异文。由于剧曲和散曲又存在不同的情况，因此我们先以散曲为对象进行研讨。

一、《词林摘艳》对《盛世新声》的修改

《词林摘艳》和《盛世新声》是关系最近的两部选本。《词林摘艳》在《盛世新声》的基础上修订而成,在增删、改订的过程中,《词林摘艳》就已经对《盛世新声》进行了部分曲文的修改。其书序言亦直言对《盛世新声》进行了多处修改,刘楫之序云:

> (《盛世新声》)板行已久,识者又以为泥,文采者失音节,谐音节者亏文采。下此则又逐时变,竞俗趋,不自知其街谈市谚之陋,而不见夫锦心绣腹之为懿。吴江张均天爵,好古博雅之士,间尝去其失格,增其未备,讹者正之,脱者补之。①

张禄自序云:

> (《盛世新声》)贪收之广者,或不能择其精粗;欲成之速者,或不暇考其讹舛。见之者往往病焉。余不揣陋鄙,于暇日正其鱼鲁,增以新调。②

综合两篇序言,可知《词林摘艳》对《盛世新声》进行修改是因为编者认为《盛世新声》主要有两个问题:一是讹舛太多;二是音律失节。而《词林摘艳》对于《盛世新声》的修正主要也是在这两方面着力。所谓"讹舛",主要是指讹错之字。《词林摘艳》对《盛世新声》中错字的修改的确不少,如将"自村量"改为"自忖量","解雨花"改为"解语花","马啼儿"改为"马蹄儿","荣曜"改为"荣耀","哦逢"改为"俄逢","倚旎"改为"旖旎","到得如今大桥何如小桥"中把"大桥""小桥"改为"大乔""小乔",这些改动都是正确的。而对于"音律失节"的修改,郑振铎先生指出基本是改动、删除衬字,如《盛世新声》【粉蝶儿】"银烛高烧"一曲中的"更那堪绣帏中冷落",《词林摘艳》改为"捱不的绣帏中冷落",【一枝花】"风吹散楚岫云"一曲中的"这些时琴闲雁足,歌歇骊珠;则我这身心恍惚,鬼病揶揄",《词林摘艳》分别删去衬字"这些时"和"则我这"。此外,【定风波】"迤逦秋来到"中的"一寸心怀着我无限

---

① (明)张禄:《词林摘艳》,文学古籍刊行社,1955年版,第8~9页。
② (明)张禄:《词林摘艳》,文学古籍刊行社,1955年版,第12~13页。

愁"改为"一寸心怀无限愁";"他是个驷马夫人诰"改为"他是驷马夫人诰"。又如【集贤宾】"猛听的透帘栊卖花声唤起"一曲中的"怎对人呵，怎对人言说他这就里"，《词林摘艳》改为"怎对人言说这就里"。

除此之外，《盛世新声》中的个别明显的文意错误也被《词林摘艳》纠正。如【一枝花】"凤台宝鉴分"中"下香阶独立盘桓"，"独立"乃是一种静态，"盘桓"则是一种动态，"独立"与"盘桓"矛盾，因此《词林摘艳》改为"独步盘桓"。另外，《盛世新声》中部分文意不通处亦被《词林摘艳》改正。如【定风波】"迤逦秋来到"中"情怀镇日如病酒"，《词林摘艳》改为"离情镇日如病酒"，更为通顺。

整体上看，《词林摘艳》对《盛世新声》的改动多为"纠错"，可以说是一种正面的改动，它对于错字的改动尤其是值得称道的。然而，在元明曲文流变中，衬字的使用标准并不统一，因此《词林摘艳》对于衬字的改动是否妥当，则很难评价。郑振铎先生《〈盛世新声〉与〈词林摘艳〉》对于张禄的改动仍然给予谨慎评价："张氏在这一方面的功罪不易论定。他难免没有师心自用之处；这对于原文的完整的美，常要有所损害。好在原文具在，今日尚可加以比较，原文的质朴之美，尚不至于因经了润饰之后而尽失其本来面目。"① 作为研究古代俗文学的大师级学者，他显然知道，散曲、杂剧在古代流传过程中，曲文删改乃是司空见惯之事，一套曲文可能流传衍变出多种版本，使得后人也难以辨别究竟哪个是原版，所以也就很难轻易评断删改者的劳动成果。不过，在明代杂剧、散曲的曲文流变中，像《词林摘艳》之于《盛世新声》的这种删改程度其实已经算是非常微小，甚至可以算作完全"忠于"原本的了。因为《词林摘艳》仅仅修正了个别错字，删改了个别衬字，而且删改之处不过几十处，相比于十卷的浩瀚全篇，这种删改几乎可以忽略不计。而在明代，在不同总集、选本或者抄印者的手里，一篇作品所删改的词句可能都不止十余处。不说其他选本，就说《雍熙乐府》，虽和《盛世新声》《词林摘艳》属同一系统，但其曲文与前二者几乎篇篇都有不少异处，所以郑振铎先生又说："张氏所改尚少，他还可算是一位谨慎小心的编订者；到了郭勋编刊《雍熙乐府》

---

① 郑振铎：《困学集》，商务印书馆，1941年版，第30页。

时，便不客气地用大刀阔斧来增删原文了。"① 《词林摘艳》对《盛世新声》的改动非常微小，其中百分之九十以上的作品其实并无异文，因此可以把它们作为整体与《雍熙乐府》进行比较，而比较之后便发现，《雍熙乐府》对《词林摘艳》《盛世新声》的改动的确可称为"大刀阔斧"。

二、《雍熙乐府》对《盛世新声》《词林摘艳》的修改

《雍熙乐府》是在《盛世新声》《词林摘艳》的基础上增扩而成的，属于同系统的选本，且编选时间相隔不远：《雍熙乐府》的初刻本距离《盛世新声》的正德十二年本，仅仅相隔十四年。然而它们的曲文却异处重重，这既是明人热衷删改戏曲文本的一个缩影，又体现了《雍熙乐府》在编选时试图有别于《盛世新声》《词林摘艳》的野心。但是这种改动有的其实并非《雍熙乐府》所改，其中蕴含着复杂的曲文流变现象。

首先，《雍熙乐府》的确是在《词林摘艳》《盛世新声》的基础上进行的删改，但事实上，《盛世新声》《词林摘艳》在继承前人曲文的时候，本身也在进行删改。《雍熙乐府》部分作品与《词林摘艳》《盛世新声》呈现曲文之异，看似是《雍熙乐府》对《词林摘艳》《盛世新声》的修改，却恰恰是《雍熙乐府》对于原来版本的回归。如李致远【粉蝶儿】"归去来兮"，此曲最早出自元代选本《太平乐府》，这篇作品在《词林摘艳》《雍熙乐府》中皆题"拟渊明"，但其曲文异处颇多，我们将《太平乐府》和《雍熙乐府》《词林摘艳》《盛世新声》中此篇的曲文异处对比，见表5－1。

表5－1 【粉蝶儿】"归去来兮"在《太平乐府》等选本中的曲文异同

《太平乐府》	《盛世新声》	《词林摘艳》	《雍熙乐府》
【粉蝶儿】假若做公卿	假若是做公卿	假若是做公卿	假若做公卿
划地心劳形役	划地便心劳形役	划地便心劳形役	划地心劳形役
量这些来小去官职	量着这些小官职	量着这些小官职	量这些来小去官职
枉消磨了浩然之气	枉消磨浩然之气	枉消磨浩然之气	枉消磨了浩然之气

---

① 郑振铎：《困学集》，商务印书馆，1941年版，第30页。

续表5-1

《太平乐府》	《盛世新声》	《词林摘艳》	《雍熙乐府》
【醉春风】不如闻早赋归欤	不如闻早去来兮	不如闻早去来兮	不如闻早赋归欤
畅是一个美美弃职归农	畅好是美美弃职归农	畅好是美美弃职归农	畅是一个美美弃职归农
早子死心搭地	早则死心塌地	早则死心塌地	早子死心搭地
【红绣鞋】瞻衡日羲微	瞻衡宇日熹微	瞻衡宇日熹微	瞻衡宇日羲微
盼紫桑归与急	盼柴扉归与急	盼柴扉归与急	盼紫桑归与急
【满庭芳】乐陶陶并不管家和计	乐陶陶不管家活计	乐陶陶不管家活计	乐陶陶并不管家和计
都分付与稚子山妻	都分付稚子山妻	都分付稚子山妻	都分付与稚子山妻
为因宜把功名弃	为甚因把功名弃	为甚因把功名弃	为因宜把功名弃
这两个多大得便宜	这两个老大得便宜	这两个老大得便宜	这两个多大得便宜
【上小楼】比着个彭泽县淡中有味	比着那彭泽县淡中有味	比着那彭泽县淡中有味	比着个彭泽县淡中有味
【耍孩儿】木向阳欣欣弄碧	草木向阳欣茸碧	草木向阳欣茸碧	木向阳欣欣弄碧
或自临清流品题	自临清流品题	自临清流品题	或自临清流品题
须是我傲羲皇本性难移	须是我傲羲皇本性难移	须是我傲羲皇本性难移	虽是我傲羲皇本性难移
其余更后奚疑	其余更复奚疑	其余更复奚疑	其余更后奚疑
【尾声】辞功名则待远是非	辞功名远是非	辞功名远是非	辞功名则待远是非
守田园是我有见识	守田园有见识	守田园有见识	守田园是我有见识
一任驷马高车聘不起	一任那驷马高车聘不起	一任那驷马高车聘不起	一任驷马高车聘不起

通过对比发现，四者曲文之间的主要异处在于衬字的使用、多寡不同。如《太平乐府》《雍熙乐府》中的"假若做公卿"，《词林摘艳》《盛世新声》中为"假若是做公卿"；《太平乐府》《雍熙乐府》中的"畅是一个美美弃职归农"，《词林摘艳》《盛世新声》中为"畅好是美美弃职归农"；《太平乐府》《雍熙乐府》中的"守田园是我有见识"，《词林摘艳》《盛世新声》中为"守田园有见识"。很明显，《盛世新声》《词林摘艳》对《太

《平乐府》的原版曲文进行了多处衬字的修改和增删，而《雍熙乐府》除"须是我傲羲皇本性难移"一句将"须是我"改为"虽是我"，其他皆忠于《太平乐府》。除了衬字，还有几处关乎曲文内容的异处，也可看出《雍熙乐府》是对原版曲文的承袭。如《太平乐府》中的"不如闻早赋归欤""盼紫桑归与急""木向阳欣欣弄碧"等句，《词林摘艳》《盛世新声》分别为"不如闻早去来兮""盼柴扉归与急""草木向阳欣茸碧"，而《雍熙乐府》则与《太平乐府》同。其实较之原版曲文，《词林摘艳》《盛世新声》的修改反而更佳，如"草木向阳欣茸碧"明显比"木向阳欣欣弄碧"更为顺口、优美，但《雍熙乐府》还是忠于了原版曲文，甚至部分异体字也是沿自原版曲文，如《太平乐府》"死心搭地"，《词林摘艳》《盛世新声》改为正确的"死心塌地"，但在元明俗文学中，也常有使用"死心搭地"者，因此"搭"成为"塌"的异体字，而《雍熙乐府》使用的也是同于《太平乐府》的"搭"。通观全篇，《雍熙乐府》对于异字的修改仅仅因《太平乐府》的"瞻衡日羲微"中明显少了一个"宇"字，《雍熙乐府》改正为"衡宇"，其他全部忠于原文。所以，《雍熙乐府》较之《词林摘艳》《盛世新声》的部分所谓"改动"，其实恰恰是《盛世新声》《词林摘艳》对原文的改动，而《雍熙乐府》是对原版的回归。

同时，《雍熙乐府》也并非总是忠于原版曲文。在《太平乐府》《盛世新声》《词林摘艳》《雍熙乐府》这条源承发展的脉络中，也存在另一种情况：《雍熙乐府》部分曲文忠于原版曲文，部分曲文则与《盛世新声》《词林摘艳》相同。如元代赵彦晖【点绛唇】"万种闲愁"一曲，《词林摘艳》题"省悟"，《雍熙乐府》题"子弟收心"，四部选本曲文之异见表5-2。

表5-2 【点绛唇】"万种闲愁"在《太平乐府》等选本中的曲文异同

《太平乐府》	《盛世新声》	《词林摘艳》	《雍熙乐府》
【点绛唇】殢煞青云友	误了俺青云友	误了俺青云友	殢煞青云友
【混江龙】长想着少年时候	想着俺少年时候	想着俺少年时候	想着俺少年时候
拈花摘叶甚风流	拈花摘叶任风流	拈花摘叶任风流	拈花摘叶甚风流
见了些春风谢馆	看了些春风谢馆	看了些春风谢馆	见了些春风谢馆
夜月秦楼	月夜秦楼	月夜秦楼	更和这夜月秦楼

续表5-2

《太平乐府》	《盛世新声》	《词林摘艳》	《雍熙乐府》
马上抱鸡三市斗	俺也曾马上抱鸡三市斗	俺也曾马上抱鸡三市斗	俺也曾马上抱鸡三市斗
八个字非虚谬	八个字端的无虚谬	八个字端的无虚谬	八个字非虚谬
【油葫芦】一世疏狂一笔勾	半世疏狂一笔勾	半世疏狂一笔勾	半世疏狂一笔勾
尺紧的红裙不解嘲风口	赤紧的红裙不解我这朝风口	赤紧的红裙不解我这朝风口	赤紧的红裙不解嘲风口
以此上青衫紧退揉花手	因此上青衫紧褪柔花手	因此上青衫紧褪柔花手	因此上青衫紧褪揉花手
想着眼底情眉角愁	想着俺眼底情更和这眉角头	想着俺眼底情更和这眉角头	想着他眼底情更和那眉角愁
终不见下场头	终不是一个下场头	终不是一个下场头	终不是个下场头
【天下乐】只被你干赚得潘郎两鬓秋	则被你啜赚的潘安两鬓秋	则被你啜赚的潘安两鬓秋	则被你啜赚的潘郎两鬓秋
恰便似风中落花水上沤	恰便似风中落花水上沤	恰便似风中落花水上沤	恰便似空中杨花水上沤
我恰待踏折他花套竿	我则待踏折您那花套竿	我则待踏折您那花套竿	我则待踏折您花套竿
【那吒令】想当初敬您时，赠吟词一首	想当初我敬你时，赠吟诗数首	想当初我敬你时，赠吟诗数首	想当初我敬你时，赠新诗数首
您如今弃俺也，断金钗两头	到如今弃了俺也，断金钗在两头	到如今弃了俺也，断金钗在两头	你如今弃了我也，断金钗两头
想着您月底盟	想着俺月底盟	想着俺月底盟	想着俺那月下盟
则怕你悔去也娇羞	早寻个叶落归秋	早寻个叶落归秋	早寻个叶落归秋
【鹊踏枝】和俺不相投	和你不相投	和你不相投	更和你不相投
有一日博得五花诰在手	有一日夺得五个花诰在手	有一日夺得五个花诰在手	有一日博得五个花诰在手
则怕你消不得粉面油头	那其间共结绸缪	那其间共结绸缪	则怕你消不得粉面油头
【寄生草】万言策补尽乾坤漏	万言策补尽乾坤漏	万言策补尽乾坤漏	万言策补尽了乾坤漏
五言诗夺尽江山秀	五言诗夺尽江山秀	五言诗夺尽江山秀	五言诗夺尽了江山秀

续表 5-2

《太平乐府》	《盛世新声》	《词林摘艳》	《雍熙乐府》
你便是谢天香不避黄齑臭	你个谢天香才识俺这白衣秀	你个谢天香才识俺这白衣秀	你便是谢天香休嫌俺这黄齑臭
【尾声】撒罢了狂朋怪友	毕罢了狂朋怪友	毕罢了狂朋怪友	撒罢了狂朋怪友
打扮做个儒流	打扮做儒流	打扮做儒流	打扮做个儒流
风月所近新来给了解由	风月叟，近新来弃了偕友	风月叟，近新来弃了偕友	风月所给了缘由
谁信你鬼狐由	你个鬼狐尤	你个鬼狐尤	你个鬼狐尤
气冲斗牛，胸藏锦绣	气冲牛斗，胸怀着锦绣	气冲牛斗，胸怀着锦绣	气冲斗牛，胸藏锦绣
钓鳌头，谁钓您这乐官头	则我这上元头强似恁下场头	则我这上元头强似恁下场头	则我这状元头强似您下场头

这篇曲文在四部选本的不同面貌很具有典型性。我们可以看到《雍熙乐府》部分曲文不同于《词林摘艳》《盛世新声》，而同于《太平乐府》，是对原版曲文的承袭，如"殢煞青云友""拈花摘叶甚风流""见了些春风谢馆""八个字非虚谬""则怕你消不得粉面油头""打扮做个儒流""撒罢了狂朋怪友"诸句。这些与《太平乐府》相同而不同于《词林摘艳》《盛世新声》的曲义，除了"八个字非虚谬""打扮做个儒流"仅仅是衬字不同外，其他均涉及曲文正文的文字、辞意，说明《雍熙乐府》在选择忠于元刊本时是经过考虑后的有意为之。如"撒罢了狂朋怪友"一句，《词林摘艳》《盛世新声》为"毕罢了狂朋怪友"，据岳国钧《元明清文学方言俗语辞典》，"毕罢"为"结束、撒下"之意，① 元曲中多有使用，如《乔梦符小令》即有"毕罢了相思"之句。可知，无论是《太平乐府》的"撒罢"还是《词林摘艳》《盛世新声》的"毕罢"，都是一个意思，皆通。不过，撒罢较之毕罢，文意更加直观、明晰，因此《雍熙乐府》依然遵从了原版曲文。尤其是《雍熙乐府》也有其他十多处使用了"毕罢"，这更加说明此篇使用"撒罢"而非"毕罢"，是有意照搬原版曲文的。而"则怕你消不得粉面油头"一句，《词林摘艳》《盛世新声》为"那其间共结绸

---

① 岳国钧：《元明清文学方言俗语辞典》，贵州人民出版社，1998年版，第587页。

缪"，二者文字完全不同。此句《雍熙乐府》选择原版曲文也是有道理的。此篇作品所表达的意义是作者悔悟自己的烟花生活，被恋人抛弃后决心与她一刀两断，从此励志奋发。那么，《太平乐府》原句为"有一日博得五花诰在手，则怕你消不得粉面油头"，其表达了作者志成意满之时以自己的风光刺激曾经恋人的情境，与全篇文意吻合。而《词林摘艳》《盛世新声》改成"那其间共结绸缪"，则是作者又要与恋人结合，与全篇文意相反，所以此处改动实为失当，《雍熙乐府》遵从原版曲文是合理的，也可看出是编者精心考虑之后的选择。

但是，当《词林摘艳》《盛世新声》与《太平乐府》出现异文时，《雍熙乐府》也有多处遵从了《词林摘艳》《盛世新声》。如"你个鬼狐尤""早寻个叶落归秋""因此上青衫紧褪柔花手""半世疏狂一笔勾""俺也曾马上抱鸡三市斗""想着俺少年时候"，这些不同之处绝大部分都是在衬字上，无关曲文内容。只有一处"你个鬼狐尤"，《太平乐府》为"谁信你鬼狐由"，《太平乐府》之"由"显为错字，《词林摘艳》《盛世新声》改为正确的"尤"，《雍熙乐府》遵从了《词林摘艳》《盛世新声》正确的改动。另有一处"半世疏狂一笔勾"，《太平乐府》为"一世疏狂一笔勾"，"一世"与"一笔"皆有"一"，似嫌重复，故而改为"半世"更佳，《雍熙乐府》也遵从了这种改动，所以《雍熙乐府》并没有单一的遵从原版曲文或者《词林摘艳》《盛世新声》，而是编者认为谁的曲文更优就遵从谁的，内中隐含着编选者的取向理念。也正因《雍熙乐府》的编选者拥有独立的编选理念，《雍熙乐府》自身对曲文也进行了不少改动。这其中有一部分是《太平乐府》《盛世新声》《词林摘艳》三者之间曲文相同，而《雍熙乐府》独自改之。如将"恰便似风中落花水上沤"改为"恰便似空中杨花水上沤"；"万言策补尽乾坤漏"改为"万言策补尽了乾坤漏"；"五言诗夺尽江山秀"改为"五言诗夺尽了江山秀"。这几句《词林摘艳》《盛世新声》忠于原版曲文，《雍熙乐府》则做了改动，将"风中落花"改为"空中杨花"，即可能源自编选者认为后者语言更有意境。也有一部分是《词林摘艳》《盛世新声》对《太平乐府》进行了修改，《雍熙乐府》又进行了不同于《词林摘艳》《盛世新声》的修改。如《太平乐府》"尺紧的红裙不解嘲风口"，《词林摘艳》《盛世新声》增加衬字，改为"赤紧的红裙不解我这朝风口"，而《雍熙乐府》只是把错字"尺"改为"赤"。而"终不见下场头""我恰待踏折他花套竿""想着您月底盟""和俺不相投"等句,《雍熙乐府》和《盛世新声》《词林摘艳》都是在原版曲文的基础上对衬字的改动,只不过它们之间改动的衬字略有不同。还有一部分是《词林摘艳》《盛世新声》仅改衬字,《雍熙乐府》则对部分正字进行了修改,《太平乐府》"想当初敬您时赠吟词一首"一句,《词林摘艳》《盛世新声》改为"想当初我敬你时赠吟诗数首",衬字略有修动,《雍熙乐府》则是重点把"吟诗"改为"新诗",因为"赠"本身即为动词,与"吟"重复,改为"新诗"后,变成动名结构,符合语法习惯。还有一部分是《雍熙乐府》只是对衬字进行了改动,而《词林摘艳》《盛世新声》则是对曲文的完全更新,如"风月所近新来给了解由",《雍熙乐府》去掉衬字"近新来",而《词林摘艳》《盛世新声》则改为"风月叟,近新来弃了偕友",其文辞已经完全变了;再如"你便是谢天香不避黄齑臭"一句,《雍熙乐府》把衬字改为"休嫌俺这",而《词林摘艳》《盛世新声》改为"你个谢天香才识俺这白衣秀",其文字亦变化甚大,曲文更为文雅。

　　由上可知,从元代散曲选本到《词林摘艳》《盛世新声》再到《雍熙乐府》,其曲文流变呈现出非常复杂的情况,不过条明缕析,主要分为四种情况:第一种是《雍熙乐府》忠于原版曲文;第二种是《雍熙乐府》承袭《词林摘艳》《盛世新声》;第三种是《雍熙乐府》独立修改;第四种是《雍熙乐府》对《太平乐府》和《词林摘艳》《盛世新声》兼取。无论哪一种情况,《雍熙乐府》的做法并非没有根据,而是明显有着其指导理念和独立考虑的。《雍熙乐府》忠于原版曲文的情况,上文已详论之,我们再讨论一番其他三种情况。《雍熙乐府》对于前人选本的兼取在【点绛唇】"万种闲愁"这篇作品中颇具代表性的例子有两处,一处是《太平乐府》"只被你干赚得潘郎两鬓秋"一句,《词林摘艳》《盛世新声》为"则被你啜赚的潘安两鬓秋",《雍熙乐府》则为"则被你啜赚的潘郎两鬓秋",《雍熙乐府》把"干赚"改为"啜赚",这一点和《词林摘艳》《盛世新声》一样,但是《词林摘艳》《盛世新声》把"潘郎"改为"潘安",《雍熙乐府》则仍沿用原版曲文的"潘郎";另一处是《太平乐府》"想着眼底情眉角愁",《词林摘艳》《盛世新声》改为"想着俺眼底情更和这眉角头",《雍熙乐府》则改为"想着他眼底情更和那眉角愁"。这些改动体现了《雍熙乐府》试图"二者兼美"的意识。"则被你啜赚的潘郎两鬓秋"一句,"啜赚"一词为"哄骗"之意,在元明戏曲中多有使用,因此《词林摘艳》《盛世新声》此处用词比原版曲文"干赚"为佳,《雍熙乐府》取之,然《词林摘艳》《盛世新声》把"潘郎"改为"潘安",又抹杀了"潘郎"一词的亲昵色彩,故《雍熙乐府》仍沿袭原版曲文之"潘郎";"想着他眼底情更和那眉角愁"一句,《雍熙乐府》和《词林摘艳》《盛世新声》一样增加了衬字,是为了韵律、节奏上更有美感,但《词林摘艳》《盛世新声》把"眉角愁"改为"眉角头",抹去了"愁"字所赋予的闲愁意味,故《雍熙乐府》仍沿用"眉角愁",这些都说明它有意兼取不同选本的佳处。

《雍熙乐府》遵从《词林摘艳》《盛世新声》的改动亦是有其独立意识的考虑的。我们再以关汉卿的作品【新水令】"玉骢系鞚金鞍鞯"为例。这篇作品分别被《雍熙乐府》《词林摘艳》《盛世新声》以及元代选本《乐府新声》收录,选本之间有异文之处共70处。其中,《乐府新声》与《词林摘艳》《盛世新声》异文者,《雍熙乐府》遵从《词林摘艳》《盛世新声》者有26处,遵从《乐府新声》者仅有7处。可以说在这篇作品中,《雍熙乐府》更倾向于对《词林摘艳》《盛世新声》文本的认可,《雍熙乐府》遵从《乐府新声》的7处也多源自《词林摘艳》《盛世新声》的修改本身有问题。如"两叶眉儿未展""疏竹萧萧西风战"两句,《词林摘艳》《盛世新声》把"两叶"改成"两业","萧萧"改成"消消",属于把原本正确的字改成错字,《雍熙乐府》当然要遵从原版曲文正确的写法。再如"酒入愁肠闷,怎生言"一句,《词林摘艳》《盛世新声》改为"怎生眠",酒喝多之后自然会醉眠,怎么会"怎生眠"呢?所以还是"怎生言"更能表达愁闷难言之情,原版曲文佳,故《雍熙乐府》取之。而《雍熙乐府》遵从《词林摘艳》《盛世新声》的26处,有的是针对衬字的改动,如"遂却少年心"改为"赤紧的遂却少年心","浅浅江梅驿使传"改为"我则见浅浅江梅驿使传","再要团圆,动是经年"改为"再要咱团圆、咱团圆,动岁经年","人丛里遥见,半遮着罗扇"改为"我去那人丛里瞧见,半遮着罗扇","却不道怎生般消遣"改为"端的是怎生来消遣",这是《雍熙乐府》在音律上对《词林摘艳》《盛世新声》的认同。此外的大多数曲文是因为《词林摘艳》《盛世新声》修改之后更佳,《雍熙乐府》遵从之。如《乐府新声》"斗抚冰弦","斗"字与曲篇情境完全不符,《词林摘艳》《盛世新声》改为"对抚着冰弦",表现爱意情绸之景,更佳;《乐府新声》

"乱剪碎鹅毛片"，《词林摘艳》《盛世新声》改为"雪也乱剪碎鹅毛片"，加入"雪"字，使全局文意更加完整；《乐府新声》"天若肯为人、为人是今生愿"，《词林摘艳》《盛世新声》改为"天若肯随人、随人今生愿"，也明显更为通顺。以上诸句，《词林摘艳》《盛世新声》改后更佳，所以《雍熙乐府》从之，说明这种改动亦符合《雍熙乐府》的理念意识和曲文标准。

　　在这70处异文中，大部分仍然是《雍熙乐府》独立的改动，其中也明显体现着编者独立的修改意识和指导理念。有一部分是《词林摘艳》《盛世新声》同于《乐府新声》，而《雍熙乐府》改之。如《乐府新声》《词林摘艳》《盛世新声》"系垂杨小庭深院"，《雍熙乐府》改为"系垂杨小亭深院"，"明媚景，艳阳天"改为"欣逢明媚景，喜遇艳阳天"，"急管繁弦"改为"摆列着急管繁弦"，"心间愁万千"改为"你心间愁万千"，"马头咫尺天涯远"改为"马头前咫尺天涯远"，等等。这些改动基本都是衬字的改动。还有部分曲文，《词林摘艳》《盛世新声》对《乐府新声》进行了改动，《雍熙乐府》进而改之。这其中又有一部分，《雍熙乐府》其实算是继承了《词林摘艳》《盛世新声》的改动，只不过具体的改动上稍有不同。如《乐府新声》"九秋天，三径逐绽黄花遍"，《词林摘艳》《盛世新声》增加衬字改为"正值着九秋天，三径边绽黄花乱"，《雍熙乐府》进一步增加衬字改为"正值着九秋天，三径边则这绽黄花乱"；又如《乐府新声》"旋剖温橙列着玳筵"，《词林摘艳》《盛世新声》增加衬字改为"我与你旋剖金橙列玳筵"，《雍熙乐府》则改为"我与你旋剖金橙列着玳筵"，基本沿用《词林摘艳》《盛世新声》的改法，只是多了衬字"着"；《乐府新声》"东楼上恣欢宴"，《词林摘艳》《盛世新声》增加衬字改为"我向东楼上姿欢宴"，而《雍熙乐府》改为"在这东楼上恣欢宴"，亦是对衬字的改动略异。也有的曲文是《雍熙乐府》对《词林摘艳》《盛世新声》修改的进一步加工，而这一部分最能体现《雍熙乐府》的曲文理念。如《乐府新声》"当时月枕歌眷变"，"歌眷"一词不通，《词林摘艳》《盛世新声》改为"当初月枕歌声转"，《雍熙乐府》可能认为"月枕"也不通，于是又改为"当初月底歌声转"；又如《乐府新声》"分拆开并头莲"，"分拆开"中"分"与"拆"字意重复，《词林摘艳》《盛世新声》改为"生拆开"，通顺了语意，"生"字又突出了"拆开"的被迫情绪，《雍熙乐府》在此基础上又改为"生拆散并头莲","拆散"又比"拆开"更符合情人分离的意境。有的曲文则是《雍熙乐府》对原版曲文和《词林摘艳》《盛世新声》皆不满意,如"也是俺心上有,常常的梦中见",《词林摘艳》《盛世新声》为"也是心上有也者,常常的在梦中见",《雍熙乐府》嫌二者衬字过多,改为"也是心上有,常常梦中见";又如《乐府新声》"可喜的风流业冤",《词林摘艳》《盛世新声》增加大量衬字改为"正是俺可嬉娘风流的业冤",《雍熙乐府》认可加上"正是俺"三个衬字,因为它突出了作者的主观情感体验,但加上之后此句又显冗长,于是《雍熙乐府》删为"正是俺风流业冤";又如《乐府新声》"胡猜咱、胡猜咱居帝辇",《词林摘艳》《盛世新声》增加衬字改为"你可要胡猜咱、胡猜咱居帝辇",《雍熙乐府》认为应该增加衬字,但《词林摘艳》《盛世新声》增加的衬字为"可要",反而有了让情人猜疑自己之意,文义不通,所以把衬字改为"你可休",进而又把"胡猜"改为更为书面的"疑猜",最后《雍熙乐府》定句为"你可休疑猜咱、疑猜咱居帝辇"。此外,《雍熙乐府》的独立改动往往也体现着对前代曲文的"兼美"意识。如《乐府新声》"十分酒十分悲怨",《词林摘艳》《盛世新声》改为"十分酒十分家哀劝",《雍熙乐府》综合"悲怨""哀劝",改为"十分酒十分哀怨"。此句乃是写作者思念情人时情绪哀怨,虽写与朋友酒宴消遣,但主要突出的是作者无心消遣之情,并未写朋友劝酒,而且"哀劝"一词本身也不知所云,所以《词林摘艳》《盛世新声》此处修改不佳,然而原版曲文的"悲怨"一词,《雍熙乐府》似又嫌其渲染情绪不够强烈,因此借取《词林摘艳》《盛世新声》之"哀"字,与原版曲文之"怨"字结合,取词"哀怨"。《雍熙乐府》兼取二词,更为恰当。

《雍熙乐府》不遵从前代选本而独立修改的例证,尚有很多。又如无名氏作品【一枝花】"池塘睡锦鸳",此文收于《太平乐府》,四部选本曲文之异见表 5-3。

表 5-3 【一枝花】"池塘睡锦鸳"在《太平乐府》等选本中的曲文异同

《太平乐府》	《盛世新声》	《词林摘艳》	《雍熙乐府》
【一枝花】池塘睡锦鸳	池塘睡锦鸳	池塘睡锦鸳	池塘中睡锦鸳

续表5-3

《太平乐府》	《盛世新声》	《词林摘艳》	《雍熙乐府》
楼阁飞双燕	楼阁飞双燕	楼阁飞双燕	楼阁上飞双燕
葵火阶前	葵火阶前	葵火阶前	葵绽阶前
绿茸茸蓑展青毡	绿茸茸莎展青毡	绿茸茸莎展青毡	绿茸茸莎展青毡
密匝匝苔铺翠藓	密匝匝苔铺翠藓	密匝匝苔铺翠藓	密匝匝苔铺着翠藓
【小梁州】冰沉果木	冰沉果木	冰沉果木	有冰沉果木
风骚朋友	风骚朋友	风骚朋友	有知心朋友
散发掀髯	散发掀髯	散发掀髯	撒发掀髯
引蜻蜓菡萏初开	引蜻蜓菡萏初开	引蜻蜓菡萏初开	看蜻蜓菡萏初开
隐游鱼浮萍怎展	隐游鱼浮萍乍展	隐游鱼浮萍乍展	隐游鱼浮萍乍展
荷叶才员	荷叶才圆	荷叶才圆	荷叶才圆
趁薰风撑进垂杨院	趁薰风撑进垂杨院	趁薰风撑进垂杨院	趁薰风扑入在垂杨院
对此景果堪羡	对此景果堪羡	对此景果堪羡	对此景可堪羡
慢酌金樽浅浅斟	慢酌金樽斟浅浅	慢酌金樽浅浅	慢把金樽浅浅斟
【尾声】一弯新月添诗卷	一弯新月添诗卷	一弯新月添诗卷	一弯新月添情倦
向晚归来小庭院	向晚归来小庭院	向晚归来小庭院	向晓归来小庭院
纱厨挂雾烟	纱厨挂雾烟	纱厨挂雾烟	纱厨在路边

  这篇曲文中，除了"绿茸茸蓑展青毡""隐游鱼浮萍怎展""荷叶才员""慢酌金樽浅浅斟"四句，其他曲文皆是《词林摘艳》《盛世新声》与《太平乐府》相同，而《雍熙乐府》与三者不相同。这些改动都可以体现出《雍熙乐府》独立的修改意识。如将"葵火阶前"改为"葵绽阶前"，使得原句变得文意通顺、典雅；"趁薰风撑进垂杨院"改为"趁薰风扑入在垂杨院"，"扑入"也较之"撑进"更符合句意的表达；"一弯新月添诗卷"改为"一弯新月添情倦"，是因为通篇在写酒宴娱乐，不可能有诗卷出现，因此《雍熙乐府》改为符合情境的"情倦"，表示酒宴欢娱后的疲惫，又与后面"一枕珊瑚梦魂还"吻合连接。而《雍熙乐府》把"向晚归来小庭院"改为"向晓"，则是基于它把此篇的酒宴设定为夜晚，一夜酒

宴之后，正好"向晓"归梦。因此，从此篇可以看出，《词林摘艳》《盛世新声》并未对原版曲文进行改动的曲文，《雍熙乐府》则独立进行了多处意识鲜明的修改。

所以我们看到，在古代散曲的流传过程中，其曲文流传、衍变是极其复杂的。《盛世新声》《词林摘艳》既有忠于元代刊本的，也有自己改动的；《雍熙乐府》既有忠于原版曲文和遵从《词林摘艳》《盛世新声》改动的，也有兼取原版曲文和《词林摘艳》《盛世新声》的，更有自己独立修改的。可以说，各个选本对于前本的修改不是无端无故，它们的修改都体现了编者对于作品的理解和期望，而且不少曲文的修改的确更胜前篇，但也有不少改动破坏了原来作品的原始风貌且修改效果不佳。在曲文衍变过程中，以《雍熙乐府》对前代曲文的改动最为普遍。《雍熙乐府》的这些改动融入编者的曲文标准和修改意识，使得其改动后的曲文不同于前代任何选本、总集。而由于其本身容曲丰富，影响广泛，故而使得元代散曲除了元刊本的本来面貌，又多出了一种新的具有影响力的曲文面貌。

第二节 《雍熙乐府》改定之异文

《雍熙乐府》对前代曲文进行了大刀阔斧的修改，使得这些曲文衍生出新的传播面貌。《雍熙乐府》这种好以己意改前人之句的做法，也是明人好改前人作品之风的集中体现。《雍熙乐府》对前人曲文的修改之处可分为几种类型，这几种类型亦是明人戏曲文本修改的常见类型。此节，笔者以《雍熙乐府》对《盛世新声》《词林摘艳》的修改为例，讨论《雍熙乐府》改定异文之类型。

一、《雍熙乐府》改定异文之四种类型

尽管《雍熙乐府》对《词林摘艳》《盛世新声》的改动存在涉及其他选本的情况，仍然有相当一部分曲文是只见于三大选本而不见于其他选本的，因此可视为《雍熙乐府》独立对《词林摘艳》《盛世新声》的修改。这些改动的异文主要分为四种类型。其中有一种特殊类型需要提前说明，即不同异体字之间的正常转换。如【点绛唇】"万种闲愁"中"我如今志难酹"一句，《词林摘艳》《盛世新声》为"难酹"，《雍熙乐府》则为"难

酬"。【醉花阴】"风摆青青送行柳"中"妖娆体态那温柔"一句,《盛世新声》所用"体"字即为"体",《词林摘艳》《雍熙乐府》则分别用的是"躰"和"軆"。【一枝花】"春风眼底思"中"懒注胭脂"一句,《雍熙乐府》为"胭脂",而《词林摘艳》《盛世新声》则为"臙脂"。【新水令】"玉骢系鞚金鞍鞯"中"不觉的南楼外斗婵娟"一句,《盛世新声》《雍熙乐府》所使用的"斗"字皆为"閗",而《词林摘艳》为"鬪"。王廷秀【粉蝶儿】"银烛高烧"中"翠屏闲、鸳衾剩"一句,《盛世新声》的"鸳衾"为"夗",《词林摘艳》《雍熙乐府》则为"鸳";同曲之中"笑吟吟喜喜欢欢鸾凤交"一句,《雍熙乐府》所用"笑"为"咲";"好着我短叹长吁到不的晓"一句,《盛世新声》《雍熙乐府》的"叹"为"嘆",《词林摘艳》则为"歎";"银台画烛轻风剪"一句,《雍熙乐府》所用"画"为简体字"画",《词林摘艳》为繁体字"畫",《盛世新声》为俗体字"昼"。这种字体之间的变异对曲文并无任何影响,也并非出于戏曲文本本身的因素,而仅仅是不同抄写者、刊刻者各自的书写习惯不同。如所谓"画"字,【一枝花】"池塘睡锦鸳"中"登临画船"一句,《雍熙乐府》仍为"画",《词林摘艳》仍为"畫",而《盛世新声》仍为"昼",在其他作品中这种现象也屡见不鲜。所以可知,《盛世新声》的抄刻者习惯使用俗体的"昼",《词林摘艳》则习惯于繁体之"畫",《雍熙乐府》则常用简体之"画"。在明代俗文学的刻本之中,这种俗体字、繁体字、简体字之间的转化是非常频繁的,所以我们认为,这种类型的异文并不能算作有意识的改动。综上,《雍熙乐府》对于《词林摘艳》《盛世新声》有意识的修改主要有以下四种类型。

(一) 错字的修改和假借字的互换

《雍熙乐府》对《词林摘艳》《盛世新声》最基本的改动是改掉了一部分错字。错字的修改不同于异体字,异体字是同一个字的不同写法,而错字的修改是针对《词林摘艳》《盛世新声》错字、讹字的改正。《词林摘艳》对《盛世新声》中的部分错字已经做了修改,但仍有很多错字沿用了《盛世新声》,《雍熙乐府》则进一步对这些错字做了修改。如《词林摘艳》《盛世新声》【三十腔】"喜遇吉日"中"喜气淘淘"一句,《雍熙乐府》改为"喜气陶陶";同曲"落索环子系绞绡",《雍熙乐府》把"落"字改为

"珞"。【夜行船】"花底黄鹂"中"亭台上击管繁弦"一句,《雍熙乐府》把"击管繁弦"改为"急管繁弦"。又如王廷秀【粉蝶儿】"银烛高烧"中"急煎煎夜眼难交"一句,《雍熙乐府》改为"急煎煎业眼难熬":"业眼"指"造孽的眼","业眼难交"在元曲中出现过,如赵明道有"意迟迟业眼难交"之句,《梧桐雨》有"俺这里披衣闷把帏屏靠,业眼难交"之句,所以"夜眼"应为"业眼"。此外,《盛世新声》《词林摘艳》"越交人意穰心劳"一句,《雍熙乐府》改为"越教人意攘心劳"。《盛世新声》《词林摘艳》"昏惨惨暮景消消"一句,《雍熙乐府》把"消消"改为"萧萧"。《词林摘艳》《盛世新声》"交人怎不自量度"一句,《雍熙乐府》把"交"改为"教"。当然,这种所谓的错字在古人的观念里是不以为然的,虽为错字,但亦大量使用。如"消消"二字,在《盛世新声》《词林摘艳》中使用很多,尤其是"交"字,两部很多本该使用"教"字的地方,它们都使用"交",如"从交红杏枝头闹",《雍熙乐府》为"从教红杏枝头闹";"休交杜宇声先报",《雍熙乐府》为"休教杜宇声先报"。这就使得所谓的"错字",一定程度亦可视为假借字。

假借字的互换在《雍熙乐府》和《词林摘艳》《盛世新声》之间非常普遍。如谷子敬明【集贤宾】"猛听的透帘栊卖花声唤起"中,《雍熙乐府》把"泼乔才"改为"泼敲才","乔才"在元明曲作中使用更广,而"敲才"亦是一种流行的写法。又有一些俗语,本身并无真正统一的写法,如《词林摘艳》《盛世新声》"扒推也似泪点垂",《雍熙乐府》改为"爬推也似雨点垂","扒推"为眼泪成串落下之意,是一个形容性俗语,并无官方写法,因此也存在灵活运用的情况。又如【粉蝶儿】"银烛高烧"一曲中"愁的是雨声儿淅零零窗滴滴点点碧碧卜卜洒芭蕉",《雍熙乐府》把"碧碧卜卜"改为"碧碧剥剥",这同样是没有统一写法情况下的谐音字的不同书写。这些字都属于假借字的音借互换。相比于错别字,这种改动并非选本具有某种目的的改动,而可能和异体字一样,仅仅是书写习惯的不同。又如同曲中,《词林摘艳》《盛世新声》"怎地支持",《雍熙乐府》为"怎的支持";"则落的长吁短叹",《雍熙乐府》为"则落得长吁短叹";"常记得枕席间说得言",《雍熙乐府》为"常记的枕席间说的言"。古人对的、地、得三个助词的使用非常随意,因此这种改动在不同选本中也很寻常。此外,还有一种情况:【集贤宾】"二十年到今无消息"中"足呵,荡湘裙半折悭"，《雍熙乐府》把"折"改为"扎"，据《元曲释词》，"拆、折、札、扎，均为'扠'的借用字"，"则'半扠'不足三寸，极言妇女之脚小"，"惟'折'当为'拆'字之讹"。① 对于这种情况，《词林摘艳》《盛世新声》和《雍熙乐府》所使用皆为借字，仍然是书写习惯不同而已。

（二）衬字的修改

衬字的修改是《雍熙乐府》对《词林摘艳》《盛世新声》的主要修改之处。这其中，一部分是衬字的减少。如庾吉甫【定风波】"迤逦秋来到"中"你可便怎下的辜负了"改为"怎下的辜负"，"你道是强似你那模样的呵"改为"强似你的模样儿的呵"，"眼睁睁的将我来抛离"改为"眼睁睁将我来抛离"。又如【集贤宾】"二十年到今无消息"中"又不敢明明的作念你"改为"又不敢明明作念你"，"也曾将玉手携"改为"玉手携"。

另有一部分是衬字的增加。如【定风波】"迤逦秋来到"中"胜似你的心肠儿的呵敢到处里有"改为"我道来寻一个胜似你的心肠儿的敢到处里有"，"翠裙腰掩过半尺"改为"我这里翠裙腰掩过半尺"。【一枝花】"凤台宝鉴分"中"表正容端"改为"生的来表正形端"。【集贤宾】"二十年到今无消息"中"只除是相逢梦里"改为"只除是相逢在梦里"，"便是铁石人"改为"便是那铁石人"。

此外，还有一部分是使用了不同的衬字。如【定风波】"迤逦秋来到"中"说道我也不能勾"改为"便做道我不能勾"。谷子敬【集贤宾】"猛听的透帘栊卖花声唤起"中"则为那无媒匹配"改为"则为这无媒匹配"，"我则索上青山化做望夫石"改为"少不的我上青山化做了望夫石"。【一枝花】"凤台宝鉴分"中"百千张锦纸花笺"改为"便有那千百张锦纸花笺"。【集贤宾】"二十年到今无消息"中"怎禁那月到纱窗"改为"怎禁他月到纱窗"，"常想着香肩并"改为"也曾将香肩并"。

衬字在元明戏曲、散曲中拥有相当大的灵活性，不同文本的同一作品中的衬字往往多有相异。《雍熙乐府》对《词林摘艳》《盛世新声》的改动主要分为增加、删减、改易衬字这三种情况，其除了对音律的考虑之外，似乎也反映出《雍熙乐府》并不甘心于完全重复于《词林摘艳》《盛世新声》的曲文，从而有意独立编写出一种新的曲文面貌。

---

① 顾学颉、王学奇：《元曲释词》，中国社会科学出版社，1983年版，第66页。

(三) 文意的修改

除了错字、衬字，《雍熙乐府》也涉及文意的修改。《雍熙乐府》对《盛世新声》《词林摘艳》的修改的目的是使作品变得更好，经过《雍熙乐府》修改的曲文，的确大部分也更胜原篇。有的原本句意不通或者不恰当的词句，经过改动后变得通顺、恰当。如王廷秀【粉蝶儿】"银烛高烧"中，《词林摘艳》《盛世新声》有"忽忽闪闪串过花梢"，这句本写鸟儿，"串过"与"鸟儿"相连，语意不通，《雍熙乐府》改为"冲过花梢"，使文意通顺；同曲中，《词林摘艳》《盛世新声》"不觉的泪珠儿浸淋淋漉漉"一句，《雍熙乐府》把"淋淋漉漉"改为"淋淋沥沥"。"淋淋漉漉"一词原本形容大雨浇身之势，如《货郎担》第二折张三姑宾白有云"涧雨骤风狂，头直上打的淋淋漉漉"，所以用此词形容眼泪并不恰当，"淋淋沥沥"较之更为准确。【字字锦】"群芳绽锦鲜"中，《词林摘艳》《盛世新声》有"题起伤春怨"一句，看似并无不妥，但其前句为"莺黄啭巧声"，显然在表现黄莺啼叫，因此《雍熙乐府》改为"啼起伤春怨"，更为准确；同曲"办炷名香谢天"一句，"谢天"文意极其生硬，《雍熙乐府》改为"答谢天"后更为恰当，《词林逸响》《吴骚合编》都沿用了《雍熙乐府》的改法。【三十腔】"喜遇吉日"中"愿国泰雨风调"同样语意不通，《雍熙乐府》改为"愿国泰雨顺风调"，"雨顺风调"才符合语法习惯。【一枝花】"凤台宝鉴分"中"闷和愁几样般"，"几样般"不知所云，《雍熙乐府》改为"闷和愁一样般"，明显更为恰当；同曲"眼前光景愁无乱"一句，"愁无乱"句意不通，《雍熙乐府》改为"春风桃李莺花乱"，不仅文意通了，而且曲辞更美。

在《雍熙乐府》的改动中，另有情况是《词林摘艳》《盛世新声》本身句意通顺，并无错误，但经过《雍熙乐府》的改动，或文意更为优美，或曲意更富内涵，总之意表达和文学效果皆更上一层楼。如【粉蝶儿】"银烛高烧"中"夜沉沉明河皎皎"，《词林摘艳》《盛世新声》此句已经很好，但《雍熙乐府》改为"淡氤氲炉烟缥缈"，使得曲词更富意境；同曲"闷恹恹把情人去了"，《词林摘艳》《盛世新声》没有任何错误，但《雍熙乐府》把"情人"变为"郎君"，更突出本篇女性的主体身份，从而能够更好地表现全篇的闺怨情绪。庾吉甫【定风波】"迤逦秋来到"中"恩情欲待罢无由"，《雍熙乐府》改为"思情欲待罢无由"，《词林摘艳》《盛世新声》的"恩情"亦通,但在爱情曲词中"思情"效果更佳。谷子敬【集贤宾】"猛听的透帘栊卖花声唤起",《词林摘艳》《盛世新声》的"一团儿和气",《雍熙乐府》改为"一团儿风流旖旎",文辞更为雅丽。《词林摘艳》《盛世新声》【三十腔】"喜遇吉日"有"厅前玉树",亦可,但《雍熙乐府》改为"庭前玉树"更佳,因为庭给人以场面大气之感,符合庆寿的场合;同曲"结会在今朝"亦无不妥,但考虑到后面尚有"洗儿华筵吉辰今朝"之句,为避免两个"今朝"重复,《雍熙乐府》改为"结会在今宵",更好。《词林摘艳》《盛世新声》【一枝花】"凤台宝鉴分"中"丁香未结,梅子先酸",本身颇有特色,但《雍熙乐府》改为"丁香怨结,梅子心酸",赋予花果人的体验,更佳;同曲"上上灯对影成双"也属佳句,但"对影成双"稍显平俗,《雍熙乐府》改为"上上灯和影成双",更有朦胧温蕴之美;同曲"胸中锦绣三千段"亦尚可,但《雍熙乐府》改为"胸藏锦绣三千段",更有闺女心中情郎才学富瞻但"深藏不露"之意,此句的下一句,《盛世新声》为"心剔透,性和暖",《词林摘艳》《雍熙乐府》分别为"性和缓"和"性慈善",《词林摘艳》显然词意不佳,《盛世新声》的"性和暖"不错,但《雍熙乐府》所改的"性慈善"更符合闺女对情郎性格的肯定,所以《雍熙乐府》之词最佳。《词林摘艳》《盛世新声》【集贤宾】"二十年到今无消息"中"略尝些风味",亦无错误,但《雍熙乐府》改成"略尝些滋味"更符合词曲的情境。如此诸例,皆是经过《雍熙乐府》改动后的作品文意更胜《词林摘艳》《盛世新声》。

(四) 韵律的修改

《雍熙乐府》对《词林摘艳》《盛世新声》的修改也涉及音韵问题。有的曲文是《雍熙乐府》把《词林摘艳》《盛世新声》中不押韵的词句,改为押韵。如【粉蝶儿】"银烛高烧"中"心痒难揉",改为"心痒难挠",本篇所用韵角属于《中原音韵》中"萧豪"韵部,而"揉"字属于"尤侯"韵,因此改为"挠"字正确。又如【定风波】"迤逦秋来到"一曲中"料应倚仗着脸儿好",改为"料应来倚仗着脸儿羞",本篇韵脚为"首""流""有"诸字,皆属"尤侯"韵,而"好"字属于"萧豪"韵,因此《雍熙乐府》改为属于"尤侯"韵的"羞",正确。

有的曲篇则是对曲文音律的改动,如【字字锦】"群芳绽锦鲜",《雍熙乐府》有多处句子加以重复,如"金风动,铁马儿声喧"改为"金风动、金风动,铁马儿声喧"。如此改动显然是出于音律的考虑。那么,《雍熙乐府》的改动是否有根据呢?【字字锦】属于南曲商调过曲,此篇在蒋孝《旧编南九宫谱》和沈璟《增订南九宫曲谱》中皆有收录。我们对比其中异文之句,见表5-4。

表5-4 【字字锦】在《词林摘艳》等选本中的曲文异同

《旧编南九宫谱》	《增订南九宫曲谱》	《词林摘艳》	《雍熙乐府》
他在那里和谁两个欢欢喜喜	他在那里、他在那里和谁两个欢欢喜喜	他在那里和谁两个欢欢喜喜	他在那里、他在那里和谁两个欢欢喜喜
金风动,铁马儿声喧	金风动、金风动,铁马儿声喧	金风动,铁马儿声喧	金风动、金风动,铁马儿声喧
纱窗外透银蟾	纱窗外透银蟾	纱窗外透银蟾	纱窗外透银蟾、纱窗外透银蟾
短命冤家、短命冤家	短行冤家,行短冤家	短命冤家	短命冤家、短命冤家
	销金帐、销金帐,共谁人欢宴	销金帐,共谁两个欢宴	销金帐、销金帐,共谁人欢宴

我们看到,《词林摘艳》基本同于《旧编南九宫谱》,而《雍熙乐府》基本同于《增订南九宫曲谱》。《增订南九宫曲谱》此篇眉批注云:"《旧谱》无'空蹙破两眉翠尖'及第二句'他在那里',今从俗。"可知在明代中期,《雍熙乐府》所采用的版本是当时通行的版本,因而《雍熙乐府》的改动是合理的,而后世的《南音三籁》《词林逸响》《吴骚合编》《京腔谱》等全同于《雍熙乐府》。

总之,《雍熙乐府》对《词林摘艳》《盛世新声》的修改主要分为错字修改、衬字修改、文意修改、韵律修改四种类型。明人有改易元代曲作之风,纵观起来也不外乎这四种类型。《雍熙乐府》对《词林摘艳》《盛世新声》的修改虽然为个案,但是具有明人改曲之风的典型性,展现了明人改曲的具体面貌。

二、《雍熙乐府》改动异文之结果

纵观以上四种类型,《雍熙乐府》对《词林摘艳》《盛世新声》的修改总体上是正面的,尤其是把错字改为正确的字,把不通的文意改为通顺的文意,都是值得佳赏的。然而,除了这些正面意义的改动成果,《雍熙乐府》的改动还有另外两种情况:一种是《雍熙乐府》改动也存在错误、失当之处,造成负面效果;另一种是其改动之后,与原文各有千秋,难分优劣。对《雍熙乐府》的正面改动,上文已详论之,下面我们单论另外两种情况。

(一)《雍熙乐府》改定异文的失当

虽然《雍熙乐府》对《词林摘艳》《盛世新声》的改动总体是正面的,但也有相当一部分曲文的改动是错误的、不恰当的、降低水平的。

第一,《雍熙乐府》改正了《词林摘艳》《盛世新声》中的一些错字,但也有把本来正确的字写错的情况。如【定风波】"迤逦秋来到"中《词林摘艳》《盛世新声》的"你可便怎下的辜负了",《雍熙乐府》把"了"错写成"子"。【集贤宾】"猛听的透帘栊卖花声唤起"中"字妆成古样体",《雍熙乐府》改为"字装成古样体","装"字显然错误。【三十腔】"喜遇吉日"中"他是驸马夫人诰"一句,《雍熙乐府》又错改为"他时驸马夫人诰"。

第二,有的曲文经《雍熙乐府》改动后,句意不通了。【醉花阴】"风摆青青送行柳"中,《盛世新声》《词林摘艳》的"一句句细诉缘由"中,《雍熙乐府》改为"一片片细诉缘由",显然"缘由"与"一片片"放在一起,文意不够通顺。【集贤宾】"猛听的透帘栊卖花声唤起"中,《盛世新声》《词林摘艳》的"辗转越伤悲",《雍熙乐府》改为"转转越伤悲","转转"与"伤悲"相连,句意不通。【字字锦】"群芳绽锦鲜"中"心事无告托",《雍熙乐府》改为"心事无他告",本句是表达心事无人倾诉之意,"无他告"明显非常生硬,而"心事无告托"在《琵琶记》中亦有使用,可知还是原句合理;同曲"独自个守炉边",《雍熙乐府》改为"独自个兽炉边",致使缺乏动词,故而不妥,所以《吴骚合编》虽然根据《雍熙乐府》也改为"兽炉",但其还是加上了动词"坐"。

第三,有的曲文经《雍熙乐府》改动后,变得效果不佳。【醉花阴】"风摆青青送行柳"中,《盛世新声》《词林摘艳》"尽今生偕老无罢休"一句,《雍熙乐府》改为"尽今生偕老无虑忧",由于此篇后面尚有"心儿里想,梦儿里忧"一句,"忧"字重复,因此效果不佳。【集贤宾】"猛听的透帘栊卖花声唤起"中"困腾腾秋水迷",《雍熙乐府》改为"困朦胧秋水迷"，"困腾腾"形容困乏、疲惫之感，在元明曲文中使用极其广泛，如赵明道有"困腾腾头昏脑闷"之句，《杜牧之诗酒扬州梦》第二折亦有"不觉的困腾腾醉眼朦胧"之句，然而却鲜见使用"困朦胧"者，所以《雍熙乐府》的改动显得多余；同曲中，"失魄消魂"改为"失魄忘魂"，"忘魂"虽新颖，但效果显然还是不如"消魂"；同曲又有"衣冠济楚俊容仪"改为"衣冠济楚样稀奇"，"羊羔懒斟闲了玉杯"改为"羊羔怕饮闲了玉杯"，文辞效果同样不如原文："俊容仪"与"衣冠济楚"相连，无疑更能表现女子眼中才郎的俊秀姿态，而"样稀奇"过于俚俗，与"衣冠济楚"相连略显不伦不类；而"懒斟"与"怕饮"相比，也明显是"懒斟"更能表现相思愁绪，表现出女子孤独时分精神萎靡不振的状态。此外，又有【字字锦】"群芳绽锦鲜"中"自相别数年无信息"一句，《雍熙乐府》把"数年"改为"二载"，不知其把数字具体化是何用意，但效果明显不如原文，因为虚数的表达更符合曲文表达惯例，也能更体现相别久远的状态。而【一枝花】"凤台宝鉴分"中"写不尽海来深闲愁荏苒"改为"写不尽天来高愁肠病染"，效果亦不如原篇文辞典雅。

第四，《雍熙乐府》有的改动则情境、逻辑不符。如【集贤宾】"猛听的透帘栊卖花声唤起"一曲中"上纱窗日影重移"，《雍熙乐府》改为"上纱窗月影重移"。"日""月"一字之差，却牵扯全篇情境。此篇首句明言"猛听的透帘栊卖花声唤起，将好梦却惊回"，意谓白日贪梦睡得过久，被卖花的声音惊醒，所以当为白日，《雍熙乐府》改为"月影移"显然不对。【三十腔】"喜遇吉日"中，《盛世新声》有"堪系于门紫金貂"一句，《词林摘艳》改为"堪继于门紫金貂"，《雍熙乐府》改为"堪羡于门紫金貂"，单独来看，《雍熙乐府》此句并无问题，但结合上下篇有"以光祖考"之句，明显具有继承祖宗荣业之意，因而《词林摘艳》所改"堪继于"甚佳，《雍熙乐府》所改"堪羡于"则偏离文意，因为曲文原意有有志继承、光耀祖宗之意，而毫无"羡慕"之意。

第五，另有部分曲文本身押韵，《雍熙乐府》改后反而不押韵了。如【字字锦】"群芳绽锦鲜"，《雍熙乐府》把"柳花飘绵"改为"柳花飘絮"。本篇韵脚为"先天"韵，"绵"字符合，而"絮"字则是"鱼模"韵，故为错误。

（二） 各富特色的异文

除了能明显看出《雍熙乐府》修改得当或失当的曲文，另有一部分曲文经过《雍熙乐府》的修改与原篇各有特色，难说好坏。如【定风波】"迤逦秋来到"中，"自别来愁万感"改为"自别来情万感"，"愁"可以表达相思的愁绪，"情"则可以表达相思的情愫，各有特色；同曲"你个多情，怎下的辜负了"，《雍熙乐府》改为"你个冤家，怎下的辜负了"，"冤家""多情"都是对爱人的爱称，可以互换使用，而下面一句在三部选本中就出现了置换，"本待弃舍了你个冤家"一句，《词林摘艳》《盛世新声》所用为"冤家"，《雍熙乐府》则用"多情"。【集贤宾】"猛听的透帘栊卖花声唤起"中，"星月底设来的誓"改为"星月前说来的誓"，"星月底""星月前"无甚差异；又有"恰便似鹣鹣比翼"改为"恰便似天边比翼"，"鹣鹣比翼"是曲作中常用的比喻情人和美的成语，《词林摘艳》《盛世新声》此处自然没有问题，而《雍熙乐府》改为"天边"，去掉稍显生僻的"鹣"字，亦佳。《词林摘艳》《盛世新声》【三十腔】"喜遇吉日"首句，写庆寿之场面，《雍熙乐府》所用为"喜遇吉人"，一个是强调寿诞之日，一个强调寿诞之人，皆可；同曲"凤冠云珮""回首云样宫花落""福如东海寿弥高""座筵得蒙见招"等句，《雍熙乐府》分别改为"凤冠霞帔""回身云样宫花落""福弥深也寿弥高""坐筵特蒙见招"，对比来看，其表达意义相同，文辞上各有特色，难分优劣；又有"潜云仙子献仙桃"一句，《词林摘艳》为"茜衣仙子"，《雍熙乐府》为"潜移仙子"，这三个人名皆无史籍传说可查，系三部选本杜撰，因此也难说好坏，只是从文采上看《词林摘艳》略优，谢伯阳《全明散曲》采用的亦为"茜衣仙子"。另有【一枝花】"凤台宝鉴分"，《雍熙乐府》把首句改为"鸾台宝镜分"，"宝鉴"即为"宝镜"，二者皆可；同曲《词林摘艳》《盛世新声》"比掷果知音不姓潘"之句，显得情郎与自己相知，而《雍熙乐府》改为"比着那掷果人儿不姓潘"，表达了一种亲密之感，二者效果不同，但难分优劣。又如【集贤宾】"二十年到今无消息"中，《词林摘艳》《盛世新声》有句"也子是天生的可嬉"，《雍熙乐府》改为"也子是天生的可喜"，《广韵》："可嬉，美姿颜也。"但元明曲作中也常写作"可喜"。"可喜"，即可以理解"喜"为"嬉"的借用字，也可以理解为招人喜爱之意；同曲"半启朱唇将甜唾唧"，《雍熙乐府》改为"吐唧"，都是咀味甜蜜之意，皆可。此外，《雍熙乐府》有的改动只是曲句顺序的改动，如【一枝花】"凤台宝鉴分"中"下香阶独步盘桓，怕黄昏鸦噪林峦"，《雍熙乐府》颠倒顺序为"怕黄昏鸦噪林峦，绕芳阶独步盘桓"；同曲"开开窗对月团圆，美满、旧欢"，《雍熙乐府》改为"开天窗对月团圆，旧欢、美满"。改与不改，其文意效果相差不大。

总之，《雍熙乐府》对《词林摘艳》《盛世新声》的修改总体上是正面的，但也存在负面效果，还有的修改因无明显优劣之分，所使不同选本曲文各富特色。当然，正面改动之处居多，说明编者具有较高的专业水平和素养，亦拥有相对独立的指导理念和审美追求。而负面改动有的是编者无意造成的，乃百密一疏，粗心所致，如把正确的字改成错字；有的则是编者有意改之，却造成曲文改动效果不佳，说明编者亦有专业知识的局限，抑或审美追求的偏差。然而无论改动结果如何，它都生动地反映了元明散曲曲文的流变历程，呈现了不同版本曲文的特色。

三、后世选本的异文择取与承袭

《雍熙乐府》对《词林摘艳》《盛世新声》的改动有长处，亦有短处。虽然其长处居多，但就整体效果而言，还也不足以成为一个引领后世曲文的范本。因此，后世选本在曲文继承上往往兼取，既没有完全遵从《词林摘艳》《盛世新声》，又没有完全遵从《雍熙乐府》。其中，有的选本主要遵从《盛世新声》《词林摘艳》，而非《雍熙乐府》，如胡文焕的《群音类选》。现以贾仲明【醉花阴】"国祚风和太平了"一曲为例，见表5-5。

表5-5 【醉花阴】"国祚风和太平了"在《盛世新声》等选本中的曲文异同

《盛世新声》	《词林摘艳》	《雍熙乐府》	《群音类选》
【画眉序】宝钗斜挑	宝钗斜挑	宝钗轻挑	宝钗斜挑
【出队子】强如俺那尘世好	强如俺尘世好	强如咱尘世好	强如俺那尘世好
【刮地风】淅淅淅天风香雾绕	淅淅淅天风香雾绕	习习天风香雾绕	淅淅淅天风香雾绕
动地声高	动地声高	动的来声高	动地声高

续表5-5

《盛世新声》	《词林摘艳》	《雍熙乐府》	《群音类选》
这壁厢那壁厢痛饮香醪	这壁厢那壁厢痛饮香醪	这壁厢那壁厢同饮香醪	这壁厢那壁厢痛饮香醪
【神仗儿】尽交他天渐晓	尽交天渐晓	【耍鲍老】尽教他天渐晓	尽教他天渐晓
【四门子】彩云间斗柄斜横了	彩云间斗柄斜横了	彩云间斗柄斜倾了	彩云间斗柄斜横了
凤髓又烹，兽炭又烧	凤髓烹，兽炭烧	凤髓又烹，兽炭又烧	凤髓又烹，兽炭又烧
【闹樊楼】麝兰风香缥缈	麝兰风香缥缈	【双斗鸡】麝兰香缥缈	麝兰风香缥缈
看阶前舞鲍老	看阶前舞鲍老	看街前舞鲍老	看阶前舞鲍老
【水仙子】我我我自窨约	我我我自窨约	我我我自暗约	我我我自寄约

此篇曲文在《雍熙乐府》和《词林摘艳》《盛世新声》出现异文时，《群音类选》皆与《词林摘艳》《盛世新声》相同。然而有的选本则主要遵从《雍熙乐府》，许宇《词林逸响》即为如此。现以李子昌【一剪梅】"芳草长亭露带沙"（《群音类选》曲牌为【南梁州令】，《词林逸响》曲牌为【夜游湖】）为例，见表5-6。

表5-6 【一剪梅】"芳草长亭露带沙"在《盛世新声》等选本中的曲文异同

《盛世新声》	《词林摘艳》	《雍熙乐府》	《群音类选》	《词林逸响》
【赛鸿秋】盼情人独立在帘儿下	盼情人独立在帘儿下	我这里盼情人强立在帘儿下	盼情人独立在帘儿下	我这里盼情人强立在帘儿下
夜香烧祷告在花阴下，喜珠儿空挂在纱窗下	夜香烧祷告在花阴下，喜蛛儿空挂在纱窗下	喜蛛儿空挂在纱窗下，夜香烧祷告在花阴下	夜香烧祷告在花阴下，喜珠儿空挂在纱窗下	喜蛛儿空挂在纱窗下，夜香烧祷告在花阴下
我这里受凄凉独坐在孤灯下	我这里受凄凉独坐在孤灯下	我这里偏受凄凉独坐在灯儿下	我这里受凄凉独坐在孤灯下	我这里偏受凄凉独坐在灯儿下
【脱布衫】瘦伶仃宽褪了绛裙	瘦伶仃宽褪了绛裙	瘦裙腰宽褪了绛纱	瘦伶仃宽褪了绛裙	瘦裙腰宽褪了绛纱

续表5-6

《盛世新声》	《词林摘艳》	《雍熙乐府》	《群音类选》	《词林逸响》
病恹恹泪湿罗帕	病恹恹泪湿罗帕	病恹恹泪湿罗帕	病恹恹泪湿罗帕	病恹恹泪湿罗帕
【渔家傲】空闲了刺绣窗纱	空闲了刺绣窗纱	空闲了刺绣窗纱	【渔家灯】闲扃了刺绣窗纱	【虞美人犯】闲扃了刺绣窗纱
空辜负沉李浮瓜	空辜负沉李浮瓜		空辜负沉李浮瓜	空辜负沉李浮瓜
寂寞,厌池塘闹蛙	寂寞,厌池塘闹蛙		寂寞,厌池塘闹蛙	寂寞,厌池塘闹蛙
庭院里昼长偏怜我	庭院里昼长偏怜我	庭院里日长偏怜我	庭院里日长偏怜我	庭院日长偏怜我
夜凉枕簟不见他	夜凉枕簟不见他	枕席上夜凉不见了他	枕簟夜凉不见他	枕席上夜凉不见了他
【小梁州】玉肌削脂粉慵搽	玉肌削脂粉慵搽	玉香消脂粉慵搽	玉肌削脂粉慵搽	玉香消脂粉慵搽
上危楼盼望的我眼睛花	上危楼盼望的我眼睛花	上危楼和泪步轻踏	上危楼盼望的我眼睛花	上危楼和泪步轻踏
空一岱山如画	空一岱山如画	空一带山如画	空一带山如画	空一带山如画
不由人情思在天涯	不由人情思在天涯	则我这离恨在天涯	不由人情思在天涯	则我这离恨在天涯
【普天乐】弹粉泪湿香罗帕	弹粉泪湿香罗帕	弹情泪湿香罗帕	弹粉泪湿香罗帕	弹粉泪湿香罗帕
无奈心事转加	无奈心事转加	无奈心思转加	无奈心事转加	无奈心事转加
【小梁州】梦里寻他	梦里寻他	【伴读书】梦去寻他	梦里寻他	【伴读书】梦去寻他
我这里情牵挂	我这里情牵挂	俺这里情牵挂	我这里情牵挂	俺这里情牵挂
不由人离恨泪如麻	不由人离恨泪如麻	知他何处恋娇娃	不由人离恨泪如麻	知他何处恋娇娃
【剔银灯】红炉畔共谁人闲话	红炉畔共谁人闲话	红炉伴谁人闲话	红炉畔共谁人闲话	红炉畔共谁人闲话
胆瓶中懒添温水浸梅花	胆瓶中懒添温水浸梅花	翠瓶中旋添雪水浸梅花	胆瓶中懒添温水浸梅花	胆瓶中懒添温水浸梅花

从这篇曲文可以看出,《群音类选》仍然主要遵从《词林摘艳》《盛世新声》,而《词林逸响》主要遵从《雍熙乐府》。《词林逸响》弃《雍熙乐

府》而遵《词林摘艳》《盛世新声》的部分，要么是《雍熙乐府》缺文，如"空辜负沉李浮瓜"等句，要么是《雍熙乐府》的确不佳，如"无奈心思转加"不如"无奈心事转加"，因为"心思转加"句意不通。除此之外，《词林逸响》悉遵《雍熙乐府》。而槐鼎、吴之俊《乐府遏云》和《词林逸响》一样，亦多遵《雍熙乐府》。现以【夜行船】"花底黄鹂"为例，见表5-7。

表5-7 【夜行船】"花底黄鹂"在《盛世新声》等选本中的曲文异同

《盛世新声》	《词林摘艳》	《雍熙乐府》	《词林逸响》	《乐府遏云》
【夜行船】偏称对景芳拾翠	偏称对景芳拾翠	偏称对景，寻芳拾翠	偏称对景，寻芳拾翠	偏称对景，寻芳拾翠
亭台上击管繁弦	亭台上击管繁弦	亭台上急管繁弦	亭台上急管繁弦	亭台上急管繁弦
【斗宝蟾】轻风荡袖衣	轻风荡袖衣	轻风荡绣衣	轻风荡绣衣	轻风荡绣衣
听起，春色三分	听起，春色三分	听启，春色三分	听启，春色三分	听启，春色三分
双双舞折枝	双双舞折枝	双双舞柘枝	双双舞柘枝	双双舞柘枝
【锦衣香】翠柳堤，人游戏	翠柳堤，人游戏	翠柳堤，同游戏	翠柳堤，莺声细	翠柳堤，人游戏
休把闲愁记	休把闲愁记	休把闲愁系	休把闲愁系	休把闲愁系
【浆水令】相随趁，风流最宜	相随趁，风流最宜	相随趁，风流队里	相随趁，风流队里	相随趁，风流队里
【尾声】先交从人归去	【余音】先交从人归去	先教从人归去	先教从人归去	先交从人归去

此曲《柳耆卿诗酒玩江楼》戏文有之，但《群音类选》题"戴善甫"，并注"近偷入《梁山伯》及《玩江楼记》"，可知其亦作为散曲流行于民间。此曲中，凡是《雍熙乐府》与《词林摘艳》《盛世新声》异文处，《乐府遏云》只有"翠柳堤，人游戏""先交从人归去"和《词林摘艳》《盛世新声》相同，其他则全同于《雍熙乐府》。

总之，明代选本对前代曲文进行改动成为普遍现象，致使真正的原本往往湮没，而各个选本的改动往往各有优劣，因而并没有一个权威的选本统领时代，唯其独尊。相反，明代戏曲选本中的散曲收录呈现着多源脉系，后世选本可遵从的前代选本并不是唯一的。不过，《盛世新声》《词林摘艳》能够得到《群音类选》等选本的遵从，《雍熙乐府》能够得到《词林逸响》《乐府遏云》等选本的遵从，说明它们的曲文具有一定的示范意义。尤其是《雍熙乐府》虽然有改动失当之处，但是作为对前代选本改动颇大的选本仍以正面改动为主，因而得到后世不少选本的遵从，这也说明其改动的成绩是被后人认可的。

第三节　三大选本与明代元杂剧曲文流变

通过《盛世新声》《词林摘艳》《雍熙乐府》，我们可以考察得出元代散曲在明代多源流播的特点，同时也可发现元代杂剧在明代的流传的诸多问题。

在相当长一段时间内，人们把《元曲选》当作了解元杂剧的重要依据，有时甚至把《元曲选》当作元杂剧本身。不过，在《元刊杂剧三十种》发现后，人们开始意识到《元曲选》与元代杂剧的原始风貌其实有较大的距离。在伊维德发表《我们读到的是"元"杂剧吗——杂剧在明代宫廷的嬗变》一文后，学界更加开始重视明代杂剧与元代杂剧之间的差异。因与《元刊杂剧三十种》面貌差异较大，《元曲选》的编者臧懋循被认为是对元代杂剧改动的主要人物。随着研究的深入，人们又发现臧懋循的确对元代杂剧做了不少改动，他的改动并非凭空而来，因为早在明代中前期的杂剧文本就已经开始对元代杂剧进行改动了。因此邓绍基《关于元杂剧版本探究》说："《元曲选》的改动是臧氏所作的吗？我看也不像。……我的判断是，这个剧本到他手中的时候，已是这个面目。"[1] 邵曾祺亦说："但这些改动并不一定是臧晋叔手笔。经过多年的演出变动，明代各刊本或抄本的元杂剧，内容已较元代演出本有很多变化。臧晋叔刊印《元曲选》时，所用底本恐已是改动过的明代演出本。"[2] 两位学者的论断都是十分准确的，臧懋循对元代杂剧进行过修改也是毫无疑问的。他自己对此毫不讳言，《元曲选序》云："从刘延伯借得二百五十种，云录之御戏监，

---

[1] 邓绍基：《古典戏曲评论集》，中国社会科学出版社，2013年版，第179页。
[2] 邵曾祺：《元明北杂剧总目考略》，中州古籍出版社，1985年版，第213页。

与今坊本不同。因为校订,摘其佳者若干,以甲乙厘成十集。……若曰妄加笔削,自附元人功臣,则吾岂敢!"① 他在《寄谢在杭书》的说法也可参证:"于锦衣刘延伯家得抄本杂剧三百余种。……然止二十余种稍佳,余甚鄙俚不足观,反不如坊间诸刻皆其最工者也。比来衰懒日甚,戏取诸杂剧为删抹繁芜,其不合作者,即以己意改之。"② 臧懋循不仅对元代杂剧进行修改,而且颇有自得之意。那么,臧懋循修改所据的底本是什么版本呢?一般认为,臧懋循所言杂剧抄本源自御戏监,即为内府。《盛世新声》《雍熙乐府》都是内府选本,它们与《元曲选》是否有关系呢?以此为脉络,我们正好可以探究元代杂剧在明代的曲文之流变。

一、三大选本与《元刊杂剧三十种》之关系

《元曲选》出现于万历后期,初集成书于万历四十三年(1615),二集成书于万历四十四年(1616)。在《元曲选》之前,明代主要的杂剧选本有嘉靖年间成书的李开先《改定元贤传奇》、万历年间成书的赵琦美《脉望馆钞校古今杂剧》、万历十七年(1589)成书的陈与郊《古名家杂剧》、万历二十六年(1598)成书的息机子《杂剧选》、万历三十七年(1609)成书的黄正位《阳春奏》。此外,顾曲斋《古杂剧》、继志斋《元明杂剧》成书于万历、天启时期,具体时间不详,但可推断其与《元曲选》成书时间大约相同。晚于《元曲选》的有崇祯六年(1633)成书的孟称舜《古今名剧合选》。这几部杂剧选本构成了明代传承元杂剧的主线。由于这些选本都是对杂剧作品的整本收录,与《盛世新声》《词林摘艳》《雍熙乐府》这种摘出、摘曲且没有宾白的选本迥然不同,因此鲜有学者把这三部选本纳入元杂剧传播体系。但是这三部选本具有独特的地位,因为最早的杂剧选本成书于嘉靖年间,而早在正德年间《盛世新声》已经刊刻了。所以,我们至今能够见到距离元代最近的明代元杂剧文本就是《盛世新声》。虽然《盛世新声》《词林摘艳》《雍熙乐府》既无宾白,也无全本,难以还原整部杂剧的风貌,但是它们可以提供明代中前期的曲文面貌,为我们了解元杂剧在明代的曲文变迁提供重要帮助。

---

① 俞为民、孙蓉蓉:《历代曲话汇编·明代编第一集》,黄山书社,2009年版,第620页。
② 俞为民、孙蓉蓉:《历代曲话汇编·明代编第一集》,黄山书社,2009年版,第624页。

考察元杂剧在明代的曲文传播，必然要将明代曲文与元刊本的原始曲文进行比较。所以，我们首先考察《盛世新声》《词林摘艳》《雍熙乐府》与元代刊本的关系。现今所存元代杂剧刊本仅有《元刊杂剧三十种》，其中《汉高皇濯足气英布》《死生交范张鸡黍》《严子陵垂钓七里滩》《萧何月下追韩信》四部作品是三大选本皆收录的。我们以金仁杰《萧何月下追韩信》第二折为例，对比它们的曲文异同，见表5-8。①

表5-8　《萧何月下追韩信》第二折在《词林摘艳》等选本中的曲文异同

《元刊杂剧三十种》	《词林摘艳》	《雍熙乐府》
【新水令】半世取幻	半生虚幻	半生虚幻
坐下马望沓遍山水雄	坐下马空踏遍山色雄	坐下马空踏遍山水雄
背上剑枉射得斗牛寒	背上剑枉射的斗牛寒	背上剑光射得斗牛寒
恨塞于天地之间	恨塞与天地之间	空塞于天地之间
【驻马听】伴天寒	半天寒	半天寒
止望	止望	指望
划得似君骑赢马连云栈	划的交军骑赢马连云栈	划得似军骑赢马连云栈
且相逢，觑英雄如匹似闲	他觑英雄如等闲	他觑英雄如等闲
堪恨无端四海苍生眼	赤紧的世上多少苍生眼	堪恨这无端四海苍生眼
【沉醉东风】求身仕两次三番	求身事两次三番	求伸志两次三番
前番离了楚国	当日个离了项羽	当初我离了项羽
今次又别炎汉	今日可敢别炎汉	今日我也别了炎汉
就月朗回头把剑看，忽然伤感默上心来	对着这月朗回头把剑弹	对着这月朗风清把剑弹
【雁儿落】丞相道将咱来不住的赶	丞相道将咱不住赶	丞相你将咱不住赶
韩信子索把程途盼	韩信我则索把程途盼	韩信也则索把程途盼
为甚却相逢便禁声	为甚么恰相逢便禁声	为甚么恰相逢早禁声
【得胜令】我又怕叉手告人难	我又怕插手告人难	我则怕叉手告人难

---

① 因《盛世新声》与《词林摘艳》曲文基本相同，故此仅列《词林摘艳》之曲文。《盛世新声》个别异于《词林摘艳》的曲文，于表格"词林摘艳"一栏中括号注出，以下皆同。

续表5-8

《元刊杂剧三十种》	《词林摘艳》	《雍熙乐府》
说咱汉天子由心困	说着那汉天子休心困	传与俺汉天子休心困
量着楚重瞳怎挂眼	量这个楚重瞳怎挂眼	我量那楚重瞳怎挂眼
弃骏马雕鞍	骑骏马雕鞍	乘骏马雕鞍
钓西风渭水寒	我则怕钓西风渭水寒	我则待钓西风渭水寒
【挂玉钩】我怎肯一事无成两鬓斑	我怎肯道是一事无成两鬓斑（《盛》：我怎道是一事无成交我两鬓斑）	我怎肯一事无成两鬓斑
既然你不用我这英雄汉	既然您不用俺这英雄汉（《盛》：既然你不用俺这英雄汉）	既然你不用我这英雄汉
端的为马来将人盼	你莫不为马来将人盼	你莫不为马来也将人赶
既不为马共人，却有甚别公干	既不你为马来，有甚莫别公干	既不你为马来，你有甚别公干
我汉世江山	你着我辅佐江山	你着我辅佐汉世江山
可知保奏得我甚挂印登坛	保奏的挂印登坛	保奏的我挂印登坛
【川拨棹】半夜恰回还里	半夜里恰回还	半夜里恰回还
烟烟弯弯	涧水潺潺	我则见烟水潺潺
可正是渔人江上晚	这的是渔翁江上晚（《盛》：这的是渔公江上晚）	可正是渔人江上晚
【七弟兄】手执定竹竿	手执着竹竿	手扶着钓竿
我子见沙鸥惊起芦花岸	兀良见沙鸥惊起芦花岸	我则见沙鸥惊起芦花岸
忒楞楞飞过蓼花滩	见忒楞楞的飞过蓼花滩	忒楞楞飞过蓼花滩
可反似禹门浪急桃花泛	似禹门浪汲桃花泛	恰便似禹门浪汲桃花泛
【梅花酒】银蟾似海山	银蟾出海山	银蟾出海山
撑开船	挣开船	撑开船
俺红尘中	俺在红尘中	俺红尘中
恁绿波中	您在绿波中	您绿波中
你驾孤舟	您驾孤舟	您驾孤舟
【收江南】怎知烟波名利大家难	这的是烟波名利大家难	这的是烟波名利大家难
跨彤鞍	跨征鞍	跨征鞍

续表 5-8

《元刊杂剧三十种》	《词林摘艳》	《雍熙乐府》
不由我倦惮	我为甚倦惮	不由我倦惮
也是算来名利不如闲	算来名利不如闲	算来名利不如闲
【尾声】怎濛了战策兵书		尘濛了战策兵书
因何太山		因何太晚
不由我半晚着系缰意去的懒		你个能举荐我的萧何,你可也再休迁

由表 5-8 可知,三部选本与《元刊杂剧三十种》之间的关系颇为复杂。首先可以肯定,它们都对《元刊杂剧三十种》做了大量改动。这也说明对《元刊杂剧三十种》进行改动是明人一直以来的习惯,并非始于万历之后。三部选本对《元刊杂剧三十种》的改动主要分为以下几种情况。

第一,《雍熙乐府》与《词林摘艳》《盛世新声》相同,而与《元刊杂剧三十种》不同。这种情况下,部分是三大选本对《元刊杂剧三十种》错字的改动,如"半世取幻"改为"虚幻","沓遍"改为"踏遍",这种改动是必要的,也是正确的。有的则只是衬字的改动,如"也是算来名利不如闲"改为"算来名利不如闲","怎知烟波名利大家难"改为"这的是烟波名利大家难"。有的则是把不太通顺的句意改通顺,如把"且相逢觑英雄如匹似闲"改为"他觑英雄如等闲"。另外也有情况是对文意进行了修改,如三大选本把"伴天寒"改为"半天寒",此句写大雁在天空哀怨悲鸣,"伴天寒"亦通,但不如"半天寒"更有意境。又如《元刊杂剧三十种》"半夜恰回还里",其多出一个"里"字致使文义不通,三大选本将"里"删掉了。又如《元刊杂剧三十种》"银蟾似海山",银蟾已经是月亮的譬喻,如何又"似海山"呢?所以此句不通,三大选本改为"银蟾出海山",其意为月亮出海山,正确。

第二,《词林摘艳》《盛世新声》与《元刊杂剧三十种》相同,而《雍熙不同》与它们皆不同。这种情况是《词林摘艳》《盛世新声》并未修改《元刊杂剧三十种》的错字,而《雍熙乐府》改之,如把"止望"改为"指望"。

第三,《词林摘艳》《盛世新声》与《元刊杂剧三十种》不同,而《雍熙乐府》与《元刊杂剧三十种》相同。这其中一种情况是《词林摘艳》《盛世新声》修改了衬字，《雍熙乐府》则遵从于《元刊杂剧三十种》。如《雍熙乐府》《元刊杂剧三十种》为"我怎肯一事无成两鬓斑"，《词林摘艳》《盛世新声》为"我怎肯道是一事无成两鬓斑"；《雍熙乐府》《元刊杂剧三十种》为"不由我倦惮"，《词林摘艳》《盛世新声》为"我为甚倦惮"。另外一种情况则仅仅是字体的书写不同，如《元刊杂剧三十种》《雍熙乐府》"背上剑枉射得斗牛寒""恨塞于天地之间"两句，《词林摘艳》《盛世新声》将"得""于"分别改为"的""与"。还有一种情况则涉及文意的修改，《词林摘艳》《盛世新声》"挣开船"，《元刊杂剧三十种》《雍熙乐府》为"撑开船"，显然后者为佳。

第四，也是最为主要的情况，即《雍熙乐府》《元刊杂剧三十种》和《词林摘艳》《盛世新声》之间各不相同。也就是说，《词林摘艳》《盛世新声》对《元刊杂剧三十种》进行了修改，《雍熙乐府》则做了不同的修改。这其中，有一部分是虽然三者不同，但有两者明显为一个系统。如《元刊杂剧三十种》"前番离了楚国"一句，《雍熙乐府》与《词林摘艳》《盛世新声》分别为"当初我离了项羽""当日个离了项羽"，此句明显三大选本是一个系统，只是衬字略不同。又如《元刊杂剧三十种》"烟烟弯弯"，《雍熙乐府》和《词林摘艳》《盛世新声》分别为"我则见烟水潺潺""涧水潺潺"，三大选本与《元刊杂剧三十种》的文句完全不同，但也只是衬字不同。再如"就月朗回头把剑看，忽然伤感，默上心来"，《词林摘艳》《盛世新声》把此句减缩为"对着这月朗回头把剑弹"，但"月朗"和"回头"相连语意拗口，《雍熙乐府》又改成文意更佳的"对着这月朗风清把剑弹"，此句《雍熙乐府》与《词林摘艳》《盛世新声》亦为一个系统。此外，《元刊杂剧三十种》"堪恨无端四海苍生眼"一句，《雍熙乐府》为"堪恨这无端四海苍生眼"，《词林摘艳》《盛世新声》为"赤紧的世上多少苍生眼"，此句显然《雍熙乐府》和《元刊杂剧三十种》是一个系统。不过更多的还是三者各成体系，互不相同。这其中最主要的情形是三者使用的衬字互不相同，如《雍熙乐府》"我量那楚重瞳怎挂眼"，《元刊杂剧三十种》和《词林摘艳》《盛世新声》使用的衬字分别为"量着"和"量这个"。《雍熙乐府》"我则见沙鸥惊起"，《元刊杂剧三十种》衬字为"我子见"，《词林摘艳》《盛世新声》则无衬字。《雍熙乐府》"韩信也则索把程途盼"，《元刊杂剧三十种》衬字为"子索"，《词林摘艳》《盛世新声》衬字为"我则索"。除衬字不同外，有的是正字的不同，如《元刊杂剧三十种》为"弃骏马雕鞍"，《雍熙乐府》和《词林摘艳》《盛世新声》分别为"乘骏马雕鞍""骑骏马雕鞍"，此句写萧何追上韩信，请求韩信下马停步，然而韩信怀疑萧何的诚意，所以并未下马，"因此上懒下宝彤鞍"，《词林摘艳》《盛世新声》《雍熙乐府》皆据此以为韩信并未"弃马"，而应该仍然骑着马，只不过它们分用"骑""乘"表示此意。又如《元刊杂剧三十种》为"求身仕两次三番"，《雍熙乐府》和《词林摘艳》《盛世新声》分别为"求伸志两次三番""求身事两次三番"，此句中，《元刊杂剧三十种》"求身仕"为追求身入仕途之意，《词林摘艳》《盛世新声》改为"求身事"，显然错把"仕"字写错为"事"，为错误的改动，《雍熙乐府》则改为"求伸志"，其意与"求身仕"相同，都是渴求功名之意，且"伸志"侧重于表现的是韩信的志向，因此《雍熙乐府》的改动属于较好的改动。此外，《元刊杂剧三十种》"我汉世江山"一句，《词林摘艳》《盛世新声》为"你着我辅佐江山"，《雍熙乐府》为"你着我辅佐汉世江山"，此句显为《雍熙乐府》对《元刊杂剧三十种》和《词林摘艳》《盛世新声》的兼取。

由此可见，《雍熙乐府》《词林摘艳》《盛世新声》与《元刊杂剧三十种》相比，已经呈现出非常复杂的不同。尤其是三者之间完全不同的情况非常多，说明明代不同选本对元剧的修改非常普遍，而且不同改本之间没有固定标准，修改的结果往往也各不相同。所以，元代杂剧的曲文在明代中前期就已经失去了固定、原始的风貌。

我们再以宫大用《严子陵垂钓七里滩》第二折为例，分析《元刊杂剧三十种》与三大选本之间曲文之异，见表5-9。

表5-9 《严子陵垂钓七里滩》第二折在《词林摘艳》等选本中的曲文异同

《元刊杂剧三十种》	《词林摘艳》	《雍熙乐府》
【斗鹌鹑】我把这缦笠做交游	我和这蔓笠做交游	我和这蔓笠做交游
看红鸳戏波面千层	看红鸳戏波面千寻（《盛》：看鸿鸳戏波面千寻）	看红鸳戏波面千寻

第五章 嘉靖戏曲选本与元明曲文版本的流变 | 275

续表5-9

《元刊杂剧三十种》	《词林摘艳》	《雍熙乐府》
白日坐一榻芳草裀	白日里坐一榻芳草茵（《盛》：白日里坐一榻芳草茵）	白日里坐一榻芳草茵
【紫花儿】您道我不达时务	您道我不达一个时务	【紫花儿序】人道我不达些个时务
我是个避世严陵	我是一个避世的严陵	我是个避世的严陵
漏网的游鱼	漏网游鱼（《盛》：漏网游渔）	漏网游鱼
怎禁四蹄玉兔	怎禁那四蹄玉兔	怎禁那四蹄玉兔
觑了些成败兴亡阅今古	看了些成败兴亡越今古	看了些成败兴亡越今古
今日早鹿走姑苏	今日个兔走在姑苏	今日个鹿走在姑苏
【金蕉叶】七里滩从来是祖居	七里滩从来是祖居	七里滩从来是我祖居
我若是不做官，一世儿平生愿足	一世儿不做官，称了我平生愿足	不去呵，便是我一世儿平生愿足
【调笑令】正是收纶罢钓鱼父	这的是收纶罢钓的渔父	这的是收纶罢钓的渔夫
那的是江上晚来堪画图	看了些江上晚来堪画图	你看这江上晚来堪画图
抖擞	抖擞	抖擞
【鬼三台】休停住	你可便休停住	你可便休停住
皂朝靴紧行拘我二足	纱幞头戴着壳我额颅（《盛》：纱幞头戴着磨我额颅）	纱幞头戴来殻额颅
我手执的是斑竹抢竿	手执着班竹轮竿	手执斑竹轮竿
【秃厮儿】不如俺无拘束	俺这里无忧愁	俺这里无拘束
对着这青山绿水堪图画	则您那为官到大心受苦（《盛》：则您那为大官到心受苦）	对着这青山绿水堪画图
玉带上挂金鱼	不恋您玉带上挂金鱼	不恋你玉带上挂金鱼
【圣药王】你问我弃高官不做待闲居	弃高官不做待何如	你道我高官不做待何如
不用一封天子诏贤书	这的是一封天子诏贤书	受了这一封天子诏贤书

续表 5-9

《元刊杂剧三十种》	《词林摘艳》	《雍熙乐府》
【麻郎儿】我尽说与你肺腑	听说咱肺腑	我尽知，你肺腑
我共您銮舆	我共你近銮舆	我共你銮舆
不能家去	不知个归去	不知归去
俺是酒徒	我是个酒徒	我是个酒徒
我布袍袖将它盖伏	布袍袖把咱来遮护	布袍袖把咱遮拂
【尾声】我则知十年前共饮的旧知交	我是那十年前横饮旧知交	俺个十年前共饮旧知交

此篇的情况同样较为复杂，因为此篇并无《雍熙乐府》同于《元刊杂剧三十种》而不同于《词林摘艳》《盛世新声》的情况，《词林摘艳》《盛世新声》同于《元刊杂剧三十种》而不同于《雍熙乐府》之处也只有两处，所以其主要情况为：一部分是三大选本之间相同而与《元刊杂剧三十种》不同，这种情况仍然大部分是衬字的不同，如三大选本"你可便休停住"，《元刊杂剧三十种》无衬字；又如"怎禁那四蹄玉兔"，《元刊杂剧三十种》衬字无"那"字；又如"我是个酒徒"，《元刊杂剧三十种》衬字为"俺是"；如此等等。也有的是字体的修改，如《元刊杂剧三十种》"缦笠"，三大选本改为"蔓笠"；又如《元刊杂剧三十种》"觑了些成败兴亡阅今古"，三大选本改为"看了些成败兴亡越今古"，"阅今古"强调通阅历史，"越今古"强调跨越历史，二者文意不同，各有特色。

另一部分是三大选本之间不同，与《元刊杂剧三十种》亦互不相同。如《雍熙乐府》"人道我不达些个时务""我是个避世的严陵""你看这江上晚来堪画图"，《元刊杂剧三十种》分别为"您道我不达时务""我是个避世严陵""那的是江上晚来堪画图"，《词林摘艳》《盛世新声》分别为"您道我不达一个时务""我是一个避世的严陵""看了些江上晚来堪画图"，这些句子的核心句意相同，只是个别衬字互不相同。除此之外，只有极个别案例是正字不同，如《雍熙乐府》"布袍袖把咱遮拂"，《元刊杂剧三十种》为"我布袍袖将它盖伏"，《词林摘艳》《盛世新声》为"布袍袖把咱来遮护"，三者分别用"遮拂""盖伏""遮护"，此句意为严子陵抒发布袍足以保护自己之意，所以《元刊杂剧三十种》的"盖伏"文意不佳，《雍熙乐府》的"遮拂"稍好，《词林摘艳》《盛世新声》的"遮护"最佳。在这一部分，仍然有多处两个系统的划分。如《雍熙乐府》"俺这里无拘束"、《元刊杂剧三十种》"不如俺无拘束"只是衬字不同，与《词林摘艳》《盛世新声》"俺这里无忧愁"则为正字文意不同，其中《雍熙乐府》《元刊杂剧三十种》的"拘束"为佳，因为"无拘束"更能表达隐居的自由状态。同时，本套属于"鱼模"韵，"束"字入韵，而"愁"字是"尤侯"韵。"今日个鹿走在姑苏"一句，《雍熙乐府》《元刊杂剧三十种》是一个系统，而《词林摘艳》《盛世新声》把"鹿"改成了"兔"，此句亦为《词林摘艳》《盛世新声》错改，因为"鹿走姑苏"本为固定成语，其典出《史记·淮南衡山列传》，乃是伍被引伍子胥"臣今见麋鹿游姑苏之台"之语劝谏淮南王，其意指国家破败、繁华不再的景象，此剧中严子陵正是以此来譬喻历史兴衰无常，因此《元刊杂剧三十种》《雍熙乐府》的"鹿"字正确。又如《雍熙乐府》"对着这青山绿水堪画图"，其和《元刊杂剧三十种》"对着这青山绿水堪图画"是一个系统，因为《元刊杂剧三十种》的"图画"不押韵，因此《雍熙乐府》改为"画图"，入"鱼模"韵，而《词林摘艳》《盛世新声》"则您那为官到大心受苦（《盛》：则您那为大官到心受苦）已从文意上另成系统。《雍熙乐府》"不知归去"与《词林摘艳》《盛世新声》"不知个归去"是一个系统，它们只是一个衬字之差，而《元刊杂剧三十种》为"不能家去"，显然《元刊杂剧三十种》文义不通，三大选本改为"归去"正确。又如《元刊杂剧三十种》"看红鸳戏波面千层"，《词林摘艳》《盛世新声》把"千层"改为"千浔"，《雍熙乐府》改为"千寻"，显然三大选本为一个系统，但《雍熙乐府》之"寻"字显为错字，而《词林摘艳》《盛世新声》的改动无疑是很好的。《元刊杂剧三十种》"正是收纶罢钓鱼父"一句，《词林摘艳》《盛世新声》和《雍熙乐府》亦为一个系统，都把衬字改为"这的是"，只不过《雍熙乐府》又把"渔父"改为"渔夫"，"渔父""渔夫"本相通，只是书写习惯的不同。同理的还有《元刊杂剧三十种》"我手执的是斑竹抡竿"，三大选本皆改为"手执着斑竹轮竿"，只不过《词林摘艳》《盛世新声》将"斑竹"写为"班竹"。此外，又如《元刊杂剧三十种》"你问我弃高官不做待闲居"，《词林摘艳》《盛世新声》和《雍熙乐府》仍然是一个系统，它们虽然衬字互不相同，但都把"待闲居"改为"待何如"，从语法习惯上讲，因为此句为疑问句,所以三大选本的"待何如"更佳。虽然以上异文存在两部选本同属一个系统的现象,但就其具体文句而言,仍然是《元刊杂剧三十种》《雍熙乐府》和《词林摘艳》《盛世新声》各不相同。

总之,早在正德、嘉靖时期的《盛世新声》《词林摘艳》《雍熙乐府》,与元代刊本的杂剧曲文相比就已经发生了很大变化。从元刊本到嘉靖选本,杂剧曲文的流变主要呈现出四个特点。第一,曲文异变现象非常普遍。几乎每部相同的作品、相同的曲套都会有异文,少则几处,多则几十处,这说明杂剧从元代流传到明代中期,始终存在曲文不断改易的现象。第二,不同曲文版本之间的主要异处是衬字的不同。这反映出由于衬字本身灵活不定,因此在杂剧曲文的流传过程中,衬字是最容易改变的。第三,改易曲文者并非毫无目的的乱改、乱删,而是具有一定的目的甚至理念。无论是《盛世新声》《词林摘艳》还是《雍熙乐府》,它们的改动要么是出于纠正前代曲文的错误(包括字词错误、文意错误、音律错误),要么是出于改善曲文的质量,很多改动确实起到了正面效果,当然在改动之中,编者也难免犯下错误,进而又为后来者纠错、改易提供了空间。第四,改易曲文的版本之间具有独立性。从《元刊杂剧三十种》到《词林摘艳》《盛世新声》再到《雍熙乐府》,并不存在某一个版本完全趋同于前代版本的情况。虽然也存在《词林摘艳》《盛世新声》部分曲文同于《元刊杂剧三十种》,或是《雍熙乐府》部分曲文同于《词林摘艳》《盛世新声》,抑或是《雍熙乐府》同于《元刊杂剧三十种》,抑或是某两部选本属于一个系统,但绝大部分是不同版本互不相同,这说明在杂剧曲文流变的过程中,编者并未有意识地去遵从某一个版本,更多的还是以自己的主观意识为主,前代曲文如果符合自己的指导理念就遵从,不符合就改动。正因为编者具有独立的主观意识,其改动的曲文面貌最终也就各有特色。

总之,元代杂剧曲文在传播过程中一直存在改动、变异,并非只存在于明代中晚期,更不是《元曲选》所独有,因此,前辈学人推测《元曲选》曲文更异乃据于明前期文本是非常正确的。

二、明代元杂剧曲文流变及脉系

既然《元曲选》之前,嘉靖选本中的曲文较之《元刊杂剧三十种》已经有了较大改变,说明元代曲文在明代流传过程中一直在衍变。而从时间上看，嘉靖选本处于《元刊杂剧三十种》和《元曲选》之间，正好为我们提供了《元刊杂剧三十种》至《元曲选》之间的一个衔接文本。那么，它们之间又有什么联系呢？

尚仲贤《汉高皇濯足气英布》在《元刊杂剧三十种》和《元曲选》中皆有收录，其第四折亦见于三大选本。我们以此剧第四折为例，分析各选本异同之处，见表5-10。

表5-10 《汉高皇濯足气英布》在《元刊杂剧三十种》等选本中的曲文异同

《元刊杂剧三十种》	《词林摘艳》	《雍熙乐府》	《元曲选》
【醉花阴】楚汉争锋竞寰宇	楚汉争锋竞寰宇	楚汉争锋定寰宇	俺则见楚汉争锋竞寰土
楚项籍难赢败输	楚项籍难赢败输	楚项籍难赢败输	那楚霸王肯甘心伏输
英布谁如	英布谁如	英布谁如	这汉英布武勇谁如
拒慷慨堪推举	拒慷慨堪称许	拒慷慨堪称许	拒慷慨堪称许
	知韬略晓兵书	善韬略晓兵书	善韬略晓兵书
	无他那半霎儿熬番了楚项羽	无半霎儿熬番了楚项羽	没半霎儿早熬番了楚项羽
【喜迁莺】他那壁古剌剌门旗开处	骨剌剌门旗开处	骨剌剌门旗开处	骨剌剌旗门开处
阵上高呼	在阵面上高呼	阵面上高呼	在阵面上高呼
相欺负，厮耻辱	这匹夫，他两个厮耻辱	这匹夫，你两个厮耻辱	这匹夫，两下里厮耻辱
他道我看伊不轻	一个道看伊不轻	一个道看你非轻	一个道待你非轻
我负你何辜	他道是负尔何辜	他道是负你何辜	这一个道负你何辜
【出队子】咱这壁先锋前部	俺这里先锋英布	俺这里先逢英布	俺这里先锋前部
能对付	能摆布	能摆布	能对付
响飕飕阵上发金铮	冷飕飕阵面上发金钯	冷搜搜阵面上发金钯	响飕飕阵上发个金镞
沙沙沙，齐臻臻披前排士卒	火火，齐臻臻军前列着士卒	火火火，齐臻臻军前列着士卒	火火火，齐臻臻军前列着士卒
仆剌剌的垓心里骤战驹	呀呀呀我见不剌剌的垓心骤战驹	呀呀呀我则见不剌剌垓心骤战驹	呀呀呀俺则见垓心里骤战驹

续表5-10

《元刊杂剧三十种》	《词林摘艳》	《雍熙乐府》	《元曲选》
【刮地风】咚咚不待的三声凯战鼓	咚咚咚三声索战鼓	咚咚咚三声凯战鼓	咚咚咚不待的三声凯战鼓
古剌剌两面旗舒	骨剌剌两面旗舒	骨剌剌两面旗舒	忽剌剌两面旗舒
仆剌剌二马相交处	登时间二马相交处	登时间二马相交处	扑腾腾二马相交处
我子见一来一去	我则见一来一去	我则见一来一去	俺则见一来一去
两个人	两员将	两员将	两员将
使火尖枪的是项羽	一个是火尖枪，他是那楚项羽	一个使火尖枪，他是那楚项羽	一个使火尖枪，正是他楚项羽
是他便刺胸脯	忽的早正刺胸脯	忽的早正刺胸脯	忽的呵早刺着胸脯
【四门子】九江王那些英雄处	俺英布那些英雄处	俺英布那些英雄处	俺英布正是他的英雄处
两员将各自寻门路	两员将各自寻门路	两员将各自寻行路	两员将各自寻门路
各自依法度	各自施法度	各自施法处	各自依法度
连天喊举	则听的连天喊举	则听的连天喊举	则听的连天喊举
【古水仙子】黑气黄云遮太虚	黑雾黄云遮太虚	黑雾黄云遮了太虚	黑气黄云遮了太虚
人盘在杀雾	人蟠在杀雾	人蟠在杀雾	人蟠在杀雾
吁吁吁马和人都气促	马和人都气促	吁吁吁马和人都气促	吁吁吁马和人都气促
道足吕又忽斧迎枪数番烟焰举	足律律斧近枪数番烟焰举	促律律斧迎枪数番烟焰举	挖挣挣斧迎枪几番烟焰举
万道霞光注	万道霞光出	万道霞光出	万道霞光出
【尾声】嗔忿忿气夯破胸脯	嗔忿忿怒夯破胸匍	嗔忿忿怒撑破胸脯	杀的那楚项羽促律律向北忙逋

这篇曲文，《雍熙乐府》与《词林摘艳》《盛世新声》之间的异文较少，这就有利于对比它们和《元刊杂剧三十种》《元曲选》的关系。我们看到，《元曲选》确实对前代曲文进行独立改动，因为有一部分曲文三大选本与《元刊杂剧三十种》相同，而与《元曲选》不同。如三大选本、《元刊杂剧三十种》"数番烟焰举"一句，《元曲选》改为"几番烟焰举"；三大选本、《元刊杂剧三十种》"楚项籍难赢败输"一句，《元曲选》为"那楚霸王肯甘心伏输"；而"英布谁如"一句，《元曲选》则为"这汉英

布武勇谁如"。这都是《元曲选》独立修改之处,其改动整体上是正面的,如"楚项籍难赢败输"一句文义不通,《元曲选》改后则文意畅通了。此外,又有一部分《元刊杂剧三十种》、三大选本、《元曲选》之间皆不相同,如"无他那半霎儿熬番了楚项羽",《元刊杂剧三十种》缺文,《元曲选》则为"没半霎儿早熬番了楚项羽",虽在字句上与三大选本相近,但衬字使用并不相同。相似的情况还有《元刊杂剧三十种》"相欺负,厮耻辱",三大选本为"这匹夫,他两个厮耻辱",《元曲选》则为"这匹夫,两下里厮耻辱",《元曲选》与三大选本曲文接近,但衬字略异,这也是《元曲选》的独立改动。《元刊杂剧三十种》"仆剌剌二马相交处",三大选本为"登时间二马相交处",《元曲选》为"扑腾腾二马相交处",同样是《元曲选》在衬字上的独立修改。此外,又如《元刊杂剧三十种》"他道我看伊不轻",三大选本改易衬字,变为"一个道看伊非轻"(《词林摘艳》《盛世新声》把"非轻"改为了"不轻"),而《元曲选》虽近于三大选本,但把"看"字改为"待",用词更为准确。又如《元刊杂剧三十种》"阵上发金锌",三大选本改为"金钑",《元曲选》则改为"金镞",《元曲选》的"金钑"入全套之韵,所以改动是正确的。而有的曲句则是《元曲选》对前代版本的兼取,如《元刊杂剧三十种》"咱这壁先锋前部",三大选本为"俺这里先逢英布"(《词林摘艳》《盛世新声》为"先锋英布"),《元曲选》则为"俺这里先锋前部",《元曲选》此句取《元刊杂剧三十种》之主干,嘉靖选本之衬字,显然是对二者的中和。然而也有一部分,《元曲选》与《元刊杂剧三十种》相同,而与三大选本不同,如三大选本"能摆布""黑雾黄",《元曲选》《元刊杂剧三十种》皆为"能对付""黑气黄",《元刊杂剧三十种》"各自依法度",《词林摘艳》和《雍熙乐府》分别改为"各自施法度""各自施法处",《元曲选》则依然与《元刊杂剧三十种》相同。

然而更多的异文是三大选本与《元曲选》相同,而与《元刊杂剧三十种》不同,此类情况共 9 处,说明《元曲选》的部分曲文是继承于明代前期的曲文版本的。首先,《元刊杂剧三十种》有部分缺文之处,《元曲选》则和三大选本趋同。如"善韬略晓兵书",《元刊杂剧三十种》无此句,《元曲选》和《雍熙乐府》此句相同。其次,部分衬字修改之处,《元曲选》亦与三大选本相同。如《元刊杂剧三十种》"他那壁古剌剌门旗开处",三大选本为"骨剌剌门旗开处",《元曲选》与之同;《元刊杂剧三十种》"连天喊举"一句,三大选本和《元曲选》皆加衬字"则听的";《元刊杂剧三十种》"黄云遮太虚",《雍熙乐府》和《元曲选》为"黄云遮了太虚",增加了衬字"了"。最后,在涉及文意的改动上,《元曲选》亦有多处与三大选本相同。《元刊杂剧三十种》"拒慷慨堪推举",三大选本和《元曲选》为"称许",因为此处为士卒赞美英布,而且英布已经挂帅出征,不用再"推许",因此"称许"更为准确;《元刊杂剧三十种》"两个人",三大选本和《元曲选》为"两员将",更符合战斗场景;《元刊杂剧三十种》"万道霞光注",三大选本和《元曲选》为"霞光出","霞光注"语意拗口,换为"出"字文意更为通顺;《元刊杂剧三十种》"人盘在杀雾",三大选本和《元曲选》为"人蟠在杀雾",此句写英布战场杀敌的状况,"盘"与"蟠"相通,但"蟠"字更富有战场鏖战的形象感。所以三大选本、《元曲选》相同而与《元刊杂剧三十种》相异的曲文,大部分以三大选本、《元曲选》的曲文为佳。

通过分析可以发现,《元刊杂剧三十种》、嘉靖选本、《元曲选》之间的流变关系颇为复杂,有的是三大选本与《元刊杂剧三十种》相同,而与《元曲选》不同;有的是《元刊杂剧三十种》、三大选本、《元曲选》各不相同;有的则是《元曲选》与《元刊杂剧三十种》相同,而三大选本与它们不同。可见,杂剧曲文在明代的流变往往衍生出多种传播、接受的渠道和结果。不过,从中我们依然可以考察出两个重要结论。第一,《元曲选》对元杂剧曲文进行过独立的修改,这是没有疑问的。有多处曲文,《元曲选》既不同于《元刊杂剧三十种》,也不同于嘉靖本,可知《元曲选》并没有沿袭前代曲文,而是单独进行了改易。像《元刊杂剧三十种》"嗔忿忿气夯破胸脯",三大选本虽然对此句有改动,总体上仍属一个系统,而《元曲选》直接改为"杀的那楚项羽促律律向北忙逋",使整个曲辞文意皆发生了变化,前代并不见此文句,所以显为臧懋循所改。臧懋循的改动也往往取得不错的效果。如"杀的那楚项羽促律律向北忙逋",此句已是全套的尾声,正当表现战果之时,《元刊杂剧三十种》和三大选本的"气破胸脯"皆与情节走向不符,因为前文已经铺垫了足够的英布英姿勇武,此处却突然"气破胸脯",使人莫名其妙。《元曲选》则改为"杀退项羽",既表现了英布神勇,又交代了战况战果。

第二,《元曲选》虽有独立改动之处,但更多的是《元曲选》和三大选本相同,说明它遵从于前代版本的曲文。此套中,除了 9 处与三大选本完全相同的曲文,还有多处曲文虽与三大选本相异,但依然属于一个系统。如《元刊杂剧三十种》"沙沙沙齐臻臻披前排士卒""使火尖枪的是项羽""九江王那些英雄处",三大选本为"火火齐臻臻军前列着士卒""一个是火尖枪,他是那楚项羽""俺英布那些英雄处",《元曲选》为"火火火齐臻臻军前列着士卒""一个使火尖枪,正是他楚项羽""俺英布正是他的英雄处"。这些曲文中,《元曲选》虽然与三大选本略有异处,但整体上是与三大选本相同而与《元刊杂剧三十种》完全不同的。由于三大选本只录只套且无宾白,所以《元曲选》不可能直接参考三大选本,可能是三大选本和《元曲选》共同参考了某一种明代前期的文本,而这个文本已经对《元刊杂剧三十种》进行了诸多改易。因此,这也说明臧懋循在编选《元曲选》时所参照的重要版本之一是明代前期已经对《元刊杂剧三十种》改易过的版本。故而《元曲选》与《元刊杂剧三十种》的曲文异文,相当一部分并非臧懋循所改。如果直接以《元曲选》对比《元刊杂剧三十种》,可能会误以为臧懋循的改动极多,但对比了三大选本后便知道很多异文并非臧懋循所改,而是明代前期就已经如此,明代前期的版本就已经改变了《元刊杂剧三十种》的风貌。

《元曲选》与三大选本高度趋同,证明《元曲选》参照了明代前期的杂剧版本。而在《元曲选》之前,还有多部杂剧选本存在。这些杂剧选本往往晚于三大选本,处于嘉靖选本与《元曲选》之间。那么,这些杂剧选本与《元刊杂剧三十种》、三大选本、《元曲选》之间又是什么关系呢?我们以成书于万历二十六年(1598)的息机子《杂剧选》为例进行考察。此选本成书于万历中期,比《元曲选》早十七年,一定程度代表了《元曲选》之前的杂剧选集的风貌。被《元刊杂剧三十种》、三大选本、息机子《杂剧选》《元曲选》共同收录的作品中最为知名的当属宫大用的《死生交范张鸡黍》,我们以此剧第二折为例,分析各选本之间异同之处,见表 5—11。

表 5-11 《死生交范张鸡黍》第二折在《元刊杂剧三十种》等选本中的曲文异同

《元刊杂剧三十种》	《词林摘艳》	《雍熙乐府》	《杂剧选》	《元曲选》
【小梁州】如今萧丞相每正争头鼓脑	如今萧丞相每正争头鼓脑	如今那萧丞相争头鼓脑	如今那萧丞相争头鼓脑
文宣王缄口藏舌	自俺文宣王且缄口藏舌	便有那鲁诸生也所缄口藏舌	便有那鲁诸生也所缄口藏舌
将古今儒吏分优劣	有人问古今儒吏分优劣	将古今人物分优劣	将古今儒吏分优劣
			为吏者矜夸显达,为儒者卖弄修洁
想舜庭八凯	想舜庭八凯	舜庭八凯	舜庭八凯
周朝八士,殷失三仁	周朝八士,殷室三仁	周朝八士,殷室三人	
更和那汉国三杰	又何如汉国三杰	更和那汉国三杰	更和那汉国三杰
如今那宪台疏乱	如今宪台疏乱	如今宪台疏乱	如今那宪台疏乱
炎炎的汉火看看灭	炎炎的汉史看看灭	炎炎汉火看看灭	炎炎的汉火看看灭
士大夫尚风节	士大夫自古尚风节	士大夫尚风节	士大夫尚风节
寸草将来撞巨钟	三寸草将来撞巨钟	寸草将来撞巨钟	寸草将来撞巨铁
【隔尾】公孙弘饮鸩而亡则是呆	饮鸩身亡子是呆	申生饮鸩而亡则是呆	垂钓的严子陵不是呆
魏文侯比公孙述性薄劣	若魏文侯似公孙述般性薄劣	魏文侯比公孙述性乖劣	柱了您个开阁公孙弘到茅舍
这其间田子房命绝	这其间田子方命绝	田子方命绝	量小生才不及传说
段干木死也	段干木死也	段干木死也	辩不及蒯徹
只落得万古千秋教人做话儿说	只落得万古千秋做话儿说	则落的万古千秋着人做话儿说	我只怕进退无名,着人做笑话儿说

续表5-11

《元刊杂剧三十种》	《词林摘艳》	《雍熙乐府》	《杂剧选》	《元曲选》
【牧羊关】光武大包天地	光武量包含天地	光武德包天地		
非光武知子陵	非光武无以知子陵	非光武谁能知子陵		
【隔尾】望见高车呵早大开门倒屣连忙接	望见高车呵早大开门倒屣连忙接	望见高车呵早大开门倒屣连忙接	见高车呵早大开门倒屣连忙接	见高车来俺只索倒屣连忙接
闻得钧命至呵	闻得君命至呵	闻得君命至呵	听的道君命至呵	听的道君命至
早不侯驾披襟走不迭	不侯驾披襟走不迭	早不侯驾披襟走不迭	不侯驾披襟走不迭	越着俺披襟走不迭
我着领雪练般狐裘	我如今卖着领雪练般狐裘	我着领雪练般狐裘	我着领雪练也般狐裘	卖着领雪练也似狐裘
我怕不待求善价沽诸,行货背时也	我怕不待求善价沽诸,这行货背时也	我怕待求善价沽诸,行货背时也	本待要求善价而沽诸,赤紧的行货儿背时也	本待要求善价而沽诸,争奈这行货儿背时也
【牧羊关】今日个东都门逢明冠不挂	今日个东都门逢萌冠不挂	今日个东都门逢萌冠不挂	今日个东都门逢萌冠不挂	想当日那东都门逢萌冠不挂
常朝殿	长朝殿	常朝殿	长朝殿	长朝殿
	洞庭岸越范蠡	洞庭岸越范蠡	洞庭湖范蠡	洞庭湖范蠡
	殷伯夷	殷夷齐	殷伯夷	伯夷
	【骂玉郎】平安信断连三月	平安信断连三月	这些时平安信断连三月	这些时平安信断连三月
	正心绪不宁帖	正心绪不宁帖	我正心绪不宁帖	我正心绪不宁帖
	家童来报高声说	家童报喜高声说	猛听的家僮报喜高声说	猛听的家僮报喜高声说
	兄弟在那些,我去亲自接	在那里亲自接	俺兄弟在那些,我与你亲自接	俺兄弟在那里,我与你亲自接
	不由我添欢悦	不由我添欢悦	不由人添欢悦	不由人添欢悦

续表 5-11

《元刊杂剧三十种》	《词林摘艳》	《雍熙乐府》	《杂剧选》	《元曲选》
	【感皇恩】千里途赊	千里途赊	兄弟你煞是千里途赊	兄弟你煞是千里途赊
	两字离别	两字离别	自从咱两处离别	自从咱两处离别
	我亲迎问候	我亲身问候	我这里迎门儿问候	我这里迎门儿问候
	他躲闪藏遮	他躲闪藏趄	他将我躲闪藏遮	他将我躲闪藏遮
	咱须是亲弟兄，比外人至亲热	咱是亲弟兄，比外人至亲热	咱两个为朋友，比外人至亲热	咱两个为朋友，比外人至亲热
	【采茶歌】他把我紧拦截	他把我紧拦截	他紧拦遮	把我紧拦截
	折回衫袖	折回衫袖	却怎生他折回衫袖	他折回衫袖
	自跌自堆自哽咽，无言低首自伤嗟	自撅自摧自哽咽，无言低首自伤嗟	自撅自推自哽咽，无言低首漫伤嗟	既然道有事关心能哽咽，怎这般无言低首漫伤嗟
【哭皇天】将衣袖紧揪者	将衣袖紧揪者	将衣袖紧揪扯	将衣袂紧揪者	将衣袂紧揪扯
	谁想你今番今番命绝		谁想你今番今番命绝	谁想你今番今番命绝
想咱同堂学业	想着咱同堂学业	想咱同堂学业	想着俺同堂学业	想着俺同堂学业
大和你同朝帝阙	同见天颜	待和你同朝帝阙	指望和你同朝帝阙	指望和你同朝帝阙
谁想你四旬也不到	谁想你四旬也不到	谁想你四旬也不到	谁想你四旬也不到	你如今四旬不到
撇调下妻男	割舍了妻男	撇调下妻男	撇调下妻男	割舍妻男
又不顾这旧哥哥死去也	又不顾您这旧哥哥死去也	又不顾这旧哥哥死去也	又不顾这旧哥哥死去也	怎下的撇了您歹哥哥歹哥哥死去也
今番永别	今番永别	今番承谢	今番永别	今番永别

续表 5-11

《元刊杂剧三十种》	《词林摘艳》	《雍熙乐府》	《杂剧选》	《元曲选》
【乌夜啼】弟兄情一笔勾绝	弟兄情一笔勾绝	弟兄情一笔勾绝	把咱这弟兄情一笔勾绝	把咱这弟兄情一笔勾绝
把平生心事叮咛说	把平生心事叮咛说	把平生心事叮咛说	把平生心事叮咛说	把平生心叮咛说
不必喋喋	不必喋喋	不必喋喋	你可便不必喋喋	你可便不必喋喋
老亲无子	老亲无子	闪的这老亲无子	老亲无子	闪的这老亲无子
凛凛的英魂,神道般刚明猛烈	凛凛的英魂,神道般刚明猛烈	凛凛的英魂,神道刚明猛烈	凛凛的英魂,神道般刚明猛烈	凛凛英雄,神道般刚明猛烈
我便问是邪非邪	我更问是邪非邪	我更问是邪非邪	我便问甚是耶非耶	我问甚么是耶非耶
过隔壁问邻家借	过隔壁问邻家借	过隔壁问邻家借	过隔壁问邻家借	问隔壁邻家借
将见钱上长街向铺户贳	将见钱上长街向铺户贳	将见钱上长街向铺户贳	将见钱上长街向铺户贳	将现钱去长街上铺内贳
乘马鞍问相公赊	乘马鞍问相公赊	乘马鞍问相公赊	乘马鞍问相公赊	乘骑的鞍马公赊
来回三月	来回三月	来回三月	来回三月	来回得三月
他既值凶祸	他既值凶祸	他既值凶祸	他既值凶祸	他既值凶事
别请个有政事豪杰	别请一个有政事豪杰	别请个有政事豪杰	别请个有政事豪杰	别寻个有政事豪杰
【尾声】俺弟兄情比陈雷	俺弟兄情比陈雷	俺弟兄情比陈雷	论情（俺弟兄）呵比陈雷	俺弟兄比陈雷
张元伯忠烈	张元伯性忠烈	张元伯性忠烈	张元伯忠烈	张元伯性忠烈
从明朝,避甚的,披残星带晓月	从明朝,避甚的,披残星带晓月	从明朝,避甚的,披残星带晓月	从明朝,避甚的,披残星带晓月	到来朝,避甚些,披残星带晓月
修墙垣	修墙垣	修墙垣	修墙垣	种松楸
种松柏	种松柏	种松柏	种松柏	荫四野
一处行	一处行	一处行	我和他一处行	我和他一处行

续表 5-11

《元刊杂剧三十种》	《词林摘艳》	《雍熙乐府》	《杂剧选》	《元曲选》
教人向墓门前与您立一统碑碣	教人向墓门前高耸耸与俺立一统碑碣	教人向墓门前与你立一统碑碣	着后人向墓门前高耸耸立一统碑碣	着后人向墓门前高耸耸立一统碑碣

由表 5-11 可知，《元刊杂剧三十种》缺少【小梁州】【隔尾】等部分的曲文，这是元刊本与明刊本最显著的差异。《元刊杂剧三十种》缺省的曲文，三大选本、《杂剧选》、《元曲选》都有补全，其补全的内容、文句相互之间略有差异，但整体上具有趋同性。其中，《杂剧选》有 6 处同于《词林摘艳》《盛世新声》；《元曲选》亦有 5 处同于《词林摘艳》《盛世新声》；这些同于《词林摘艳》《盛世新声》之处，大部分也同于《雍熙乐府》。所以，除了《元曲选》"寸草将来撞巨铁""辩不及蒯徹""量小生才不及传说""枉了您个开阁公孙弘到茅舍"等几句明显与三大选本不同，基本可以确定是《元曲选》独立所改以外，其他曲文异处，《杂剧选》《元曲选》和三大选本是高度趋同的。本篇曲文中，《元刊杂剧三十种》缺省了【骂玉郎】【感皇恩】【采茶歌】等曲牌，针对这篇曲文众版本非常鲜明地分为两个系统，三大选本系一个系统，《元曲选》和《杂剧选》系一个系统。三大选本虽然与《元曲选》《杂剧选》曲文不同，但基本上只是衬字的不同，如三大选本"平安信断连三月""千里途赊"等，《杂剧选》和《元曲选》为"这些时平安信断连三月""兄弟你煞是千里途赊"，《杂剧选》《元曲选》比三大选本多了一些衬字而已。这说明，虽然《元刊杂剧三十种》缺省了部分曲文，但在明代前期，早有版本把缺省曲文补全或流传到其他曲文中，《词林摘艳》《盛世新声》《雍熙乐府》《杂剧选》《元曲选》都是根据这些不同于《元刊杂剧三十种》的版本进行作品编选的。

再从上表分析，在《元刊杂剧三十种》曲文齐全的部分，三大选本的曲文基本与《元刊杂剧三十种》相同。这说明就这一折而言，三大选本是高度忠于元刊本的。而凡是三大选本与《元刊杂剧三十种》相同的曲文，《杂剧选》除了"你可便不必喋喋""把咱这弟兄情一笔勾绝"等个别文句外，也基本与元刊本、三大选本相同，也就是说，《杂剧选》亦是忠于元刊本的。相较之下，《元曲选》则基本与它们全不相同。这是否是臧懋循所改呢？并非如此。事实上，《杂剧选》的刻本上有很多手写改动的笔迹，虽然《杂剧选》很多曲文与元刊本、三大选本相同，但包括"过隔壁，问邻家借""别请个有政事豪杰""他既值凶祸""谁想你四旬也不到""将见钱上长街向铺户截""乘骑鞍问相公赊"在内的很多文句均是在改动之后才与元刊本相同的，说明有人在后来对其按照元刊本的原貌进行改动，有意恢复剧本的元代风貌。而改动之前的刻本曲文，恰恰是与《元曲选》相同的。这说明，《元曲选》的这些异文并非自己所改，因为这些曲文在比它早的《杂剧选》里已经存在了。

　　总体上，通过这套曲文的异文，我们可以得出几个结论。首先，《元曲选》有个别曲文完全不同于前代任何版本，如前代版本皆为"修墙垣""种松柏"，而《元曲选》为"荫四野""种松楸"，这几处显然为臧懋循所改，这也是臧懋循对元剧修改的又一证明。其次，通过《元刊杂剧三十种》曲文缺省的部分可知，明代前期流传着多种不同于《元刊杂剧三十种》的元剧版本，和《元刊杂剧三十种》相比，它们的曲文是齐全的。这些齐全的曲文可能是明代人所加，也可能是元剧本来就如此，总之它们的版本面貌比《元刊杂剧三十种》更为完整。无论是三大选本还是《杂剧选》《元曲选》，都是从这些元剧版本中来提取文本的。最后，三大选本、《杂剧选》《元曲选》参考的都是明代前期不同于《元刊杂剧三十种》的元剧版本，但它们参考的并非一个版本。笔者认为，三大选本参考的是元代刊本，《杂剧选》和《元曲选》依据的可能是明代前期的改本。因为在《元刊杂剧三十种》曲文齐备的部分，三大选本与《元刊杂剧三十种》高度趋同，说明它们参考的版本曲文与《元刊杂剧三十种》曲文面貌相同或接近，那么自然极可能是元代刊本。而《杂剧选》《元曲选》的曲文与《元刊杂剧三十种》有所差异，其中甚至包括缺少【牧羊关】一套曲文这样明显的差异，所以它们依据的并不是元刊本，而是明人已经修改过的版本。由此可见，从元代至明万历年间，元杂剧的版本流传已经颇为复杂，不过还是可以缕出条细：其一，元代存在诸多杂剧刊本，其面貌可能大同小异，而嘉靖戏曲选本依据的即为元刊本。其二，入明之后至万历之前，由于明人酷爱以己之意改编元剧，因而已经存在元剧的明人改本，包括《杂剧选》《元曲选》在内的万历之后杂剧选本，不少作品依据的是明代改本。

　　既然我们推断，《杂剧选》《元曲选》依据的是明代改本，那么，具体是哪些版本呢？是否还有存世的呢？如果考察万历时期的杂剧选本，就可以发现嘉靖时期李开先选辑改定的《改定元贤传奇》，是它们所共同遵从的范本之一。笔者以该选本《玉箫女两世姻缘》第二折为例，考察三大选本、《杂剧选》、《元曲选》和《改定元贤传奇》之间的异同，见表5-12。

表5-12 《玉箫女两世姻缘》第二折在《词林摘艳》等选本中的曲文异同

《词林摘艳》	《雍熙乐府》	《改定元贤传奇》	《杂剧选》	《元曲选》
【集贤宾】困腾腾一枕春醒（醒）	闷腾腾一枕春醒	困腾腾一枕春醒	困腾腾一枕春醒	困腾腾一枕春醒
恰离了游丝儿竹坞桃溪	恰离了游丝儿竹坞桃溪	趁着那游丝儿恰飞过竹坞桃溪	趁着那游丝儿恰飞过竹坞桃溪	趁着那游丝儿恰飞过竹坞桃溪
趁着那蝴蝶儿飞过月榭风亭	赶趁那蝴蝶儿早来到月榭风亭	随着这蝴蝶儿又来到月榭风亭	随着这蝴蝶儿又来到月榭风亭	随着这蝴蝶儿又来到月榭风亭
我恰才觉来时倚着这翠云十二屏（《盛世新声》无"这"字）	我恰才觉来时倚着翠云十二屏	觉来时倚着这翠云十二屏	觉来时倚着这翠云十二屏	觉来时倚着这翠云十二屏
坠露飞萤	坠露飞萤	啜露飞萤	啜露飞萤	坠露飞萤
则我这寸肠千万结	则我这寸肠千万结	寸肠千万结	寸肠千万结	多咱是寸肠千万结
【逍遥乐】尚兀自神心不定	尚兀自神心不定	犹古自身心不定	犹古是身心不定	犹古自身心不定
知他你何处也薄情	知他在何处也薄情	何处也薄情	何处也薄情	何处也薄情
多应恋金屋银屏	多应是恋金屋银屏	多应是恋金屋银屏	多应是恋金屋银屏	多应是恋金屋银屏
想则想于咱家不志诚（至诚）	想自想于咱家不至诚	想则想于咱不至诚	想则想于咱不至诚	想则想于咱不至诚
空说下个磕可可的海誓山盟	空说下个磕磕磕的海誓山盟	空说下磕磕磕海誓山盟	空说下磕磕磕海誓山盟	空说下磕磕磕海誓山盟
赤紧的关河路远	赤紧的关河路远	吃紧的关河又远	吃紧的关河又远	赤紧的关河又远

续表5-12

《词林摘艳》	《雍熙乐府》	《改定元贤传奇》	《杂剧选》	《元曲选》
【上马娇】觑不的雁行弦断卧了银筝	觑不的雁弦断卧了银筝	我觑不的雁行弦断卧瑶筝	我觑不的雁行弦断卧瑶筝	我觑不的雁行弦断卧瑶筝
听不得凤嘴声残冷了玉笙	听不的凤嘴声残冷了玉笙	凤嘴声残冷玉笙	凤嘴声残冷玉笙	凤嘴声残冷玉笙
兽面篆消闲了翠鼎	兽面篆消闲了翠鼎	兽面篆消闲翠鼎	兽面篆消闲翠鼎	兽面篆消闲翠鼎
【梧叶儿】火燎也似身躯热，锥刻我这额角疼	火燎般身躯热，锥剜般额角疼	火燎也似身躯热，锥钻也似额角疼	火燎也似身躯热，锥钻也似额角疼	火燎也似身躯热，锥刻也似额角疼
这些时即渐里瘦了身形	这些时即渐里瘦了身形	即渐里瘦了身形	即渐里瘦了身形	即渐里瘦了身形
茶饭不应	这两日茶饭不待用	茶饭上不待吃	茶饭上不待吃	这几日茶饭上不待吃
这些时睡卧不宁	这些时睡卧不甚宁	睡卧又不甚宁	睡卧又不甚宁	睡卧又不甚宁
若将我这脉来评	若将这脉来评	若将这脉来凭	若将这脉来凭	若将这脉来凭
这症候敢多应是废寝忘餐病症	这症候多是废寝忘餐病症	多管是废寝忘殓病症	多管是废寝忘殓病症	多管是废寝忘餐病症
【醋葫芦】看了他容颜实是撑	看了他容颜实是撑	容颜儿实是撑	容颜儿实是撑	看了他容貌儿实是撑
唱一个小曲儿宫调清	唱一个小曲儿宫调清	唱一篇小曲儿宫调清	唱一篇小曲儿宫调清	唱一篇小曲儿宫调清
想着他软款温柔情性	看了他软款温柔情性	一团儿软款柔情性	一团儿软款柔情性	一团儿软款柔情性
则被你坑了人的性命	则被你坑了人的性命	兀的不坑了人性命	兀的不坑了人性命	兀的不坑了人性命
引了人的魂灵	引了人的魂灵	引了人魂灵	引了人魂灵	引了人魂灵
【金菊香】看了他锦心绣腹那些才能	看了他锦心绣腹那些才能	想着他锦心绣腹那些才能	想着他锦心绣腹那些才能	想着他锦心绣腹那些才能

续表 5-12

《词林摘艳》	《雍熙乐府》	《改定元贤传奇》	《杂剧选》	《元曲选》
更和这雪月风花，可交我怎不动情	更和这雪月风花，可教我怎不动情	雪月风花，那教人怎不动情	雪月风花，那教人怎不动情	怎教我月下花前不动情
酒席间小曲儿编捏成	酒席间小曲儿编捏成	即席间小曲儿编捏成	即席间小曲儿编捏成	信口里小曲儿编捏成
【浪来里】几番家官身处来的教晚	【浪来里煞】几番家官身处来的较晚	【浪里来】假若我乍吹箫别院声	【浪里来】假若我乍吹箫别院声	【浪里来】假若我乍吹箫别院声
眼巴巴帘下等	眼巴巴帘下等	他便眼巴巴帘下等	他便眼巴巴帘下等	他便眼巴巴帘下等
入门来不觉的画堂春自生	入门来不觉的画堂春自生	入门来画堂春自生	入门来画堂春自生	入门来画堂春自生
将他来守定	将咱搂定	紧紧的将咱搂定	将他来守定	将咱搂定
拍惜	爱惜	将惜	将惜	将惜
【金菊香】几番待落笔巧施呈	几番待落笔巧施呈	我怕不几番落笔强施逞	我怕不几番待落笔强施逞	怕不待几番待落笔强施呈
争奈这一段伤心，可交我画不成	争奈这一段伤心，可教我画不成	争奈一段伤心，画不成	争奈一段伤心，画不成	争奈一段伤心，画不能
泪痕	泪珠	泪痕	泪痕	泪痕
眼波眉黛不分明	眼皮儿眉黛不分明	和我这眼皮眉黛不分明	和我这眼皮眉黛不分明	和我这眼皮眉黛不分明
【后庭花】想起那和蔷薇花露清	想起这和蔷薇花露清	想着他和蔷薇花露清	想着他和蔷薇花露清	想着他和蔷薇花露清
嫩花朵心偏爱	嫩花朵心偏爱	整花朵心偏耐	整花朵心偏耐	整花朵心偏耐
梳洗处将俺这玉肩并	梳洗处将俺玉肩来凭	梳洗罢将玉肩凭	梳洗罢将玉肩来凭	梳洗罢将玉肩来凭
恰便似鸳鸯交颈	恰便似鸳鸯般交颈	恰似对鸳鸯交颈	恰似对鸳鸯交颈	恰似对鸳鸯交颈
这些时玉肌削减了九停	这些时玉肌肤减了九停	到如今玉肌骨减了九停	到如今玉肌肤减了九停	到如今玉肌肤减了九停
粉香消无了半星	粉香腮无了半星	粉香消没了半星	粉香消没了半星	粉香消没了半星

续表 5-12

《词林摘艳》	《雍熙乐府》	《改定元贤传奇》	《杂剧选》	《元曲选》
		无心恋秋水明	无心恋秋水明	空凝盼秋水横
无心情将云髻整	无心情将云髻整	甚情将云鬓整	甚情将云鬓整	甚情将云鬓整
骨揸揸瘦了形	骨揸揸瘦了形	骨岩岩瘦不胜	骨岩岩瘦不胜	骨岩岩瘦不胜
闷恹恹画不成	闷恹恹画不成	闷恹恹扮不成	闷恹恹扮不成	闷恹恹扮不成
【柳叶儿】寂寞了菱花的妆镜	寂寞了菱花菱花妆镜	兀的不寂寞了菱花妆镜	兀的不寂寞了菱花妆镜	兀的不寂寞了菱花妆镜
和我这相思令	和我这相思令	一篇相思令	这一篇相思令	这一篇相思令
都待要寄与书生	都待要寄与多情	寄与多情	寄与多情	寄与多情
常言道人憔悴不入丹青	说道是人憔悴人憔悴不似丹青	说道是人憔悴人憔悴不似丹青	说道是人憔悴人憔悴不似丹青	说道是人憔悴人憔悴不似丹青
【浪来里】你比那题桥的没信行	【浪来里煞】你比那题桥的没信行	【浪里来】你道个题桥的没信行	【浪里来】你道个题桥的没信行	你道个题桥的没信行
驾车的无准诚	驾车的无准诚	驾车的无准成	驾车的无准成	驾车的无准成
你比那汉相如厮敬重	比着那汉相如厮敬重	我把他汉相如厮敬重	我把他汉相如厮敬重	我把他汉相如厮敬重
我比那卓文君有上稍少了四星	我比那卓文君有上稍少了四星	我比那卓文君有上稍少了四星	我比那卓文君有上稍没了四星	我比那卓文君有上稍没了四星
好交我叫天来不应	好教我叫天来不应	空教我叫不应	空教我叫不应	空教我叫天来不应
【浪来里煞】心事人拔着短筹，有情人忒薄倖	【浪来里煞】心事人拔着短筹，有情人忒薄倖	【高过随调煞】心事人拔了短筹，有情人太薄倖	【高过随调煞】心事人拔了短筹，有情人太薄倖	心事人拔了短筹，有情人太薄倖
许了我三年五载不回程	许了我三年来却又早五载不回程	他说道三年来到如今五载不回程	他说道三年来到如今五载不回程	他说道三年来到如今五载不回程
我如今觑天远入地近	我如今觑天远入地近	好教咱上天远入地近	好教咱上天远入地近	好教咱上天远入地近
见俺那亏人心短命	见俺那负心短命	比及你见俺那亏心的短命	比及你见俺那亏心的短命	比及你见俺那亏心的短命

续表5-12

《词林摘艳》	《雍熙乐府》	《改定元贤传奇》	《杂剧选》	《元曲选》
则我这一灵儿先飞出洛阳城	则我这一灵儿飞入洛阳城	则我这一灵儿先飞出洛阳城	则我这一灵儿先飞出洛阳城	则我这一灵儿先飞出洛阳城

从表5-12看出，其曲辞异文可分为两个系统，三大选本系一个系统，《改定元贤传奇》《杂剧选》《元曲选》系一个系统。三大选本内部，除个别曲文外，《雍熙乐府》基本与《词林摘艳》《盛世新声》保持一致。《改定元贤传奇》则仅有"多应是恋金屋银屏""说道是人憔悴人憔悴不似丹青"等6处与三大选本相同，其他曲文与其全异。《杂剧选》的曲文，除"这一篇相思令""梳洗罢将玉肩来凭"等3处不同于《改定元贤传奇》外，其他全部与其相同。《元曲选》的曲文中，"空凝盼秋水横""这几日茶饭上不待吃"等9处为编者独立所改，"将咱搂定"等2处遵从了三大选本，其他39处曲文遵从了《改定元贤传奇》。这说明，《改定元贤传奇》的确对元代刊本进行了较大幅度的改动，并对万历时期的选本产生了重要影响。《杂剧选》《元曲选》绝大部分的曲文与《改定元贤传奇》相同，一定并非偶然现象。由此，我们可以得出以下结论。

第一，《元曲选》独立修改的曲文可以进一步得到确正。在此套曲文中，《元曲选》有9处既不同于三大选本，又不同于《改定元贤传奇》，可知为臧懋循所修改。第二，《改定元贤传奇》是明万历后杂剧选本所参考的重要元剧版本。我们前文谈到，《杂剧选》《元曲选》依据的可能是明代前期的改本，显然，《改定元贤传奇》就是它们所依据的明人改本之一。第三，《改定元贤传奇》中，仍然有部分曲文与三大选本相同，同时，李开先自己曾经收藏过《元刊杂剧三十种》，据此可知，《改定元贤传奇》改定元剧的底本是元刊本。第四，《改定元贤传奇》的曲文能够得到万历后杂剧选本的遵从，说明其当时影响广泛，其对元剧的改动亦颇受认可。《改定元贤传奇》的主要改动是精简衬字。如"我恰才觉来时倚着翠云十二屏"改为"觉来时倚着这翠云十二屏"，"知他在何处也薄情"改为"何处也薄情"，"空说下个硌磴磴的海誓山盟"改为"空说下硌磴磴海誓山盟"，"听不的凤嘴声残冷了玉笙"改为"凤嘴声残冷玉笙"，"这些时即里渐里瘦了身形"改为"即渐里瘦了身形"，"入门来不觉的画堂春自生"改为"入门来画堂春自生"，如此等等。精简衬字之后，曲文更为凝练，这种风格可能是明代中后期人所喜欢的。除了删减衬字,《改定元贤传奇》有时也增加衬字,目的是使文意更佳。例如,《改定元贤传奇》把"觑不的雁弦断卧了银筝"改为"我觑不的雁行弦断卧瑶筝",增加了衬字"我",是合理的。因为这套曲文是梅香为了给玉箫解愁,让玉箫吹弹管弦,玉箫却说自己没有心情,编者增加衬字"我",强调了玉箫的主体身份。又如把"想起这和蔷薇花露清"改为"想着他和蔷薇花露清",此句为玉箫想念韦皋的"风韵","他"字突出了韦皋的主体身份。有的曲文经过《改定元贤传奇》部分字句改动,文辞表达效果更佳。如"唱一个小曲儿宫调清",《改定元贤传奇》把"一个"改为"一篇",其量词运用更为准确。又如"几番家官身处来的较晚,眼巴巴帘下等"改为"假若我乍吹箫别院声,他便眼巴巴帘下等","官身处"过于突出了玉箫的妓女身份,改为"假若我乍吹箫别院声"则文意典雅。当然,《改定元贤传奇》并非尽善尽美,亦有改动不佳之处。如三大选本"坠露飞萤",《改定元贤传奇》改为"啜露飞萤","坠露飞萤"形容似梦非梦、神思恍惚,金代文人吴激《春从天上来》便有"叹汉苑秦宫,坠露飞萤"之句,可知三大选本正确,《元曲选》亦遵从于三大选本。而《改定元贤传奇》把有的衬字去掉,则失去了人物的主体身份,如"看了他容颜儿实是撑"改为"容颜儿实是撑",此句乃玉箫言韦皋的优秀之处,"看了他"突出夸赞的对象韦皋,这个衬字是有必要存在的,《元曲选》亦遵从于三大选本。不过,《改定元贤传奇》整体上改动是颇为成功的,也非常符合明人的品位,因而被万历以后杂剧选本广泛沿承。

我们再以白朴《梧桐雨》第二折为例,进一步证明《改定元贤传奇》对万历后杂剧选本的影响,此处我们以陈与郊《古名家杂剧》、顾曲斋《古杂剧》、继志斋《元明杂剧》三部选本进行比较,见表5-13。

表5-13 《梧桐雨》第二折在《词林摘艳》等选本中的曲文异同

《词林摘艳》	《雍熙乐府》	《改定元贤传奇》	《古名家杂剧》	《古杂剧》	《元明杂剧》	《元曲选》
【粉蝶儿】写长空数行征雁	写长空数行征雁	列长空数行征雁	列长空数行征雁	列长空数行征雁	列长空数行征雁	列长空数行征雁
荷减翠	荷减绿	荷减翠	荷减翠	荷减翠	荷减翠	荷减翠

续表5-13

《词林摘艳》	《雍熙乐府》	《改定元贤传奇》	《古名家杂剧》	《古杂剧》	《元明杂剧》	《元曲选》
却原来喷清香玉簪初绽	却原来喷清香玉簪初绽	喷清香玉簪花绽	喷清香玉簪花绽	喷清香玉簪花绽	喷清香玉簪花绽	喷清香玉簪花绽
【叫声】共彩女喜开筵	共媒女喜开筵	共妃子喜开颜	共妃子喜开颜	共妃子喜开颜	共妃子喜开颜	共妃子喜开颜
等闲等闲御园中排肴馔	等闲等闲御园中排肴馔	等闲等闲后园中列肴馔	等闲等闲后园中列肴馔	等闲等闲后园中列肴馔	等闲等闲后园中列肴馔	等闲等闲后园中列肴馔
【醉春风】紫金钟	紫金杯	紫金钟	紫金钟	紫金钟	紫金钟	紫金钟
晚凉生	晚凉生	晚凉多	晚凉多	晚凉多	晚凉多	晚凉多
粉黛浓妆	玳瑁筵前	粉黛浓妆	粉黛浓妆	粉黛浓妆	粉黛浓妆	粉黛浓妆
绮罗相间	绮罗香散	绮罗相间	绮罗相间	绮罗相间	绮罗相间	绮罗相间
【迎仙客】香馥馥的味正甘	香馥馥的味正酣	香喷喷味正甘	香喷喷味正甘	香喷喷味正甘	香喷喷味正甘	香喷喷味正甘
色初妍	色初妍	色初绽	色初绽	色初绽	色初绽	色初绽
恰便似九重天摘来到俺人世间	恰便似九重天摘将来摘将来到人世间	只疑是九重天滴来人世间	只疑是九重天滴来人世间	只疑是九重天滴来世间	只疑是九重天滴来人世间	只疑是九重天滴来人世间
得后艰	得后罕	得后悭	得后悭	得后悭	得后悭	得后悭
可惜不生长在长安	可惜不生长在长安	可惜不近长安	可惜不近长安	可惜不近长安	可惜不近长安	可惜不近长安
驿使把红尘泛	教驿使把红尘贩	教驿使把红尘践	教驿使把红尘践	教驿使把红尘践	教驿使把红尘践	教驿使把红尘践
【红绣鞋】则不向金盘中托看	则不向金盘中托献	则不向金盘中好看	则不向金盘中好看	则不向金盘中好看	则不向金盘中好看	不则向金盘中好看
也宜将翠袖擎看	也宜将翠袖擎看	也宜将翠袖擎看	也宜将翠袖擎看	也宜将翠袖擎看	也宜将翠袖擎看	便宜将玉手擎餐
恰便似绛纱囊罩定水晶丸	端的是绛纱笼罩水晶寒	绛纱囊光罩水晶寒	绛纱囊光罩水晶寒	绛纱囊光罩水晶寒	绛纱囊光罩水晶寒	端的个绛纱笼罩水晶寒

续表 5-13

《词林摘艳》	《雍熙乐府》	《改定元贤传奇》	《古名家杂剧》	《古杂剧》	《元明杂剧》	《元曲选》
为甚不生在北地	为甚不生在北地	为甚教寡人醒醉眼	为甚不生北地	为甚教寡人醒醉眼	为甚教寡人醒醉眼	为甚教寡人醒醉眼
偏怎生长在南藩	怎生长在南蛮	妃子晕娇颜	却生长在江南	妃子晕娇颜	妃子晕娇颜	妃子晕娇颜
这正是物稀人见罕	这正是物稀人见罕	物稀也人见罕	物稀也人见罕	物稀也人见罕	物稀也人见罕	物稀也人见罕
【快活三】嘱付那仙音院莫要怠慢	嘱付那仙音院莫要怠慢	嘱付你仙音院莫怠慢	嘱付你仙音院莫怠慢	嘱付你仙音院莫怠慢	嘱付你仙音院莫怠慢	嘱付你仙音院莫怠慢
上膳局快叠办	教坊司加紧迭办	道与你教坊司要迭办	道与你教坊司要迭办	道与你教坊司要迭办	道与你教坊司要迭办	道与你教坊司要迭办
将一个太真妃簇捧定在翠盘间	将一个太真妃簇捧定翠盘间	把个太真妃扶在翠盘间	把个太真妃扶在翠盘间	把个太真妃扶在翠盘间	把个太真妃扶在翠盘间	把个太真妃扶在翠盘间
能结束，宜宫扮	他畅是能结束，宜妆办	快结束，宜宫扮	快结束，宜宫扮	快结束，宜宫扮	快结束，宜宫扮	快结束，宜妆扮
【鲍老儿】双蹩起泥金衫袖挽	双撮起泥金翠袖挽	双撮得泥金衫袖挽	双撮得泥金衫袖挽	双撮得泥金衫袖挽	双撮得泥金衫袖挽	双撮得泥金衫袖挽
比着那月殿里霓裳按	比着那月殿里的霓裳按	把月殿里的霓裳按	把月殿里的霓裳按	把月殿里的霓裳按	把月殿里的霓裳按	把月殿里的霓裳按
你与我斜搭上绞绡攀	你与我斜搭上鲛绡襻	早搭上鲛绡襻	早搭上鲛绡襻	早搭上鲛绡襻	早搭上鲛绡襻	早搭上鲛绡襻
有宁王玉笛	有贤王玉笛	宁王玉笛	宁王玉笛	宁王玉笛	宁王玉笛	宁王玉笛
有寿宁锦筝	有受宁王锦筝	寿宁锦瑟	寿宁锦瑟	寿宁锦瑟	寿宁锦瑟	寿宁锦瑟
嘹亮循环	嘹亮声环	嘹亮循环	嘹亮循环	嘹亮循环	嘹亮循环	嘹亮循环
【古鲍老】黄番绰向前手拍板	黄番绰向前手拍板	黄翻绰向前手拍板	黄翻绰向前手拍板	黄翻绰向前手拍板	黄翻绰向前手拍板	黄翻绰向前手拍板

续表5-13

《词林摘艳》	《雍熙乐府》	《改定元贤传奇》	《古名家杂剧》	《古杂剧》	《元明杂剧》	《元曲选》
低低的叫一声玉环	低低的一声玉环	低低的叫声玉环	低低的叫声玉环	低低的叫声玉环	低低的叫声玉环	低低的叫声玉环
击着梧桐按	击着梧桐	击着梧桐按	击着梧桐按	击着梧桐按	击着梧桐按	击着梧桐按
上带着瑶琴声范	上带着瑶琴声范	更带着瑶琴声范	更带着瑶琴声范	更带着瑶琴声范	更带着瑶琴声范	更带着瑶琴音泛
琼珠汗	琼珠也似汗	琼珠汗	琼珠汗	琼珠汗	琼珠汗	琼珠汗
【红芍药】羯鼓声繁	羯鼓声繁	腰鼓声乾	腰鼓声乾	腰鼓声乾	腰鼓声乾	腰鼓声乾
燕体翻	燕体翻	燕体番	燕体番	燕体番	燕体番	燕体翻
香风馥散	香风馥散	香风拂散	香风拂散	香风拂散	香风拂散	香风拂散
亲捧一钟玉露甘寒	亲捧一杯玉露甘寒	寡人亲捧杯玉露甘寒	寡人亲捧杯玉露甘寒	寡人亲捧杯玉露甘寒	寡人亲捧杯玉露甘寒	寡人亲捧杯玉露甘寒
直吃的夜静更阑	直吃的夜静更阑	直吃到夜静更阑	直吃到夜静更阑	直吃到夜静更阑	直吃到夜静更阑	直吃到夜静更阑
【剔银灯】止不过报说道天昏至晚	我则听的报说道天昏至晚	止不过奏说边庭上造反	止不过奏说边庭上造反	止不过奏说边庭上造反	止不过奏说边庭上造反	止不过奏说边庭上造反
也合取一个迟疾紧慢	你索取个迟疾紧慢	也合看空便觑迟疾紧慢	也合看空便觑迟疾紧慢	也合看空便觑迟疾紧慢	也合看空便觑迟疾紧慢	也合看空便觑迟疾紧慢
走将来气吭吭的冒渎尊颜	走将来气吭吭冒渎尊颜	可不气丕丕冒突天颜	可不气丕丕冒突天颜	可不气丕丕冒突天颜	可不气丕丕冒突天颜	可不气丕丕冒突天颜
【蔓菁菜】险些儿慌杀了一个周公旦	险些儿慌杀一个周公旦	险些儿荒杀你个周公旦	险些儿荒杀你个周公旦	险些儿荒杀你个周公旦	险些儿荒杀你个周公旦	险些儿荒杀你个周公旦
你道我贪歌舞恋吹弹	他道是因歌舞恋吹弹	你道我因歌舞坏江山	你道我因歌舞坏江山	你道我因歌舞坏江山	你道我因歌舞坏江山	你道我因歌舞坏江山
您畅好是占奸	你常好是占奸	你好占奸	你好占奸	你好占奸	你好占奸	你常好是占奸

续表 5-13

《词林摘艳》	《雍熙乐府》	《改定元贤传奇》	《古名家杂剧》	《古杂剧》	《元明杂剧》	《元曲选》
羽扇纶巾笑谈间	羽扇纶巾笑谈间	羽扇纶巾坐间	羽扇纶巾坐间	羽扇纶巾坐间	羽扇纶巾坐间	羽扇纶巾笑谈间
【尾声】过了些嵯峨峻岭连云栈	嵯峨峻岭连云栈	替你愁那巉岩嵯峨连云栈	替你愁那巉岩嵯峨连云栈	替你愁那巉岩嵯峨连云栈	替你愁那巉岩嵯峨连云栈	替你愁那嵯峨峻岭连云栈
几程儿捱出雁门关	几程儿捱彻雁门关	几程儿捱得过剑门关	几程儿捱得过剑门关	几程儿捱得过剑门关	几程儿捱得过剑门关	几程儿捱得过剑门关

从上表看，三大选本是一个系统，《改定元贤传奇》及万历后杂剧选集是一个系统。《雍熙乐府》和《词林摘艳》《盛世新声》有部分曲文略异，这是两部选本本身存在的特点，因为它们几乎所有曲文都会存在多多少少的差异，但总体上这些差异限于衬字的不同，而其他大部分曲文是相同的。相反，《改定元贤传奇》只有8处与三大选本相同（主要同于《盛世新声》《词林摘艳》），其他曲文均有异处，而《古名家杂剧》《古杂剧》《元明杂剧》几乎全部与《改定元贤传奇》相同。其中《古名家杂剧》有"为甚不生北地"等2处与《改定元贤传奇》不同，也是后来有人所改，其原刻还是与《改定元贤传奇》相同的。《元曲选》除了8处或自己改动、或遵从三大选本，绝大部分也与《改定元贤传奇》相同。而《古杂剧》和《元明杂剧》全部与《改定元贤传奇》相同。我们在前文曾经探讨，《元曲选》《杂剧选》这样的选本有部分作品其实与三大选本乃至元刊本是有趋同性的，虽有不少异文，但也有相当部分曲文是与三大选本相同的。然而一旦涉及《改定元贤传奇》的作品，几乎全部遵从《改定元贤传奇》，很少有与三大选本曲文完全相同者。李开先《改定元贤传奇序》曾介绍自己对元剧的改动："删繁归约，改韵正音，调有不协，句有不稳，白有不切及太泛者，悉订正之。"① 从此套曲文来看，与上一套《玉箫女两世姻缘》第二折一样，《改定元贤传奇》能够得到万历后诸杂剧选本的遵从亦得益于其成功的改动。

---

① 俞为民、孙蓉蓉：《历代曲话汇编·明代编第一集》，黄山书社，2009年版，第406页。

《改定元贤传奇》与三大选本的曲文相比，其一大特点仍然是精简衬字。如"却原来喷清香玉簪初绽"改为"喷清香玉簪花绽"，"恰便似绛纱囊罩定水晶丸"改为"绛纱囊光罩水晶寒"，"这正是物稀人见罕"改为"物稀也人见罕"，"将一个太真妃簇捧定在翠盘间"改为"把个太真妃扶在翠盘间"，等等。这说明，精简衬字确实符合明人对元剧改动的风气，李开先自言"删繁归约"，也诚不言虚。而涉及文意的诸多改定之处，其效果也同样更佳。如三大选本"写长空数行征雁"文义不通，《改定元贤传奇》改为"列长空数行征雁"后，文意效果更好。三大选本"共彩女喜开筵"固然亦可，但"彩女"指代不明，改为"共妃子喜开颜"后突出了杨贵妃的主体身份。至于"开筵"和"开颜"，其实皆可。本套后一句就是"御园中列肴馔"，"开筵"固然可以，而"开颜"表示开心，也并没有不当。又如《改定元贤传奇》把"取时难、得后艰"改为"取时难、得后悭"，甚佳。因为此句形容荔枝难得，"得后艰"和"取时难"文意重复，而"得后悭"能形象地表现出得到之后的珍惜，所以效果更好。又如三大选本"能结束宜宫扮"文意不佳，《改定元贤传奇》改为"快结束宜宫扮"，一个"快"字表现了唐明皇急切看到杨贵妃表演的心态。又如三大选本"止不过报说道天昏至晚"，此句本写李林甫奏报安禄山谋反，三大选本之句表达得莫名其妙，《改定元贤传奇》改成"止不过奏说边庭上造反"，文意通畅了。此外，《改定元贤传奇》把"香风馥散"改为"香风拂散"，更能表现跳舞的动态美感；为"亲捧一杯玉露甘寒"增加了主语"寡人"，强调了主体身份；把"直吃的夜静更阑"改为"直吃到夜静更阑"，更符合语意习惯；把"你道我贪歌舞恋吹弹"改为"你道我因歌舞坏江山"，则富有了一定的批判意识。这些改动都堪称佳作。当然，《改定元贤传奇》也有改动不佳之处，如把"晚凉生"改为"晚凉多"，"羽扇纶巾笑谈间"改为"羽扇纶巾坐间"，词意皆不佳；又如"恰便似九重天摘来到俺人世间"，此句本是形容荔枝，所以"摘来"为佳，《改定元贤传奇》改为"谪来"，不妥；"羯鼓声繁"改为"腰鼓"，因为前文已经多次提到花奴打羯鼓，此处突然出现"腰鼓"不合剧情；"燕体翻"改为"番"，则是把正确的字改错了。但其整体上改动仍然是正面、合理、成功的。正因如此，它才会受到万历之后选家的认可，使他们摒弃其他版本，而唯《改定元贤传奇》为宗。

除了曲文，我们也可找到万历以后杂剧选本对《改定元贤传奇》遵从的例证。如《元刊杂剧三十种》中并无"楔子"，亦没有分折。而《改定元贤传奇》开始分折，并且首见"楔子"。《古名家杂剧》《杂剧选》《古杂剧》《元明杂剧》则开始普遍分折、突出楔子；又如《元刊杂剧三十种》的上场诗、下场诗比较少，也不规范，完善的上场诗和下场诗也是起始于《改定元贤传奇》的，这些上场诗、下场诗也得到了《杂剧选》《古杂剧》《古名家杂剧》的遵从。又如相较于《元刊杂剧三十种》，《改定元贤传奇》做了很多角色的改动，如元杂剧本无"丑"，南戏才有，最早由《改定元贤传奇》引入，万历以后亦开始普遍使用"丑"角。相较于其他万历以后选本，《元曲选》整体上亦是受《改定元贤传奇》的影响，包括分折、上下场诗的规范等，但在具体细节和内容上又有一定的改动，如《梧桐雨》楔子中，《改定元贤传奇》安禄山无下场诗，《元曲选》有之。又如《玉箫女两世姻缘》第三折，《改定元贤传奇》《古名家杂剧》《古杂剧》《杂剧选》等为"奏乐科，旦把酒窥视科"，《元曲选》则为"奏乐，旦把酒科"。这种改动，我们在上面的曲文异同中也讨论过，《元曲选》有部分曲文与《改定元贤传奇》及其他万历选本不同，是为臧懋循独立所改，所以孙楷第在《也是园古今杂剧考》也提道《元曲选》"在明人所选元曲中自为一系。凡懋循所订与他一本不合者，校以其他诸本，皆不合。凡他一本所作与懋循本不合者，校以其他诸本，皆大致相合。故知明人选元曲之刻于万历中间，除《元曲选》外，皆同系"①。孙楷第先生的判断无疑是正确的。解玉峰《论臧懋循〈元曲选〉于元剧脚色之编改》亦推断《元曲选》在明代元杂剧流播过程的位置："元人杂剧在明代流传的过程大致是：《改定元贤传奇》《古名家杂剧》等明刊杂剧集的编者据明内府抄本杂剧作第一步的编改，《元曲选》则是在这一编改'成果'之上作更进一步的改造。"②他的推断也是基本合理的，只不过《改定元贤传奇》依据的更可能是元刻本。

总之，我们通过上文几个表格的比对，可以发现元代杂剧在明代的流

---

① 孙楷第：《也是园古今杂剧考》，上杂出版社，1953年版，第151~152页。
② 解玉峰：《论臧懋循〈元曲选〉于元剧脚色之编改》，《文学遗产》，2007年第3期，第98页。

播主要呈现为两个脉系。其一，三大选本与《改定元贤传奇》在曲文上鲜有相同，而《杂剧选》《元明杂剧》等皆遵从于《改定元贤传奇》。所以笔者认为，三大选本的曲文大部分直接承袭于元刊杂剧，而《改定元贤传奇》也承袭于元刊杂剧，但是做了大幅度的改定，因此它成为一个独立的脉系，并且引领了万历以后的杂剧选本。其二，《元曲选》亦为相对独立的脉系，但其独立性不如《改定元贤传奇》显著。《元曲选》多有臧懋循独立的改动之处，凡是《改定元贤传奇》的剧目，《元曲选》亦大部分遵从之。而《改定元贤传奇》没有、三大选本有之的曲文，《元曲选》与它们也多有相同，说明《元曲选》固有独立改动之处，但对明代改本亦多有继承。所以，《改定元贤传奇》和《元曲选》是明人对元剧接受、传播的两个最重要的脉系，其中又尤以《改定元贤传奇》的改动最显著。

《改定元贤传奇》毕竟只有16种，它所有的剧目脉系分明，万历选本皆遵从之。《改定元贤传奇》之外的剧作，万历以后杂剧选本依据于哪个呢？我们在上文已经以《杂剧选》《元曲选》为例，讨论过它们和三大选本之间的曲文存在两种情况：一种是与三大选本曲文面貌有明显差异，对于这一种情况，我们认为三大选本依据于元刊本，而《杂剧选》《元曲选》依据于明人改本，《改定元贤传奇》只是明人改本之一，而除它之外，明代可能还存在其他的明人改本，《改定元贤传奇》未涉及的剧目，其他杂剧选本所依据的可能就是这些明人改本；另一种是万历以后杂剧选本的曲文也与三大选本趋同，与《元刊杂剧三十种》面貌则有一定差异，对于这种情况，可能是三大选本与其他杂剧选本都依据于明人改动的文本，抑或是依据于不同于《元刊杂剧三十种》的原版曲文。总之，它们所依据的是相同或相似的版本。据《元曲选》《杂剧选》的序言，它们的底本和三大选本相同或相近，也是合乎情理的。因为三大选本的底本出自内府，而《元曲选》《杂剧选》都透露曾于内府得到相关文献。息机子《杂剧选序》曾言："余少时，见云间何氏藏元人杂剧千□，羡不及录也，因以为缺。既而□□□□□友人自京师来，所携□□□□□□□续梓之。"① 云间何氏疑似即为何良俊。严敦易《元剧勘疑》云："这里所云云间何氏的藏曲，不详其所自来。虽然缺去了很多的字，文义难辨，但息机子所梓行的杂

---

① 古本戏曲丛刊编辑委员会：《古本戏曲丛刊》四集，商务印书馆，1958年版。

剧，当系本诸友人自京师所携来者，应无舛误。这可以想象到，京师来的本子，大概也便是从内府本所转录。"① 可知，《杂剧选》的底本即可能来自内府。《元曲选》的底本名言来自"御戏监"，而御戏监一般也认为是内府。所以，万历以后杂剧选本，它们所依据的底本有两种渠道：一种是《改定元贤传奇》等明代中前期的明人改本；一种是内府本，这种内府本可能是元刊本，也可能是明代改本。

  综言之，元杂剧流传到明代，明人改动颇多，传播的版本也复杂纷呈，但是仔细分析，其脉络其实分明。首先可以明确的是，在明代真正意义上对元杂剧做过重大改动的是《改定元贤传奇》和《元曲选》。《改定元贤传奇》直接影响了万历以后的杂剧选本，《元曲选》则在《改定元贤传奇》、万历选本及其他明代前期改本的基础上进行广泛参照，自己又进行了一番改动。由于《元曲选》较为晚出，因此万历、天启时期的选本要么依据于《改定元贤传奇》，要么依据于其他明前期改本，这是一系。另外，《元曲选》可以视作一系。而在杂剧曲文的流变过程中，三大选本和《改定元贤传奇》没有太多联系，它们和《元曲选》的联系在于可能共同参考了相同或相近的元剧文本，这些元剧文本可能是《元刊杂剧三十种》，也可能是明代改本，这些如今已经失传的版本当年可能藏于皇室、内府之中，三大选本和《元曲选》及其他杂剧选本都可能参考过它们，因此才会出现《元曲选》等选本与三大选本曲文相同的现象。不过，这些版本毕竟已失传，因此就现存版本而言，元杂剧的曲文流变脉系还是为《改定元贤传奇》《元曲选》两路。

---

① 严敦易：《元剧勘疑》，中华书局，1960 年版，第 83~84 页。

第六章 嘉靖戏曲选本的影响与晚明选本的转向

《词林摘艳》《雍熙乐府》及《盛世新声》在出现之后，收曲丰富、选刻精良，很快便产生了巨大的影响。首先，它们具有皇室选本的背景，迅速成为皇室戏曲演出、学习的重要参考文献。高士奇《金鳌退食笔记》云："神宗时，选近侍三百余名于玉熙宫，学习官戏，岁时升座则承应之。各有院本如《盛世新声》《雍熙乐府》《词林摘艳》等词。"[①] 可知万历时期，三大选本就已经成为皇室官方指定的戏曲教材。而且从"学习官戏"来看，三大选本虽为清唱选本，但因其宫调、曲牌规制专业，音乐性严谨，所以其曲文亦可作为戏剧演出的音乐指导来供宫廷的优伶子弟学习。其次，嘉靖选本对文人阶层同样影响显著。李开先《词谑》、王世贞《艺苑卮言》、沈璟《南九宫十三调曲谱》、王骥德《曲律》等嘉靖、万历年间的文人、著作都曾提及、引用、参考《词林摘艳》或《雍熙乐府》。考虑到李开先、王世贞、沈璟、王骥德在文化界、戏曲界都拥有一定地位，《词林摘艳》《雍熙乐府》能够迅速进入他们的视野，更足以体现出其当时的影响力。最后，嘉靖选本也对明代戏曲的发展产生了积极的贡献。不过万历之后的晚明由于戏曲发展的动向发生巨大变化，因此戏曲选本的编选也发生了巨大转向，呈现出与嘉靖戏曲选本截然不同的选本风貌。

第一节 文献传承与择曲榜样

嘉靖戏曲选本作为明代最早的戏曲选本，收曲规模已然不小，尤其

---

① （清）高士奇：《金鳌退食笔记》，清文渊阁四库全书本，卷下，第17页。

《雍熙乐府》皇皇二十卷，更是明代最大的戏曲选本。如此规模，自然保存了大量戏曲文献，对戏曲传承起到积极作用。同时，它们不仅收曲容量大，而且具有专业的择曲水准，所收曲文不仅多，而且精。

一、文献传承的贡献

《词林摘艳》《雍熙乐府》及《盛世新声》的首要贡献是它们收集大量曲文之后成为文献传承的重要载体。在明代中前期，关于戏曲的书籍主要掌握在皇室贵族的手中，掌握戏曲书籍的机构就是教坊司或内府。因此，《盛世新声》《雍熙乐府》的选辑保存了大量民间稀有的珍贵文献、搜集、汇聚了大量的戏曲文献，对戏曲文献的保护、传播产生了积极的影响。

在臧懋循《元曲选》出版以前，收录杂剧的选本和总集都不多，只有《改定元贤传奇》《古名家杂剧选》《脉望馆古今杂剧》等寥寥几种。而《盛世新声》《词林摘艳》《雍熙乐府》作为戏曲选本的开先声者，与明代其他的戏曲集刊相比，它们保留了大量独有的作品。

《盛世新声》收元杂剧36种，明杂剧7种。《词林摘艳》收元杂剧33种，明杂剧5种。《雍熙乐府》收元杂剧47种，明杂剧36种。其中，有30种元杂剧和5种明杂剧是三部选本皆收的。如果对比嘉靖和万历时期的杂剧选本《改定元贤传奇》《古名家杂剧》《元曲选》，可发现有25种元杂剧及29种明杂剧仅见于《盛世新声》《词林摘艳》《雍熙乐府》。其中，《芙蓉亭》《流红叶》《贩茶船》《谒鲁肃》《叹骷髅》《苏武还乡》《栾巴噀酒》《箭射双雕》《范蠡归湖》《衣锦还乡》《死哭秦少游》等都属于非常罕见的剧作。不少已经失传的作品，都有于赖它们遗存了部分曲文。如《录鬼簿续编》提及朱仲谊有《三塔记》《鬼推门》《鸳鸯冢》三部作品，贾仲明赞其人"丰神潇洒，文质彬彬。为文章未尝停思"①。如此才华出众的作家，后人自然很想看看他的作品。可惜他的三部杂剧全部失佚，幸亏《雍熙乐府》《词林摘艳》中收有《鸳鸯冢》两折曲文，后人才有机会一窥朱仲谊作品之风采。又如《李克用箭射双雕》在元、明、清三代皆未见任何著录，更不用说剧本流传，然而在《盛世新声》《词林摘艳》《雍熙乐府》中收录一折【粉蝶儿】。又如《汉武帝望思台》杂剧，于《太和正音

---

① 俞为民、孙蓉蓉：《历代曲话汇编·明代编第一集》，黄山书社，2009年版，第9页。

谱》著录，然剧本已佚，幸赖《雍熙乐府》保存一折。

另外，嘉靖戏曲选本都为南曲专设一卷，总共收录的南曲有 80 余套，不仅涉录《拜月亭》等经典南戏，而且收录了《王祥卧冰》《乐昌公主破镜重圆》《唐伯亨因祸致福》等已经亡佚的南戏剧作的部分曲文。它们在南戏难登大雅之堂的时代颇有眼界地为南曲设立专卷，保存下了非常珍贵的南曲文献。

此外，三大选本在散曲上的文献意义同样重要，如《录鬼簿续编》介绍刘庭信时，言其"又有'丝丝杨柳风''金风送晚凉'南吕等作，语极俊丽，举世歌之"①。可知，"丝丝杨柳风""金风送晚凉"是两篇极其出色的曲文。那么，其曲文到底为何，以至于流行到"举世歌之"的程度？而这两篇曲文正好在嘉靖戏曲选本之中皆有收录，这两篇曲文皆为相思离情之曲，观其曲文，确为思情散曲的优秀之作，如【一枝花】"丝丝杨柳风"首句："丝丝杨柳风，点点梨花语。雨随花瓣落，风趁柳条疏。春事成虚，无奈春归去。春归何太速？试问东均（君），谁肯与莺花做主。"②其语言可谓精丽。另外一曲【一枝花】"金风送晚凉"，更是文采斐然，尤以【小梁州】最为精彩：

> 凄凉境一遭儿布摆，相思阵十面埋伏，那些儿感起我这伤情处。乱纷纷残花败菊，滴溜溜落叶凋梧。疏剌剌风摇翠竹，淅零零雨洒荒芜。意痴痴感叹嗟吁，冷清清一弄儿消疏。怕的是枯荷缺处添黄，衰柳凋时减绿，丹枫老也涂朱。对对付付，支吾过白日离愁去。淹的早碧天暮，咚的黄昏一声鼓，好交我魂魄全无。③

此段曲文将叠字修辞运用得炉火纯青。通观两篇作品，文笔清雅俊秀，情感真挚动人，《录鬼簿续编》所言"语极俊丽"，诚不欺人。而正是有赖于三大选本的收录，后人才有机会看到这两篇曾经传唱一时的著名作品的面貌。因此，无论是杂剧、戏文还是散曲，嘉靖戏曲选本的文献传承之功可见一斑。

---

① 俞为民、孙蓉蓉：《历代曲话汇编·明代编第一集》，黄山书社，2009 年版，第 13 页。
② （明）张禄：《词林摘艳》，文学古籍刊行社，1955 年版，第 981 页。
③ （明）张禄：《词林摘艳》，文学古籍刊行社，1955 年版，第 967~968 页。

二、专业眼光成就择曲榜样

《词林摘艳》《雍熙乐府》收曲丰富,但并非简单的文献汇集,其实更是一种颇具专业眼光的择取。它们不是将所有作品都一股脑照单全收,也不是毫无标准和原则地乱收一气,而是择优而选,汰去劣品,择取精品。

首先,它们收曲的音韵格律标准颇为专业。它们所收曲文大部分的音韵格律都在后世获得好评,如何良俊《四友斋丛说》云:"朱仲谊辞写《鸳鸯冢》【黄钟】'羞对莺花绿窗掩',通篇俱闭口,用韵甚好。"① 此曲即为它们所收录。又如【普天乐】"浙江秋吴山夜",周德清《中原音韵》评:"妙在'芙'字属阳,取务头。造语、音律、对偶、平仄皆好。"② 此曲即被《词林摘艳》收录。又有蒋一葵《尧山堂外纪》云:"临川陈克明作《美人》【一半儿】'八咏',周德清击节叹赏曰:'此调作者众矣,此公音律独先。'"③(据《太平乐府》,实为查德卿所作)其中一首"自将杨柳品题人",即被《词林摘艳》收录。由此可见,它们收曲时在音律的把关上非常专业。沈璟《南九宫十三调曲谱》、冯梦龙《太霞新奏》、凌濛初《南音三籁》、李玉《北词广正谱》等选集、曲谱,都曾从《词林摘艳》《雍熙乐府》中择曲作品,且音韵格律上多受它们的启发。如梁廷枏《藤花亭曲话》曾赞美李玉《北词广正谱》"辨证甚属精详",但他也指出,《北词广正谱》其实受益于《雍熙乐府》:"按《雍熙乐府》列黄钟、正宫、大石、小石、仙吕、中吕、南宫、双调、越调、商调、南角、般涉十二调,其商角及般涉有目无词。李氏书虽多道宫、高平、歇指、宫调、角调五类,而歇指及宫、角二调皆有目无词,核其体例,实以《雍熙乐府》为本,偶有增益,亦因彼而推广之耳。"④ 可见,《雍熙乐府》《词林摘艳》不仅是文人搜集戏曲文献的宝贵曲库,而且可以帮助文人讨论、破解很多戏曲文化和戏曲历史的问题,进而对整个戏曲文化的进步和发展提供助力。

其次,《词林摘艳》《雍熙乐府》在文学上的眼光也有榜样意义。明刘

---

① 俞为民、孙蓉蓉:《历代曲话汇编·明代编第一集》,黄山书社,2009年版,第468页。
② 俞为民、孙蓉蓉:《历代曲话汇编·唐宋元编》,黄山书社,2006年版,第300页。
③ 俞为民、孙蓉蓉:《历代曲话汇编·明代编第三集》,黄山书社,2009年版,第395页。
④ (清)梁廷枏:《藤花亭曲话》,清藤花廷十七种本,卷四,第6~7页。

东生《月下老定世间配偶》在《录鬼簿续编》中有录，被赞"极为骈丽，传诵人口"①。这部口碑极佳的作品，《词林摘艳》《雍熙乐府》收录了全部四套。此外，二者共收的《唐明皇秋夜梧桐雨》《四丞相高会丽春堂》《破幽梦孤雁汉宫秋》《迷青琐倩女离魂》《玉箫女两世姻缘》以及《雍熙乐府》收录的《李太白匹配金钱记》《杜牧之诗酒扬州梦》《醉思乡王粲登楼》，也分别被《古名家杂剧》《元曲选》收录。二者共收的《汉高皇濯足气英布》《便宜行事虎头牌》《死生交范张鸡黍》等也都被《元曲选》收录。这些杂剧剧作能被后来的选本纷纷收录，说明它们都是元杂剧中的经典、上乘之作，也反映嘉靖选本在择曲上的水准颇有信服力。而作为最早收录南戏的戏曲选本，嘉靖选本对南戏的收录也颇显眼光。徐渭言："国朝虽尚南，而学者方陋，是以南不逮北。……《琵琶》尚矣，其次则《玩江楼》《江流儿》《莺燕争春》《荆钗》《拜月》数种，稍有可观。"②嘉靖时南戏虽然已经崛起，但能够入徐渭法眼者并不多，这几部徐渭认为不错的作品，《雍熙乐府》《词林摘艳》都有收录，足见它们的择曲眼光何等专业。

不唯戏曲，众多史上评价极高的散曲作品，《词林摘艳》《雍熙乐府》也都有收录。尤侗《艮斋杂说》云："散曲之可采者，如【天净沙】云'枯藤老树昏鸦……'【朝天子】云'早霞晚霞……'【拨不断】云'红尘不向门前惹'……"③此三曲皆被《词林摘艳》收录，第三篇亦被《雍熙乐府》收录。王世贞曾赞美"暗想当年"一曲"才情足冠诸本"。胡应麟《少室山房笔丛》附和："元曲传于今者，崔、蔡二家外，散套间得三数佳篇，如王长公所称'暗想当年，罗帕上把新诗写'，沉深逸宕，而字字本色，真妙绝古今矣。"④此曲在明代中期"人所常唱，而世皆赏以为好曲"，而《词林摘艳》《雍熙乐府》皆有收录。沈德符《顾曲杂言》赞美"百岁光阴一梦蝶"等作品："若散套虽诸人皆有之，惟马东篱'百岁光阴'、张小山'长天落彩霞'为一时绝唱。""百岁光阴一梦蝶"《盛世新声》《词林摘艳》《雍熙乐府》亦有收录，"长天落彩霞"亦被《雍熙乐府》

---

① 俞为民、孙蓉蓉：《历代曲话汇编·明代编第一集》，黄山书社，2009年版，第19页。
② 俞为民、孙蓉蓉：《历代曲话汇编·明代编第一集》，黄山书社，2009年版，第486页。
③ （清）尤侗：《艮斋杂说》，清康熙刻西堂全集本，卷三，第22页。
④ 俞为民、孙蓉蓉：《历代曲话汇编·明代编第一集》，黄山书社，2009年版，第649页。

收录。可见,嘉靖选本所收者多为口碑良佳者。

《词林摘艳》《雍熙乐府》所收散曲也有大量作品为后世选本所收录。汤舜民的"【一枝花】红舒脸上桃"被《北宫词纪》《彩笔情辞》《太霞新奏》《吴骚合编》等收录,陈大声的"【三台令】孤帏一点残灯"等被《太霞新奏》《群音类选》《吴骚合编》收录,刘东生的"【七贤过关】春风花草香"等四曲被《啸余谱》《南音三籁》《词林逸响》《吴骚合编》收录,署名高明或唐寅的"【月儿高】烟锁垂杨院"等四首被《群音类选》《南音三籁》《吴骚合编》《词林逸响》等收录,如此等等,都体现出它们所选录的作品很多都是广受认可并流传久远的经典之作,并为后世选本提供了一定的借鉴之用。

最后,嘉靖选本在收曲时对前代刊本和作品的改动,亦有部分作品成为明代后期选本遵从的典范。以《群音类选》【斗鹌鹑】"媚媚姿姿"为例,本篇《词林摘艳》题"风情",《雍熙乐府》题"美眷",《群音类选》题"美眷",这篇作品亦见于《阳春白雪》,各选本之间的异文见表6—1。

表6—1 【斗鹌鹑】"媚媚姿姿"在《阳春白雪》等选本中的曲文异同

《阳春白雪》	《盛世新声》	《词林摘艳》	《雍熙乐府》	《群音类选》
【斗鹌鹑】风风匀匀	丰丰韵韵	丰丰韵韵	丰丰韵韵	丰丰韵韵
一搦腰	一捻腰	一捻腰	一捻腰	一捻腰
【紫花儿序】越女吴姬怎生衬	越女吴姬相衬	越女吴姬相衬	越女吴姬相趁	越女吴姬相趁
一笑风生	一笑生春	一笑生春	一笑生春	一笑生春
【秃厮儿】肌如美玉无玷	肌如美玉无玷损	肌如美玉无玷损	肌如美玉无瑕损	肌如美玉无瑕损
【尾声】我罗衫褙儿宽	试罗衫褙儿宽	试罗衫褙儿宽	则我这罗衫褙儿宽	则我这罗衫褙儿宽
你唐裙带儿尽	和你那绣裙带儿来尽	和你那绣裙带儿来尽	则您那绣裙带儿尽	和你那绣裙带儿尽

可见,《盛世新声》《词林摘艳》《雍熙乐府》对《阳春白雪》的改动,《群音类选》多有继承,从中可看出嘉靖选本由于专业水平高,因此颇受后来选本的尊崇和信赖。

总之，正因为嘉靖选本具有皇室、权贵背景，而皇室权贵拥有丰富的文献储备和众多的专业人才，其所组织的选本编选者才具有相当专业的眼光，择选的作品也具有极高的艺术价值与文学水平，为后来的选本辑录、编选提供标准和范式，对于元明戏曲文献、剧作的收集、整理乃至改编都具有积极的影响。

第二节　抬高戏曲地位

因具有浓烈的皇室色彩，嘉靖戏曲选本自然也就体现了皇统观念在戏曲上的投射。这种投射有一定的负面影响，比如选本充斥着许多歌功颂德的乏味作品，但同时，正因为皇统权贵拥有强大的号召力、影响力、统治力，他们对戏曲的某些积极意识形态才能够即刻产生其他阶层可望而不可即的积极影响。这其中就集中表现在乐府观念的弘扬以及教化鸣盛的积极意义。

一、"乐府"观念的弘扬

《雍熙乐府》和《词林摘艳》都强调戏曲属于"乐府"的系统，对戏曲从形式上进行了肯定。《雍熙乐府》直接以"乐府"为名，而张禄在《词林摘艳》序言中云："今之乐，犹古之乐，殆体制不同耳。有元及辽、金时文人才士，审音定律，作为词调。逮我皇明，益尽其美，谓之今乐府。"① 及至明代，"乐府"经过长时间的衍变，内涵已经发生了很多的变化，其中之一就是表示文学形态具有正统、高雅的含义。

在中国历史上，"乐府"是一个含义复杂的词汇。乐府最早出现于秦汉时期，主要指音乐机构。乐府的职责之一是编创、收集、整理诗歌，因此人们将乐府存录的诗歌往往称为"乐府歌""乐府诗"，这也成为"乐府"一词衍生为诗体代称的源起。及至魏晋时期，"乐府"已经成为可以入乐的诗体的代称。这个含义一直沿用到宋代，如王灼《碧鸡漫志》言："古诗或名乐府，谓诗之可歌也。"② 宋人郭茂倩编集的《乐府诗集》就是

---

① （明）张禄：《词林摘艳》，文学古籍刊行社，1955年版，第10页。
② 俞为民、孙蓉蓉：《历代曲话汇编·唐宋元编》，黄山书社，2006年版，第51页。

专门收录可以入乐的诗歌的总集。所以，从魏晋到宋代，乐府的含义已经从音乐机构衍变为代指具有音乐性的诗歌。其必要因素有二：第一，必须是诗歌；第二，必须具有音乐性。唐代白居易等人发起"新乐府运动"，就是与"古乐府"相别，创作不具有音乐性的诗歌。当然及至宋代，"乐府"已经不仅指诗歌，而且代指曲子词。《碧鸡漫志》又云："古歌变为古乐府，古乐府变为今曲子，其本一也。"① 晏几道《乐府补亡》亦是词集。因此，在中国古代，"乐府"的核心含义有二，一个是指音乐结构，一个是指文学形式。作为音乐机构的乐府，肇始于秦汉，延续到宋代。北宋崇宁时期还设立大晟乐府。但是，自唐开始设立教坊，沿至元明，所以"教坊"渐渐取代"乐府"，成为音乐机构的主要代称。而宋元以后的"乐府"一词主要是其第二个内涵——具有音乐性的文学样式。

及至元代，诗词已经渐渐失去音乐性，当时具有音乐性的文学样式是散曲，那么元人自然就把"乐府"一词投射在散曲之上。在元明两代，以"乐府"代称散曲是普遍现象。如《太和正音谱》"古今群英乐府格势"，即是指元明作家的散曲。这种投射不仅是基于散曲在音乐性上的继承，而且体现着散曲地位本身的变化。诗歌在元明时期早已成为文学的正统，而散曲最初还是俚俗小道。但是，随着散曲被频繁代称为"乐府"，它被认为是诗歌的嫡系传承，如此一来，其便和诗歌平起平坐，无疑对散曲本身地位的改善以及人们对散曲的观念的改变都是有利的。

《雍熙乐府》以"乐府"作为选本之名，亦是对散曲、戏曲作为乐府地位的一次确认。当然，事实上从元代开始，文人在以"乐府"引称散曲之时，其隐含的逻辑内涵就不仅仅是音乐性，更包含着一种内在的价值评判。周德清《中原音韵》中有三段话，非常富有代表性。

其一云：

> 凡作乐府，古人云："有文章者谓之乐府。"如无文饰者谓之俚歌，不可与乐府共论也。②

其二云：

---

① 俞为民、孙蓉蓉：《历代曲话汇编·唐宋元编》，黄山书社，2006年版，第52页。
② 俞为民、孙蓉蓉：《历代曲话汇编·唐宋元编》，黄山书社，2006年版，第288页。

前辈云"街市小令唱尖新茜意""成文章曰乐府",是也。乐府、小令两途,乐府语可入小令,小令语不可入乐府。①

其三云:

张打油之诗,自名曰"乐府",《中原音韵》评价云:士大夫评之曰:"此乃张打油乞化出门语也,敢曰乐府?"作者当以为戒。②

显然,周德清所讨论的"乐府"绝非简单的文学形式,而是一种文学状态。周德清明确地把乐府与俚歌、小令、打油诗区分开来,无疑是认为"乐府"乃更高层次的文学形态,至少不像俚歌、打油诗那样过于俚俗粗浅,这本身就隐含着一种审美判断。而这种审美判断也标志着散曲地位不断提高。在元明两代,"乐府"本身代表的是高级的审美标准,以此来指代散曲无疑意味着散曲也是一种高级的文学形态。所以,以"乐府"指代散曲,并不只是简单地对散曲音乐性的确认,更是对散曲地位由小道到正雅的确立过程。在这个过程中,《雍熙乐府》这样的选本起着一个承上启下的过渡作用,是非常重要的一环。那么,这种地位提高的过程是怎样实现的呢?我们可以通过分解"乐府"所具有的审美品格获得答案。

从上文所引周德清的观点看,"乐府"首先是在文学风貌和层次上有一定的高度和水准,不能与市井俚歌等同。而元代也的确出现了一大批文学品格高超的作家和作品。同时,正因为作品品格高,达到这种文学品格才并非易事,故而明人开始认为,对散曲不能以小道视之。朱有燉在《清河县继母大贤引》中赞美元代曲家:"予观近代文人才士,若乔梦符、马致远、宫大用、王实甫之辈,皆其天材俊逸,文学富瞻……故为传奇当若此数人,始可与之言乐府矣。"③散曲已经是"天材俊逸,文学富瞻"之人所创作的"乐府",那么怎么可能还是小道呢?不仅不是小道,到了明代,更是以元曲为一代之文学。所以,由于元人的散曲、戏曲在审美品格和艺术水平上达到了一个非常高的高度,因此其作为元明时期"乐府"的

---

① 俞为民、孙蓉蓉:《历代曲话汇编·唐宋元编》,黄山书社,2006年版,第289页。这一观点源自芝庵《唱论》:成文章曰"乐府",有尾声名"套数",时行小令唤"叶儿"。套数当有乐府气味,乐府不可似套数。街市小令,唱尖歌情意。

② 俞为民、孙蓉蓉:《历代曲话汇编·唐宋元编》,黄山书社,2006年版,第290页。

③ 俞为民、孙蓉蓉:《历代曲话汇编·明代编第一集》,黄山书社,2009年版,第199~200页。

继承人就不仅仅是在音乐性上继承于诗词,更是在文学成就和品格上继承了诗词,那么它可以光明正大地作为诗词之后的第三代"乐府"。

同时,在元明时期,诗歌早已成为正统文学,宋词也基本成为正统文学,它们都成为"雅文学"的代表。散曲成为诗词的后继并不仅仅是因为它们在音乐性上的共同性,更是暗示散曲本身和诗词一样,开始迈向雅文学的殿堂了。杨维桢《周月湖今乐府序》云:"夫词曲本古诗之流,既以乐府名编,则宜有风雅余韵在焉。苟专逐时变,竞俗趋,不自知其流于街谈市谚之陋,而不见夫锦脏绣腑之为懿也,则亦何取于今之乐府可被于弦竹者哉!"① 可见他认为,散曲作为古诗的流脉应保持"风雅余韵",远离"市谚之陋",如此方不愧"乐府"之名。这一观点无疑又回到周德清"有别于俚曲"的原点,暗示散曲已经步诗词后尘,渐渐成为"雅文学"了。而一旦成为所谓的"雅文学",那么它自然就摆脱了俚俗小道的地位。所以王骥德《曲律·论须读书第十三》云:"词曲虽小道哉,然非多读书,以博其见闻,发其旨趣,终非大雅。"② 他虽然仍然称词曲为"小道",但显然是在以诗歌的品格来要求散曲创作,说明文人已经把词曲当作雅文学,但是碍于整个社会对词曲的偏见尚未扭转,因而在表述上仍然称为"小道"。不过从万历到晚明,其实整个社会也开始渐渐以散曲、戏曲为雅文化了。

以"乐府"代称散曲,既是对散曲作为诗词之后的音乐文学形式的确认,又是对诗词之后"雅文学"地位的确认。虽然在明代,散曲还无法达到真正的"雅文学"的地位,但相较于最初的俚俗小道,它的地位已经高出很多。

总之,及至明代,"乐府"已经具有"雅文学""正统文学"的内涵。能以"乐府"冠名,必须具有高层次的文学水准与艺术品格。《词林摘艳》所言明代戏曲、散曲之所以称为"今乐府",就在于其水平在元代"文人才士"的基础上又"益尽其美"。《雍熙乐府》春山序亦强调,选本之所以命名"乐府",源自所收曲文"乃文词之最工,声律之大备"。所以,他们以"乐府"代称散曲、戏曲其实就是默认散曲、戏曲在文学品格上的成

---

① 俞为民、孙蓉蓉:《历代曲话汇编·唐宋元编》,黄山书社,2006 年版,第 424 页。
② 俞为民、孙蓉蓉:《历代曲话汇编·明代编第二集》,黄山书社,2009 年版,第 79 页。

就。正因戏曲、散曲品格高,所以创作要求更为严格,春山序又言:"其体制有十七宫调……各从其属,一句之内不可乱下,一字一调之中不可混施。一曲自非高才博学,妙解音律者,不能按腔填词,使情明、语畅、稳谐。乐府何者?盖前人阅历既多,腔谱已定,声分平仄,字别阴阳,至精至备,本不可易。故于措词之间,其字其音,一有出入,即非家法。弗惬人心,何以传久远,被弦管哉!故此为词林之绝技,艺苑之至难也。文人才士往往难言之,求其究心精专、独臻其妙者,代不数人而已。"[1] 为了达到散曲、戏曲所应有的"乐府"品格,"自非高才博学,妙解音律"者难为之,它们因此成为"词林之绝技,艺苑之至难"。所以,和明代普遍观念一样,《雍熙乐府》《词林摘艳》以"乐府"代称散曲、戏曲,是因为散曲、戏曲达到了足以继承诗词的审美品格,具有成为雅文学、正统文学的资格。正因如此,戏曲、散曲并非"小道",而是"文人才士往往难言之"的"词林绝技"。《雍熙乐府》通过其皇室背景的影响力,把散曲、戏曲冠称"乐府"的这一内涵发扬光大,无疑是对戏曲、散曲地位的极大扭转。

二、教化鸣盛的积极意义

作为皇室选本,《雍熙乐府》收录大量歌功颂德之作,在序言中亦不忘鼓吹兴教盛世之理,于今来看,这固然是一种封建主义的缺陷,但从提高戏曲地位来讲是大有裨益的。毕竟,俚俗小道是不可能用来鼓吹盛世教化的。让皇权贵族用来兴化世教、鸣盛国家,恰恰是对戏曲、散曲在地位上的一种肯定和认同。

《雍熙乐府》《盛世新声》两部选本都有鼓吹太平盛世之寓意。"盛世新声"直接标榜"盛世",而"雍熙乐府"中"雍熙"的含义在《雍熙乐府》嘉靖十年本中有春泉居士所作序言进行详细的解释:

窃惟雍和者也,熙亦和者也,是稽古唐虞雍熙是已。盖以上有尧舜之君,下有禹稷之臣,百度具新,四方风动,可为雍熙之世矣……有雍熙之世而无雍熙之曲,固不能以鸣雍熙之盛,苟非雍熙之世而有

---

[1] (明)郭勋:《雍熙乐府》,明嘉靖四十五年本卷前,第1~3页。

雍熙之曲，讵能以享雍熙之福哉？今公当雍熙之世传雍熙之曲，是得以鸣雍熙之盛而享雍熙之福者，乃又不私所有，欲使天下之人皆歌雍熙之曲，而乐雍熙之化……以鸣国家太平之盛。①

可见，无论是"盛世"还是"雍熙"，都具有宣扬太平盛世、颂扬歌舞升平之意。这一方面可以视为"封建糟粕"的皇权思想，另一方面，其隐含的逻辑也是抬高戏曲、散曲的地位。周德清《中原音韵》曾言："我朝混一以来，朔南暨声教，士大夫歌咏，必求正声，凡所制作，皆足以鸣国家气化之盛，自是北乐府出，一洗东南习俗之陋。"②又云："方今天下治平，朝廷将必有大制作，兴乐府以协律，如汉武、宣之世，然则颂清庙，歌郊祀，撼和平正大之音，以揄扬今日之盛者，其不在于诸君子乎？"③朱权《太和正音谱》亦言："天下之治也久矣。礼乐之盛，声教之美，薄海内外，莫不咸被仁风于帝泽也，于今三十有余载矣。近而侯甸郡邑，远而山林荒服……皆乐我皇明之治……夫礼乐虽出于人心，非人心之和，无以显礼乐之和；礼乐之和，自非太平之盛，无以致人心之和也。"④他们把散曲、戏曲和"鸣国家之盛"联系起来，其实是对散曲、戏曲地位的肯定。因为俚俗小道无论如何是不可能"鸣国家之盛"的。能够和国家兴盛联系起来，本身就有戏曲、散曲登入高雅、正统之堂的寓意。

此外，在"鸣国家之盛"的同时，也有宣扬戏曲教化功用的寓意。因为在儒家观念中，礼乐并重，太平盛世的国家必然拥有良好的世风和教化，而音乐则是宣扬教化的最好工具。无论是《雍熙乐府》《词林摘艳》还是《盛世新声》，都不单单颂扬太平盛世，而是同时注重戏曲、散曲兴教补世的功用。《词林摘艳》吴子明跋云："观其所载，固多桑间濮上之音，而闺阁儿女之言，亦有托此谕彼之旨；间又有忠臣烈士，信友节妇，形容宛转，杂出于其间，皆可以兴发惩戒，有关于风化。"⑤"盛世新声引"云："夫乐府之行，其来远矣。有南曲北曲之分，南曲传自汉唐宋，北曲由辽金元至我朝大备焉。皆出诗人之口，非桑间濮上之音，与风雅比

---

① （明）郭勋：《雍熙乐府》，明嘉靖十年本。
② 俞为民、孙蓉蓉：《历代曲话汇编·唐宋元编》，黄山书社，2006年版，第227页。
③ 俞为民、孙蓉蓉：《历代曲话汇编·唐宋元编》，黄山书社，2006年版，第228页。
④ 俞为民、孙蓉蓉：《历代曲话汇编·明代编第一集》，黄山书社，2009年版，第29页。
⑤ （明）张禄：《词林摘艳》，文学古籍刊行社，1955年版，第1285页。

兴相表里。"① 如果说《词林摘艳》在宣扬"有关风化"时，还承认选本存在"桑间濮上之音"的话，那么《盛世新声》则更为彻底，强调戏曲绝非"桑间濮上之音"，而是与"风雅比兴表里"。"风雅"乃儒家正统经典，"桑间濮上之音"则被视为淫乱之词。把戏曲从"桑间濮上之音"剥离出来，进而与"风雅"并列，无疑是把戏曲宣教、感化的功用抬高到和"风雅"并列的层次，其宣扬风教之说固然有腐朽之嫌，然将戏曲与经典并列之气魄，亦当佳赞。当然，这种宣扬戏曲风教之观念并非始于嘉靖选本。

中国自古注重以音乐兴教化。《汉书·礼乐志》引孔子之语："安上治民，莫善于礼；移风易俗，莫善于乐。"② 唐代段安节《乐府杂录原序》亦提出："爰自国朝初修郊礼，刊定乐悬，约三代之歌钟，均九威之律度，莫不《韶》音尽美，《雅》奏克谐；上可以吁天降神，下可以移风变俗也。"③ 周德清《中原音韵》亦云："乐府之盛，之备，之难，莫如今时……观其所述，曰忠，曰孝，有补于世。"④

这种儒家观念代代相传，到了明代自然得到继承，只不过明人把散曲、戏曲也纳入可以兴教世风的"乐"中。而在这个过程中，皇室贵族起到了决定性的作用。朱权《太和正音谱》序云："礼乐之盛，声教之美，薄海内外，莫不咸被仁风于帝泽也。"⑤ 他以皇室藩王的身份宣称戏曲具有"礼乐""国风"同样的作用，无疑是对戏曲地位的一次极大肯定。而《词林摘艳》《盛世新声》以戏曲附会"风雅"的主张，就是对朱权鼓吹戏曲教化人心观念的继承和发扬。

可以说，这种发微散曲、戏曲兴观群怨、有助风化的观点是把"曲"当作"风雅"经典的确认，也是对戏曲、散曲地位的进一步提高。因为当散曲、戏曲在世教风化上与儒家经典具有了共通性，说明它们在功用上已经被认可为儒家经典的传承者，这不仅仅在文化观念上实现与儒家经典的对接，更是等于获得统治阶层的认可。这种观念在明代非常盛行，它固然源自儒家传统的观念的积淀，但也必须注意到皇室贵族宣扬、鼓吹的贡

---

① （明）臧贤：《盛世新声》，文学古籍刊行社，1955年版，第7页。
② （东汉）班固：《汉书》，清乾隆武英殿刻本，卷二十二，第1页。
③ 俞为民、孙蓉蓉：《历代曲话汇编·唐宋元编》，黄山书社，2006年版，第18页。
④ 俞为民、孙蓉蓉：《历代曲话汇编·唐宋元编》，黄山书社，2006年版，第229页。
⑤ 俞为民、孙蓉蓉：《历代曲话汇编·明代编第一集》，黄山书社，2009年版，第29页。

献，而嘉靖选本在其中具有承前启后和巩固强化的作用。

综上，嘉靖戏曲选本提倡教化世风、鼓吹国家盛世，固然有其缺点，但也有贡献。它们以"乐府""风雅"肯定戏曲，从内容、功用、形式上都给予极大的肯定，无疑提高了戏曲的地位。而又由于它们的皇室背景，这种观念的影响力很大，不仅可以转变对戏曲以小道视之的社会风气，更有利于扭转文人阶层的偏见。嘉靖、万历之后，大批文人迅速投入戏曲创作和评点中，不得不说和这种风气的转换有一定关系。

第三节 戏曲选本在晚明的转向

嘉靖戏曲选本本身产生了积极的贡献和巨大的影响，同时带动了戏曲选本的热潮。万历至明末的晚明时期，出现的戏曲选本多达十九部[①]。然而这些晚明戏曲选本在选辑、刊刻上发生了一次巨大的转向，在选本风貌、曲文收录等方面都与《词林摘艳》《雍熙乐府》截然不同。从收录曲文看，《词林摘艳》《雍熙乐府》以北曲为主，晚明选本则以南曲为主，并开始大量收录时曲。从刊刻版式看，《雍熙乐府》《词林摘艳》都是传统的竖栏版式，采用软体赵字。晚明戏曲选本却普遍采用三节版式（一页分为上、中、下三栏），往往上栏、下栏为戏曲作品，中栏为散曲、时调、酒令、灯谜等。在近二十部晚明戏曲选本中，有十二部[②]采用这种版式。可以说，采用三节版式是晚明戏曲选本的绝对主流，不仅有别于《词林摘艳》《盛世新声》，在整个中国出版史上也独树一帜。此外，晚明选本普遍开始配插图，在万历后期又开始对曲文标加点板，而这些都是《雍熙乐府》《词林摘艳》所没有的。再者，晚明戏曲选本对剧曲普遍兼收宾白，呈现典型的折子戏特征，这也与嘉靖选本完全不同。总之，虽然嘉靖和万历之间仅相隔几十年，但是嘉靖前后两个时期的戏曲选本存在截然不同的选辑、刊刻风貌。这种选本风貌的巨大改变反映了晚明戏曲发展态势的巨

[①] 十九部戏曲选本为：《词林一枝》《八能奏锦》《群音类选》《乐府玉树英》《玉谷新簧》《摘锦奇音》《吴歈萃雅》《乐府万象新》《大明春》《大明天下春》《南音三籁》《词林逸响》《怡春锦》《万锦娇丽》《尧天乐》《徽池雅调》《增订珊珊集》《乐府南音》《时调青昆》。

[②] 十二部选本是：《词林一枝》《八能奏锦》《乐府玉树英》《玉谷新簧》《摘锦奇音》《乐府万象新》《大明春》《大明天下春》《万锦娇丽》《尧天乐》《徽池雅调》《时调青昆》。

大变化。

一、版式的世俗化和音乐的专业化

《词林摘艳》《雍熙乐府》和晚明戏曲选本最为显著的区别是两部选本采用古代传统单页竖栏版式，采用软体赵字，与诗文刻本无异。而嘉靖后期的《风月锦囊》版式已经更富变化，开始出现分栏的模式。《风月锦囊》只分两栏，其中，"正杂两科全集"的上、下栏皆为散曲、时曲，"全家锦囊续编"上栏为时曲，下栏为折子戏。及至晚明选本，版式变化更大，除字体上采用颜体、欧体等不同字体外，整个版式普遍采用上、中、下三栏的三节版式。这种分栏模式在明代中期之后开始流行，并不局限于戏曲选本。如嘉靖四十五年（1566）的《荔枝记》亦是三栏，上栏为诗词北曲，中栏为插图，下栏为《荔枝记》原文；万历二十年（1592）《三国志评林》、万历二十二年（1594）《忠义水浒志传评林》、万历三十四年（1606）《列国志传评林》都是三栏，分别为上评、中图、下文；此外，《国色天香》《万锦情林》《燕居笔记》等小说亦分上下栏，杂收文言小说、诗词杂歌。可知，嘉靖后期和万历时期，三节版式是民间书坊刊刻戏曲、小说等通俗文学的重要版式，而在戏曲选本中这种版式尤其流行。戏曲选本的三栏模式也独具特色：往往上栏和下栏收录戏曲作品，中栏收录散曲、时调、俗曲、小令以及各种笑话、灯谜、酒令、方语。万历时期的戏曲选本有九种采取这种分栏版式，除了《摘锦奇音》是分两栏外，其他都是分三栏。到了明末，分栏版式渐渐退潮，但依然有三种选本采用这种版式。选本采用这种版式，既可以在版式上标新立异，给人耳目一新的感觉，从而吸引读者；又可以扩大收录曲文的容量，把体裁精短的民歌、时调、酒令集中起来，节省了版面空间，读者读起来也非常方便。所以，与《词林摘艳》《雍熙乐府》相比，晚明选本显著的变化就是版式的分栏。当然，万历以后也有《吴歈萃雅》《词林逸响》《乐府南音》等八种不分栏的选本，这些选本的版式与《雍熙乐府》《词林摘艳》的版式相同，都是传统的竖栏版式。之所以出现这种情况，一方面源于这些选本主要服务于清唱，与嘉靖选本性质相近；另一方面，也说明在分栏选本风靡之后，部分书坊又想另辟蹊径，以"回归传统"的方式来突出自家选本。总体而言，这些选本并不占据主流，主流还是三节版式的选本。除了版式上的创新，晚明戏曲选本的编选者往往还为选本配备插图，而且书坊对插图也在进行不断的改进和创新。例如，在元代和明代前期，小说、戏曲的插图往往和文字共处一面，上图下文，而晚明戏曲选本普遍采用单页整幅插图的模式，突出了插图的整体地位和独立美感。

这种戏曲选本版式的剧变与戏曲选本的编者身份和服务对象密切相关。《雍熙乐府》《盛世新声》都具有典型的皇室背景，主要为上流社会服务，《词林摘艳》虽然不是皇室选本，却是《盛世新声》的"附庸"。然而从《风月锦囊》开始，戏曲选本的编选者几乎全部转为下层文人，其服务对象也是市民大众。《风月锦囊》的编者徐文昭，即为典型的下层文人。而明代重要的选家，如编选了《词林一枝》《八能奏锦》《乐府玉树英》的黄文华，编选了《珊珊集》《吴歈萃雅》的周之标以及龚正我、程万里、殷启圣、黄儒卿等人，都是下层文人。有的选本编者干脆只署别号，诸如《乐府南音》署名"洞庭箫士"，《怡春锦》署名"冲和居士"，等等，更表明他们下层文人的身份。因此，晚明戏曲选本基本由下层文人编选，由民间书坊刊刻，为民间大众服务，与嘉靖之前由皇家贵族主导的编选刊刻已经完全不同了。编选者、刊刻者主体身份和面向受众的巨大差异，必然造就选本面貌的不同。因为由权贵刊刻，面向上层文化圈，所以《盛世新声》《雍熙乐府》在版式上没有创新，而且从正德开始，民间书坊已经开始流行仿宋方字，但司礼监等皇家刊印机构仍采用软体赵字。《雍熙乐府》《盛世新声》都采用软体赵字，显示了皇室刊刻机构刻印的印记。与皇室刊刻相比，民间书坊的刊刻无疑更具灵活性和创新性，它们面向的对象是市民大众和下层文人，为了能够在民间市场占据一席之地，必须在版式上加以创新，以期在选本之间的激烈竞争中脱颖而出，获得良好的销量和利润。

万历之后，戏曲选本之所以变成下层文人编集、面向民间市场的产销模式，与明代中后期整个社会奢靡、娱乐的风气密不可分。正因为娱乐之风盛行，市民大众才需要观听戏曲表演和阅读戏曲选本。而晚明戏曲选本的出现，也正是为了满足市民大众消闲、娱乐的需要。周之标《吴歈萃雅小引》云："词之于人甚矣哉！或扶筇于月下，或携酒于花前，触景有怀，形诸感叹，无非寓彼咏歌，抒吾胸中忧生失路之感而已。……粉黛文章，何如清真腔调，当今不乏有情人，留之几案，日读数过，可当炎燠世界一服清凉散也。"① 空观子《缠头百练》序云:"风朝采一调,月夕载一音。敲字于花栏,谱宫于酒榭……我劝与世间钟情人聊供一玩。"② 从这些都可以看出选本宣扬的戏曲表演、散曲歌唱的环境应该是花前月下、酒榭歌台,说明选本是为了满足市民大众消遣娱乐、寄兴抒怀之需。

此外,虽然晚明选本主要服务于娱乐,但不代表它们不具有专业性。相反,与《词林摘艳》《雍熙乐府》相比,晚明选本对音乐、韵律的指导更加具有针对性。

《词林摘艳》《雍熙乐府》主要用于清唱,因而具有指导歌唱的作用。但就选本的刊刻面貌而言,其指导音乐性的方式仅仅是按照宫调、曲牌布局曲文。晚明选本则更加明确了选本辅助歌唱的用途,其直接表现就是在选本上标注点板。点板,即歌唱时节奏停顿的标符,帮助歌唱者掌握节奏,更好地表现音乐。万历以后的戏曲选本有六部标注了点板。周之标《珊珊集》凡例云:"点板之讹,缘刻手信意。或错或少,疲于校雠,遂相因仍。此刻一一订正,具目者自辨。"③ 许宇《词林逸响》凡例云:"牌名板眼,坊刻讹谬相仍,甚至句少文缺,于理难通。兹悉宗正源,务使声律中于七始。"④ 它们都在曲文上标注点板,并在凡例中做了说明。明代后期,戏曲创作兴旺,曲文十分丰富,但是演唱往往不能统一,在节奏、停顿上错讹诸多,因此选本上标注点板成为受众重要的需求。标注点板能够起到歌唱的辅助作用,是戏曲选本的一个进步。

除了点板,晚明戏曲选本还特别注意对声韵、演唱技巧等方面的指导。如《词林逸响》凡例就强调其对于音韵的标注:"曲中之调,有单有合。歌者茫然不解所犯,今尽标明。至声分平仄,字刻阴阳,用韵不同之处,细查《中原音韵》,即为注出,使教者可导迷津,学者得乘宝筏。"⑤ 此外,有的选本还标注鼻音、闭音,有的则详注撮口,如《吴歈萃雅》选例云:"每词之上,严加圈选。逐套之前,各标题咏。牌名悉分宫调,撮口已经注详。"⑥ 可见,从标注点板到标注发音,晚明选本对于音乐和歌

---

① 俞为民、孙蓉蓉:《历代曲话汇编·明代编第二集》,黄山书社,2009 年版,第 416 页。
② 蔡毅:《中国古典戏曲序跋汇编》,齐鲁书社,1989 年版,第 450 页。
③ 俞为民、孙蓉蓉:《历代曲话汇编·明代编第二集》,黄山书社,2009 年版,第 420 页。
④ 俞为民、孙蓉蓉:《历代曲话汇编·明代编第二集》,黄山书社,2009 年版,第 459 页。
⑤ 俞为民、孙蓉蓉:《历代曲话汇编·明代编第二集》,黄山书社,2009 年版,第 459 页。
⑥ 俞为民、孙蓉蓉:《历代曲话汇编·明代编第二集》,黄山书社,2009 年版,第 417 页。

唱的指导越发详细和规范。所以，晚明的编选特别重视音乐、韵律的指导，比《词林摘艳》《雍熙乐府》更为进步，在音乐、歌唱的指导上也更为规范和深入。这表明随着戏曲日益普及，接受的人群越来越多，人们对于戏曲专业化的需求也日渐增强。一方面，对于普通受众、观众来说，他们接触戏曲的机会越来越多，欣赏水平自然越来越高，也就对戏班、优伶的表演、演唱提出越来越专业的要求。所以，虽然戏曲乃是娱乐项目，但人们都希望能够观看到更为专业的表演。另一方面，受众并不只是观看别人的表演，平日自己亦可歌唱消遣，当然希望自己的演唱能够达到更为专业的水平。因此，晚明选本的点板标注、音韵圈点，既可以服务于专业的优伶和戏班，又可以帮助普通的曲迷、读者学习歌唱，具有很强的专业功能。

总之，晚明戏曲选本在版式、刊刻上皆与嘉靖选本不同，其版式更加世俗化、多样化，显示出典型的民间面貌与娱乐功能。同时，它们更重视音乐和歌唱的指导，有更为具体、详细的标注。这说明随着戏曲广泛发展，各个阶层不仅对戏曲的娱乐需求大为增加，而且对戏曲的专业需求也大幅度增加。

二、时曲的标榜与广录

晚明戏曲选本的另一个显著变化是纷纷标榜"新刻""时尚"等，竞相鼓吹自家选本曲文之新。标榜者虽然都标榜"新"，但为了不落俗套，其标榜之词也五花八门。如《词林一枝》标榜"新刻"，《乐府玉树英》标榜"新锓"，《摘锦奇音》标榜"新刊"，如此等等，都是利用文字游戏为自己选本打广告而已。不仅对选本进行标榜，晚明戏曲选本对所收录的俗曲时调还特别宣扬其时效性。因为俗曲时调和灯谜酒令源于民间，其生命力非常旺盛，更新频率很快，总会时有新作出现，因此书坊为了促销自家图书，必须强调自家选本在时调酒令上的"时尚"，如《词林一枝》标榜"时新耍曲""时尚楚歌"，《尧天乐》标榜"时尚笑谈""时尚酒令"等等。除了标榜"新"，各家选本还不忘标榜"全"和"精"，毕竟一味的"新"未必是好作品。"全"和"精"，一个是标榜选本收曲齐全，一个是标榜选本收曲精美，都是广告之辞。《大明春》标榜"汇选离别寄赠妙诗"，《徽池雅调》标榜"精选劈破玉歌"，所谓"汇选""精选"，其实都是宣传。

这种鼓吹选本之"新",并非有名无实,晚明的戏曲选本的确开始大规模收录当时新作的时曲。《词林摘艳》《雍熙乐府》所收录的时曲并不多,从嘉靖晚期的《风月锦囊》开始,已经开始主推时曲,时曲收录百余首,占据选本比例的十分之七。而在晚明戏曲选本中,时曲更是成为主体。《词林一枝》中栏有"时尚楚歌""时新耍曲"(包括《风情妙曲》《美女闺情》等)、"续罗江怨""哭皇天歌"等;《八能奏锦》中栏有"新增罗江怨""新增哭皇天歌""新调时尚劈破玉歌""新增急催玉歌"等;《乐府玉树英》中栏有"新增劈破玉""新增京省时尚倒挂枝"等;《玉谷新簧》中栏;有"新兴各处讥妓耍孩儿歌""新增海内妙曲""新增滚调新词""时兴妙曲"等;《摘锦奇音》上栏有"汇选时兴罗江怨妙歌""时尚急催玉歌""时尚闹五更哭皇天""时尚古人劈破玉歌"等;《大明春》中栏有"汇选离别歌词杂曲""劈破玉歌"等;《徽池雅调》中栏有"精选劈破玉歌""续选劈破玉歌"等;《大明天下春》中栏有"时兴玉井青莲歌""弋阳童声歌""新增协韵耍儿"等。

　　晚明戏曲选本所收时曲可谓相当丰富,主要具有四个特点。其一,时曲不再仅有小令,也有套数。这些作品在目录中不以曲牌为目,而是有自己的题目,然后由若干曲牌连缀成套。如《词林一枝》中,"风情妙曲"为【小桃红】【下山虎】【山麻客】【醉归迟】【蛮牌令】【贺升平】【斗双鸡】【尾声】。"忆别情郎"为【莺啼序】【黄莺儿】【集贤宾】【斗双鸡】【簇玉林】【琥珀猫儿坠】【尾声】。其二,时曲的形式呈多样化。有的时曲没有曲牌,如《玉谷新簧》"新兴各处讥妓耍孩儿歌"以七、七、七、七、三、三、三、七的格式反复循环,属于典型的市井俚歌。有的时曲由男女对唱,如《玉谷新簧》"弦里传情",只有【朝元歌】一个曲牌,依次重复,分生旦两角,男女依次对唱。有的时曲是把剧曲混入时曲中,如《玉谷新簧》中《冒雪归窑》一曲,其【驻云飞】"自叹时乖"实出自《彩楼记》。其三,晚明戏曲选本收录最多的时曲是【劈破玉】。袁宏道《叙小修诗》云:"吾谓今之诗文不传矣!其万一传者,或今闾阎妇人孺子所唱【劈破玉】、【打草竿】之类。"① 由此可知【劈破玉】在万历时期是闾阎妇人、孺子都喜欢唱的,可见其风靡程度。万历以后和【劈破玉】一样流行

---

① (明)袁宏道:《袁中郎全集》,明崇祯刊本,卷一,第3页。

的,非【挂枝儿】【打枣竿】莫属,这在《大明春》等选本中也可以体现。卓珂月云:"我明诗让唐,词让宋,曲又让元。庶几吴歌、【挂枝儿】【罗江怨】【打枣竿】【银绞丝】之类,为我明一绝耳。"① 李日华《味水轩日记》云:"我明事事俱落古人后,其超绝者,茶、酒、墨与【打枣】歌而已。"② 可见,【挂枝儿】【打枣竿】是明代富有代表性的曲牌。据王骥德所言:"小曲【挂枝儿】,即【打枣竿】,是北人长技,南人每不能及。昨毛允遂贻我吴中新刻一帙,中如《喷嚏》《枕头》等曲,皆吴人所拟,即韵稍出入,然措意俊妙,虽北人无以加之;故知人情原不相远也。"③ 可知,【打枣竿】可能与【挂枝儿】同为一曲,是由【挂枝儿】在不同地域进行衍变而来。【劈破玉】【挂枝儿】等时兴曲牌,晚明选本皆大量收录。其四,晚明戏曲选本开始有意突出时曲的地域特色,如《词林一枝》录有"时尚楚歌",《大明天下春》录有"弋阳童声歌",《乐府万象新》录有"海盐两头忙",说明这些时曲流行于湖南、湖北、江西、江浙等地。

所以,时曲成为晚明戏曲选本的重要组成部分,形式丰富,作品众多,尤以【劈破玉】收录最多。与此同时,选本与流行的时曲紧密结合,显示出一定的地域性特征。而这不仅表现出时曲在晚明时期的红火状态,而且反映了明代中后期人们对于时曲的开放态度。尤其对于文人阶层来说,明代中前期复古之风盛行,他们普遍推崇、学习时曲,以此作为对明代中前期诗文复古趋势的反叛。李梦阳云:"若似得传唱【锁南枝】,则诗文无以加矣。"④ 李东阳云:"今之诗,惟吴越有歌,吴歌清而婉,越歌长而激。"⑤ 他们之所以如此称颂时曲,就是因为明朝前期诗歌过分复古,失去了诗歌的鲜活性和质朴性,而时曲具有一种原始质朴的风貌,是对复古的一次反动。李东阳《拟古乐府引》云:"予尝观汉魏间乐府歌辞,爱其质而不俚,腴而不艳,有古诗言志依永之遗意,播之乡国,各有攸宜。"⑥ 不少文人正是希望通过时曲鲜活质朴的气质来改变诗歌模拟因袭

---

① (明) 陈宏绪:《寒夜录》,《续修四库全书》,上海古籍出版,1995 年版,第 700 页。
② (明) 李日华:《味水轩日记》,民国嘉业堂丛书本,卷一,第 23 页。
③ 俞为民、孙蓉蓉:《历代曲话汇编·明代第二集》,黄山书社,2009 年版,第 143 页。
④ 俞为民、孙蓉蓉:《历代曲话汇编·明代编第一集》,黄山书社,2009 年版,第 296~297 页。
⑤ 李庆立:《怀麓堂诗话校释》,人民文学出版社,2009 年版,第 108 页。
⑥ (明) 李东阳:《李东阳集》,岳麓书社,2008 年版,第 3 页。

的风气。此外,由于强调复古,明代前期诗歌普遍丧失了真情实感的表现,因此能够表达真情实感的时曲自然受到文人的青睐。贺贻孙《诗筏》云:"近日吴中山歌、挂枝儿,语近风谣,无理有情,为近日真诗一线所存。"① 徐渭《奉师季先生书》云:"今之南北东西虽殊方,而妇女儿童,耕夫舟子,塞曲征吟,市歌巷引……此真天机自动,触物发声,以启其下段欲写之情,默会亦自有妙处。"② 他们都认为时曲来自平民百姓最为真实的生活状态和真情实感,是发自肺腑和内心的真情流露,比那些泥古不化的诗歌更像真正的诗歌。因此李开先《市井艳词序》云:"语意则直出肺肝,不加雕刻,俱男女相与之情,虽君臣友朋,亦多有托此者,以其情尤足感人也。故风出谣口,真诗只在民间。"③ "真诗只在民间"的主要依据就是民间的诗歌发自真情。明代中后期,文人把发现诗歌生命的火种之源投向了民间和时曲,开始力捧质朴无华、倾诉真情的民间时曲。文人的推崇,无疑是时曲大举风行的强力推手。

　　此外,时曲的流行也和明代中后期思想观念的改变有密切关系。时曲多表现男欢女爱的情词,而嘉靖以后人们对于"情"的观念变得极为开放。"情"不仅不再是避讳,甚至可以公开颂扬、追求。冯梦龙《情史》序云:"天地若无情,不生一切物。一切物无情,不能环相生。生生而不灭,由情不灭故。"④ "情",已经被视为万物生灵最为核心的要素。所以,人贵为生物灵长,自然更是"情种"。张琦《情痴寱言》云:"人,情种也;人而无情,不至于人矣,曷望其至人乎?"⑤ 汤显祖《宜黄县戏神清源师庙记》云:"人生而有情,思欢怒愁,感于幽微,流乎啸歌,形诸动摇。……盖自凤凰鸟兽以至巴渝夷鬼,无不能舞能歌,以灵机自相转活,而况吾人。"⑥ 万物皆有"情",万物都有抒发"情"的方式,而人类自然也不例外,诗词歌曲就是人类宣导"情"的方式。张栩《彩笔情辞叙》云:"尝谓人罔不有情,而独于男女为最切。……则夫情之所至,其欢畅者十不二三,其阻郁而哀思者十有八九。……当斯际也,安能不发乎声而

---

① 贾文昭:《中国古代文论类编》,安徽大学中文系文学研究室,1982年版,第285页。
② (明)徐渭:《徐渭集》,中华书局,1983年版,第456页。
③ 俞为民、孙蓉蓉:《历代曲话汇编·明代编第一集》,黄山书社,2009年版,第408页。
④ (明)冯梦龙:《情史》,凤凰出版社,2011年版,第1页。
⑤ 俞为民、孙蓉蓉:《历代曲话汇编·明代编第三集》,黄山书社,2009年版,第353页。
⑥ 俞为民、孙蓉蓉:《历代曲话汇编·明代编第一集》,黄山书社,2009年版,第608页。

止乎辞？于是借宫商以挥云锦，谐音节而焕珠玑，娱乐是宣。"① 可见，文人把流行词曲当作宣泄人之情感的重要渠道，正是因为"情"的观念日益彰显，作为宣扬"情"的时曲自然就更加风靡、流行了。

三、声腔特色的彰显

嘉靖时期的戏曲选本以北曲为主，晚明戏曲选本则变为南曲的天下，所收剧曲完全以传奇、南戏为主。许宇《词林逸响》凡例云："南词虽由北曲而变，然箫管独与南词合调，则广收博采，大半用南，间附北曲之最传者，亦云弦索不可变焉耳。"② 晚明戏曲选本中，北曲已经彻底被边缘化，除少数"最可传者"仍然被收入，以此作为选本"旁及弦索以存古"的装点外，其他北曲作品已经全被淘汰。我们在前文多次论及，《盛世新声》《词林摘艳》《雍熙乐府》中杂剧占据统治优势，南戏收录极少。嘉靖晚期的《风月锦囊》却已经陡然变成南戏的天下，"全家锦囊""全家锦囊续编"下栏专收折子戏的两部分，所收杂剧仅《西厢记》《八仙庆寿》《三国志桃园记》三种，所收南戏则有 32 种，并且收录传奇 2 种，不仅囊括《琵琶记》《荆钗记》《拜月亭》等经典戏文和宋元旧编，也收录《湘湖记》《金钱记》《回文记》等明代新作戏文，可以说无论是其所收戏文数量，还是其戏文在选本中所占比重，都表明《风月锦囊》已是一部南曲的选本。而晚明选本则更是变为南戏、传奇的"专本"，对于杂剧，往往只收《西厢记》这一部经典之作了。例如，《词林一枝》收录传奇、南戏为 38 部，《八能奏锦》为 44 部，《乐府玉树英》为 51 部，《乐府万象新》为 53 部，《摘锦奇音》为 32 部，这些选本都仅收录了一部杂剧。诸如《徽池雅调》《词林逸响》等选本，则一部杂剧也不收。

嘉靖、万历时期选本在北曲、南曲上的截然分野，反映了嘉靖时期处于北曲衰微、南曲崛起的交替时刻。万历以后，南曲已经完全取代了北曲。何良俊《四友斋丛说》引杨慎之语云："近日多尚海盐南曲，士夫禀心房之精，从婉娈之习者，风靡如一，甚者北土亦移而耽之，更数世后，

---

① 俞为民、孙蓉蓉：《历代曲话汇编·明代编第二集》，黄山书社，2009 年版，第 461 页。
② 俞为民、孙蓉蓉：《历代曲话汇编·明代编第二集》，黄山书社，2009 年版，第 459 页。

北曲亦失传矣。"① 王骥德《曲律·论曲源第一》云："始尤南北画地相角，迩年以来，燕、赵之歌童、舞女，咸弃其捍拨，尽效南声，而北词几废。"② 万历以后，一直在民间孕育发展的南曲迎来爆发，完全取代了北曲的统治地位。而随着南曲在不同地域的流播，其结合不同地域的方言、音乐传统衍生出十多种声腔。《曲律》云："数十年来，又有弋阳、义乌、青阳、徽州、乐平诸腔之出。"③ 正因如此，晚明戏曲选本呈现出另外一个特色：不少选本专门为声腔服务。这些为声腔服务的选本往往都会在选本全称中注出选本的声腔信息。如《词林一枝》全称为《新刻京板青阳时调词林一枝》，表明其为青阳腔选本。《乐府玉树英》全称为《新镌精选古今乐府滚调新词玉树英》，"滚调"是弋阳腔、青阳腔的艺术手法，表明其为弋阳腔、青阳腔选本。《八能奏锦》全称为《鼎镌昆池新调乐府八能奏锦》，"昆池"为"昆山腔"和"池州调"，而池州调即青阳腔，表明其为昆山腔、青阳腔选本。《摘锦奇音》全称为《新刊徽板合像滚调乐府官腔摘锦奇音》，主要收"滚调""官腔"，"官腔"是指当时处于统治地位的昆山腔，所以这也是一部主收昆山腔、青阳腔的选本。《时尚青昆》的名字则更加明显，直接标榜"时尚青昆"。此外，《徽池雅调》是徽州腔、青阳腔的选本；《大明春》是青阳腔、昆山腔、海盐腔的选本；《尧天乐》是青阳腔、弋阳腔选本；《乐府万象新》则主收青阳腔。由此可见，晚明戏曲选本普遍具有明确的声腔属性，为不同的声腔服务。而其中又以昆山腔、青阳腔为主，说明这两个声腔在万历之后最为流行。

明人开始注意到不同声腔的流布始于明代中期。祝允明《猥谈》云：

> 数十年来，所谓南戏盛行……盖已略无音律腔调。愚人蠢工，徇意更变，妄名余姚腔、海盐腔、弋阳腔、昆山腔之类，变易喉舌，趁逐抑扬，杜撰百端，真胡说耳。④

祝允明生活于弘治、正德时期，此时余姚腔、海盐腔、弋阳腔、昆山腔已成为演唱南戏的四大声腔。四大声腔中，余姚腔的势力最为薄弱，其

---

① 俞为民、孙蓉蓉：《历代曲话汇编·明代编第一集》，黄山书社，2009年版，第463页。
② 俞为民、孙蓉蓉：《历代曲话汇编·明代编第二集》，黄山书社，2009年版，第9页。
③ 俞为民、孙蓉蓉：《历代曲话汇编·明代编第二集》，黄山书社，2009年版，第75页。
④ 俞为民、孙蓉蓉：《历代曲话汇编·明代编第一集》，黄山书社，2009年版，第225页。

流播范围一般只限于安徽、江浙地区，而且嘉靖之后就逐渐消歇。其他三个声腔中，在正德、嘉靖时期发展态势最为红火的是海盐腔和弋阳腔。周广棠《过夏杂录》云："戏文始宋末永嘉，《草木子》所称'南戏'，元初京师多演之。明时又有海盐腔、弋阳腔，而弋阳尤盛。"① 海盐腔主要流行于江浙、福建、山东等地，流播地域并不算广泛，但深受文人、官宦阶层喜爱。陈弘绪《江城名迹》云："建安镇国将军朱多某之居家，有女优可十四五人……皆善海盐腔。"② 可以说海盐腔是第一个渗透到文人、官宦阶层的南曲声腔。相比于海盐腔，弋阳腔流播的范围要广得多，东至福建、江浙、安徽，南至广东、贵州、云南，北至北京和西北地区，几乎涉及大半个中国。但是在万历以前，弋阳腔只在民间发展，不受文人阶层待见，被认为是"曲之屯"，所以酒宴演唱弋阳腔则不敬。可以说，海盐腔、弋阳腔在嘉靖时期分别代表了文人、民间两股审美取向，是正德、嘉靖时期影响最大的两个声腔。顾起元《客座赘语·戏剧》云："大会则用南戏，其始止二腔，一为弋阳，一为海盐。弋阳则错用乡语，四方士客喜阅之；海盐多官话，两京人用之。"③ 这正反映出海盐腔、弋阳腔在明代中期的地位和态势。正德、嘉靖时期，昆山腔的势力尚不能与它们相比，但已经显示出壮大的潜力。徐渭《南词叙录》云："惟昆山腔止行于吴中，流丽悠远，出乎三腔之上，听之最足荡人。"④ 嘉靖时期，昆山腔还只流行于吴中地区，但经过魏良辅等人的改造呈现出清婉流利的特色，在审美上展现出了超越其他声腔的水准和意蕴。

及至万历时期，昆山腔发展迅猛，已经取代了海盐腔的地位。《曲律》云："旧凡唱南调者，皆曰'海盐'。今海盐不振，而曰'昆山'。"⑤ 所以，万历时期，海盐腔已经衰微，昆山腔和弋阳腔成为最受欢迎的声腔。昆山腔能够取代海盐腔，是因为它作为一种清丽的声腔与海盐腔具有相似性，但又更胜于海盐腔。嘉靖之前，海盐腔之所以能够成为第一个进入文人阶层的南曲声腔，就是因为其风格清雅婉丽，符合上层人士的审美。王

---

① （清）周广棠：《过夏杂录》，清种松书塾钞本，卷六。
② （清）陈弘绪：《江城名迹》，清文渊阁四库全书本，卷二，第45页。
③ 俞为民、孙蓉蓉：《历代曲话汇编·明代编第二集》，黄山书社，2009年版，第401页。
④ 俞为民、孙蓉蓉：《历代曲话汇编·明代编第一集》，黄山书社，2009年版，第485页。
⑤ 俞为民、孙蓉蓉：《历代曲话汇编·明代编第二集》，黄山书社，2009年版，第75页。

骥德曾概括声腔流变的特点，言："世之腔调，每三十年一变，由元迄今，不知经几变更矣！大都创始之音，初变腔调，定自浑朴；渐变而之婉媚，而今之婉媚极矣！"① 可见，声腔的婉媚化是南曲声腔衍变的一大趋势，而海盐腔就是这种婉媚化的早期代表。昆山腔和海盐腔一样，都属于清丽的声腔，所以徐养源《顽石庐经说》说："若海盐腔与昆腔，所歌之曲同也，所用之器同也。"② 但是昆山腔在经过改良后，更为清婉流丽，审美表现也更胜一筹，故此成为婉媚化声腔的新的代表。所以顾起元《客座赘语·戏剧》云："今又有昆山，较海盐又为清柔而婉折，一字之长，延至数息，士大夫禀心房之精，靡然从好，见海盐等腔已白日欲睡。"③ 由于其婉丽的风格非常符合文人的审美，昆山腔立刻得到文人的垂青，很多文人开始用昆山腔进行创作。梁辰鱼是最早用昆山腔创作词曲的作者，他听闻改良后的昆腔，"起而效之，考订元剧，自翻新调，作《江东白苎》《浣纱》诸曲"④。文人的创作，无疑进一步扩大了昆山腔的影响。万历以后，昆山腔成了群腔之首，成为"官腔"。

昆山腔发展壮大后，余姚腔、海盐腔已渐衰微。弋阳腔则仍然保持旺盛的势头，可与昆山腔分庭抗礼。弋阳腔之所以强势不衰，在于其扎根于民间。昆山腔在文人阶层占据主流，弋阳腔则受到底层民众的喜爱。袁宏道《瓶史》言："胡同歌童弋阳腔。"⑤ 袁中道《珂雪斋集》言："舟人有少年能唱弋阳腔者，亦自流利可喜。"⑥ 从童子、舟夫唱弋阳腔可知，弋阳腔在民间极具生命力。弋阳腔能在民间长盛不衰，首先，因为它的音乐性较为随意、粗陋，杨慎《升庵诗话》所谓"不入弦管，亦无腔调"。这固然决定了它在音乐性上无法与精益求精的昆山腔相比，但反过来讲，它对音乐性的要求低，更适合劳动人民和底层民众信口徒歌之用。其次，弋阳腔没有固定的音乐架构，机动性和适应性极强。凌濛初《谭曲杂札》云："江西弋阳土曲，句调长短，声音高下随心入腔，故总不必合调。"⑦

---

① 俞为民、孙蓉蓉：《历代曲话汇编·明代编第二集》，黄山书社，2009年版，第75页。
② （清）徐养源：《顽石庐经说》，清皇清经解续编本，卷七，第19页。
③ 俞为民、孙蓉蓉：《历代曲话汇编·明代编第二集》，黄山书社，2009年版，第401页。
④ （清）焦循：《剧说》，民国诵芬室读曲丛刊本，卷二，第13页。
⑤ （明）袁宏道：《瓶史》，明万历沈氏尚白斋刻本，卷下，第11页。
⑥ （明）袁中道：《珂雪斋集》，明万历四十六年刻本，前集卷十五，第38页。
⑦ 俞为民、孙蓉蓉：《历代曲话汇编·明代编第三集》，黄山书社，2009年版，第189页。

弋阳腔这种特点，可以让它在流播到不同地域之后能与当地固有的音乐、声腔、语言相结合，迅速为当地人所接受，从而使得它在民间可以畅通无碍的传播。

所以，万历以后最有影响力的声腔为昆山腔和弋阳腔。上文已经说过，万历以后的戏曲选本主推两个声腔，其中之一就是昆山腔。昆山腔在万历以后是群腔之首，自然受到戏曲选本的重视。那么，作为和昆山腔齐名的弋阳腔，本该占据戏曲选本的另一半江山，可是缘何戏曲选本广泛收录的却是青阳腔呢？

首先，我们来考察青阳腔的来源。王骥德云："'昆山'之派，以太仓魏良辅为祖。……数十年来，又有弋阳、义乌、青阳、徽州、乐平诸腔之出。"① 根据他的记述，青阳腔和徽州腔、乐平腔等一起，出现于距他生活时代的"数十年"前，根据推断，大约是嘉靖末期。汤显祖《宜黄县戏神清源师庙记》云："江以西弋阳，其节以鼓，其调喧。至嘉靖而弋阳之调绝，变为乐平，为徽青阳。"② 根据汤显祖的记述，嘉靖时期在江西北部地区，弋阳腔已经先后衍变成乐平腔、徽州腔和青阳腔。根据王骥德、汤显祖的记录，可知青阳腔、徽州腔、乐平腔皆出现在嘉靖年间。略有不同的是，王骥德对青阳腔的记录是与弋阳腔并列在一起，汤显祖的记录则是弋阳腔"调绝"之后，变为青阳腔、徽州腔。那么，青阳腔和弋阳腔之间到底是什么关系呢？我们认为，青阳腔本身就是一直存在于青阳地区的，只不过和很多地区的声腔一样，影响力极小，仅仅在本地区生存。那么，青阳腔从嘉靖之前默默无闻的声腔变为万历时期极具影响力的声腔，仅靠其内部的改良是不可能的，它必然在嘉靖时期受到了外部声腔的影响，而这个外部声腔就是弋阳腔。弋阳腔因为流布地域广，适应能力强，因此传播到青阳之后，经过和青阳本地声腔的结合、交融，衍变为新的"青阳腔"，这个新形成的"青阳腔"不仅远远超越原有的青阳腔，甚至在弋阳腔的诸多脉系之中也成为上乘声腔，乃至成为弋阳腔的代表，名声甚至盖过了弋阳腔本身。因此，青阳腔其实就是弋阳腔传播到青阳地带和青阳土腔交融之后形成的新的声腔，可以算作弋阳腔在青阳的一个脉系。龙

---

① 俞为民、孙蓉蓉：《历代曲话汇编·明代编第二集》，黄山书社，2009年版，第75页。
② 俞为民、孙蓉蓉：《历代曲话汇编·明代编第一集》，黄山书社，2009年版，第609页。

膺言"青阳腔徒取悦于市井嬛童游女之耳",其民间色彩正是和弋阳腔一脉相承的。故而王骥德称"数十年来,又有弋阳、义乌、青阳、徽州、乐平诸腔之出",虽然在表述上,诸腔是并列在一起的,但从语境上分析,可知各种腔调并非一时出现,而是有时间先后的,青阳腔的出现其实晚于弋阳腔。汤显祖所言"至嘉靖而弋阳之调绝,变以乐平,为徽、青阳",则可辅证青阳腔是由弋阳腔衍变而来的。新的青阳腔出现后,流播江苏、福建、湖南、湖北、北京等地,影响力迅速扩大。所以,青阳腔其实就是弋阳腔的变种。

在弋阳腔的多支嫡脉中,青阳腔之所以能够迅速流行,与其结合弋阳腔之后所进行的多方面改良密不可分,而"滚调"即为其中之一。晚明不少选本都在选本名目上标明"滚调",说明"滚调"在当时深受欢迎。所谓"滚调",就是在曲牌演唱之中加入五、七言的韵文或者以供诵念的白话,使之原有的曲牌演唱更为丰富。周贻白先生分析滚调的功用时说:"第一,使艰深的文辞较易听懂;第二,使转折过多,声调近于嘈杂的唱法较易听清楚;第三,使向来一些剧本上说服力不够的情节较易为人所接受。"① 可见,滚调的发明不仅丰富了戏曲演唱的形式,而且在文辞理解、音乐接受、情节完善等方面带来益处,故而一经发明,就深受欢迎。

综上,青阳腔和弋阳腔的关系为:青阳腔经过弋阳腔的融合、改良,成为弋阳腔的一条分支,因其最受欢迎,所以成为众多分支中知名度最高的一支,因此一度就代表"弋阳腔"了。这也就可以解释,为什么在弋阳腔风行的年代,选本收录的多为青阳腔而并非弋阳腔了。

所以和嘉靖选本相比,晚明戏曲选本不仅以南曲为主,而且突出声腔。这与万历时期南曲盛行、群腔并起的繁盛局面息息相关,而其中又尤以昆山腔、弋阳腔(青阳腔)最受欢迎。正因为其影响力逐渐扩大,这种发源自民间的声腔最终被皇室接受。沈德符《顾曲杂言》云:"至今上始设诸剧于玉熙宫,以习外戏。如弋阳、海盐、昆山诸家俱有之。其人员以三百为率,不复钟鼓司。"② 皇室开始为弋阳腔、昆山腔设点演习,足见这些声腔的火热态势。也正因如此,戏曲选本开始主推声腔,自在情理

---

① 周贻白:《中国戏剧史讲座》,中国戏剧出版社,1958 年版,第 157 页。
② 俞为民、孙蓉蓉:《历代曲话汇编·明代编第三集》,黄山书社,2009 年版,第 78 页。

之中。

四、戏剧意识的强化

《词林摘艳》《雍熙乐府》属于专收清唱曲文的选本,剧曲的曲文亦被当作"散曲",所以散曲、剧曲混杂在一起。然而,晚明戏曲选本虽然亦是散曲、剧曲共收,但是二者已经具有了明确的区分。之所以如此,是因为万历以后随着传奇的兴起,折子戏亦日益成熟和流行起来,晚明戏曲选本普遍为折子戏选本,其所收剧曲以"出"为单位,带有宾白,具有完整的折子戏形态,因而与散曲在形态上具有明显差异,需要分开收录。这些折子戏选本往往都是三节版式,上、下栏收录折子戏,中栏收录散曲或酒令、俗语等。然而也必须注意到,《词林逸响》《南音三籁》剧曲并不录宾白,其曲文形态并非折子戏,但依然剧曲、散曲分开收录。《词林逸响》前两卷录散曲,后两卷录剧曲,《南音三籁》更是直接分"散曲"卷与"戏曲"卷。所以,晚明选本与嘉靖选本的一个显著差异就是散曲、剧曲普遍区分排录。这种选本编排模式无疑反映出编者对剧曲、散曲具有强烈的分离意识,伴随剧、曲分离的意识,明人的戏剧意识也日渐强化。

中晚明后,明人剧曲、散曲分离意识强化的标志是他们对散曲、戏剧开始进行本质上的区别。程羽文《盛明杂剧序》云:"曲者,歌之变,乐声也;戏者,舞之变,乐容也。皆乐也,何以不言乐?盖才人韵士,其牢骚抑郁、啸号愤激之情,与夫慷慨流连、谈谐笑谑之态,拂拂于指尖,而津津于笔底,不能直写而曲摹之,不能庄语而戏喻之者也。"[1] 他把散曲、剧曲分为"歌""舞"两个源头,同时指出了剧曲在模仿、戏喻上的特征。孟称舜《古今名剧合选自序》云:"吾尝为诗与词矣。……其于曲,则忽为之男女焉,忽为之苦乐焉,忽为之君主、仆妾、金夫、端士焉。……学戏者,不置身于场上,则不能为戏;而撰曲者,不化其身为曲中之人,则不能为曲,此曲之所以难于诗与辞也。"[2] 他虽然以"曲"来区分"诗词",但其所言"曲"其实就是剧曲,其所言"诗词"则和散曲一样属于抒情文学,从而明确区分了剧曲在场上表演、装扮人物上的特征。所以,

---

[1] 俞为民、孙蓉蓉:《历代曲话汇编·明代编第三集》,黄山书社,2009年版,第423页。
[2] 俞为民、孙蓉蓉:《历代曲话汇编·明代编第三集》,黄山书社,2009年版,第465页。

明代中后期，人们对剧曲、散曲的特征日渐具有明确的区分。散曲是抒情文学，剧曲则不仅是叙事文学，而且是表演艺术。与散曲相比，剧曲具有舞台表演、人物妆饰、情节逻辑、模仿戏喻等方面的特征。

在明晰戏剧、散曲的本质后，晚明之人的戏剧意识自然也得到强化。众所周知，戏曲乃是曲本位的艺术，虽然在元代和明前期，杂剧、戏文都是敷衍故事，其音乐性仍然处于主导地位。但明代中后期，戏曲中"曲"的地位日渐弱化，"戏"的地位逐渐突出，并且与"剧"一起成为具有故事性、表演性的艺术的代称。《正字通》云："剧……戏也，今俗演传奇曰'剧'。"①《郭襄靖公遗集》云："剧戏者，戏也，其间借谐谑以劝世者固有，然既谓之戏，则俚亵之语，淫狎之态，何所不至。"②可见明代中后期，"戏"与"剧"是同义词，二者也常常相连使用。"戏"或"剧"都表示一种具有情节性、故事性、表演性的艺术形式，其侧重点已为"故事"和"表演"而不是"音乐"。

此外，这种"戏"的意识的强化还体现在明人对戏剧的本质特征已经具备深刻的认识。首先，明人开始认识到，戏剧的本质特征之一是"故事"，但这个"故事"不是真实的实事，而是虚构的故事。因此，在认识戏剧"故事性"的本质中，明人又尤其认识到其中的虚构性。邹迪光《观演戏说》云："然人生亦一戏耳，大块宇宙亦一戏场耳。……故林林生类，莫非傀儡；种种世事，尽属俳优；茫茫今古，何非角抵。而世人不察，知戏之戏，而不知非戏之戏。"③何璧《校本北西厢记序》写与客观戏后的感触云："予指剧曰：此假剧也，予与子乃真剧也。复指场曰：此小戏场也，予与子所处乃大戏场也。"④屠隆《昙花记序》云："世间万缘皆假，戏又假中之假也。……阎浮世界一大戏场也。世人之生老病死，一戏场中之离合悲欢也。"⑤顾潜《观戏席上作》云："画堂红烛夜逡巡，小队僮奴献技新，抵掌叔敖曾悟主，捧心西子解愁人。且须乐饮空杯酒，莫负高歌

---

① （明）张自烈：《正字通》，清康熙二十四年清畏堂刻本，卷一，第64页。
② （明）郭应聘：《郭襄靖公遗集》，明万历刻本，卷十六，第16页。
③ 俞为民、孙蓉蓉：《历代曲话汇编·明代编第一集》，黄山书社，2009年版，第746~747页。
④ 俞为民、孙蓉蓉：《历代曲话汇编·明代编第一集》，黄山书社，2009年版，第736页。
⑤ 俞为民、孙蓉蓉：《历代曲话汇编·明代编第一集》，黄山书社，2009年版，第587页。

堕屋尘，世事眼前皆戏剧，纷纷毕竟有谁真。"① 他们所表达的都是一种"人生如梦""人生如戏""人生虚幻"的思想，也显示出他们对戏剧、人生之间关系的认识。"人生如戏"，那么戏剧也如人生，都是对人生百态、人物状态的反映。只不过戏剧是对人生的虚拟反映，而非真实等同于生活。这其中所体现的戏剧本质就是戏剧故事性中的虚构性，这种虚构性因为来源于生活，因此又具有一定的真实性，但它本质上还是虚构出来的，只是对"真实"的模拟。袁宗道《答同社》云："来教云：'乾坤是一大戏场。'……此论甚高……然使作戏者真认己为某官某夫人而忘却本来姓氏，则亦愚骏之甚矣。"② 陈继儒《题徐文长批点昆仑奴杂剧》云："自古词场狡狯，偏要在真人前弄假，却能使真人认假成真；偏要在痴人前说梦，却能使痴人因梦得觉。"③ 他们都表明，因为表演过于生动、真实，戏剧演出足以以假乱真；然而实际上，它只是对生活的模仿、表演，是假的。这说明在明人的观念里，戏剧的本质特征之一是真实性与虚构性共存，但最为本质的是虚构性，因为"戏"只有在虚构之中显示的真实性才具有意义。

所以，明中后期，特别强调戏曲"贵虚不贵实"。吕天成《曲品》云："有意驾虚，不必与实事合。"④ 王骥德《曲律》云："剧戏之道，出之贵实，而用之贵虚。……以实而用实也易，以虚而用实也难。"⑤ 胡应麟《少室山房笔丛》云："凡传奇以戏文为称也，亡往而非戏也，故其事欲谬悠而无根也，其名欲颠倒而亡实也。反是而求其当焉，非戏也。"⑥ 他们主张不应拘泥于史实。郑鄤《峚草堂诗文集》评《琵琶记》云："若登第受官，而泥金无报，最为脱节。然传奇不重记实，未足为疵。"⑦ 他认为，《琵琶记》虽有违常理和史实之处，但并非瑕疵，因为戏曲创作不应拘泥于历史史实。谢肇淛《五杂俎》亦主张历史真实与戏剧虚构不能混淆而谈，其云："戏与梦同，离合悲欢，非真情也；富贵贫贱，非真境

---

① （明）顾潜：《静观堂集》，清玉峰雍里顾氏六世诗文集本，卷四，第17页。
② （明）袁宗道：《白苏斋类集》，明刻本，卷十六，第11~12页。
③ 俞为民、孙蓉蓉：《历代曲话汇编·明代编第二集》，黄山书社，2009年版，第237页。
④ 俞为民、孙蓉蓉：《历代曲话汇编·明代编第三集》，黄山书社，2009年版，第84页。
⑤ 俞为民、孙蓉蓉：《历代曲话汇编·明代编第二集》，黄山书社，2009年版，第114页。
⑥ 俞为民、孙蓉蓉：《历代曲话汇编·明代编第一集》，黄山书社，2009年版，第642页。
⑦ （明）郑鄤：《峚草堂诗文集》，民国二十一年活字本，文集卷十四，第19页。

也。……近来文人好以史传合之杂剧而辨其谬讹，此正是痴人前说梦也。"① 如此诸例都说明在晚明文人的观念中，虚构性已经成为戏剧的核心本质。

戏剧的另一特质是妆饰和搬演构成的表演性。王骥德《曲律·杂论第三十九下》云："吾友王澹翁，好为传奇。余尝谓澹翁：'若毋更诗为？'……澹翁曰："何谓？'余谓：'即若诗而青莲、少陵，能令艳冠裳而丽粉黛者日日作《渭城》唱乎？'澹翁大笑，鼓掌以为良然。"② 此虽为戏言，却表明在明人观念中，戏剧有别于散曲的另外特质就是装扮。程羽文《盛明杂剧序》亦云："凡天地间知愚贤否、贵贱寿夭、男女华夷……活死迹于场上，谁真谁假，是夜是年，总不出六人搬弄。妆忠孝而神钦，妆奸佞而色骇，妆困嫠而心如灰，妆荣显而肠似火。妆蝉脱羽化，飘飘有凌云之思；妆玉窃香偷，逐逐若随波之荡。……此皆才人韵士以游戏作佛事，现身而为说法者也。"③ 此话亦是强调戏剧在妆饰、搬演上的本质。可见明人对"戏"的意识的强化，主要是基于"戏"的故事性、虚构性和表演性。而正因为戏剧意识日渐强化，他们更加注重散曲、剧曲的区分，因此在选本的编选上把剧曲和散曲截然分开了。

总之，明代戏曲选本肇始于正德、嘉靖时期，《盛世新声》《词林摘艳》《雍熙乐府》的出现带动了戏曲选本的编选热潮。晚明戏曲选本在风貌上发生了巨大的转向和分野，这种转向与戏曲发展的动向密切相关。其一，《词林摘艳》《雍熙乐府》版式传统、单一，而晚明选本采用三节版式，往往配有插图、注有点板。这一转向说明由嘉靖至万历以后民间成为戏曲发展的最大市场，戏曲选本多由民间书坊刊刻，以迎合市民大众为主。并且随着戏曲的发展，人们对戏曲选本的音韵格律也具有更为专业、深入的要求。其二，嘉靖选本中，时曲处于边缘地位，晚明选本则有意突出时曲的地位，强调"时兴""时尚"，反映出晚明时期时曲风靡的社会状态。其三，嘉靖选本主收北曲杂剧，晚明选本则主收南曲并主推昆山腔、青阳腔，说明在万历以后，北曲彻底衰微，被以昆山腔、青阳腔为代表的

---

① 俞为民、孙蓉蓉：《历代曲话汇编·明代编第二集》，黄山书社，2009年版，第409页。
② 俞为民、孙蓉蓉：《历代曲话汇编·明代编第二集》，黄山书社，2009年版，第142页。
③ 俞为民、孙蓉蓉：《历代曲话汇编·明代编第三集》，黄山书社，2009年版，第423页。

南曲取而代之。此外，与嘉靖选本散曲、剧曲混收不同，晚明选本往往剧曲、散曲格局分明，反映出晚明之人的戏剧意识日益强化。这一系列的转向都体现了晚明社会、戏曲发展动态的转变。

结　语

　　选本是一个时代文学流行风向的坐标和见证。某种文学样式的选本呈现喷涌的热潮，意味着该文学样式在彼时风靡流行。正德、嘉靖时期接连出现《盛世新声》《词林摘艳》《雍熙乐府》《风月锦囊》四部戏曲选本，就是明代中期戏曲热潮渐起的反映。虽然无论是戏曲发展还是选本编选的热度皆不能与万历之后相比，但在经历了明代前期长时间的戏曲低潮之后，嘉靖戏曲选本的出现不仅是戏曲由衰转盛的见证，而且对戏曲的复兴具有促进作用。

　　选本在文献保存、流播上具有举足轻重的地位。历史上浩如烟海的作者和作品往往就有赖于选本的存护、流传。嘉靖戏曲选本存录了大量稀有曲文，尤其是丰富的无名氏作品以及时曲俗调，它们是元明时期市井、民间作品的代表，是来自民间的声音。中国古代文学历来分为上层文化圈和下层文化圈。无疑，由士大夫、上层文人、顶尖作家组成的上层文化圈在文学发展中起着主导作用，但由下层文人、书会才人、市井百姓乃至青楼才女组成的下层文化圈无疑同样贡献卓著。而上层文化圈、下层文化圈并非对立的，它们是始终交融、互动的。很多文学样式就是最先从下层文化圈萌芽、兴起，最终影响到上层文化圈，而经过上层文化圈的加工、升华又反过来影响到下层文化圈。在戏曲领域，下层文化圈与上层文化圈的互动尤其明显，嘉靖戏曲选本就是这种互动的见证。其既有《雍熙乐府》这样皇室权贵编选的选本，又有《词林摘艳》这样下层文人编选的选本，《雍熙乐府》可以在民间通行，《词林摘艳》亦进入过宫廷。从它们选录的作者与作品来看，既有朱有燉、陈大声等藩王与文人之作，又有大量底层市民与歌姬之作，这种兼收包容的收曲的态度不仅为文献留存做出巨大贡献,而且是上层、下层文化圈交流互动的体现。

同时,选本也是历史上文学与艺术样态的实录见证。在历史长河之中,往往出现、流行过多种多样的文学样态与艺术形式,有的形式流行一时之后就退出历史舞台,后人难知其面貌。而选本一定程度记录了这种文学、艺术样态的具体面貌。嘉靖戏曲选本剧曲、散曲兼收,以宫调、曲牌布局作品,它记录了明代剧曲、散曲清唱的历史,是中国戏曲具有音乐独立性的见证与范本,体现了中国戏曲与西方戏剧的本质不同。西方戏剧是单纯的戏剧,戏剧的底本即为单纯的文本,中国戏曲则是戏、曲兼有,其底本既可为文本,又可为唱本。《词林摘艳》《雍熙乐府》所收剧曲可作为戏剧作品的组成部分存在,又可单独作为"歌词"独立存在。因此,它们既可以服务于戏剧表演,又可以服务于清唱演出。通过嘉靖戏曲选本,再结合《金瓶梅》等世情小说的场景还原,后人即可了然明代清唱的艺术形式和具体状态。

在文学、艺术发展的动态历史之中,选本亦是动向与潮流转变的参与者与见证者。元代散曲、杂剧在明代的传播与接受中,曲文改易现象普遍,致使版本复杂,异文重重。嘉靖戏曲选本处于明代中期,它们本身也参与了曲文的修改和易变,是曲文流变的一环;同时,它们作为曲文流变的一个地标,又可以成为元代散曲、杂剧曲文流变的一个参照,使得后人可以通过它们明晰曲文传播、流传的规律与趋向。在戏曲发展转向的大潮之中,嘉靖戏曲选本亦是重要的参照物。嘉靖及至万历之时,北曲衰微,南曲兴盛,因此收录北曲为主的《词林摘艳》《雍熙乐府》虽然本身选刻精良,但很快即被晚明主收南曲的戏曲选本取代。与此同时,万历之后民间戏曲与时兴俗曲勃兴,因而晚明戏曲选本精心创新版式,广收时曲,都是为了适应民间市场需求,服务于市民大众。而《词林摘艳》《雍熙乐府》版式传统古旧、时曲收录不多,这是它们迅速被晚明戏曲选本取代的另外一个原因。可见,选本的命运不仅与自身品质有关,而且与时代的艺术潮流风向相关。

总之,肇始于正德、嘉靖时期的《盛世新声》《词林摘艳》《雍熙乐府》《风月锦囊》作为中国历史上最早的剧曲、散曲兼收的戏曲选本,具有宝贵的文学与文献意义,同时它们并非单纯的作品汇选,而是与戏曲发展的趋势、动态紧密相关的,既是戏曲发展动向的指示器和风向标,又是探究元明戏曲发展的一把解锁之匙。

参考文献

一、古籍

（宋）赵彦卫. 云麓漫钞［M］. 清咸丰涉闻梓旧本.

（元）杨朝英. 阳春白雪［M］. 上海：商务印书馆，1936.

（元）无名氏. 元刊杂剧三十种［M］. 北京：商务印书馆，1957.

（元）杨朝英. 太平乐府［M］. 北京：中华书局，1958.

（元）无名氏. 乐府新声［M］. 北京：中华书局，1958.

（明）郭勋. 雍熙乐府［M］. 嘉靖四十五年（1566）刊本.

（明）李开先. 闲居集［M］. 明刻本.

（明）申时行. 大明会典［M］. 万历内府刻本.

（明）吕坤. 实政录［M］. 万历二十六年（1598）赵文炳刻本.

（明）焦竑. 国朝献征录［M］. 明万历四十四年（1616）刻本.

（明）袁中道. 珂雪斋集［M］. 万历四十六年（1618）刻本.

（明）臧懋循. 负苞堂文选［M］. 明天启元年（1621）臧尔炳刻本.

（明）徐学聚. 国朝典汇［M］. 明天启四年（1624）徐与参刻本.

（明）陈建. 皇明通纪法律全录［M］. 明崇祯九年（1636）刻本.

（明）张翼. 农田诗话［M］. 明宝颜堂秘笈本.

（明）施绍莘. 花影集［M］. 明末刻本.

（明）叶子奇. 草木子［M］. 乾隆五十一年（1786）刻本.

（明）刘若愚. 酌中志［M］. 清海山仙馆丛书本.

（明）黄佐. 泰泉乡礼［M］. 清文渊阁四库全书本.

（明）曹学佺. 蜀中广记［M］. 清文渊阁四库全书本.

（明）徐一夔. 明集礼［M］. 清文渊阁四库全书本.

（明）高儒. 百川书志 [M]. 观古堂书目丛刊本.

（明）范守己. 皇明肃皇外史 [M]. 清宣统津寄庐钞本.

（明）李日华. 味水轩日记 [M]. 民国嘉业堂丛书本.

（明）姚广孝，等. 明实录 [M]. 江苏国学图书馆传抄本.

（明）臧贤. 盛世新声 [M]. 北京：文学古籍刊行社，1955.

（明）张禄. 词林摘艳 [M]. 北京：文学古籍刊行社，1955.

（明）臧懋循. 元曲选 [M]. 北京：中华书局，1958.

（明）沈德符. 万历野获编 [M]. 北京：中华书局，1959.

（明）余继登. 典故纪闻 [M]. 北京：中华书局，1981.

（明）叶盛. 水东日记 [M]. 北京：中华书局，1981.

（明）张岱. 陶庵梦忆 [M]. 上海：上海古籍出版社，1982.

（明）宋懋澄. 九籥集 [M]. 北京：中国社会科学出版社，1984.

（明）王世贞. 弇山堂别集 [M]. 北京：中华书局，1985.

（明）李贽. 焚书·续焚书 [M]. 长沙：岳麓书社，1990.

（明）何乔远. 名山藏 [M]. 扬州：江苏广陵古籍刻印社，1993.

（明）圆澄. 慨古录 [M]. 台北：新文丰出版公司，1995.

（明）兰陵笑笑生. 金瓶梅词话 [M]. 台北：里仁书局，2014.

（清）尤侗. 艮斋杂说 [M]. 清康熙刻西堂全集本.

（清）张廷玉，等. 明史 [M]. 清乾隆武英殿刻本.

（清）万斯同. 明史 [M]. 清钞本.

（清）傅维鳞. 明书 [M]. 清畿辅丛书本.

（清）嵇璜. 续文献通考 [M]. 清文渊阁四库全书本.

（清）谷应泰. 明史纪事本末 [M]. 清文渊阁四库全书本.

（清）梁廷枬. 藤花亭曲话 [M]. 清藤花廷十七种本.

（清）龙文彬. 明会要 [M]. 清光绪十三年（1887）永怀堂刻本.

（清）龚自珍. 定庵全集 [M]. 清光绪二十三年（1897）万本书堂刻本.

（清）焦循. 剧说 [M]. 民国诵芬室读曲丛刊本.

（清）谈迁. 国榷 [M]. 北京：中华书局，1958.

（清）王应奎. 柳南随笔 [M]. 北京：中华书局，1985.

（清）李渔. 闲情偶寄 [M]. 北京：中华书局，2007.

（清）李斗. 扬州画舫录 [M]. 北京：中华书局，2007.

二、方志

（明）唐胄.（正德）琼台志 [M]. 正德刻本.

（明）王崇献.（正德）宣府镇志 [M]. 正德刻、嘉靖增修本.

（明）程嗣功，骆文盛.（嘉靖）武康县志 [M]. 嘉靖刻本.

（明）戴璟.（嘉靖）广东通志初稿 [M]. 嘉靖刻本.

（明）李士元，沈梅.（嘉靖）铜陵县志 [M]. 嘉靖刻本.

（明）翁相，陈柒.（嘉靖）广平府志 [M]. 嘉靖刻本.

（明）曾嘉诰，汪心.（嘉靖）尉氏县志 [M]. 嘉靖刻本.

（明）张梯，葛臣.（嘉靖）固始县志 [M]. 嘉靖刻本.

（明）束载，张可述.（嘉靖）洪雅县志 [M]. 嘉靖刻本.

（明）周希哲，张时彻.（嘉靖）宁波府志 [M]. 嘉靖三十九年（1560）刊本.

（明）栾尚约.（嘉靖）宣府镇志 [M]. 嘉靖四十年（1561）刊本.

（明）王命璿，黄淳.（万历）新会县志 [M]. 清顺治间修补本.

（明）萧良干，张元汴.（万历）绍兴府志 [M]. 明万历刻本.

（明）李培，黄洪宪.（万历）秀水县志 [M]. 明万历二十四年（1596）修，民国十四年（1925）铅字重刊本.

（清）薛起蛟. 新会县志 [M]. 康熙二十九年（1690）刻本.

三、专著

蔡毅. 中国古典戏曲序跋汇编 [M]. 济南：齐鲁书社，1989.

邓绍基. 古典戏曲评论集 [M]. 北京：中国社会科学出版社，2013.

丁淑梅. 中国古代禁毁戏剧编年史 [M]. 重庆：重庆大学出版社，2014.

丁淑梅. 中国古代禁毁戏剧史论 [M]. 北京：中国社会科学出版社，2008.

方志远. 明代城市与市民文学 [M]. 北京：中华书局，2004.

冯沅君. 古剧说汇 [M]. 北京：作家出版社，1956.

伏涤修，伏蒙蒙.《西厢记》资料汇编［M］. 合肥：黄山书社，2012.

傅瑾. 中国戏剧艺术论［M］. 太原：山西教育出版社，2003.

韩南. 韩南中国小说论集［M］. 王秋桂，等译. 北京：北京大学出版社，2008.

胡适. 胡适文集［M］. 北京：人民文学出版社，1998.

黄仕忠. 中国戏曲史研究［M］. 广州：中山大学出版社，1997.

黄天骥，康保成. 中国古代戏剧形态研究［M］. 郑州：河南人民出版社，2009.

李昌集. 中国古代曲学史［M］. 上海：华东师范大学出版社，2007.

李昌集. 中国古代散曲史［M］. 上海：华东师范大学出版社，2007.

李舜华. 礼乐与明前中期演剧［M］. 上海：上海古籍出版社，2006.

李修生. 全元文［M］. 南京：凤凰出版社，2004.

廖奔，刘彦君. 中国戏曲发展史［M］. 太原：山西教育出版社，2000.

卢前. 卢前文史论稿［M］. 北京：中华书局，2005.

罗宗强，陈洪，等. 中国文学发展史［M］. 天津：南开大学出版社，2003.

洛地. 戏曲与浙江［M］. 杭州：浙江人民出版社，1991.

孟森. 明史讲义［M］. 北京：中华书局，2009.

钱南扬. 宋元戏文辑佚［M］. 北京：中华书局，2009.

任讷. 散曲丛刊［M］. 南京：凤凰出版社，2013.

邵曾祺. 元明北杂剧总目考略［M］. 郑州：中州古籍出版社，1985.

隋树森.《雍熙乐府》曲文作者考［M］. 北京：书目文献出版社，1985.

孙崇涛，黄仕忠.《风月锦囊》笺校［M］. 北京：中华书局，2000.

孙崇涛.《风月锦囊》考释［M］. 北京：中华书局，2000.

孙楷第. 沧州集［M］. 北京：中华书局，1965.

孙楷第. 也是园古今杂剧考［M］. 上海：上杂出版社，1953.

谭帆，陆炜. 中国古典戏剧理论史［M］. 北京：中国社会科学出版社，1993.

谭嗣同. 谭嗣同全集［M］. 北京：中华书局，1981.

王国维. 王国维戏曲论文集［M］. 北京：中国戏剧出版社，1984.

王健. 中国明代思想史 [M]. 北京：人民出版社，1994.

隗芾，吴毓华. 古典戏曲美学资料集 [M]. 北京：文化艺术出版社，1992.

吴梅. 顾曲麈谈·中国戏曲概论 [M]. 上海：上海古籍出版社，2000.

吴夏平. 唐代中央文馆制度与文学研究 [M]. 济南：齐鲁书社，2007.

吴毓华. 中国古代戏曲序跋集 [M]. 北京：中国戏剧出版社，1990.

谢伯阳. 全明散曲 [M]. 济南：齐鲁书社，1993.

严敦易. 元剧勘疑 [M]. 北京：中华书局，1960.

叶长海. 中国戏剧学史稿 [M]. 北京：中国戏剧出版社，2005.

俞为民，孙蓉蓉. 历代曲话汇编·明代编 [M]. 合肥：黄山书社，2009.

俞为民，孙蓉蓉. 历代曲话汇编·清代编 [M]. 合肥：黄山书社，2008.

俞为民，孙蓉蓉. 历代曲话汇编·唐宋元编 [M]. 合肥：黄山书社，2006.

俞为民. 中国戏曲艺术通论 [M]. 南京：南京大学出版社，2009.

张晓兰，赵建新. 中国古代戏曲论稿 [M]. 北京：中国社会科学出版社，2014.

张紫晨. 歌谣小史 [M]. 福州：福建人民出版社，1982.

赵景深. 小说戏曲新考 [M]. 上海：世界书局，1943.

赵景深. 元人杂剧钩沉 [M]. 上海：古典文学出版社，1956.

赵景深. 中国小说丛考 [M]. 济南：齐鲁书社，1980.

赵山林. 中国戏剧学通论 [M]. 合肥：安徽教育出版社，1995.

赵山林. 中国戏曲传播接受史 [M]. 上海：上海人民出版社，2008.

郑振铎. 困学集 [M]. 上海：商务印书馆，1941.

郑振铎. 郑振铎文集 [M]. 北京：人民文学出版社，1988.

郑振铎. 中国俗文学史 [M]. 北京：作家出版社，1954.

周贻白. 中国戏剧史长编 [M]. 上海：上海书店出版社，2007.

周玉波. 明代民歌研究 [M]. 南京：凤凰出版社，2005.

朱崇志. 中国古代戏曲选本研究［M］. 上海：上海古籍出版社，2004.

四、论文

陈旭耀.《雍熙乐府》本《西厢记》曲文源流考［J］. 文化遗产，2013（04）：68-74.

丁淑梅.《新镌出像点板怡春锦曲·新词清赏书集》收录散曲研究［J］. 东南大学学报（哲学社会科学版），2013，15（06）：100-105.

丁淑梅. 明代禁毁演剧活动与戏曲搬演形态分层［J］. 求是学刊，2010，37（04）：99-105.

丁淑梅. 明代禁戏与戏曲的文本流移和传播禁忌［J］. 戏曲艺术，2012，33（02）：20-25.

丁淑梅. 明代乐户禁弛与雅俗文化的互动［J］. 河北学刊，2004（04）：165-169.

丁淑梅. 明代士大夫：戏剧肇祸与道德救赎［J］. 贵州社会科学，2009（03）：43-47.

杜海军. 论戏曲选集在戏曲史研究中的独立价值［J］. 艺术百家，2009，25（04）：143-148.

冯艳. 明清散曲与歌谣时调互动研究［D］. 南京师范大学，2014.

郭福祥. 臧贤与明武宗时期伶官干政局面的形成［J］. 东南文化，2003（05）：49-54.

黄仕忠.《风月锦囊》刊印考［J］. 学术研究，1998（03）：121-123.

黄仕忠. 宫廷戏文：帝后之娱乐与民间演剧［J］. 图书馆杂志，2011，30（04）：97-104.

解玉峰. 论臧懋循《元曲选》于元剧脚色之编改［J］. 文学遗产，2007（03）：97-106.

金苏. 郭勋的生年有记载［J］. 中国社会科学，1983（02）：204.

康保成. 戏曲起源与中国文化的特质［J］. 戏剧艺术，1989（01）：39-47.

李慧. 折子戏研究［D］. 厦门大学，2008.

李舜华. 关于《风月锦囊》性质的几点考述 [J]. 中国典籍与文化, 2004 (04)：24-29.

李真瑜. 从《雍熙乐府》和《风月锦囊》，看明嘉靖宫廷戏剧与民间戏剧的差异 [J]. 故宫学刊, 2014 (02)：126-132.

刘建欣. 戏曲"宗元"思想与明清戏曲选本 [J]. 学术交流, 2014 (02)：161-166.

彭飞, 朱建明. 《风月锦囊》疏辨 [J]. 戏剧艺术, 1989 (01)：62-74.

齐森华. 试论明清折子戏的成因及其功过 [J]. 上海大学学报（社会科学版）, 2006 (02)：60-62.

孙霞. 二十世纪戏曲选本研究概述 [J]. 戏曲艺术, 2006 (02)：28-31.

王斌. 明朝禁戏政策与明代戏剧研究 [D]. 南京大学, 2013.

王钢, 王永宽. 《盛世新声》与臧贤——附说《雍熙乐府》与郭勋 [J]. 文学遗产, 1991 (04)：92-98.

吴敢. 说戏曲散出选本 [J]. 艺术百家, 2005 (05)：11-16.

伍光辉. 论晚明文人戏曲选本的编辑理念 [J]. 求索, 2013 (03)：138-140.

易名. 郭勋生卒年考 [J]. 学术月刊, 1982 (01)：15.

易名. 郭勋卒年再订正 [J]. 读书, 1981 (07)：157.

尤海燕. 从清唱到折子戏——也谈折子戏的产生 [J]. 戏剧（中央戏剧学院学报）, 2013 (05)：46-52.

张召鹏. 朱有燉杂剧考 [D]. 河南大学, 2014.

赵凤. 戏曲选本《风月锦囊》研究评述 [J]. 河池学院学报, 2011, 31 (03)：59-63.

赵景深, 李平, 江巨荣. 明代演剧状况的考察 [J]. 戏剧艺术, 1979 (Z1)：176-189.

赵天为. 从选本看元杂剧之流变 [J]. 求索, 2010 (12)：190-192.

赵义山. 明代前后期之南北曲盛衰观 [J]. 文学评论, 2009 (05)：153-158.

赵义山. 明代小说寄生散曲中的【黄莺儿】及相关问题思考 [J]. 东

南大学学报(哲学社会科学版), 2013, 15 (06): 106-111.

郑平昆.《〈盛世新声〉与臧贤》一文中的两点疏误[J]. 文学遗产, 1992 (03): 125.

周钧韬.《金瓶梅》清唱曲辞考[J]. 明清小说研究, 1990 (02): 164-176.

朱崇志, 杜磊. 论明清戏曲选本的戏曲发生观[J]. 艺术百家, 2003 (03): 21-24.

朱崇志. 论明清戏曲选本的戏曲特征观[J]. 中华戏曲, 2003 (02): 281-293.

朱崇志. 中国古典戏曲选本研究刍议[J]. 重庆工商大学学报(社会科学版), 2004 (03): 123-125.

后 记

本书是我在博士毕业论文的基础上改定而成的。2013 年至 2016 年，我在四川大学度过了难忘的读博时光。在导师丁淑梅教授的指导下，结合个人兴趣，我把博士毕业论文的研究范围选定在明代戏曲选本。本书所涉及的三部戏曲选本，即为现存明代最早产生的戏曲选本。研究这三部选本只是我学术生涯的一个起步。明代戏曲选本非常丰富，因此毕业之后，我也一直围绕这个领域从事相关研究，希望能有更多创获。

首先，我要感谢丁老师。读博期间，正是在丁老师的悉心指导下，我才完成了相对扎实而完整的毕业论文，这也为本书的成稿提供了一个良好的基础。

其次，我要感谢谢谦、祝尚书、李大明、熊良智、房锐等对我的毕业论文进行评阅的老师。各位老师提出了很多修改意见，尤其是祝尚书老师，他在看到我的论文时多有鼓励之词，给予在学术上尚且稚嫩的我莫大的鼓舞。

最后，我要感谢四川大学中国俗文化研究所给予本书出版的机会。该研究所一直是中国俗文化研究的重镇，也是我学术生涯真正的起点。正是在四川大学接受了完整、系统的学术训练，我才懂得了学术研究的方法，具备了进一步在学界耕耘的能力。

本书的写作与完成，是颇有一番苦功的。但是作为青年学者，学力尚有限，因此书中难免存在疏漏，尚等方家指正。

韦　强

2020 年 6 月